북한 영화의 대부
정준채 평전

북한 영화의 대부

정준채 평전

초판 1쇄 발행   2022년 6월 17일

지은이   정철훈
펴낸이   윤관백
펴낸곳   선인
등 록   제5-77호(1998.11.4)
주 소   서울특별시 양천구 남부순환로48길 1 1층
전 화   02)718-6252/6257
팩 스   02)718-6253
E-mail   sunin72@chol.com

정가   48,000원
ISBN   979-11-6068-716-3   93990

북한 영화의 대부

정준채 평전

정철훈 지음

선인

🎬 머리말

영화인 정준채는 남한에서 생소한 이름이다. 광주 출신인 그는 일본에서 영화를 전공하고 귀국한 뒤 해방을 전후해 2년 남짓 남한에서 활동했다. 그는 1945년 11월 서울 혜화동에서 열린 조선프롤레타리아영화동맹(프로영맹) 결성식에서 29세의 젊은 나이에 서기장으로 선출되었다. 하지만 프로영맹은 불과 1개월 남짓 존속했다. 그해 12월 16일 개최된 전영화인대회에서 프로영맹은 조선영화건설본부와 함께 조선영화동맹으로 통합했다. 조선영화동맹 중앙집행위원인 정준채는 1946년 1월 기록영화 「민주주의민족전선」 촬영차 입북했다.

정준채의 북한 행적은 그해 조선공산당 북조선분국 중앙위원회 선전부를 찾아가 '영화반'을 조직하자고 제의한 것에서부터 찾아진다. 이후 1949년 소련의 북조선 지원을 필름에 담은 기록영화 「친선의 노래」를 제작했고 이 영화로 1950년 제5차 체코슬로바키아 카를로비바리국제영화축전에서 기록영화부문 작품상을 수상했다. 이는 남북한을 통틀어 최초의 국제영화상 수상이다.

아울러 그가 연출한 「1950년 5·1절」(1950)은 북한 최초의 기록영화부문 컬러영화이고 1956년 최승희 주연의 무용극 「사도성의 이야기」는 북한 최초의 극예술영화부문 컬러영화이다. 정준채는 북한의 기록영화와 컬러영화를 개척한 선구자다. 하지만 정준채라는 이름은 1960년 이후 북한의 모든 문헌에서 사라졌다.

2012년 9월 중국 장춘에 갔다. 인천-장춘 행 남방항공에 몸을 실었을 때 타임머신에 탑승한 느낌이 들었다. 장춘에 도착하니 마침 추석 명절을 앞두고 고향을 찾아가는 인파들로 인해 대합실이 들끓고 있었다. 어린 자식을 앞세운 채 커다란 여행가방과 보따리를 끌며 목적지를 찾아 뿔뿔이 흩어져가는 인파 속에서 어떤 얼굴이 스쳐갔다. 정체가 궁금해 뒤를 돌아다보았을 때는 자취를 감춘 후였다. 대합실을 빠져나와 숙소에 여장을 풀 즈음 어둠이 내리고 있었다. 장춘에 간 것은 그해 탄생 100주년을 맞은 시인 백석의 행적을 탐사하기 위해서였다.

　장춘 행에 앞서 백석에 관한 자료를 찾기 위해 국회도서관을 찾았다. 읽고 싶은 책이 있었다. 오영진이 쓴 『소 군정 하의 북한-하나의 증언』(중앙문화사, 1952)이 그것이었다. 장춘을 거쳐 단동세관에서 세리(稅吏)로 일하던 백석은 1945년 8·15 해방 직후 압록강을 건너 평양으로 진출했고 조선민주당 당수이자 평남건국준비위원회 위원장 조만식(1883~1950)의 통역 비서 겸 외사과장으로 발탁되었다.

　백석은 이때부터 조만식의 수행비서 오영진(1916~1974)과 알고 지냈다. 오영진은 조만식의 정치적 동지인 평양 산정현교회 오윤선 장로의 막내아들이다. 백석은 평양의 일본식 요정 '가선(歌扇)'에서 열린 김일성 환영만찬에 참석했고 그 자리엔 오영진도 있었다. 이후 두 사람은 소련군 장교단과의 회식 자리에도 초대받았다. 『소 군정 하의 북한』엔 오영진의 눈에 비친 백석의 행적이 적나라하게 적혀 있었다.

　오영진의 증언은 매우 사실적이고 구체적이어서 나 자신이 '가선'에 앉아 술잔을 기울이며 함께 대화를 나누는 것 같은 착각이 들었다. 흑백필름처럼 눈앞에 전개되는 글을 읽어나가던 중 한 대목에서 잠시 호흡이 정지되었다.

공산당에서는 월북하여 온 몇몇 영화청년 윤재영(후에 소련유학), 鄭俊
采 등을 맞아서 선전부내에 영화반을 조직하였다. 일정 때부터 알던 이
조수들은 매일과 같이 나를 찾아와 영화위원회를 조직하자고 졸라댄다.
영화동맹 산하에 오직 영화부문만은 그때까지 조직되지 않았던 것이다.
나는 아이모 한 대밖에 없는 현상으로 그까짓 위원회나 만들어 놓아 무엇
을 하느냐는 이유로 그들의 요구에 응하지 않았다. 기재가 없는 것도 사
실이지만 나는 새로 탄생되는 영화위원회의 장래는 누구보다 더 정확히
투시할 수 있었기 때문이다.(오영진, 『소 군정 하의 북한─하나의 증언』,
중앙문화사, 1952─한자는 한글로 변환 표기)

'정준채(鄭俊采)'는 '정준채(鄭準采)'의 오기(誤記)였다. 한자(漢字)만
다를 뿐, 해방정국의 영화인 가운데 '정준채'라는 동명이인(同名異人)
은 있을 수 없었다. 1946년 1월 입북한 정준채의 존재를 기록을 통해
확인하기는 처음이었다.

백석의 행적을 찾아 나선 '나'와 내 안의 '정준채'가 마찰을 일으키고
있었다. 영화인 정준채의 꿈은 무엇이었을까. 그는 어떤 영화를 만들
고 싶었던 것일까. 장춘의 인파 속에 백석과 정준채의 그림자가 함께
어른거렸다. 나는 백석을 경유해 정준채를 소환하고 있었다.

다음 날 아침, 장춘전영(구 동북전영제편창)을 둘러보고 싶었으나
일정이 맞지 않았다. 택시를 타고 장춘 시내를 지나갈 때, 차가 밀리
는 바람에 겨우 동북전영제편창 정문 앞을 스쳐 갔을 뿐이다. 울타리
너머 옛 스튜디오 자리엔 정적이 감돌고 있었고 흰 대리석의 모택동
동상이 세워져 있었다. 그로부터 10년의 세월이 흘렀다. 이제 그 정적
을 깨고 정준채를 오늘에 소환하려니 만감이 뒤섞인다.

정준채는 1952~1959년에 걸쳐 모스크바 음악원에 유학 중인 동생
정추(1923~2013, 카자흐스탄 망명 작곡가)에게 모두 39통(서신 36통,

엽서 3장)의 서신을 보냈다. 카사흐스탄 알마티의 정추 유품에서 수습된 정준채의 서신들은 일종의 하이퍼텍스트와 같았다. 서신은 한 영화인의 예술에 대한 고뇌와 지성인으로써의 갈등, 그리고 전후 복구 시기 북한의 실체를 여실히 보여주는 구체적 증언이기도 하다. 정준채와 동생 추는 각각 평양과 모스크바에서 각자의 예술을 추구했다. 언젠가 정준채가 연출한 영화에 동생 추가 음악을 맡아 대작을 완성하는 꿈을 꾸었으나 그 꿈은 영영 이루어지지 않았다. 이렇게 보면 예술은 상실된 꿈의 반영일지 모른다.

2017년은 정준채 탄생 100주년이었다. 이를 기점으로 본격적인 평전 작업이 시작되었다. 글을 쓰는 내내 벽에 걸어둔 정준채의 사진과 수시로 눈을 맞추며 말을 걸었다. 사진엔 '1935년 12월'이라고 적혀 있다. 정준채가 광주농고 시절, 틈만 나면 어른처럼 변장을 하고 들어간 광주좌에서 영화를 보던 그 눈이다. 나 역시 중고교시절에 무척이나 영화를 보러 다녔고 학생 지도 교사에게 적발돼 정학을 당하기도 했다.

어둠 속에서 영사기가 돌아가는 소리가 들리고 환등기 불빛에 무수한 먼지들이 허공에서 춤을 추던 서울 변두리의 극장들이 떠오른다. 불광극장, 은좌극장, 신양극장, 심지어 왕십리 대왕극장이며 의정부의 값싼 개봉관까지 찾아다녔다. 그때는 정준채라는 존재를 까마득히 몰랐던 시절이다.

애국가가 흘러나오면 모든 관객은 일제히 일어나 가슴에 손을 갖다 댔다. "무궁화 삼천리 화려강산~"이 흘러나오는 스크린에 새들이 무리를 지어 날고 있는 영상을 보면서 당대의 현실 밖으로 날아가고자 하는 충동을 느꼈다. 하지만 이내 애국가는 끝나고 모두 자리에 앉으며 현실로 회귀했다. 그때 어떤 무릎이 꺾였다. 바야흐로 군부 독재 시기였다.

어둠이 내리면 서울도, 평양도 거대한 영화관으로 변한다. 지구는 우주의 스크린처럼 별들이 총총거리는 은하계의 극장이 된다. 수만 광년 거리의 별은 사라지면서 발광한다. 별빛이 지구에 도착했다는 것은 별의 소멸을 의미한다. 정준채 역시 그렇게 사라진 별이었다.

평전을 쓰기까지 많은 도움을 받았다. 정준채의 동경 유학 일지 『정상기』에 육필로 적힌 일어 기록은 박종채(전 전남매일 기자) 선생의 번역을 거쳐 우리말로 옮겨졌다. 늘 필자를 격려하고 마음의 후원을 아끼지 않은 박종채 선생께 심심한 감사의 인사를 올린다. 제목만 알고 있던 정준채의 북한 잡지기고문을 흔쾌히 제공해 준 한상언영화연구소 한상언 대표에게도 감사의 말을 전한다.

2022년 6월
우이천변 창가에서
정철훈

⬛ 차례

1장
충장로 키드

1. 광주의 영화광

한국 최초의 극장은 1895년 개관한 인천의 애관극장으로 알려져 있다. 애관극장은 국내 최초의 실내극장이지만 근대 초기의 신파극 공연과 활동사진 상영을 겸했기에 엄밀한 의미에서 상설영화관은 아니었다. 상설영화관이라는 측면에서 보면 1907년 서울 종로 3가에 문을 연 단성사가 최초이다.

광주 최초의 극장은 1917년 일본인 후지가와 다다요시(藤川忠義)에 의해 개관한 광주좌(光州座)이다. 1917년 출간된 『광주지방사정』은 광주좌를 '근년에 신축 한 광주 유일의 극장'으로 소개하고 있다.[1] 지금의 광주 황금동 팔레스호텔 자리에 있었고 최대 300여 명을 수용했다. 광주좌는 처음부터 영화 상영을 위한 공간이 아니라 연주회·연극 등 공연장 성격이 강했다. 광주좌가 문은 연 1917년 지역 최초로 전기를 도입한 광주전등주식회사가 설립되었다. 전기의 출현은 영화를 소비할 수 있는 대규모 관객의 수용을 가능케 했다. 광주좌는 관객 300여 명을 수용할 수 있는 총건평 120평의 목조 2층 건물이었고 당시 주소지는 광주읍 서성정(西城町)이었다.

1920년대 광주권번의 전신인 광산기생조합은 1년에 한 두 번씩 온습회(溫習會·지금의 발표회)를 광주좌에서 개최했다. 광주좌에서는 영화도 상영했다. 관객들이 다다미를 깔고 앉아 광목을 드리운 스크린을 쳐다보았다. 허름한 건물이었던 탓에 겨울철에는 일본식 화로를 껴안고 관람을 했고, 다다미 사이를 오가며 판매원들이 군것질거리를 팔았다. 불행히도 광주좌는 1931년 극장 주인의 불찰로 촛불이 필름에 넘어지면서 건물 전체가 전소됐다.

---

1) 위경혜, 『광주극장』, 전남대학교출판문화원, 2018, 40쪽.

광주지역 최초의 상설 영화관은 1927년 10월 1일 일본인 구로세(黑瀨)가 광주좌 인근에 개관한 '광남관(光南館)'이었다. 광남관의 건물 내부가 어떤 모습이었는지는 정확히 알 수 없다. 하지만 계상(階上)과 계하(階下)로 나눠 입장료를 따로 받았다는 기록으로 미뤄 2층 구조였던 것 같다. 1930년대 무성영화를 기준으로 계상이 20전, 계하가 10전으로 계상이 두 배나 비싼 것으로 보아 2층에 발코니를 두고 이곳을 상석으로 여기는 관행이 이때까지도 남아 있었다. 광남관의 정원은 543명이었으며 일본 닛카츠(日活) 계통의 영화를 상영했다.

'광남관'은 영화상영관으로 지은 탓에 처음부터 전속 영사기사를 두었다. 조명덕(趙明德)도 그런 사람이었다. 그는 1928년 다른 두 사람과 함께 '삼우회(三友會)'를 조직했고 나중에 '광주영화사'라는 단체를 조직해 일종의 영화제를 개최했다. 광남관은 광주좌보다 시설 면에서 진일보해 본격적인 영화 상영에 적합한 시설들을 갖추고 있었다. 그러나 영화 상영만으로는 극장영업이 곤란했기에 일반 공연을 위한 시설도 마련했다. 그 중 하나가 가부키 배우들이 관객석을 가로질러 통과하도록 만든 화도(花道)와 분장실의 일종인 가쿠야였다.

1930년 4월 2일 『중외일보』에 "광주학생사건운동으로 다사다난한 광주시민대중을 위로코저" 광남관에서 '광주시민위안영화대회'를 개최한다는 기사가 실린 것으로 보아 이때까지 광남관이 건재했음을 알 수 있다.[2]

광남관 이후 '제국관'이 존재했다. 제국관의 개관이 언제인지 정확히 알 수 없으나 광남관이 시대에 뒤떨어진 영업 전략이나 시설 탓으로 별 성황을 이루지 못하지 이름을 제국관으로 바꾼 것으로 보인다. 제국관의 관주는 구로세 도요조(黑瀨豊藏)이었다. 제국관은 670여 명

---

2) 위경혜, 위의 책, 42쪽.

이 들어갈 수 있는 객석을 가지고 있었고, 일본의 대표적 영화사인 도호(東寶)와 신코(新興)의 작품을 배급받아 양화(洋畵)와 함께 상영했다.[3] 제국관은 광주좌와 마찬가지로 일본인을 우선 고려한 종족 차별적인 공간이었지만 지방 유지나 관광서 근무자와 같은 일본어 해독능력이 있는 조선인들도 드나들 수 있었다.[4]

제국관이 전국적으로 알려진 것은 1930년 3월 26일 700여 명의 관객들이 「아리랑 후편」(이구영, 1930)을 관람하던 중 이웃집에서 발생한 화재를 영사실 화재로 착각하면서 극장 밖으로 대피한 사건이 중외일보에 실린 게 계기였다. 일제 강점기 조선의 최대 흥행작 「아리랑」(나운규, 1926)의 후속편이 일본인 극장에서 상영된 것은 광주가 협소한 영화시장에서 벗어난 혼종의 공간이었음을 의미한다.[5]

제국관은 경쟁업체인 광주좌가 화재를 입고 다시 재기하지 못했기 때문에 한동안 광주의 유일한 극장이었다. 영화 상영 외에 최승희의 무용 등 다채로운 공연행사들이 제국관에서 펼쳐졌다. 1933년 컬럼비아 레코드의 전속가수인 채규엽이 남해당(南海堂) 김준실의 초청으로 이곳에서 공연했고, 1935년 역시 남해당 주최로 오케 레코드의 전속 만담가 신불출과 가수 이난영, 국악인 임방울과 신일선 등이 이 극장에서 공연했다. 1935년 10월, 광주YMCA가 한창 이름을 날리던 권투선수 황을수를 초청해 제국관에서 환영회 겸 시범경기를 열었던 일도 있었다.[6] 이들 극장들은 모두 일본인들에 의해 경영되었다.

---

3) 위경혜, 『광주의 극장 문화사』, 도서출판 다지리, 2005, 24~30쪽.

4) 위경혜, 『광주극장』, 전남대학교출판문화원, 2018, 43쪽.

5) 위경혜, 위의 책, 44쪽.

6) 영화 외에도 수많은 공연과 행사가 열렸던 '광남관'은 해방과 함께 구로세가 일본으로 돌아감에 따라 주인 없는 적산으로 남게 됐다. 이에 '제국관' 시절에 영사기사를 지낸 전기섭이 불하를 받아 '공화극장(共和劇場)'으로 간판을

하지만 우리 손으로 극장을 세우려는 움직임도 1930년대부터 시작됐다. 1934년 봄, 충장로에서 남해당(南海堂)이란 상호를 걸고 악기점을 운영하던 김준실이 충장로 5가에 벽돌 2층의 '모단극장', 즉 '모던극장'의 건축공사를 시작했다. 이때 극장 설립에는 2만원이라는 거금이 필요했는데 김준실은 앞서 구로세가 광남관을 세운 과정처럼 극장건립에 지난한 시간이 걸렸고 이 과정에서 재정상 큰 어려움을 겪었다. 1년 뒤에 김준실은 꿈을 접었고 그 바통은 호남 굴지의 부호였던 최선진(지주이자 정미업자로 훗날 유은학원 설립)에게 넘겨졌다.

1891년 태어난 최선진은 19세에 부친 최권삼을 잃고 가장이 되자 멀리 제주도까지 가서 물건을 파는 등의 수완을 발휘해 광주의 일본인 거주지 명치정(明治町, 현재 금남로) 일대의 대지를 소유했다. 또한 목화와 벼를 사들여 서울을 비롯, 전북과 경남 일대에 판매했다. 대정정(大正町, 현 대인동)에서 150평 짜리 창고 2개로 시작한 사업이 날로 번창하자 최선진은 벼와 목화를 일본에까지 수출하면서 높은 수익을 남겼다.[7] 최선진은 1921년 3월 1일 지역 유지와 함께 사립 광주보통학교를 세워 교육사업에 뛰어든다. 또한 여객회사를 설립해 광주-송정 노선과 송정-영광 노선의 버스를 운영했다. 최선진은 이윤만을 좇는 사업가가 아니었다. 그는 1921년 화순, 장성, 승주, 구례를 휩쓴

바꿔 달고 영업을 했는데 중도에 다시 '동방극장(東方劇場)'으로 이름을 바꿨다. 그러나 이후에도 극장은 여러 사람의 손을 거쳤다. 자유당 시절에 '동방극장'은 전기섭에서 당시 국회의원이던 구흥남에게 넘어 갔고 다시 광주일보의 창립자인 언론인 김남중의 손에 얼마간 있다가 이후 오권수가 경영을 했다. 그리고 1970년대부터는 상호를 다시 '동방극장'에서 '무등극장'으로 바꿨다. 이처럼 숱하게 극장주와 상호가 바뀌었지만 광남관, 다시 말해 '무등극장'은 오랫동안 광주에서 대중문화의 싹을 틔운 중요한 활동무대였다. 하지만 결국 극장은 2000년대 들어 복합상영관들의 기세에 밀려 경영상 어려움을 겪었고 2012년에 결국 문을 닫고 말았다.

7) 위경혜, 위의 책, 53쪽.

수해 복구를 위해 250여 명의 소작인의 소작료를 면제해주었고 일부 소작인에게는 쌀가마까지 배급했다. 1935년 44세의 최선진은 시대의 변화를 직감하고 새로운 사업을 모색했으나 1935년 10월 1일 문을 연 영화관 '광주극장'이 그것이었다. 광주극장의 개관일은 때마침 광주가 지금의 시에 해당하는 부(附)로 승격되는 날이기도 했다. 수용인원은 1200명. 지금의 복합상영관에 견줘 결코 뒤지지 않는 규모였다. 이런 규모 탓에 당시의 신문들은 "조선에서 제일" 혹은 "남조선에서는 처음 보는 대규모 극장"의 등장을 침이 마르도록 대서특필했다.

문제는 극장운영에 필요한 7명의 주주를 모집하는 일이었다. 이에 최선진은 지인들에게 주주참여를 권했다. 권유를 받은 인물인 호남은 행 지배인 김희성을 위시해 조국현, 유연상, 최준기, 최동문, 그리고 대흥농장 지배인 조응원 등이었다. 그런데 호남은행 대주주 가운데 정상호는 정준채의 외삼촌이었다. 정상호는 최선진에 뒤지지 않는 개화기 광주의 사업가로 명성이 있었다. 정준채는 광주에 들어온 근대문화를 개방적으로 수용한 외가를 통해 극장문화를 접했고 소년 시절부터 광주극장을 출입하였다.

▶ 부친 운정 정순극(1914년 추정)ⓒ정철훈

정준채는 1917년 7월 19일 (음력) 광주시 양림동(당시 광주읍 양림리) 202번지에서 아버지 정순극(鄭淳極·1897~1958)과 어머니 정참이(鄭參二·1885~1984)의 4남 1녀 중 장남으로 태어났다. 밑으로 누이 경희(瓊姬), 남동생 추(樞), 권(權), 근(槿)이 있다.

근대적 공간인 '광주좌'가 개관된 1917년에 태어났다는 점은 훗날 영화인의 길을 걷게 될 정준채의 일생과 상징적으로 맞물린다. 그는 '광주좌'로 상징되는 광주 충장로 극장문화가 시작될 때 태어나 충장로 키드로 성장했다. 양림동에서 광주천을 건너면 번화가인 충장로였고 개화기 신사였던 아버지를 비롯, 외삼

▶ 모친 정참이(1914년 추정)ⓒ정철훈

촌들의 손에 이끌려 영화관을 출입했다.

아버지 정순극은 광주고등보통학교 한문교사였으며 평생 한시에 심취한 시인이었다. 광주의 만석꾼인 외조부 정낙교 가문은 1920년대에 피아노를 들여놓을 만큼 개명한 집안이었다. 셋째 외숙 정석호(鄭錫好)가 베를린 음대에서 성악공부를 마치고 귀국하면서 사들인 피아노였다.

베를린 예술대학 문서보관소의 학적부에 따르면 'Chung, Suckhoe'라는 철자의 정석호는 베를린 음악대학의 전신인 스테른 콘서바토리에서 2년간(1924/25~1925/26) 공부했다.[8] 당시 함께 공부했던 한인으로는 벌교 출신의 음악가 채동선이 유일하다. 채동선은 1925/26년의 자료에만 등록되어 있으므로, 정석호가 채동선보다 1년 먼저 그리

---

8) 이경분, 「북한의 망명음악가 정추 연구—초기 교향악을 중심으로」, 『통일과 평화』 제7집 1호, 2015.

고 1년 더 오래 공부한 셈이다. 어린 준채는 외가 사랑방에서 피아노를 치며 이탈리아의 저명한 테너가수 카르소 창법으로 노래를 부르던 외삼촌의 모습을 지켜보았다. 이런 환경은 자연스럽게 준채로 하여금 클래식 음악에 심취케 했다.

집에서 골목 하나를 사이에 둔 외가는 베토벤과 슈베르트를 비롯한 클래식 음악이 축음기에서 흘러나오는 일종의 음악 감상실이었다. 외조부 정낙교는 명창 임방울을 비롯한 호남의 가인들을 초대해 국악마당을 펼치곤 했다. 서양음악과 한국의 전통적 선율이 교차하는 외가와 광주천 건너 충장로 어디쯤에 있었던 광주좌를 연상하자면 근대의 물결이 출렁거리던 개화기의 소년 준채의 모습이 어느 정도 그려진다.

준채가 소학교에 입학할 무렵인 1925년 11월 시설보수를 거쳐 재개관한 광주좌는 신극(新劇) 「첫날밤」을 공연했다. 「첫날밤」 출연배우 가운데 최남주라는 이름이 등장한다. 그로부터 12년 후인 1937년 경성에서 조선인 최초의 영화사인 조선영화주식회사('조영')를 설립한 바로 그 최남주다.[9]

광주에서의 최남주의 연극 활동은 경성에서의 문화 사업가로서 활동하는데 주요한 계기를 마련한다. 최남주는 짧은 기간이나마 연극 활동을 통해 지역 문화 엘리트들과 교류하는데 이들 가운데 최형렬(崔亨

---

9) 최남주는 1905년 광주에서 금융가 최원택(崔元澤)의 손자로 태어났다. 최남주는 조부(祖父) 최원택의 금융회사 설립과 전등회사 창업 그리고 교육기관 설립을 지켜보면서 근대적 사업 운영과 근대 문화에 대한 관심을 자연스럽게 획득한 것으로 짐작된다. 최원택은 1906년 광주농공은행(農工銀行)과 1907년 전국 최초로 광주금융조합(金融組合)을 설립하고 1917년 광주전등주식회사 창업에 거액을 투자한 인물이다. 또한 1927년 최원택은 무양서원(武陽書院) 건립에 거금을 희사하는 등 교육활동에도 관여한다.(위경혜, 「식민자 엘리트의 '상상적 근대': 최남주의 활동을 중심으로」, 『한국극예술연구 49』, 2015.9, 17~18쪽.

烈)과 최흥렬(崔興烈) 형제는 1935년 지역 최초 조선인극장인 '광주극장' 설립에 주도적으로 참여한다.

최남주가 신극에 관심을 갖기 시작한 1920년대 초반 '광주좌(光州座)'는 공연장이었고 '활동사진상설관' 광남관은 1927년에 들어와서야 문을 열었다. 지역 최초 영화상설관은 1927년 10월 1일 현재 '활동사진상설관'으로 기록된 일본인 소유의 광남관(光南館)이다.[10] 관객 정원 543명에 닛카츠(日活)영화사 작품을 상영한 광남관 관주(館主)는 구로세(黑豊瀨)였다. 향토사가 박선홍에 따르면, 1920년대 구로세(黑瀨豊藏)가 과거 광주객사이자 광주군청 건물 자리에 극장을 설립하고 광남관(光南館)이라 불렀다. 1930년경 광남관은 제국관(帝國館)으로 개칭하였다. 야간에만 영업한 제국관은 도호(東寶)영화사 전속(專屬) 극장이었다.[11]

그러니 지역 조선인 극장 역시 최남주가 「꽃장사」(안종화, 1930)에 출연하기 이전까지 부재한 상황이었다. 지역 상설 영화관이 시기적으로 늦게 등장하고 조선인 극장이 부재하다고 해서, 최남주의 영화에 대한 관심이 부족한 것은 아니었다.

최남주는 김우진의 신극 관람보다 앞선 1920년 일제 주도의 계몽 영화를 관람한 것으로 추측된다. 1920년 7월부터 9월까지 조선총독부 경무국 위생과와 전남도청이 전염병 예방을 위해 광주와 전남에서 위생 관련 영화를 순회 영사하고 위생극을 개최했기 때문이다.[12] 게다가

---

10) 위경혜, 앞의 글.

11) 박선홍, 『광주 1백년 ②: 개화기 이후 광주의 삶과 풍속』, 광주문화재단, 2014, 82쪽; 위경혜, 『광주의 극장 문화사』, 도서출판 다지리, 2005, 24~30쪽.

12) 한상언, 「1920년대 초반 조선의 영화산업과 조선영화의 탄생」, 한국영화학회, 『영화연구』 제55호, 2013.3, 658~659쪽.

최남주가 「첫날밤」에 출연한 1920년대 중후반, 조선의 언론은 미국영화 중심의 영화 담론을 쏟아내고 있었다. 「아리랑」(나운규, 1926)의 흥행 성공 이후 '활동사진' 배우나 연출을 꿈꾸는 식민지 청년의 고민은 물론, 조선과 일본영화를 넘어 세계영화에 대한 식견을 갖춘 배우를 모집하는 '조선키네마' 광고가 신문에 실렸다.[13]

그만큼 식민지 조선에서의 영화는 대중문화로서 자신의 입지를 굳히고 있었다. 광주에서의 소인극 활동 이후부터 「꽃장사」(안종화, 1930)에 예명 '최남산(崔南山)'으로 출연하기까지 최남주의 행적은 분명하지 않다. 다만 최남주는 보성고등보통학교를 거쳐 1930년 일본 도쿄 니혼(日本)대학 문예과를 졸업한 것으로 알려져 있다.[14] 비록 9년이라는 시차는 있지만 정준채 역시 1939년 니혼(日本)대학 예술과에 입학해 영화연출을 전공한다.

일본 유학을 마치고 귀국한 최남주는 「꽃장사」 출연을 마지막으로 영화 활동을 중단하는데, 그 이유는 광산업에 뛰어들었기 때문이다. 최남주가 1933년 당시 전남 광산군의 사금광(沙金鑛)을 포함한 용진광산(聳珍鑛山)을 경영하고, 이를 니혼제련회사(日本製鍊會社)에 매각하면서 발생한 엄청난 차액으로 부를 축적할 때 준채는 광주농고에 재학 중이었다. 준채 역시 최남주가 광주의 남광광업(南光鑛業)이 전국 각지의 소규모 금 광산 또는 사금 광구를 관리하는 '광산왕'으로 널리 알려진 것을 익히 알고 있었을 것이다.

---

13) 김승구, 『식민지 조선의 또 다른 이름, 시네마천국』, 책과함께, 2012, 15~20쪽.
14) 위경혜, 앞의 글.

2. 시인의 아들

준채의 아버지 운정(雲庭) 정순
극은 신문물이 밀려들던 개화기
광주에서 평생 한시에 의탁해 살
아간 근대인이었다. 광주 양파정
을 중심으로 한 광주시사와 목포
의 유산시사(유달산 시회)를 빠지
지 않고 오가며 시문을 지어 읊었
으니 주변에서는 그를 시광(詩狂)
으로 칭했다. 근대라는 시대적 배
경에서 한시라는 문학 장르는 서
로 어울리지 않은 후진성으로 비

▶ 부친 운정 정순극(1938년)ⓒ정철훈

칠 수도 있겠지만 작시(作詩)의 세계 안에 머물렀다는 점에서 보면 근
대의 낭만성과 상통한다.

그의 낭만성은 주변 환경과도 무관하지 않다. 세 명의 처남은 광주
양림동의 개명한 집안 출신이었고 매제는 목포 갑부 초정(草亭) 김성
규(1863~1935)의 장남인 수산(水山) 김우진이다. 누이동생 점효(點
孝)는 1916년 김우진과 혼인했으니 운정과 수산은 처남매부관계였다.

장성군수 김성규의 장남으로 장성 관아에서 태어난 김우진은 7세
때 어머니를 잃고 고독한 유년시절을 보냈다. 1908년 무안 감리로 임
명받은 부친을 따라 목포 북교동으로 건너온 김우진은 목포공립심상
소학교 고등과 1년을 마친 뒤 1915년 가업을 이어받기를 원하는 아버
지의 뜻에 따라 일본으로 건너가 구마모토 농업학교(熊本農業學校)에
다니던 중이었다.

일찍이 16세 때부터 단편 「공상문학」을 썼던 김우진은 문학의 꿈을 꺾을 수 없어 아버지의 반대를 무릅쓰고 1919년 와세다 대학 영문과에 들어가 희곡을 전공했다. 하지만 수산은 구마모토 농업학교 시절부터 시를 썼다. 수산이 현대시를 쓴 반면 운정은 한시를 썼지만 현실에 대한 함축적 의미를 담은 시문이라는 측면에서는 서로 상통하는 면이 없지 않다. 오히려 시문은 둘 사이를 연결하는 통로였다. 운정이 수산을 회억하며 지은 시문은 1918년에 쓴 3수가 남아 있다.

김군 우진이 문학 연구함을 듣고 생각함   憶金君祐鎭聞究文學科[15]
억 김 군 우 진 문 구 문 학 과

夢中幾度對吾君	꿈속에서 그대를 몇 번 만났던고
몽 중 기 도 대 오 군	
萬里東西海陸分	만리의 동과 서에 바다와 육지가 나뉘어 있네.
만 리 동 서 해 륙 분	
遠遊江戶多新智	강호(江湖)의 집에 멀리 노니 새로운 지혜가 많고
원 유 강 호 다 신 지	
更入門墻究古文	다시 문 안에 들어가서 고문(古文)을 연구하네.
갱 입 문 장 구 고 문	
懷思悠悠隨皓月	회포가 간절하니 달을 따라 걷고
회 사 유 유 수 호 월	
音書杳杳隔重雲	소식이 아득하니 구름이 첩첩히 가리었네.
음 서 묘 묘 격 중 운	
炷香拱俟歸鄕日	향 피우고 고향에 돌아올 날을 기다리니
주 향 공 사 귀 향 일	
以保健全是願聞	건강 보존함을 듣길 바라네.
이 보 건 전 시 원 문	

1918년은 수산이 규슈(九州)의 구마모토 농업학교(熊本農業學校)에 다니던 시기이다. 수산과 함께 구마모토 16회 졸업생인 동창 마수무라 신지(增村信治)는 이렇게 회고했다.

내가 처음 金祐鎭을 만난 것은 大正 4년(1915년)인데 그의 삼촌이 熊本에 와 계셨으므로 그 주선으로 熊本에 온 것 같습니다. 삼촌은 熊本에서

15) 미발간 운정시초(雲廷詩抄)에서.

큰 材木商을 하시는 분이었고 金씨의 실가도 목포의 대지주로서 큰 양반
집이라는 이야기를 들었습니다. 그의 受學生活은 동생 金哲鎭씨와 함께
보내고 있었는데 시내의 山本사진관에 둘이 같이 하숙을 하다가 그들의
수학교사인 河原生ㅡ(가와하라 세이이치) 선생 댁으로 하숙을 옮겼지요.
이 河原 선생 댁에서는 식구들과 아주 친숙해져서 인간적인 薰陶도 받은
것같습니다. (중략) 金哲鎭씨는 아주 몸이 건강하고 성격이 명랑했는데,
金祐鎭씨는 허약하고 내성적이며 思索的이었습니다. (중략) 祐鎭씨는 학
교공부 면에서 영어를 잘해서 영어교사 松崎(마쯔자키)선생의 평이 매우
좋았고 귀여움을 받았지요.[16]

항상 사색에 빠져 있고 문학을 좋아하던 수산과 한시에 심취한 운정
의 우정은 남달랐다. 와세다 대학 영문과에서 수학하던 수산을 매제로
둔 운정은 근대화 물결이 몰려들던 구한 말, 전남 옥과의 포평시회를
이끌며 한시를 지어야 했던 엇갈린 운명에도 불구, 수산과 문학을 사
이에 두고 교유했다.

　　김군 우진을 생각하다　　　億金君佑鎭[17]
　　　　　　　　　　　　　　　억 김 군 우 진

　　聊知相別幾經年　　그대와 서로 이별한 지 몇 년이 되었는고
　　료 지 상 별 기 경 년
　　慰我無人聽晚蟬　　날 위로할 이 없으니 매미소리나 들으리.
　　위 아 무 인 청 만 선
　　身分南北逢時少　　몸이 남북에 나누어 있어 만날 때 적으니
　　신 분 남 북 봉 시 소
　　平日常希氣健全　　평일에 항상 건강하길 바라네.
　　평 일 상 희 기 건 전

---

16) 신연수, 「김우진에게 보낸 부친 김성규의 계서(戒書)」, 『근대서지』 5호,
　　2010, 72쪽.
17) 미발간 운정시초(雲廷詩抄)에서.

수산의 부친 초정 김성규는 유학자 출신의 외교관으로 홍콩 주재 대한제국 공사를 지낸 개화파 지식인이다. 초정은 성품이 강직하고 효성이 지극했던 만큼 자식들에게도 매우 엄격했다. 부친의 기대를 한 몸에 받은 수산은 구마모토 농업학교 시절, 「축산론(畜産論)」을 집필했고 1918년 영친왕으로부터 5원(圓)의 상금을 받기도 했다. 부친의 소망대로 가업을 이어받기 위한 노력의 한 결과였으나 문학에의 열망마저 저버릴 수 없었다. 운정은 그런 수산에게 편지를 띄운다.

김우진에게 붙임　寄金佑鎭[18]
　　　　　　　　　기 김 우 진

夢裏應看儒達山　꿈속에 응당 유달산이 보이네.
몽 리 응 간 유 달 산
勤功逐日未身閑　공부를 날마다 부지런히 하여 한가하지 못하네.
근 공 축 일 미 신 한
細看瓊章似對顔　시장(詩章)을 기쁘게 받드니 얼굴을 대한 듯하네.
세 간 경 장 사 대 안　　　　　　　시 장
遠器端宜同列上　먼 기국은 진실로 동렬(同列)의 위가 마땅하고
원 기 단 의 동 열 상
雄才曾出衆人間　웅대한 재주는 일찍이 여러 사람 사이에서 뛰어났네.
웅 재 증 출 중 인 간
莫嫌異國生疎地　이국 생소한 땅을 혐오하지 마소.
막 혐 이 국 생 소 지
他日錦衣鄕里還　다른 날에 금의로 환양하리.
타 일 금 의 향 리 환

수산은 시대적 고통을 자신의 문학에 투영함으로써 계몽적 민족주의나 감상주의에 머물렀던 기성문단을 뛰어 넘어 그만의 표현주의를 실험했다. 수산의 갈등을 모르지 않았던 운정 또한 근대식 교육을 받고 싶은 욕망이 왜 없었겠는가. 그럼에도 불구, 운정은 곡진하게 한학의 세계에 머물렀다. 운정은 그러나 홍진(紅塵)에 묻힌 고리타분한 선비가 아니었다. 광주와 목포의 걸출한 시사(詩社)에 참여하면서 당대 문인들과 교유했는가 하면 격변기인 근대를 통과하면서 목격하고 체

---

18) 위와 같음.

험한 낯선 풍경과 소식에 대한 소회를 시로 지었다.

서구의 전쟁을 듣다　　聞西歐戰[19]
　　　　　　　　　　　문 서 구 천

聞道西歐獨最強 문 도 서 구 독 최 강	서구(西歐)가 가장 강하는 말을 들으니
戰場應未國民康 전 장 응 미 국 민 강	전장(戰場)에 응당 국민이 편치 못하리
勝勢功來胸奧笑 승 세 공 래 흉 오 소	이기어 성공하고 오면 가슴 깊이 웃고
悲風吹去黑山亡 비 풍 취 거 흑 산 망	슬픈 바람이 불어가면 검은 산에서 망하네
壯士雷轟知歲久 장 사 뇌 굉 지 세 구	장사가 우레처럼 소리치니 여러 해 경력을 알고
英雄雲集認兵嘗 영 웅 운 집 인 병 상	영웅이 구름 같이 모이니 군사 단련함을 알겠네.
同盟聯合何良策 동 맹 연 합 하 양 책	동맹(同盟)으로 연합함이 얼마나 양책(良策)인고
一夜下城白耳皇 일 야 하 성 백 이 황	하루 밤에 백이황(白耳黃)을 항복시키었네.

　1914년 6월 28일 보스니아의 한 청년이 오스트리아 황태자 부부를 총으로 쏴 죽인 사건이 발단되어 일어난 제1차 세계대전의 종전 소식에 접한 1918년 11월 지은 시이다. 오스트리아 입장을 지지한 독일이 가담하면서 세계대전으로 비화된 전쟁은 미국이 독일에 저항하는 연합군에 참전하면서 독일의 패배로 끝났다. '백이황(白耳黃)'은 패전으로 인해 1918년 11월 9일 퇴위한 독일제국의 빌헬름 2세를 말한다. 독일은 운정에게 아무 인연이 없는 머나먼 서구의 국가만은 아니었다.
　운정은 장인인 양파 정낙교의 아들 병호(秉好·1896~?), 상호(尙好·1898~1979), 석호(錫好)와 처남 매제 사이였다. 병호는 미국 유학을 갔다가 시카고에서 작고한 것으로 알려졌으며 상호와 석호는 1920년대 초 독일 베를린 대학을 졸업하고 귀국한 개화파 지식인이었다. 특히 정상호는 1919년 광주독립운동에도 기여했다. 그런 만큼 운

---

19) 위와 같음.

▶ 정준채의 광주 양림동 외가 전경ⓒ정철훈

정에게 있어 독일은 처남들이 머물렀던 남다른 시공간이었다.

운정의 장인 정낙교는 1914년 광주 사직단 입구에 양파정이라는 정자를 지었고 유명을 달리한 1937년까지 매년 전국한시백일장을 열었다. 그는 본디 송정리에서 살다가 1908년 양림동 127번지로 왔고, 128번지에 대단한 규모의 한옥을 지었다. 이 한옥은 현재 광주시민속자료 제1호로 지정되어 있다. 가옥에 들어가면 먼저 사랑채와 행랑채가 보이고 그 앞에 연목이 있으며 연못 가운데 커다란 돌거북이 있다.

좀 더 들어가면 'ㄱ'자 형 안채가 나오는데 툇마루에 앉아 풍경을 감상하면 마음이 차분해질 정도로 잘 정돈되어 있다. 안채 뒤편에는 부잣집 살림살이를 짐작할 수 있는 널찍한 장독대가 자리 잡고 있다. 한다. 하지만 정낙교가 작고하면서 가세는 서서히 기울었다. 정낙교의 차남 상호는 한때 광주에서 삼성상회와 주조장을 경영했고 광복 후 광주시장에 출마했으나 김일도에게 근소한 차로 낙선하면서 가계는 쇠락했고 후손들은 거의 광주를 떠났다. 본디 전남대 농대의 전신인 사립 대성대학도 이 집안에서 설립했다. 그만큼 지역 사회의 교육에 대한 열의가 높았음을 짐작할 수 있다. 운정은 처남 가운데 상호와 가까웠는지, 상호에 대한 시 2수를 남겼다.

정군 상호를 생각하다   億鄭君尙好[20]
                       억 정 군 상 호

屈指天時送火流   손꼽아보니 천시가 칠월이 지났는데
굴 지 천 시 송 화 류
聊知君屋在西州   그대의 집에 서주에 있음을 알겠네.
료 지 군 옥 재 서 주
雲間歸雁誰傳簡   구름 사이 가는 기러기 누구에게 편지를 전하는고?
운 간 귀 안 수 전 간
月下無人獨上樓   달 아래에 사람 없어 홀로 누에 오르네.
월 하 무 인 독 상 루
半年魚信多看阻   반 년 간 소식이 많이 적조하니
반 년 어 신 다 간 조
一院蟬聲更換愁   한 정원의 매미소리 다시 근심을 잊게 하네.
일 원 선 성 갱 환 수
盍簪那日相傾酒   만나는 어느 날에 서로 술을 들면서
합 잠 나 일 상 경 주
閑坐淸風更一遊   한가히 맑은 바람에 앉아서 다시 한 번 놀까?
한 좌 청 풍 갱 일 유

이 역시 1918년에 쓴 시이다. 목포의 김우진, 광주의 정상호와 각각 매제와 처남 관계였던 운정의 생활은 청빈하다 못해 쪼들렸다. 운정이 가친에게서 물려받은 것은 서책과 한학이었다. 부인이 시집올 때 지참금으로 가져온 논마지기는 훗날 일본 유학을 간 아들들의 학자금을 대기 위해 처분할 수밖에 없었으니 정작 식량 걱정을 하지 않은 세월은 길지 않았다. 그랬을지언정 운정은 자식 교육과 관련해서는 논밭을 팔고 집을 줄여가며 학비를 댈 만큼 몸의 양식보다 마음의 양식을 추구한 각별한 아버지였다.

---

20) 위와 같음. 양파(陽波) 온양 정(鄭)씨 정낙교(鄭洛敎)는 슬하에 광호, 상호, 석호 등 세 아들을 두었으나 광호는 큰집에 양자를 보냈고 상호가 가문을 이어받았다. 독일에서 유학한 정상호는 귀국 때 야구 기구를 들여와 광주의 청년들에게 야구를 보급했으며 광주학생운동운동에도 기여하였다.

일제강점기인 1910년대에는 광주의 청년단체 조직은 전무한 상황이었다. 광주에서는 최초의 근대 학교인 광주공립보통학교(현재 서석초등학교) 출신들이 광주 사회운동을 주도했다. 이들은 1910년대 초부터 동창회를 조직하여, 사상적으로 민족적 감정을 부흥시키며, 강습회, 토론회를 개최하고 여러 체육활동을 벌이며, 청년운동의 구심점을 형성하는 데 중요한 역할을 했다. 1917년에는 광주공립보통학교 졸업생 동창회 지육부(智育部)가 주관하여 광주 동구 불로동의 옛 측량학교 자리에 있는 광주공립보통학교 졸업생 동창회관에 '신문잡지종람소(新聞雜誌縱覽所)'를 설치했다.[21] 그곳은 당시 사직공원 초입의 양파정을 건립한 광주의 부호 정낙교 소유의 건물이었다.[22]

옛 적십자병원 앞(옛 측량학교 자리, 광주 동구 서석로 10번지에 '신문잡지종람소'라는 간판이 있었다. 광주의 신문잡지종람소는 단순히 신문과 잡지를 함께 보기 위해 생긴 곳은 아니었다.[23] 이들은 신문·잡지를 윤독하고 역사공부도 하였으며, 일제강점기의 정치나 사회상황에 대해 열띤 토론을 하였다. 유명 인사들을 초청하여 세계정세에 대한 강연을 들었으며, 광주출신으로 서울·일본 등지로 유학 간 유학생들과의 접촉을 통해 국내·외 소식을 수시로 접하고 있었다.

회원은 집주인 정낙교의 아들 정상호(鄭尙好), 일본 유학생 김복수(金福洙), 경성 유학생 박팔준(朴八俊), 광주농업학교에 다니던 김용규(金容圭), 한길상(韓吉祥), 최한영(崔漢泳), 그리고 강석봉(姜錫峰),

---

21) 『동아일보』, 1926.10.1.

22) 박수진, 「광주 3·1운동 주역 '애국계몽 독서모임 학생들」, 『전남일보』, 2019.2.17.

23) 노성태, 「광주 3·1운동의 재구성—판결문을 중심으로', 『광주·전남 3·1 혁명의 재평가 학술세미나 자료집』, 2019.2.

김태열(金泰烈), 강생기(姜生基) 등이었다.[24] 이들은 광주보통학교(광주보교) 및 농업학교(농교)를 졸업했거나 재학 중인 20대 청년으로 당대의 지식인 집단이었다.[25]

이러한 모임이 근 1년 계속되던 1918년, 일본경찰은 눈치를 채고 해체시키려 했으나 그럴듯한 법적근거가 없었으므로 집주인 정낙교를 귀찮게 굴어 '신문잡지종람소'를 억지로 몰아냈다. 하는 수 없이 쫓겨난 이들은 일본경찰의 눈을 피해 다시 본정(本町) 옛 충장로 4가 부래옥 351 자리에 '삼합양조장(三合釀造場)'이라는 간판을 달고 낮에는 주색(酒色)에 탐닉해버린 것처럼 가장하고 밤에는 안방에 들어앉아 평소의 일을 계속했다고 최한영은 증언했다. 이러한 최한영의 증언과 달리, 1918년 무렵 광주면사무소가 옛 측량학교 자리에 옮겨오면서[26] 신문잡지종람소가 옮겨간 것으로 보인다는 의견도 있다.

'삼합양조장'이라는 간판을 달고 활동을 하던 중, 동경 유학 중이던 광주 출신 최원순(崔元淳), 정광호(鄭光好), 박이규(朴珥圭) 등을 통해 일본 요코하마에서 발행되던 영자통신(英字通信)을 입수하여 독일의 패전과 윌슨 대통령의 민족자결주의제창 등 세계정세를 인식하였고 독립운동에 뛰어들기 시작했다.[27]

당시 민족 자결의 흐름과 함께 동경유학생동우회에서 활동하던 광주출신 동경유학생 최원순과 정광호는 동경의 백관수, 최팔용, 이광수 등과 2·8독립선언을 준비하고 있었다. 최원순은 2·8독립선언의 후일을 맡고, 정광호는 동경과 국내가 한날한시에 거사할 수 있도록 연락

---

24) 최한영, 「비밀결사 '신문잡지종람소'」, 『신동아』, 1965년 3월호.

25) 최한영, 앞의 글.

26) 조광철, 「[광주갈피갈피]신문잡지종람소, 일제 강점기 엘리트들 비밀 서클」, 『광주드림』, 2016.5.11.

27) 최한영, 앞의 글.

하는 밀명을 띠고[28] 이광수 초안으로 된 최팔용 외 10명이 서명한 조선청년독립단 명의의 2·8독립선언서(한글판, 일본어판 각 1부)를 지참하고 1월 말 귀국하였다. 정광호는 서울에서 최남선 등을 찾아 봉기할 것을 권유했으나 뚜렷한 반응을 보이지 않자,[29] 2월 2일, 서울에서 유학중이던 김범수(金範洙, 광주 출신, 경성의전), 박일구(朴一求, 장성 출신), 최정두(崔正斗, 광주 출신)등과 만나 2·8독립선언서를 국내에 배포하기로 뜻을 모았다. 이들은 일경의 눈을 피해 독립선언서의 인쇄장소를 박일구의 처갓집인 전남 장성군 북이면 백암리 김기형의 집으로 결정하고,[30] 등사판을 산 후 가마니에 담아서, 2월 4일 경성역(서울역)을 출발하여 광주에 도착하였다.

거사 당일 박일구는 처갓집이 있는 장성으로 내려가고, 광주에서 하룻밤을 묵은 김범수는 김태열과 만나 함께, 정광호와 최정두는 등사판과 인쇄용지를 가지고 장성 김기형의 집에 은밀히 숨어들었다. 장성 김기형의 집에 모인 사람은 정광호를 비롯하여 김범수, 박일구, 최정두, 김태열 등 5명이었다.[31] 이들은 김기형의 협조를 얻어 2월 5일부터 6일까지 이틀간 정광호가 가지고 내려 온 등사판을 이용하여 한글로 된 독립선언서 약 600장과 일본어로 된 독립선언서 약 50장을 인쇄하였다. 이렇게 인쇄된 2·8독립선언서는 정광호, 박일구 등이 지니고 경성으로 잠입, 3·1운동 당시 다수의 민중에게 배포되었던 것이다. 이렇게 보면, 3·1운동의 배후엔 광주 청년들의 역할이 두드러졌고 이

---

28) 고하선생전기편찬위원회, 『獨立을 향한 執念: 古下宋鎭禹 傳記』, 동아일보사, 1990, 63쪽., 『동구의 인물1』, 〈최한영 편〉 광주광역시 동구청, 2020, 127쪽 재인용.

29) 정유진, 「2·8독립선언과 최원순(崔元淳) 선생」, 『남도일보』, 2019.2.24.

30) 노성태, 앞의 글.

31) 노성태, 앞의 글.

들을 세계정세에 눈뜨게 한 것은 정상호가 선뜻 제공한 '신문잡지종람소'였다. 운정이 1918년 '백이황(白耳黃·빌헬름 2세)'의 패전으로 제1차 세계대전이 끝났다는 사실을 알게 된 것도 '신문잡지종람소'를 통해서였다.

3. 광주보통학교 입학과 광주학생운동

준채의 광주 광주보통학교(현 서석초등학교) 학적부에 따르면 주소는 당시 광주면 양림리 202번지이다. 입학 일은 대정(大正) 13년(1924년) 4월 1일이다. 1학년부터 6학년까지 각 과목의 성적은 갑(甲), 혹은 을(乙)로 적혀있다.

'입학 전 경력'란에 '書養一般'으로 적힌 것으로 미뤄 어린 시절부터 독서에 심취했음을 알 수 있다. 학업 과목은 1, 2학년 시절 '수신(修身)', '국어(일본어)', '조선어', '산술', '창가' '체조' 등 6개였다. 3, 4학년 시절엔 여기에 '이과(理科)'와 '도서(圖書)'가 추가되어 8과목이었다. 5, 6학년 시절엔 여기에 '일본역사', '지리', '농업', '재봉(裁縫)'이 추가되어 12과목이었다.

흥미로운 것은 부친 정순극의 동생이자 정준채의 작은 아버지인 순복(淳福, 1909년 생)이 고향인 전남 곡성군 오산면 봉동리 69번지를 떠나 광주 양림리 202번지에 기거하며 대정(大正) 15년(1925년) 광주보통학교 6학년으로 전학을 왔다는 사실이다. 당시 보호자는 형인 정순극이었다. 준채는 8살 연상인 작은 아버지 순복과 함께 1년 동안 광주보통학교를 함께 다녔음을 알 수 있다.

광주보통학교는 1896년 11월 6일 문을 연 전라남도 관찰부 공립소학교가 출발이다. 당시 을미개혁의 일환으로 공포된 「소학교령」에 따라 출석생수 40인 등의 요건을 갖춰 국고금 50원을 지원받은 공립소학교는 1906년 공립광주보통학교로 이름을 바꿨고 다시 1950년 서석국민학교로 이름을 바꾸었다.

광주보통학교가 현재의 자리로 옮겨 온 건 1927년이다. 처음엔 광주시 구동 향교 내 사마제(司馬薺)를 임시 교사로 사용하다 1907년 동문로 옛 광주일보 자리에 터를 잡았다. 개교 당시에는 3년제로 운영되다 1906년 4년제로 개편됐고, 지금과 같은 6년제가 시작된 건 1922년이다. 정준채는 광주보통학교를 1931년 3월에 졸업했으나 그의 학창시절에 대한 구체적인 이야기는 전해지지 않는다.

다만 서석초등학교 개교 100주년을 맞아 1996년 서석초 총동창회가 발간한 『광주서석100년사』(편찬위원장 최승호)엔 3·1운동과 관련, 이런 대목이 나온다.

"1919년 광주보통학교 4학년으로 급장이었던 17세 최영섭 군이 4월 8일 오전 10시 자혜의원(현 전남대 부속병원) 앞에서 집합, 독립만세를 부르기로 하지만 3·1 만세운동은 여의치 못하고 최영섭 군은 이후 계속 독립운동에 가담, 경찰의 고문과 실형을 받아 나이 33세에 꽃다운 인생을 마감했다."

『광주서석100년사』엔 졸업생들의 이야기도 실려 있다. 1943년 입학한 39회 졸업생 김양균 전 헌법재판소 재판관은 마분지를 만들기 위해 말똥을 주우러 다녔던 기억, 식량 공출 때문에 쌀밥이 귀해 학교에서 배급해 주는 '빵표'를 유용하게 썼던 이야기, 일본인 '아닷지' 선생이 군대 소집영장을 받고 떠나자 광주역전에서 출정 환송 행사를 했던 기억들을 풀어놓았다.

그때는 공부보다도 수시로 전교생이 근로동원되어 야간에서 잔솔이나 소나무 뿌리를 캔다거나 마초를 베는 작업에 주력했던 때였다. 그리고 말똥을 주우러 다녔던 기억도 있는데 마분지의 원료로 쓰기 위함이었을 것이다. 하여간 그때는 도처에 마초가 많았고 마초를 잘못 다루다가 손을 베는 경우도 많았는데 나는 낫으로 마초를 베면서 나의 오른쪽 다리도 함께 베어버려 그 상처가 지금도 커다랗게 남아 있다.

그 무렵 '아닷치 선생이 군대의 소집영장을 받고 전선으로 출정하는 환송행사가 광주역전에서 있었다.' '귀신이라고도 호랑이라고 불렸던 이 아닷치가 영광스럽게도 천황폐하의 부르심을 받았다'는 취지의 연설을 하였는데 매우 의기양양하고 당당해서 그때만 해도 일본이 꼭 전패국이 되리라고는 느껴지지 않았다. 그 무렵 식량 공출 때문에 웬만한 집에서는 쌀밥은 명절에도 먹어보기 힘들었다. 그래서 학교에서 배급해주는 빵표가 인기였는데 지금 생각하면 원료도 별 대단한 것이 아니었지만 배가 고팠던 시절이라 퍽 맛있게 먹었던 기억이 있다. 그때 서석초등학교 운동장 앞에 있던 야산을 잇본마스(一本松)라고 불렀는데 그것이 산보 코스도 되고 등산 코스도 되었다. 잇본마스 근처는 전부 과수원과 딸기밭이었다.

(39회 김양균의 회고)[32]

교과목도 변화 과정을 거쳤다. 1907년 '일본어' 과목이 신설됐고 1910~21년에는 수신, 국어(일어), 조선어 및 한문, 산술 등을 필수로 공부했다.

1896년에 설립된 광주소학교를 흡수하여 1906년 광주지역 최초의 공립학교인 광주 공립보통학교로 개교하였으니 당시는 1학급 50명이었으나 수많은 인재가 광주보통학교에서 배출되면서 호남의 명문초등

---

32) 참고로 1950년 6·25전쟁이 발발하고 북한군이 광주에 주둔하면서 학교는 무기한 휴교에 들어간다. 당시 강용수 교장은 학적부와 졸업대장을 서류 상자에 넣어 가마니로 포장, 학교 뜰에 파묻어 두었다가 북한군이 물러간 후 다시 꺼냈고, 11월 1일 다시 문을 열었다. 그해는 학교가 전남지구 전투 사령부로 사용되면서 학생들은 인근 학교에서 수업을 받기도 했다.

학교로 자리 잡았다.

준채가 광주보통학교에 다니던 시절, 광주의 대표적 번화가의 하나인 충장로에 한인 상권이 형성된 것은 1920년대 후반이다. 그전에 광주천을 중심으로 형성됐던 큰 장터인 공수방(公須坊)장, 작은 장터인 부동방(不動坊)장이 합쳐진 사정시장이 1932년 2월 문을 열었다. 시장이 들어서자 시장으로 통하는 충장로 거리를 중심으로 상가가 번성하기 시작했다.

일본 상인들이 주축을 이루고 있던 충장로에 최초로 진출한 한국 상인은 가구점을 하던 임학운(林鶴雲)이었고, 주단 포목점으로 호남지방 상권을 주름잡았던 남창상회의 심덕선도 있었다.

충장로 상인 중에서 빼놓을 수 없는 사람이 김세라(金世羅)였다. 호남 최초의 여성 상인으로 알려진 김세라는 도자기와 고무신을 취급하는 금세(金世)상회를 운영하면서 김활란(金活蘭·이화여대 총장 역임), 김필례(金弼禮·수피아 여학교 교장 역임)와 함께 '3김 여사'로 불렸던 여류명사였다.

일제는 1935년 8월, 광주에 세계적인 섬유업체인 가네보(鐘紡)를 설립했다. 1920년대 전남 산업의 특징은 '3白2黑1靑'이라고 했다. 3白은 면화·누에고치·쌀이었고, 2黑은 김과 무연탄, 1靑은 죽제품이었다. 일본이 면화와 잠사의 고장에 대규모 방직공장을 세운 것은 자연스러운 일이었다. 가네보는 일신(日新)방직과 전남방직(全南紡織)으로 이어졌다.

가네보는 섬유를 원료로 하는 장갑·양말·메리야스 산업의 발전을 가져왔다. 가네보의 여공들은 당시 대표적인 신여성들로 광주 총각들에게 선망의 대상이었다. 현재 광주시민들의 사랑을 받고 있는 무등경기장 자리도 가네보가 시민공원을 조성하려던 터였다. 1935년 5월 순수한 민족자본에 의해 설립된 무등양말은 일제 때 쌓은 명성을 지금도

▶ 양파정 현액ⓒ정철훈

잇고 있다.

광주의 잠사(蠶絲)공업은 1926년 5월 전남도시제사공장이 설립된 이래 생산량이 크게 늘었다. 광주의 잠사업에 종사하던 청년들이 1929년 광주학생독립운동의 한 주역이었음은 이미 알려진 사실이다. 또 광주학생독립운동은 1980년 5·18 광주민주화운동으로 그 맥이 이어졌다.

한강에 압구정이 있다면, 광주천에는 양파정이 있다. 무등산에서 내려오는 물줄기는 양림(楊林) 근처에 다다르면 둑을 치며 잔잔한 파고를 일으킨다. 사람들은 강물에 수양버들 잎사귀가 물결에 부서진다는 뜻으로 양파(楊波)라고 불렀다.

부드럽고 온순하던 물길은 석축 제방을 만나 격한 소용돌이를 치며 하천 바닥을 깊게 패어 물웅덩이를 만들었다. 마을 사람들은 이 웅덩이를 '꽃바심'이라고 불렀다. 그리하여 언제나 수량이 풍부하고 깊은 양파정 천변은 광주 사람들 삶의 터전이 되었다.

굽이치는 물길이 바라다 보이는 곳에 양파정을 세운 사람은 정낙교이다. 그는 광주의 손꼽히는 부자이자 시문과 문학에도 조예가 깊었던 선비였다.

광주천이 내려다보이는 언덕에 1914년 양파정(楊波亭)이라는 정자가 세워졌으니 건립자는 정낙교이다. 제방 공사 이전의 광주천은 폭이 널찍하고 강둑엔 수목들이 빼곡했다. 본디 건천(乾川)인 광주천에서 유독 강물이 방방하게 들어차 있던 곳에 돌을 쌓아 만든 보가 조탄보(棗灘洑)다. 광주천의 다른 이름인 '조탄(대추여울)'에서 가져온 이름이다.

광주 천변 양림동과 불로동 사람들은 이 보를 징검다리 삼아 물을 건넜다. 7~8할이 농사일로 생업을 삼았던 광주천은 광주시민의 생명수였다. 1920년대 초만 하더라도 광주천변엔 물방앗간이 참으로 많았다.

양림 5거리를 거쳐 양파정 아래에 이르기까지, 지금은 아스팔트로 덮인 그 길 위로 퍼런 강물 한 자락이 흘렀다. 이 물길을 '명락강', '양림강', 혹은 '밋밋들물'이라 불렀다. 물길 옆에 자리한 마을을 명락강변이라 불렀다. 그 '갱변'사람들이 수차를 돌려 곡식을 찧던 곳이 양림동 물방앗간이다. 이는 광주천의 물 흐름이 지금과 달랐음을 의미한다.

예부터 광주천은 자주 범람해 사람들의 근심이 끊이지 않았다. 하여, 상류의 물을 나눠 물살을 줄이려 했으나 여의치 않자 중류에서 물줄기를 셋으로 나눠 한 줄기를 우회시켰다. '강물의 혜택'을 보다 많은 사람들에게 돌아가도록 하려는 배려였다. 그러자 거짓말같이 강물이 난폭한 힘을 잃고 순조롭게 흘렀다. 중국 진나라 소왕 때 이빙 부자가 도강언을 축조한 뒤 물소의 형상을 본딴 수위표를 세웠다는 전설처럼, 천 중심에 세운 정자가 석서정(石犀亭)이다. 글자 그대로 돌로 물소를 만들어 기념한다는 뜻이다.

1920년대 소작쟁의는 심각한 사회문제였다. 그럼에도 많은 농토를

가지고 있던 정낙교는 소작농민을 배려했다고 한다. 이러한 사실을 입
증이라도 하듯이 현재의 상무지구로 넘어가는 농성동 광장에는 '전 참
봉 정낙교 시혜비'가 서있다.

그가 세상을 떠난 이듬해인 1937년 2월 1일, 소작 농사일을 하던 당
시 극낙면, 서창면, 송정면, 동곡면, 하남면, 비아면 소작농들이 세운
비석이다.

정낙교는 사돈인 운람 정봉현 등 지역의 향토 문인과 선비를 양파정
으로 초청하여 시문을 함께 읊었다. 현재 양파정에는 30편에 달하는
시문과 현판이 현존하고 있다.

정낙교의 시문을 한글번역으로 읽어본다. "양파정에 오르면 언제나

▶ 광주농고 졸업을 앞두고 양파정 앞 전망대에서(오른쪽에서 두 번째가 정준채.
1937.4)ⓒ정철훈

심신에 많은 위안을 얻었다. 집안에만 있어 우울할 때는 문득 지팡이를 짚고 정자에 올라 스스로의 즐거움을 느끼곤 한다. 하늘은 아침저녁으로 모이기도 하고 흩어지기도 하는 각양각색의 구름들이 천태만상을 이루고 있다. 위에서 아래도 흐르는 시냇가에는 헤아릴 수 없는 많은 낚시꾼들이 서로 자리를 다투며 앉아있다."

시문을 보면 정낙교는 말년에도 양파정을 찾아 시대의 아픔과 자신의 삶을 회상했을 것으로 짐작된다. 정낙교는 광주 일원에 거대한 농토를 소유했고, 이것을 관리하기 위해 주식회사 양파농장을 경영했다. 또한 양파정은 소년문학운동의 태동지였다. 광주 출신 아동문학가인 김태오(金泰午)가 양파정에서 충장공 김덕령 장군과 금남군 정충신 장군을 그리워하며 「회고의 정」을 노래했다. 김태오는 「우리집 강아지는 복슬 강아지」를 작사했고 정지용, 윤극영 등과 함께 동요운동을 전개하며 일제에 저항했다. 향토사학자들은 또 "양파정은 매년 전국한시백일장이 열렸던 광주문화 부흥의 장소였다"라고 이야기한다.

정낙교의 외손이었던 정준채 역시 양파정을 놀이터 삼아 유년시절을 보냈고 소학교 시절, 백일장에도 참가했다.

또 하나, 양림동 골목에서 자주 눈에 띄는 것은 오래된 벽돌집이다. 100년 전 광주가 근대도시로 발돋움할 무렵 도시의 얼굴을 바꾸는 데 큰 기여를 한 것이 벽돌이라는 건축재다.

양림동에 벽돌집이 처음 등장한 것은 1900년대. 광주에 처음으로 서양인 선교사들이 들어와 살면서 학교와 사택과 교회를 벽돌로 짓기 시작했다. 이 무렵 벽돌집은 대부분 회색이었다. 당시 벽돌건물 짓기의 고수들이었던 중국인들이 회색 벽돌에 익숙했으며, 국내엔 붉은 벽돌을 만들어 낼 성능 좋은 가마가 없었던 것도 이유였다.

1911년에 완공된 수피아홀, 유진벨 선교사와 더불어 전라남도 최초 선교사였던 클레먼트 오웬과 그의 할아버지 윌리엄을 기념하기 위해

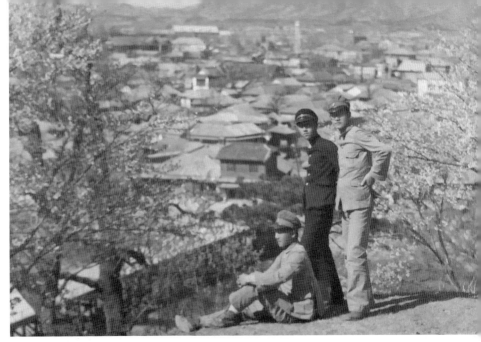

▶ 광주 양림언덕에서(맨 오른쪽이 정준채)ⓒ정철훈

1914년 세운 2층 건물 오웬 기념각(광주광역시유형문화재 제26호),
광주에 남아 있는 가장 오래된 서양식 주택으로 한센병 환자를 가족처
럼 돌보았던 미국인 우일선 선교사의 사택(광주광역시기념물 제15호)
등은 회색 벽돌건물로 양림동에 이국적인 경관을 더하고 있다.

　이 가운데 오웬 기념각은 공연장이라는 게 따로 없던 광주에서 1911년
최초의 서양극(신극) 「늑대와 소년」이 공연되었다.

　또 하나, 양림동에 태조 이성계가 토지의 신과 곡식의 신에게 제사
를 올리기 위해 사직단을 설치한 곳이다. 사직단은 일제의 개입으로
1894년 제사가 폐지됐고 1971년 사직공원에 동물원이 개장되어 사직
단은 철거됐다. 하지만 1991년 동물원이 우치공원으로 옮겨가자 1994년
100년 만에 사직단이 부활했다.

　1904년 광주읍성 밖 광주천 건너의 양림동엔 외국인 선교사들이 정
착하여 의료와 교육을 통해 기독교를 전파했다. 선교사들이 제중원과
수피아여학교를 설립하였기에 사람들은 양림동을 '서양촌'이라고 불렀

다. 또 광주 최초의 근대 병원인 제중원에서 1919년 3월 10일 광주에서의 만세시위 당시 『조선독립광주신문』을 등사하여 배포했다.

정준채 형제들은 광주의 부호인 정낙교의 외손이지만 성장기에 외가인 양림 저택을 수시로 드나든 것을 제외하고는 외가에 손을 벌린 적이 없는 고적하고도 독립적인 나무였다. 호랑이가 가려운 등을 비벼 댔다는 호랑가시나무 언덕이 양림에 있을 진대 이들 형제에게 가려운 것을 이데올로기가 아니라 영혼의 공백을 채우는 예술 혼이었다고 할 때 이들 형제야말로 가시나무에 등을 비비던 가려운 호랑이에 비유할 수 있을 것이다.

양림교회가 세워진 것은 1904년 미국 남(南) 장로교파의 선교사들에 의해서이다. 당시 보수적인 문화가 강한 나주에서 교회 건축을 거부당했던 선교사들은 광주 양림동에 교회를 세웠다. 양림동의 세도가들은 의식도 깨어 있는 편이었고, 교회 후원자금을 모으기에도 유리했다. 게다가 선교사들이 보여준 삶의 모범은 대단했다. 나병환자, 빈민, 과부, 고아들을 위해 가진 것을 모두 나눠주고 청빈의 삶을 살았던 선교간호사 서서평(본명 Elisabeth Johanna Shepping, 1880~1934)은 예수 재림이라는 말을 들었을 정도다.

또한 양림 언덕 위에 우뚝 솟아있는 우일선 선교사의 벽돌기와집은 지역 최초의 고아원으로 사용되었다.

정준채의 외가인 양림동 한옥은 수령 600년에 이른 팽나무가 지금도 힘차게 가지를 뻗고 있다. 외조부인 온양 정씨 양파(揚波) 정낙교가 1899년에 건축한 대저택으로, 1905년에 이 저택에서 광주 최초의 크리스마스 축제가 열렸다는 기록이 있다. 1920년대 정낙교 저택엔 독일제 그랜드 피아노가 있었다. 정낙교 슬하의 병호, 상호, 석호 등 세 아들 가운데 셋째인 정석호가 독일에서 들여온 것이다.

정석호는 베를린 음대에서 성악을 전공한 음악가였다. 그는 세계적인 성악가 카르소(1873~1921)의 발성법을 공부하고 귀국하면서 그랜드 피아노를 사들여왔던 것이다. 정준채 형제 역시 일찍부터 서구의 신문물을 접하고 성장했던 것이다. 어쨌든 양림에서 태어나고 성장했다는 정준채 형제들에겐 크나큰 행운이 아닐 수 없다. 하지만 행운의 이면은 언제나 시련이다. 준채가 광주보통학교 5학년 때인 1929년 11월 광주학생운동이 일어난다. 동생 추는 이날의 일을 이렇게 회고했다.

어머니는 그날 발재봉틀로 하루 종일 여러 색의 깃발을 재봉질하고 계셨습니다. 하루 종일. 그날이 1929년 11월 3일. 어머니는 광주학생운동의 시위를 준비하고 계시던 것이지요. 그 날은 우리 독립운동사에서 3·1운동. 6·10 만세 운동 후의 가장 규모가 큰 시위운동이었습니다. 그날 우리 집 문은 활짝 열어졌고 수많은 사람이 왔다 갔다 했는데. 나는 어머니 옆에 서서 일손을 놀리는 그리고 발을 돌리는 모습을 유심스럽게 보고 있었습니다.

그때 그날이 내가 여섯 살이었습니다. 나는 그날 저 멀리 광주 시내에서 독립만세를 부르는 메아리를 들었습니다. 그리고 그날 나는 어머니의 외사촌 동생인 광주농고 학생 조길룡도 보았습니다. 그는 광주농고 대표 시위운동 조직자의 한 사람이었습니다. 그 후 길룡이 아저씨는 7년 징역을 살았습니다. 그래서 나는 독립운동이 무엇이라는 것을 어려서 알게 되었습니다.

어머니에게서 전투장에서의 투사의 얼굴을 보았고 그 투지가 내게 전해져 나는 독립투사가 될 생각을 했던 것입니다. 고대광실 기와집 만석꾼 친정 집 앞에서 초가집에 사실 때에도 어머니는 불평 한 마디 하지 않으셨습니다. 침묵은 덕이었을까요. 어머니는 우리가 질투하지 않게 매를 들어 나를 가르쳐 주셨습니다. 그래서 그런지 나는 남을 부러워 한 일이 절대 없습니다.

어머니는 석가여래 같은 성인의 말씀을 실행한 것입니다. 질투심이 없으니 경쟁심도 없어졌습니다. 그래서 나는 항상 느린 사람이 되고 말았지요. 비단 저고리와 바지, 호박 달린 마고자, 풀 먹인 두루마기……. 어머니는 나를 출중한 남아로 키우고 싶으셨던 것이지요. 어머니는 불쌍한 사람을 뜨거운 방 아랫목에 앉히고 점심을 한 후, 갈 때는 쌀 한 자루를 이어보낸 일이 셀 수도 없이 많았습니다. 그렇게 남의 아픔을 동정하고 추위에 떨고 배고픈 거지를 입혀서 보냈습니다.[33]

 동생 추의 기억은 이들 형제의 성장과정에 대한 중요한 단서를 담고 있습니다. 어머니 정참이의 존재가 그것이다. 양림정 202번지에서 자식들을 생산한 어머니는 아이들이 성장함에 따라 친정인 양림 저택 정문에서 골목을 사이에 두고 30미터 쯤 떨어진 양림정 137번지에 살고 있

▶ 광주 양림동 자택에서 일가친척과 함께(앞줄 오른쪽부터 시계방향 누이 경희, 동생 추, 한 사람 건너 정준채, 앞 사람 건너 모친 정참이, 동생 권, 고모 정점효. 모친이 안고 있는 아이는 막내동생 정근.)ⓒ정철훈

33) 정추 육필 기록, 「나의 어머니」.(2006년 작성·필자 소장)

었다. 양림정 137번지로 이사를 온 것은 다른 이유가 아니라 친정 어머니 조(曺) 씨가 기왕이면 친정의 부엌일을 거들라며 가까운 곳으로 집을 옮길 것을 권유했던 것이다.

준채가 부모를 따라 고향인 전남 곡성군 오산면 봉동리 부들마을을 떠나 광주로 이사했을 때는 그나마 외가에서 어느 정도 거리가 있는 202번지의 초가를 얻어 살았다. 하지만 준채가 광주보통학교에 입학할 무렵, 외가에서 가까운 137번지로 옮겨왔다. 그때는 정낙교 부부는 아들 삼형제를 미국과 독일로 유학 보내고 적적한 나날을 보내고 있었기에 딸에게 그렇게 권고를 했다.

친정 앞 골목길은 수피아 여학교생들의 통학로여서 광주학생운동이 벌어진 그날, 어머니는 재봉틀로 태극기를 만들어 학생들에게 전달했다. 게다가 광주학생운동의 주역인 광주농고의 조길룡은 어머니 정참이의 외종 사촌동생이었다. 국가보훈처가 공개한 조길룡의 이력은 다음과 같다.

성명: 조길룡
생몰년도: 1909.9.18~1991
출신지: 전남 화순
운동계열: 학생운동
훈격(연도): 독립장 (1963)

공적내용: 전남 구례(求禮) 사람이다. 1926년 말 항일학생결사인 성진회(醒進會)가 조직된 후 광주학생의 항일의식은 고조되었는데 도중에 회원 중 이반자가 생겨 1927년 3월에 해체되었다. 그러나 동회의 해체는 형식상이었을 뿐으로 주동학생들의 활동은 각 학교 단위로 계속되어 나갔다. 그리하여 광주농업학교에서는 주당석(朱唐錫)·유치오(俞致五)의 주도

하에 성진회의 사업을 수행하였는데 이들이 1929년 3월에 졸업하게 되자 그는 김남철(金南哲)·이영범(李翎範) 등과 함께 뒤를 이어 교내 조직을 3개 반으로 나누고 각기 반 책임자가 되어 사회과학연구 등을 통하여 항일의식을 고취하였다.

그러던 중 동년 6월, 동경에서 돌아온 장재성(張載性)이 성진회 해체 이후 그때까지 분산적으로 지속하였던 투쟁방법에 대하여 조직적 활동을 주장하자 조길룡을 비롯한 광주 내 각 학교 학생지도자들이 김기권(金基權)의 집에 모여 〈독서회중앙본부〉를 조직하였다. 이때 조길룡은 동 본부의 출판부 위원으로 선임되어 각종 인쇄물의 인쇄 및 배포를 담당하였다.

한편 동 본부는 결의사항으로 부원의 1주 1회 회합, 각 학교에 하부조직인 독서회를 조직할 것, 소비조합의 설치 등을 정하였다. 그리하여 조길룡은 동년 6월에 김남철, 최정기(崔貞基) 등 광주농고생 20여 명과 함께 무등산에서 회합하고 광주농고 독서회를 조직하였다. 그리고 부서를 정하였는데 조길룡은 동회의 대표 겸 재정부 위원의 일을 맡았다. 또한 동회는 회원을 4개조로 나누어 각기 책임자를 두고 조별로 연구활동을 하였는데 조길룡은 조책임자로도 활동하였다. 그리고 앞서 동 본부에서 설치하기로 결의한 소비조합 조직에도 관여하여 동년 6월부터 장재성 및 동 본부 임원들과 계획, 의논하여 동년 9월에 조합을 설치하였다.

동 조합의 목적은 독서회원의 친목단결 및 재정지원활동에 있었는데 그 운영 자본금은 임원, 각 학교 독서회 등이 중심이 되어 출자하였다. 이렇게 독서회 활동을 통하여 항일의식을 고취하던 중, 1929년 11월 3일에 광주학생독립운동이 일어나자 조길룡은 광주농고생의 가두시위에 앞장서서 활약하였다. 동월 10일에는 오쾌일(吳快一)·김남철(金南哲)·김홍남(金鴻南) 등과 함께 박기석(朴紀錫)의 집에 모여 제2차 시위를 계획하고 광주고보·농고·사범 3개 학교가 일제히 거사하기로 결의하였다.

거사전날인 11일 밤, 조길룡은 박기석의 집에서 오쾌일·이형우(李亨雨) 등 동지들과 함께 학생들에게 배포할 1000여 매의 격문을 직접 살포하였다. 그 후 일경에 피체되어 소위 광주학생독립만세시위 운동에 대하여 징역 8월을 언도받았으며, 광주농고에서 퇴학을 당했다. 또한 독서회 운동에 대해서는 1930년 10월 광주지방법원에서 소위 치안유지법, 보안법 위반으로 징역 4년형을 언도받았으며 1931년 대구복심법원에서 징역 2년형이 확정되어 옥고를 치렀다. 정부에서는 그의 공훈을 기리기 위하여 1963년에 건국훈장 독립장을 수여하였다.[34]

조길룡(曺吉龍)

당시 나이	20세		
본적/주소	전라남도 광주군 광주면 양림리 169 번지	판결 기관	광주지방법원
죄명	치안유지법위반	생산 년도	1931
주문	공소 기각	관리 번호	CJA0001990
판결날짜	1930.7.17.	M/F 번호	00960623
사건개요	성진회, 소비조합, 독서회등을 조직하여 일반 생도를 선동하여 동맹휴교를 감행하였고, '공산당선언' 등의 제목으로 격문서를 인쇄, 배포하였고, 광주학생사건으로 시위를 하기 위하여 흉기를 휴대하고 광주읍내를 행진하였다.		

조길룡의 체포되어 재판을 받고 있던 1930년 준채는 광주보통학교 6학년에 재학 중이었다. 이듬해 1931년 봄, 광주보통학교를 졸업한 준채는 1932년 광주농고에 입학한다. 졸업과 입학 사이엔 1년 동안의 공백이 있는 것은 그만큼 진로에 대해 많은 고민을 했을 것이라고 짐작된다. 어쩌면 조길룡의 구속에 따라 이들 일가에 대한 일본 경찰의 감

---

34) 「조길룡 공적 사항」, 국가보훈처.

시의 눈을 피해 1년을 쉬었을 가능성도 배제할 수 없다.

『광주농고 100년사』[35)에 따르면 고종은 1885년 실업교육의 중요성을 칙서에서 밝힌 뒤 1899년 실업교육을 강조하는 두 번째 칙서를 내리자 각료들이 비로소 교육기관을 설립했으니 그게 경성에 설립된 상공학교였다. 이후 1904년 농과를 증설하여 농상공학교가 설립되었으니 이것이 서울대학교 농과대학의 모체이다.

이에 따라 1909년 4월 전남도립 광주농림학교가 설립되어 초대 교장 신응희가 전라도 관찰사를 겸임해 취임했고 그해 6월 제1회 속성과(2년제) 1학급을 모집하여 광주서문 밖 사립측량학교(구 광주적십자병원 후문통)에서 개교했다. 1911년엔 광주군 서방면 신안리의 국유지 23정보를 대부받고 또 민유지 2정보를 구입하여 도합 25정보의 실습지를 확보했다.

1912년엔 광주 임동 92번지로 교사를 이전했고 1928년 제 6대 교장인 일본인 히라노 키치 조우랑(平野吉三郞)이 취임했다. 개교 당시 전라남도 관찰사를 겸한 교장이 취임한 전례에 따라 광주농고 교장은 전남도장관을 겸임하고 있을 만큼 권한이 막강했다. 광주농고가 5년제로 승격된 것은 1927년의 일이고 정준채가 입학한 것은 히라노 교장 시절인 1932년 4월 6일이다.

준채가 광주농고 히라노 키치 조우랑(平野吉三郞) 교장을 처음 대한 것은 면접고사장인 교장실이었다. 히라노 교장은 위엄에 차있을 것이라는 예상과는 달리 온화한 표정의 인상이었다. 입학식의 단상에 오른 히라노 교장은 명문 광주농고를 표상하려는 듯 체구는 중후하고 풍채는 단정하였다. 보통의 일본인과는 달리 그의 후덕한 군자상은 만장한 학생과 학부모와 내빈의 뇌리에 존경과 신뢰를 품게 하였다.

---

35) 현『광주자연과학고등학교 100년사』.

그의 인품은 다년간 통치 권력에 순응할 수 있는 영재교육의 훈도(薰陶)에서 나온 것이었다. 입학 후 한 달쯤 지나자 신입생은 학교장에게 인솔되어 산동교(山東橋) 북방 월봉정 아래 극락강 천변에 나섰다.[36] 히라노 교장은 물고기를 잡아 고춧가루 양념으로 매운탕을 만드는 일에 열심이었다. 집단 원족에 대한 설명이나 주의를 접어둔 채 자연스럽게 단체 놀이를 이끌어갔다. 격렬했던 입시 관문, 희소성에 대한 기대 부담, 이민족 간의 자제관계 등에서 조성될 수 있는 긴장을 완화하고 학교생활에의 적응을 돕기 위한 배려였을 것이다. 그는 자신이 너무나도 한국사람을 많이 닮아서 초임지였던 공주농업학교 시절에는 촌노로부터 한국 청년이냐는 말을 자주 들었다.[37]

그는 미국 신혼여행 때는 중국인이냐는 물음에 'pure japanese'라고 대답했다면서 웃어 보이기도 하였다. 일본 군국주의가 중일전쟁 수행을 위하여 적개심을 부추기고 중국인을 매도하는 것과는 판이하게 그는 평화시대를 사는 사람처럼 웅대한 중국문화와 대륙민족에 대하여 한학자적인 견해를 갖고 있음을 감지하게 하였다. 학교 주변의 민가와의 교분도 원만하였고 김치의 깊은 맛을 좋아한다고 하였다.

그는 오사카 지방 선비가문 출신으로 동경대학에서 농학을 전공하는 한편 문학에 심취하여 격조 높은 선비의 품격을 겸비하고 있었다. 그의 부인은 영문학로서 수피아 여학교에서 영어교사로 봉직하였다. 그는 당시 희귀했던 중등 여교사로서 여성계 최상의 명예와 더불어 광주 삼대 미인으로 회자되기도 했다. 교장 관사의 샘물을 이용하려는 땀에 젖은 학생에게 귀한 설탕을 넣어주던 사모님은 그 도량과 교양이

---

36) 『광주농고 100년사-1909~2009』.
37) 위의 책.

청순한 미모와 조화되어 귀부인으로의 존경을 받았다.[38]

히라노 교장의 고매한 교육 경험은 교육행정당국의 전폭적인 신뢰로 이어졌고 광농 발전의 제반 문제는 교장에게 그 재량을 위임하기에 이르렀다. 그리하여 용봉동(지금의 전남대) 12만평 부지 위에 기계화된 농업 교육의 요람 건설에 착수하게 된다. 당시 졸업생의 진로가 지극히 희망적이고 학교는 사회의 절대적 신뢰를 얻어 현실에 안존할 수도 있었으나 교장은 농업교육의 전기를 검토하기 시작한다. 일본 북해도 식 대단위 농장경영능력의 배양, 육체적 노동의 개선, 농촌문화의 창출을 기획했던 것이다.

그는 인류의지를 대표하는 교육자로서 빈곤의 대명사인 농민의 처지를 개선하고 농민에 대한 인간 존중 정신의 구현을 절감하게 염원했던 것이다. 그러나 그 일은 호사다마였을까. 공교롭게도 용봉동 12만평 부지의 매입이 완료되던 1937년 중일 전쟁이 발발하였다. 물자는 귀해지고 물가는 앙등하여 학교 이주계획에 비운을 맞게 된다. 외국에 발주해야 할 농업기계의 도입도 무산되고 위용을 드러내야 했던 교사도 초라한 단층 목조건물로 대체할 수밖에 없게 되었다.

히라노 교장의 구상은 필생의 한을 남겼다. 그는 풍수지리상으로 왕도의 형국을 구비한 용봉동을 학교 부지로 선정했다. 일본은 중세에 이르기까지 군주가 바뀔 때마다 새로운 도읍지로 천도하였다. 도읍지의 요건으로는 3개의 산령(山嶺)이 있어야 하고 2개의 강이 감싸는 형국을 갖추어야 한다는 것이다. 그리하여 학교의 지명을 국견구(國見丘)라고 명명 표기하고 장차 이곳에서 훌륭한 인재가 배출하리라는 예언을 하기도 했다.

본관에 이르는 S자 도로, 3개소의 유선각, 대고루(大鼓樓) 등의 건

---

38) 위의 책.

축은 당시로서는 대학 캠퍼스에서나 있었던 구도를 도입한 것이다.

또 운동장 곳곳에 연못을 축조하여 수초와 물고기를 노닐게 했고 향나무, 은행나무를 시어 동양 선인의 풍류를 재현하고자 하였다. 청소년으로 하여금 자연의 품에 안겨 호연지기를 기르라는 목적이었을 것이다. 실내 조회시간이면 논어나 한시에서 발췌한 명언이나 시구들을 교재로 만들어 배포했고 성현의 철학과 시문을 한학자 특유의 낭낭한 음률에 실어 방송 강론을 하기도 했다.

히라노 교장은 한편으로는 중세의 궁성(宮城) 용 마차를 매입하여 인력거 교통시대에 행사 때나 시내 나들이에 교통수단으로 이용하였다 그의 화려한 처사는 세인의 놀라움과 빈축을 사기도 했다. 태평양 전쟁 때의 극심한 식량난에도 불구, 귀한 쌀을 비축하고 사부인으로 하여금 떡을 빚고 찌개를 끓이고 부식을 장만하게 하고 전광농(全光農) 대가족의 친화의 계기가 되게 하여 학생의 가슴 속에 인간애의 디딤돌을 감지하게 한 그 행사가 뇌리

▶ 광주농고 재학시절(1935.12)
ⓒ정철훈

를 스치며 지금까지도 달콤한 추억이 되어 잊히지 않는다.

권농일, 추수감사절, 토끼몰이 행사에는 돼지를 잡고 축제의 분위기를 고양시켜 함성이 터지게 하는 일은 연례행사였다. 히라노 교장은 1928년 3월에 취임하여 1945년 8월 15일 일본 패망까지 18년 간 재임했다. 재임 말기는 중일전쟁이 발발하고 태평양 전쟁이 한창인 전시중이었다.

일본군국주의자들은 요란스럽게 전쟁의 타당성을 외쳐대고 모든 학교가 앞을 다투어 학생모를 전투모로 교체 착용케 하였으나 우리는 졸업할 때까지 학생모로 일관하였다. 대부분의 공직자와 일반 국민들이 삭발하여 전쟁 의지에 동참하였으나 히라노 교장은 신사의 모습을 견지하였다.

그의 전쟁 훈화를 들은 기억은 별로 없다. 그는 뿌리 깊은 중국 문화와 신학문의 본산인 서구 사회를 이해하는 것 같았다. 학생들은 동서고금의 멋을 겸비한 히라노 교장을 영국신사로 칭하였다. 그 후 외아들이 전사하고 끝내는 삭발을 했다는 소식이 들려왔다. 인생무상, 제국주의의 허상을 어떻게 이해해야 할 것인가.

모교 60주년 기념 행사장에는 하라노 교장은 이미 타계하고 그의 부인이 책상보를 기념으로 보내왔다. 그도 방학 때면 광주농교 교장 사택에 모습을 드러내던 동경 미대에 다니던 미모의 딸과 같이 여생을 살다가 작고했다고 한다.

히라노 교장은 비록 일인이었지만 모교 광주농고사의 일제시대를 대표한다고 하면 과도한 표현일까. 지금은 가고 없는 히라노 교장 부부의 명복을 빈다.[39]

히라노 교장은 전남방직공장 등이 호남에 세워짐에 따라 양잠업의 중요성을 인식한 나머지 일본 북해도의 삿포로 농대 등을 시찰하고 돌아와 이에 못지 않는 동양 제1의 농업교육전당을 건설해보겠다는 구상으로 지가가 싼 나주, 담양 등지에 후보지를 물색했으나 예산 부족으로 수포로 돌아갔다.

히라노 교장은 준채가 23회로 졸업한 1937년, 학칙을 변경해 학생 정원을 250명에서 500명으로 늘리는 한편 1938년 광산군 서방군 신안리 용봉동 현재의 전남대학 농과대학 자리로 학교를 옮겼다.

---

39) 29회 나신수의 회고, 『광주농고 100년사-1909~2009』.

1938년 3월 제3파 교육령의 개정에 따라 조선어과가 폐지되고 교내에서는 우리말 사용이 엄격히 금지되어 일어만 사용하게 되었다. 이렇게 보면 준채의 재학 시절엔 조선어 과목과 국어(일어) 과목이 병행 개설되어 우리말 사용을 할 수 있었던 것은 다행이었다.

준채의 학적부에 따르면 학과목은 수신(修身), 공민과(公民科), 국어(일어), 조선어 및 한문, 습자(習字), 주산(珠算), 대수(代數), 기하(幾何), 삼각(三角), 영어, 물리, 화학, 기상(氣象), 식물, 직물, 동물, 인체생리, 광물, 지리, 역사, 체조, 교련, 농업대의(大意), 작물(作物), 양잠, 토양, 비료, 품종개량, 토질개량, 병충해, 축산, 농업제조, 잠업, 임업, 측량, 농업경제 등 무려 36과목이었다. 과목만 놓고 볼 때 대학 수준의 학과 개설과 실습 과정이 포괄되어 있었던 셈이다. 언어 과목에 조선어, 일어, 영어가 개설된 게 눈에 띤다. 문학도였던 준채에게는 3개 국어를 마스터할 좋은 기회였을 것이다.

하지만 전쟁 준비에 혈안이 된 일제는 무도 과목을 설치하는 등 군사훈련의 강화에 온 힘을 기울였다. 배속 장교로 현역군인인 중좌(중령) 한 명이 배속되어 있었고 이외에 하야준 위(河野准尉)라는 교련교관과 한국인 조교도 한 명 있었다. 교련은 개인 제식훈련에서부터 시작하여 집촌훈련, 사격훈련에 공수 및 소대 전투 훈련까지 일반 육군의 보병조전(步兵操典)에 의하여 철저하게 훈련되었다. 이들의 교육은 마치 군영에서 실행하는 신병 훈련에 못지않았다.

교련을 이수하고 나면 교련검정시험을 거쳐 합격자는 일본군의 간부 후보생이 될 자격을 부여하여 그들의 군사력 증강의 한 방편으로 삼았다. 또 매주 하루(대게는 수요일) 교련조회를 실시하였다. 전교생이 정 복장에 무릎엔 각반을 차고 등에는 군수 배낭을 짊어지고 상급생은 38식 실총을, 중간 학년은 모의총을, 저급 학생은 목검을 들고서 운동장에 대대편제로 집합을 한다. 이 대대편제란 각 반은 소대가 되고 각 학년은 중대, 그리고 전체는 대대가 되는데 부대장, 부관, 중대장, 소대장, 분대장 등이 정해지고 이들은 지휘도를 차고서 그들의 소속 부대를 지휘했다.

이런 편제로 운동장에서 학교장, 교관의 사열과 분열을 하는 조회로서 완전한 한 개의 독립된 군대 조직의 활동이었다. 학교 군사 교육을 평가는 교련 사열이 해마다 가을에 있었다. 용산에 있던 일본군 육군 보병 연대에서 대좌(대령)이 연대장과 부관을 대동하고 학교를 방문하여 교련 전반을 검열하였다. 추수를 마친 늦가을에는 군사 교육의 마무리를 짓는 연합 대연습이 시작되었다.

광주는 물론 전남도 내의 모든 중학교 학생들이 다 참가하는데 학교에 따라 동군과 서군으로 나뉘고 학생들은 완전 무장을 한 채, 전날 오후 늦게 출발하여 광주-장성 또는 광주-담양을 야간에 강행군으로 갔다가 돌아왔다. 잠 한숨도 못 자면서 밤새 강행군을 했기 때문에 지친 몸으로 되돌아온 학생들은 아침 녘에 광주 교외의 지정된 들녘에서 동군, 서군이 만나 대회전 훈련을 하는 것이다. 군에서 나온 사열관은 높은 언덕 위에서 이 접전 상황을 지켜보고 강평을 했다.

28기생까지는 군영에서 합숙하는 입영훈련을 받기도 했다. 25~26기생은 마산에 있는 중포병 연대에서, 27~28기생은 용산에 있는 보병 연대에서 일주일간 입영하여 훈련을 받고 나왔다. 그러나 28기생부터는 어떤 이유에서였는지 입영훈련은 실시되지 않았다. 일제의 이런 철저한 군사 교육은 그 길고 긴 일본군인칙유(勅諭)까지도 암송하게 만들었다.

학창생활 중 가장 즐거운 추억과 아름다운 낭만이 깃든 때가 수학여행이다. 1학년 때부터 수학여행 적립금으로 납입금과 같이 납입 저축해 두었던 수학 여행비로 4학년 때는 경인지방으로 그리고 5학년 때는 현해탄을 건너 일본의 각 지방으로 수학여행을 다녀왔다. 4학년 때의 국내 여행은 대게 경성, 인천 개성 등지를 7일 간에 걸쳐 견학하고 돌아왔다. 5학년 때의 일본 여행은 5월에 실시하였다. 여수에서 배로 시모노세키(下關)로 건너가 북 구주(九州), 교토, 동경, 일광(日光) 등지를 15일 간에 걸쳐 수학하고 돌아왔다. 돌아올 때는 시모노세키에서 부산까지 배로 건너 온 후 광주로 귀교하였다.

그러던 중 전시 하에서 때마침 부산과 시모노세키 사이를 오가던 관부연락선이 미군의 잠수함 공격으로 격침되자 이 일을 계기로 하여 28기를 끝으로 29기부터는 수학여행이 없어지고 만다. 29기생은 1학년 때인 1938년 서울에서 개최되었던 산업박람회의 견학 여행이 있었을 뿐이다. 이리하여 학창시절의 가장 즐겁고 아름다운 추억과 낭만이 있어야 할 수학여행은 일제의 전쟁 수행을 위한 내핍생활의 강요로 한낱 물거품이 되고 말았다.

광주 시내에서 임동에 있는 광주농고까지는 4~5km 정도였다. 이 먼 길을 기숙사생 이외에는 매일 도보 아니면 자전거로 통학을 해야 했다. 그런데 캠퍼스가 워낙 넓기 때문에 학교 교내에 들어서서 본관까지도 1km 정도가 되는 길을 더 가야 했다. 이 긴 교내의 길을 체력을 단련시킨다는 명분하에 일단 교내에 들어서면 전원구보를 하여 본관 앞까지 달려가야 했다. 자전거로 통학하는 학생들도 이 교내 길은 자전거를 타고 들어올 수가 없었다. 그래서 대개는 민가에 월 얼마의 사례비를 주고 자전거를 맡겨두고 교내 길을 다 같이 뛰어서 가야만 했다. 본관 앞 높은 언덕 위에 일본군 장교가 일본도를 차고 감시의 매서운 눈초리를 교문 쪽으로 향하였고 구보를 하지 않고 걸어오다 적발되면 그 벌로 운동장을 열 바퀴나 달려야 했다.

이런 고된 체력 단련식의 구보 등교는 1943년까지 실시되었으며 학

▶ 광주농고 시절 경성 조선총독부까지 자전거 여행(가운데가 정준채)ⓒ정철훈

생들의 불만이 많았을 뿐 아니라 아침 구보 등교로 기진맥진한 학생들의 실습이 태만하여 구보 등교가 폐지되고 자전거로 학교 내 본관까지 통학할 수 있게 되었다.

형은 광주농업학교를 5년 간 자전거로 통학했다. 때문에 키도 크고 건장한 나의 윗사람으로 항상 있었다. 집에 돌아오면 형은 기타를 치고 바이올린을 켜고 트럼펫도, 하모니카도 불고 만돌린도 놀고 노래를 썩 잘 불렀다. 악기 연주의 만능자이다. 형의 주위에는 언제나 음악 팬들이 모여들어 오케스트라를 연주하곤 했다.

이탈리아 노래는 물론 고가 마사오의 기타 반주로 사케와 나미다가 다 매이키까(술은 눈물인가, 탄식이런가.) 나 가에오 시다이데(그림자가 그리워) 등도 노래했다. 정말 음악의 전당이었다. 나는 당구삼년(堂狗三年)에 패풍월(唄風月)격으로 알게 됐다. 뿐만 아니라 그 당시에 일본 레코드를 형이 많이 사들여 듣고 있었다. 나는 형 때문에 서양음악의 최고 고전작품들을 듣고 감상할 수 있었다. 나는 이때에 들은 음악은 처음부터 마지막까지 외우고 노래하고 휘파람으로도 불렀다.

훗날 모스크바 음대 유학 시 남들에게 지지 않은 고전 음악통이었다. 그때 들은 곡 중엔 베토벤의 교향곡 5번 「운명」, 6번 「전원」, 차이코프스키의 6번 「비창」, 모차르트의 40번 「주피터」, 슈베르트의 「미완성 교향곡」 그리고 「여러 악기를 위한 콘첼트」 등 1920년대의 조선에선 정말 선진적인 예술 애호가 가정이었다. 페가소스(pegasos·天馬).[40]

정준채의 광주농고 학창 시절은 남다른 점이 있었다. 그는 지독한 영화광이었다. 재미있는 일화가 있다. 당시 학생들이 극장에 출입할 수 없었지만 정준채는 항상 변장을 하고 별 탈 없이 극장에 드나들었다. 당시의 극장이란 일주일에도 몇 번씩 상영프로가 바뀌곤 하던 때이다. 정준채는 제국관(지금의 무등극장 자리)에서 상영하는 영화를 거의 다 섭렵했다고 한다. 나중에는 극장에서 나누어주는 영화선전물이 방 안에 가슴 높이까지 쌓였다고 하니 그가 영화예술에 얼마나 매료되었는지는 쉽게 짐작이 간다.

준채는 여러 방면에 다재다능한 소질을 보였다. 문학 소년으로 시와 소설을 쓰기도 했다. 악기는 바이올린을 비롯해 만돌린에 이르기까지 못 다루는 것이 없었고 노래 또한 수준급이었다. 이러한 재능은 그가 접한 개화된 집안 분위기가 한 몫을 했다고 봐야 하는데 그의 집에서는 음악을 좋아하는 친구들이 모여 작은 오케스트라를 꾸미며 연주를 했다.

한번은 퇴학당할 번한 일이 있었다. 역시 영화에 관련된 일이다. 한창 유명세를 떨치던 무용가 최승희의 공연을 보러 광주극장에 갔던 그는 그날따라 변복을 했음에도 나오는 길에 선생에게 붙들려 정학 처분

---

40) 정추 육필 기록, 「나의 형, 선구자 준채」, (2006년 작성·필자 소장)

▶ 1935년 크리스마스날 양림동 자택에서(모친 정참이를 중심으로 앞줄 왼쪽부터 오른쪽으로 정준채, 정근, 정권)©정철훈

▶ 광주농고시절 광주 누문동 마을에서 이동영화상영을 마치고(1936.6)©정철훈

을 받게 된다.

내가 어렸을 때 준채 형이 영화관에 자주 다닌다는 것을 짐작은 했다. 하루 저녁의 일이다. 우리 형제들은 온돌 위에 한 이불 밑에서 잤고 또 부모도 옆에서 우리와 같이 주무셨다. 하루 저녁 자다가 눈이 깨어 옆을 보니 형이 가만가만 윗목으로 움직이고 있었다. 어머니가 벗어놓은 치마에 달린 돈주머니를 찾아 끈을 풀고 십 전짜리 하나를 꺼내는 것이다. 영화관에 가자는 것이 확실하다. 이렇게 매일 저녁 위장 변복을 하고 영화관을 드나드는 것이다.

그때 일본 정권은 학생들의 영화관 출입을 금지하였고 들키면 퇴학이나 정학의 응당한 벌을 받아야 했다. 이것이 그에게는 무섭지 않았다. 어떻게 변장을 잘했는지 정학이나 퇴학당한 일이 기억나지 않는다. 형과 내가 자는 사랑방에서는 책장이 하나 있었다. 높이 1미터 50센티미터 쯤 되는 정방형 괴였다. 하루는 내가 열어보고 놀랐다. 그 괴에는 매일 영화관에서 받은 광고지가 빽빽하게 채워져 있었다. 그러면 몇 번이나 영화관에 갔단 말인가. 수백 번이다. 그날이 삼삼히 눈에 떠오른다.

『조선일보』나 『매일신보』라고 생각되지만 우리 형은 한 달이 지나가면 책처럼 반듯하게 접어 포장하고 저장했다. 나는 그 버릇만은 배웠다. 지금도 나는 내 눈을 한번 거친 인쇄물은 폐기치 못한다. 때문에 우리 집은 책과 신문잡지로 꽉 차서 움직이지 못한다. 사실 나는 어머님께 들은 말이 있었다. "너의 조부님 운람 할아버지는 구한말에 이름난 천재이며 4세 문장으로 세상에 알려진 분이다. 글을 존중해야 했다. 만약에 칙간(변소)에 글이 박힌 종이가 있으면 난리가 났다. 차라리 하얀 백지는 허용했다."

이것이 선비 정신의 구현이 아니겠는가 생각한다. 그것은 어느 글에서든지 자기의 지식을 충족할 재료는 반드시 찾아낼 수 있다는 것을 의미한다. 이 선비정신은 내게까지 전해졌다. 완전히 소화된 신문 잡지 아니고는 쓰레기통에 던지는 법이 없다. 이것이 우리 집 전통으로 내려오는 습관이었다.

나는 우리 형에게서 사랑이란 일편단심이라는 것을 배웠다. 우리 외갓집 만석꾼의 주방에는 찬모들이 꽉 차 있었고 한쪽 침모 방에는 옷을 빨고 풀을 먹이고 인두도 다리고 한복을 누비는 침모들로 들썩거렸다. 그 중엔 윤희 할머니도 일하고 있었다. 그 손녀 윤희는 광주여고를 다니는 예쁘장한 처녀였다. 어떻게 형이 그녀를 사랑하고 만나는 것인지 깊이 모른다. 그러나 우리 형이 아직 중학생인 처지로서 그녀가 5년 졸업을 할 때까지 학비를 대주고 있었다는 것이다. 그러나 애절하게도 그녀가 배반을 했고 사회적 지위가 있는 청년에게 시집을 가버린 것이다.

광주농고 5학년 때, 일본 수학여행이 있었다. 신문사[41]와 아마 계약을

▶ 광주 양림동 에바원에서(앞에서 두 번째가 정준채. 1936.4)©정철훈

---

41) 정추가 읽었다는 신문의 제호는 확인되지 않았다.

한 것도 같다. 여행 시작부터 끝까지 여행기를 일어로 써 발표했다. 연속 일주일 이상의 긴 글이었다.[42]

당시 학제는 5년제로 학생 정원은 매 학년 50명이었다. 전교생 250명 가운데 일본인 학생이 3분의 1을 차지하였다. 준채는 23회 졸업생인 44명 가운데 한 명이었다. 재학기간은 1932년 4월 6일부터 1937년 3월 25일까지였다.

졸업생들의 연령을 보면 최연소자인 을미생부터 기사생, 병진생, 을유생, 갑인생까지 차이가 많았다. 일본인 학생은 지원자의 대부분이 합격했으니 대부분이 최연소자인 반면 조선인 학생들은 재수자, 삼수자, 견습생 등이 있었기에 연령상에 큰 차이가 있었다.

학과 성적은 100점 만점제로 60점 이상을 얻어야 합격선이고 59점 이하는 과목 낙제였다. 과목 낙제가 2과(科) 이상이면 유급을 시켰다. 매년 매 학년마다 유급자가 나왔다. 유급된 학생은 과락 점수를 매긴 교사에게 크게 반감을 가져 자퇴하기도 했다.

시전(柴田)이라는 일본인 학생은 실습점수와 다른 과목에서 낙제점을 받아 유급됨에 밤에 실습 주임 관사를 찾아가 행패를 부린 일도 있었다. 이러한 유급제도와 과중한 실습 등으로 학생 수가 줄어 50명 정원을 유지하지 못해서 3년제 농업학교 졸업자가 다시 4학년으로 편입하는 사례가 많았다. 주로 제주농고와 정읍농고의 3학년 졸업생이 편입을 했다. 따라서 23회 졸업생 가운데서도 편입생이 상당수 있었다.

광주농고 시절의 특별활동은 세밀한 기술을 습득할 만한 지도자나 코치가 없었기에 체계적인 지도를 받을 수 없었다. 이에 개인능력에 의존하

---

42) 정추 육필 기록, 「나의 형, 선구자 준채」,(2006년 작성·필자 소장)

는 선후배간의 훈련에 의하여 팀의 발전과 화합을 이룰 수 있었다. 학도 체육대회를 통해 광주시내 남녀학교 선수들이 광주 서중 운동장에 모여 육상과 기량을 겨뤘는데 이때는 각 학교 전교생이 모여 응원전을 펼쳐 협동과 애교심을 발휘하였다. 학교 간의 친선과 경기력 향상을 도모하여 상호 정보교환의 일익을 담당하는 행사로 이리농림학교와 정구, 축구, 씨름의 정기전이 열렸다. 특별활동으로는 육상, 축구, 야구, 정구 씨름 등 체육부문과 검도, 유도 등의 무도 부문, 그리고 미술, 서예, 공작 등의 예술부문 활동이 있었다.[43]

준채는 광주농고를 1937년 3월 7일에 졸업했으나 졸업장엔 3월 25일로 인쇄되어 있다. 따라서 3월 25일 이전에 큰 사고를 내면 졸업이 취소된다고 학교에서 엄포를 놓아 학생들은 졸업 후라 할지라도 3월 25일

▶ 광주농고 시절 실내악단에서 만돌린을 연주하는 정준채(오른쪽에서 두 번째)
ⓒ정철훈

---

43) 46회 장창용의 회고, 『광주농고 100년사-1909~2009』.

이전에는 극히 조심하고 행동을 삼갔다.

특히 신년축하식이 겨울방학 중에 열렸으니 학교에서도 축하식을 거행하지만 원거리 거주 학생을 축하식에 참석시킬 수는 없는 일이어서 원거리 거주 학생들은 출신 소학교에서 열리는 축하식에 필히 참석해 참가증명서를 발부받아 나중에 학교에 제출하도록 했다.

따라서 광주 이외의 지역 출신 학생들은 1월 1일의 신년 축하식에 어김없이 출신 초등학교를 방문해야 했고 출신학교에서도 자기 학교 출신의 중학생을 반가이 맞았으며 후배들과도 정담을 나누거나 은사를 찾아가기도 했다.

모교의 축하식 참석 때는 농주농고의 생산품인 화분이나 분재, 또는 시골에서 구하기 힘든 생산품을 선물로 가지고 가기도 했다. 뿐만 아니라 통신표, 즉 학기만 성적표를 모교 교장에게 제시하고 인장을 받아야 하고 학부모의 도장도 받아 다시 농고에 제출토록 했다. 성적이 나쁜 학생은 괴롭기도 했지만 자성과 분발의 기회가 되기도 했고 출신학교와 재학 학교의 연계도 되는 제도였다. 이렇듯 당시는 제자와 스승 간에 얽힌 정을 군사부일체의 일단이었고 제자는 스승의 그림자도 밟지 않는다는 윤리관이 새삼 느껴지는 학제였다.(24회 졸업생 정양규의 회고, 『광주농고 100년사―1909~2009』)

준채가 졸업할 무렵 임동 교사가 협소하다는 이유로 학교를 옮길 준비를 하고 있었다. 당시 광산구 서방면 용봉리의 새 부지가 물망에 올랐고 1937년부터 용봉리의 새 부지를 정리하는 작업이 시작되었다. 면적이 12만평이나 되어 동양에서 가장 넓은 학교가 될 것이라고 교사나 학생들이 자랑삼아 이야기하곤 했으며 용봉동 교사로 옮겨온 것은 1938년이었다.

용동봉으로 학교가 이전하기 전 해인 1937년 봄, 준채는 23회 졸업생을 대표하여 졸업앨범 제작을 맡았다. 문학도에, 사진을 현상·인화하는 것은 물론 그림에도 솜씨가 있었기에 히라노 교장의 전폭적인 추천이 있었을 것이다. 준채가 쓴 '편집 후기'는 문학적 재능이 엿보인다.

편집후기[44]

괴로운 봄이 왔다. 이 봄이야말로 깊이 추억에 남을 것이다. 우리가 모교에 입학한 것도, 졸업한 것도 이 봄이다. 봄마다 우리의 로맨틱한 스토리는 새로이 만들어졌다. 평생 이 봄을 잊지 못하리라. '지금쯤 그리운 우리 친구들은 어디서 뭘 하고 있을까.'

나는 혼자 앨범 편집을 하며 종종 생각했다. 앨범 편집은 한 번도 해본 적이 없는 나 혼자서 하려니 실로 난감했다. 편집 작업을 하던 중에 같은 위원인 홍 군은 경성으로 강습을 받으러 가고 박 군은 몸이 아파 나오지 못해 참으로 곤란한 상황이었다.

나는 도리 없이 서투른 화가가 되고 문사가 되어, 내가 가진 에너지를 죄다 쏟아 부어 편집을 서둘렀다. 학우들은 다들 하루라도 빨리 앨범이 보고 싶을 것이고, 나는 나대로 선조의 산소에 다녀오지 않으면 성묘할 기회가 없고, 은행에서는 어서 빨리 출근하라고 사람을 보내오고…….

어쨌든 만족할 정도는 아니나 지금껏 본 적 없는 파격적이며 독창적인 편집이라는 점만은 밝혀두고 싶다. 편집의 순서는 대체적으로 부별로 나누어서, 될 수 있는 한 계절에 따라 엮어보았다.

그 안에 시마자키 도손(島崎藤村)[45] 선생의 시를 가져다 넣기도 했고,

---

44) 광주농고 23회 졸업 앨범.
45) 시마자키 도손(島崎藤村, 1873~1943): 일본의 시인, 소설가. 『분가쿠가이(文学界)』에 참가한 낭만주의 시인으로, 시집 『와카나슈(若菜集)』(1897) 등을 출간하였고, 이후 소설 『파계』, 『봄』 등을 발표하며 일본의 대표적인 자연주의 작가로 활동했다.

졸시이지만 내가 창작한 시도 넣어보았다. 수학여행의 도안은 한 페이지를 하루 종일 만든 것도 있다. 교가 같은 경우는 며칠이나 걸려 겨우 촬영해서 완성했다. 특히 향토미 넘치는 삽화 등은 칭찬해 줬으면 좋겠다. 카비네판[46] 네 장으로 만든 광주의 전경, 광주의 명소, 클래스메이트의 얼굴 등은 좀 색다른 꾸밈이었다. 더 넣고 싶은 정경도 많았지만 이미 지난 일이니 아쉬울 따름이다.

이리하여 드디어 광주농고 제23회 졸업기념 앨범이 만들어졌다. 아로새겨진 추억의 장미는 이 60페이지 속에 대부분 간직되어 있다. 다시는 돌아갈 수 없는 과거의 추억 속으로! 그리고 무료할 때면 펼쳐 봐도 좋고, 심심할 때면 화젯거리로! 학우 여러분 언제든 여기로!

여러 촬영을 할 때마다 편의를 봐주신 학교 선생님들의 호의에 진심으로 감사드립니다. 고 군이 만들어준 표지의 농(農) 마크 고맙다. 미야자와(宮澤) 씨, 후지사와(藤澤) 씨에게도 깊이 감사드립니다. 마지막으로 내가 가장 사랑하는 친구들에게 바라건대 몸 건강히 사회에서 유용한 인물로 소아(小我)를 버리고 대아(大我)를 위해 크게 노력하기를 바란다. 잘 가라!! 내 친구들이여.

1937년 3월 정 생원 기
앨범 위원 정준채
박용순
홍태진
회계 담당 김용호

'소아(小我)를 버리고 대아(大我)'의 길목으로 나가는 1937년 봄, 준채에게는 남다른 고민이 있었다. 영화라는 근대예술에 심취되어 농고

---

46) 카비네판(判): 프랑스어 cabinet. 가로 11cm, 세로 16.2cm.

를 졸업한 그는 일본 유학을 가서 영화공부를 하고 싶었지만 집안의 경제적 사정은 유학을 보낼 형편이 아니었다. 만석꾼인 그의 외가역시 남도의 소리꾼을 초청해 국악마당을 펼쳤을지언정, 영화를 공부하겠다는 준채의 학비를 대줄 만큼 사사롭지 않았다. 비록 광주극장에서 영화를 관람하고 시대상을 관망했을지라도 영화란 풍각쟁이나 딴따라와 같은 천족이 하는 공염불로 취급해 준채의 영화공부를 반대했다.

하지만 준채는 고집을 꺾지 않았다. 준채는 일단 취업이라는 일보 후퇴의 방안을 강구했다. 〈광주농고 23회 졸업앨범〉의 '편집후기'에 밝힌 것처럼 1937년 구정 무렵, 그는 은행에 취업을 했고 출근 통보를 받은 상태에서 앨범 제작을 마무리하고 있었다. "나는 나대로 선조의 산소에 다녀오지 않으면 성묘할 기회가 없고, 은행에서는 어서 빨리 출근하라고 사람을 보내오고……."라는 대목이 그것이다.

졸업생 가운데는 일부는 집안의 재력을 바탕으로 이미 동경 유학을 간 동창도 있었지만 준채의 집안 사정은 겨우 식량 걱정을 면할 정도였다. 그나마 준채에게 유일한 위안을 준 것은 광주 출신 최남주가 조선영화주식회사를 창립했다는 소식이었다.

1937년 최남주는 오영석, 이기세, 이필우, 그리고 박기채 등과 함께 조선영화주식회사(약칭 '조영')를 창립한다. '조영'은 영화 잡지에 설립 자금 50만원을 강조한 광고 문구를 게재하면서 자신의 존재를 널리 알린다. 앞서 1936년 최남주는 '조영' 탄생을 앞두고 영화제작자이자 문화기획자로서의 신념을 드러낸다. 「조선영화의 생명선: 다시 영화사업에 발을 드려노면서」[47]이라는 제목의 글에서 그는 "7년 전에 영화 한 개를 제작"했다가 "초지를 버릴 만큼 실패"하였는데, 흥행 실패보

---

47) 최남주, 「조선영화의 생명선: 다시 영화사업에 발을 드려노면서」, 『조선영화』 제1집, 조선영화사, 1936.10, 42~43쪽.

다 자신이 "이 세상에 한 개의 우수운 존재가 되었든" 까닭에 한 동안 방황하였다고 고백한다.[48]

최남주에게 영화는 흥행이나 예술보다 자존심의 문제였던 것이다. 그는 광주 출신 박기채 및 안석영과 함께 영화 기업화에 합의한 이후, "전일부터 존경하든 최일숙 씨와 다음으로 남정채 씨 외 선배 제씨와 만나"게 되는데, 이들은 "숭고한 인격과 포*성(抱*性)을 갖인 분들로서⋯⋯. 이 사업이 이루워지고 미래를 약속할 수"있어서 무척 기쁘다고 써내려간다.

최남주가 영화사업을 함께 할 인물로 꼽은 최일숙(1906~?) 역시 광주 출신이었다. 최일숙은 1931년(소화 6년) 치안유지법 위반이라는 죄명으로 검거되어 옥고를 치렀고, 1936년 「모로코 Morocco」(1930)의 감독 요셉 폰 스턴버그(Josef von Sternberg)가 조선을 방문했을 때 영화인의 이름으로 신문에 오른 진보적 인사였다.[49]

이런 진보적 인사들이 합류한 '조영'은 "시장만 생각 말고 예술작품을 열작(熱作)"하고 "주산(珠算) 보담은 영화의 문화적 사명을" 지니고 "귀 회사의 경영자는 예술 이해자(理解者)로"[50] 채워지길 희망하고 있었다. 따라서 '조영' 설립 참여자들에 대한 최남주의 '숭고한 인격' 운운은 기존의 흥행 관습을 넘어서려는 의지의 표명이었다.

'조영'이 설립된 1930년대 중후반 조선영화계는 이전과 다른 상황에

---

48) 최남주는 1929년 4월 안종화와 김영팔과 함께 조선영화사를 설립하며 영화계에서 활동을 시작하였다. 조선영화사는 최남주의 소설 「가화상(假花商)」을 각색하여 「꽃장사」(안종화, 1930)를 제작했다. 주연배우로 최남주와 김명숙이 맡았으며 문예영화협회 졸업생들이 대거 출연하였다. 위경혜, 앞의 글, 21쪽.

49) 최일숙이라는 이름은 해방 이후 1947년 테러사건 조사단 파견 또는 주간 기자신문회가 결성될 때 다시 등장한다.

50) 최남주, 위의 글. 42~43쪽. 위경혜 위의 글, 22쪽.

놓여 있었다. 조선의 영화계는 선진 영화 기술을 습득한 유학파 영화 인력 등장과 토키(talkie)영화의 제작비 상승에 따른 영화시장 개척의 필요성 그리고 일제의 대륙 전쟁 감행과 일련의 후속 조치에 따라 '일본의 지방'으로서 조선에 대한 관심이 증폭되고 있었다. 이 같은 영화계 지각 변동 가운데 등장한 것이 최남주의 '조영'이었다.

'조영'의 지배인 이재명에 따르면, '조영'은 "동소문(東小門)에 정미소 자리를 빌려 기술부장에 이필우 선생을 모시고 최인규를 조수로 당시 촬영소를 개소하였고……. 촬영소 확장을 위해 양주군 의정부 가릉리(佳陵里)의 고(故) 홍찬(洪燦), 왕평(王平)이 건설 계획 중인 성봉영화촬영소를 매수하고 촬영소를"[51] 건립하면서 사세를 확장시켰다.[52] 즉, 1937년 경성부(京城府) 제신도로령(制新道路令)으로 동소문 스튜디오가 헐리면서 새로운 스튜디오 건설을 물색하던 '조영'은 당시 신축 중인 성봉영화원 토키촬영소를 매수하였다. 그리하여 '스테이지(stage) 120평에 녹음실과 현상실 그리고 합숙소와 식당'까지 갖춘 의정부 스튜디오는 '조영' 설립 40여 년이 지난 이후에도 이재명에게 "되뇌이고 싶은" 기념비적 장소가 되었다.

---

51) 이재명, 「나의 영화편력」, 『영화』, 영화진흥공사. 1979년 3~4월호(제7권 제58호), 73~76쪽. 위경혜, 위의 글, 23쪽.

52) 성봉영화원은 1936년 이규환이 왕평, 문예봉과 함께 영화를 제작하기 위해서 설립한 제작사였다. 당시 영화 자본이 부족했던 이규환은 일본의 신코키네마와 합작하여 영화 자본과 선진 기술을 도입, 활용하고자 했다. 하지만 투자자들의 반대로 이러한 기획은 무산되었고, 이규환·왕평·문예봉은 동인제 시스템을 도입하여 성봉영화원을 운영하기로 결정한다. 그리고 일본의 동보영화사와 제휴를 맺고 영화 제작에 필요한 자본을 충당했으나 곧 동보영화사와 조선영화주식회사의 인수 합병 대상으로 물망에 오르고, 두 회사 사이의 암투 과정에서 결국 조선영화주식회사의 자회사로 편입되었다.(김남석, 「1930년대 조선의 영화제작사 '성봉영화원' 통해 본 영화 자본과 작품 창작의 관련성 연구」 참고.

성봉영화원의 일본 내 인지도와 필름 배급망을 갖춘 사실에 비춰, '조영'의 성봉영화원 인수는 해외시장 판로 개척의 일환이었다. 무엇보다도, 영화사 준비 단계부터 '발성영화 촬영소' 설립을 기획하던 '조영'에게 성봉영화원(聖峯映畵園) 촬영소 인수는 단지 회사 합병이 아니라 영화 산업의 질적인 변화를 의미했다. 그것은 이전까지 동인제에 기반을 둔 원시적 자본 축적 단계를 넘어 '규모의 경제'를 추구하는 독점화 구조로의 이행을 의미했다.[53]

'조영'의 인적 구성원은 광주를 기반으로 한 인물들이 포진하고 있었다. 영화사 지배인 이재명과 감독 박기채의 기용에서 보듯이, '조영'의 주요 구성원은 동향(同鄕)과 동문(同門)이었다.

1905년생 최남주는 광주, 1906년생 박기채는 전남 담양군 창평면, 그리고 1908년생 이재명은 전남 함평군 출신이다. 최남주는 경성 보성고등보통학교를 졸업하고 1930년 도쿄(東京) 니혼(日本)대학을 졸업하였다. 박기채는 1927년경 일본 교토(京都) 도시샤(同志社) 대학을 다녔으며 동아키네마에 입사하여 수년 간 감독 수업을 받았다. 또한 이재명은 1920년대 중반 광주에서 직장 생활을 하고 1930년 도호(東寶)영화사 전신(前身) P.C.L. 프로덕션 촬영소 연구생으로 일하였으며 최남주와 마찬가지로 니혼(日本)대학 문과를 졸업하였다.[54]

이러한 인적 구성은 '조영'만의 특성은 아니었다. 고려영화협회(약칭 '고영') 역시 동향을 중심으로 한 영화사였다. '고영'의 제작자 이창용은 1907년 함경북도 회령에서 출생하여 성장했으며, 1937년 9월 '고영'에 입사하여 1938년 9월 「복지만리」를 감독한 전창근 역시 이창용과 같은 회령 출신이다. 또한 1939년 '고영'에 입사하여 「수업료」

---

53) 위경혜, 위의 글, 24쪽.
54) 이재명, 앞의 글, 73쪽., 위경혜, 앞의 글, 24쪽.

(1940)와 「집 없는 천사」(1941)를 감독한 최인규는 1911년 평안북도 영변 출신이다. 이처럼 동향과 동문으로 구성된 조직체는 어쩌면 1930년대 중후반 조선영화의 기업화 전개 과정에서 자연스러운 일이었는지 모른다. 인적 구성원들의 사회문화적 동질성 경험은 조직 운영에 있어서 효율적으로 작용할 수 있었기 때문이다.

최남주, 이재명, 박기채 등의 연대에 의한 '조영'의 출범은 일본 유학을 보류한 채 취업을 선택할 수밖에 없었던 정준채에게 희망을 안겨주었다. 준채가 식산은행 대구지점에 근무하면서 최남주, 이재명이 수학한 일본대학으로의 유학을 준비한 것으로 이 때문으로 보인다.

'조영' 출범을 앞두고 최남주가 강조한 것은 '조선성'의 강조였다. 최남주는 조선영화가 '조선의 정서'를 드러낼 것을 요청하면서 '향토색'과 '정조(情調)'의 강조가 세계시장 진출에 중요한 요소임을 지적했다.[55] 1930년대 중후반 조선영화의 미래를 '조선성'에 결부시킨 것이다. 일본 시장으로의 진출을 넘어서 조선인이 존재하는 곳이면 어디든 '조영' 영화를 상영하겠다는 최남주의 포부 역시 정준채에게 영향을 주었을 것으로 보인다. 최남주는 '조영'의 첫 작품 「무정」(박기채, 1939) 제작이 한창이던 1938년 출판사 '학예사'를 설립하는 한편, 사상 초유의 제작비를 투자한 「춘향전」의 영화 제작 계획을 발표한다. 이광수 원작 「무정」은 제작부터 상영까지 '최고'의 환경에서 이뤄졌다. 김일해와 김신재 등 당대 스타배우가 출연하였고 개봉 작품만 상영한다는 황금좌에서 봉절한 것이 그것이다.

'조영'은 광주에서부터 함경남북도를 아우르는 관북지방까지 오르내리며 「무정」의 홍보에 열을 올렸지만 「무정」에 대한 영화계의 비평을

---

55) 최남주, 앞의 글, 42~43쪽.

혹독했다. "스토리의 일관성 부재, 주제의 불분명, 출연 배우 연기의 부자연스러움 그리고 원작의 예술미를 살리지 못했다"는 비평이었다. 그나마 평단의 혹독한 평가로부터 「무정」을 구출한 것은 영화 장면에 등장하는 그네를 타는 소녀의 모습이 "조선의 로켈 칼라를 100파센트" 나타냈다는 점이었다.[56]

작품의 가치 평가 기준 가운데 '로컬컬러(local color)'는 중요한 부분이었다. '로컬컬러'는 '이그조티시즘(이국 취향)'의 색조를 의미하지만 「무정」의 경우 조선적 색깔을 입힌 게 그나마 좋은 평가를 받았다. 「새 출발」(이규환, 1939)은 「무정」의 두 배에 달하는 10만 명의 관객을 동원했다. 「새 출발」은 쇼치쿠(松竹) 영화사 직영 극장인 명치좌(明治座)와 대륙극장에서 일주일 동안 동시 개봉되었다. 특히 명치좌는 "동경(東京), 오사카(大阪) 등지에 내어 노아도 붓그럽지 안타는" 신축 건물로서 600석의 관객석을 보유한 극장이었다.

「무정」보다 두 배에 이르는 관객 입장에도 불구하고, 「새 출발」에 대한 평가는 긍정적이지 않았다. 김정혁에 따르면, 「새 출발」이 "테-마의 방향을 수출판적(輸出版的)으로 외입(外入)했다는 것인데 이것이 명작(名作)을 못낸 근본적인 실수"[57]로 작용했다. 즉, 해외 수출을 염두에 두었던 까닭에 작품성을 살리지 못했다는 말이다. 「무정」과 「새 출발」을 둘러싼 '로컬 컬러'나 '해외 시장' 담론은 모두 '조선성'으로 수렴되는 문제였다. '조영'의 마지막 작품 「수선화」(김유영, 1940) 역시 조선 여인의 정절과 청순한 이미지를 강조한 것으로, 1940년 8월 25일부터 31일까지 성보극장에서 상영되었다.

1937년 회사 설립부터 1942년 영화사 통폐합까지 '조영'이 제작한

56) 「영화 〈무정〉의 밤」, 『삼천리』, 제11권 제7호, 1939.6.1, 124~128쪽.

57) 김정혁, 「영화계의 일 년 회고와 전망(제3회)」, 『동아일보』, 1939.12. 5쪽., 위경혜, 위의 글, 27쪽.

영화는 세 편뿐이었다. 의욕만 앞섰을 뿐, 배급 시장 확보에 실패한 것이다. 1939년 1월 동아일보사가 주최한 영화사 대표 토론회에서 고려영화협회 이창용은 "조선영화계 발전을 위해 배급에 신경을 써야한다"고 주장하지만, '조영'의 박기채는 "좋은 작품이라면 일본과 만주에도 수출할 수 있을 것"이라는 막연한 기대감을 드러냈다.

주목할 점은 '조영'은 「무정」 제작이 한창이던 1938년 대자본을 투자한 『춘향전』의 영화화를 발표하고 실행에 옮겼다는 점이다. '조영'은 '조선 고전을 영화화하여 세계적 수준으로' 끌어 올리고 '조선영화의 해외진출의 개척'을 목표로 설정하고 일본인 무라야마 도모요시(村山知義)에게 『춘향전』의 각색을 맡긴다.[58] 또한 1939년 '조영'은 「춘향전」 제작비 10만원 투자와 함께 이몽룡 역할을 당대 세계적 무용수 조택원에게 맡겼다. 무엇보다도 최남주에게 「춘향전」은 '조선적인 것'을 대표하는 조선 정신의 정수(精髓)였다. '조선성'을 추구하는 최남주가 거액의 자본을 투자하여 영화화를 계획한 「춘향전」의 위상은 최남주 누이 최옥희를 통해서도 확인된다.

임화와 함께 학예사를 실질적으로 운영한 최옥희는 학예사 특파원 자격으로 1939년 5월 26일 남원에서 열린 춘향의 입혼식(入魂式)에 참석하기 위해 학예사 발행인 김태준이 편집한 조선문고 춘향본 원본 1,000부를 휴대하고 남원으로 향한다. 남원 광한루에 선 최옥희는 "500년 전 부채를 펴들고 시를 읊던 이몽룡의 좋은 모습을 눈앞에 그리기도 하고…… 오직 향연(香煙) 속에 곱게 피여나는 춘향이를 보는 것으로 여념이"[59] 없다고 밝힌다. 나아가 상념에 젖은 최옥희는 춘향

---

58) 「조선영화주식회사 신판영화(新版映畵) 「춘향전」 기획 각색담당자 촌산(村山)씨 입경」, 『동아일보』, 1938.6.1., 4쪽. 위경혜, 위의 글, 29쪽.

59) 학예사 특파원 최옥희, 「남원 춘향제 참별기, 3만여명 군중이 모여 성대하게」, 『삼천리』, 11권 7호, 1939.6.1., 16쪽.

을 "순정의 불길을 안은 이 겨레의 푸리마돈나요 만인의 베아드릿치"
로 평가한다.

최옥희는 춘향을 '겨레의 프리마돈나'을 넘어 단테(A. Dante)의 서
사시(敍事詩) 신곡(神曲)에 등장하는 베아트리체(Beatrice)로 비유하
였다. 르네상스(Renaissance) 시대를 이끈 신곡의 '베아트리체'와 춘
향의 동격화는 유럽과 유럽을 모델로 근대사회로 진입한 일본의 위계
화 논리에 대한 정면 돌파였다. 즉, '춘향'이라는 인물은 식민지 조선
을 이들 국가들과 동등한 지위로 재배치시키는 상징적 아이콘(icon)이
었다. 하지만 '조선성' 구현의 원형(原形)으로 제시된 「춘향전」은 영화
화되지 않았다. 영화 제작의 불발 이유가 무엇이든, 영화를 통해 재현
하고자 욕망한 '조선성'은 단일하고 본질적인 것으로 범주화하기에 너
무나도 이질적이고 상충적이었기 때문이다.[60] 더구나 「춘향전」 시나리
오 각색을 의뢰받은 일본인 무라야마 도모요시에게 당대 조선 사회는
너무나도 이질적인 존재들로 가득 찬 공간이었다.[61] 재조(在朝) 일본
인과 신여성은 물론, 심지어 '조선적인' 영화를 추구하면서도 일본 내
지 여성과 결혼을 꿈꾸는 김홍식의 혼재된 정체성을 발견하기 때문이
다. 영화화되지 못한 「춘향전」은 춘향의 입혼식을 담은 '조영' '뉴―쓰
촬영반'의 비극(非劇)영화로만 남게 되었다.

그렇다면, '조영'이 회사 설립 비용의 5분의 1에 해당하는 막대한 자
본을 투자하면서까지 드러내고 싶었던 '조선적인 것'의 지향점은 무엇
이었을까? '조영' 작품이 추구한 '조선성'은 중일전쟁 발발이후 일제의
식민 확장 욕망으로서 '조선의 발견'과 영화를 경유한 식민지 지식인의
민족성 표현 그리고 기술 발달을 통한 근대화 욕망이 중첩적으로 투사

---

60) 위경혜, 위의 글, 29쪽.
61) 위경혜, 위의 글, 30쪽.

된 결과로 보인다.[62] 특히 근대화 욕망은 세계적인 지배력을 갖는 할리우드 영화의 대중적 수용에 대응한 조선 영화의 정체성 구성과 연관된다. '조영'의 첫 작품 감독으로 "할리우드식 연속편집 체계보다 다소 정적이면서도 문학적 표현을 선호한" 박기채를 등용한 바와 같이, '조영'은 할리우드 영화와 다른 조선영화의 소재와 형식미를 발굴하여 세계 시장에서 자신의 성격을 드러내려 했다. 하지만 1930년대 후반 조선영화계에 있어서 할리우드를 겨냥한 세계 시장 진출은 요원한 일이었다. 출범 당시 '조영'의 조직을 도호(東寶)영화사 전신 P.C.L 프로덕션으로 설정한 것이나, 「춘향전」 영화화를 위해 일본인 각색자를 초빙한 것은 당대 세계 시장 진출을 위해 '조영'이 취할 수 있는 최대치였다.[63]

최남주가 식민지 조선의 '조선성' 구성에 있어서 '춘향'의 비중을 높이 평가한 것은 학예사 발간 조선문고(朝鮮文庫) 제1부 제1책으로 『원본 춘향전』을 펴낸 데서도 확인된다. 최남주가 『춘향전』의 상징적 의미 확산을 대중성이 강한 영화라는 수단을 통해 시도한 바와 같이, 조선문고 시리즈의 발간 역시 서적의 대중화라는 맥락에서 이뤄졌다. 최남주는 「조선문고 간행의 사(辭)」를 통해 현대 문화는 만인의 공동 참여로 건설된다고 지적하면서, "학문과 예술의 만인화(萬人化)는 먼저 서책의 대중화를 전제로"한다고 강조했다. 나아가 최남주는 명목이나 영리에 치우친 '출판의 누습(陋習)을 타파하고', '소수자의 서고나 비싼 가격으로부터 해방하여' 동서고금의 고전을 널리 보급하고자 문고판을 간행한다고 밝혔다.[64]

---

62) 위경혜, 위와 같음.

63) 위경혜, 위의 글, 32쪽.

64) 김태준, 『원본 춘향전』, 학예사, 소화 14년(1939), 5~6쪽.

'누습 타파와 해방'이라는 용어가 동원된 최남주의 '도서의 대중화' 의지는 식민지 엘리트의 계몽 의지를 다분히 반영한 것이었다. '조선성'을 앞세우며 근대 조선을 상상하고 실현하려는 최남주의 의지는 영화와 출판을 넘어 연극으로 이어졌다. 최남주는 '조영'의 마지막 작품 「수선화」 상영을 앞둔 1940년 5월 23일, 40명으로 구성된 연극 단체 '조선무대'를 결성한다. 조선무대는 창립 작품으로 송영(宋影)의 『시인(詩人) 김립(金笠)』과 1938년 노벨문학상 수상작 펄 벅(Pearl Buck)의 『대지』를 각색, 무대에 올릴 계획을 세운다. 창립 작품은 『대지』의 충실도를 높이기 위해 "지나 방면에서 오랫동안 활약하야 지리, 풍속에 깊은 지식을" 갖춘 전창근도 참여한다고 알린다. 하지만 조선무대의 제2회 공연인 펄 벅의 「대지」는 공연 예정되었다가 중지된다. 이에 따라 창립 작품 「김삿갓」은 연극 공연에 적합한 제일극장 무대에서 선보인 이후, 함흥 등 북조선 주요도시를 25일 동안 순회 공연한다. 극단을 결성하고 한 달이 채 되지 않은 6월 20일 제1회 공연을 실시하고, 창립 공연을 마친지 얼마 되지 않은 7월 5일부터 북조선 일대를 순연한 것이다. 이는 전국적인 차원에서 '조선성'을 환기시키려는 최남주의 열망으로 비춰진다.

여러 문화 영역에 걸친 최남주의 '조선성' 추구는 제국 지배 아래 놓인 식민지 엘리트의 가능성과 한계을 동시에 보여준다. 그 한계란 '조영' 작품이 추구한 '조선적인 것'이 최남주의 의도와 달리, '제국의 시선' 아래 극적인 효과 창출을 위한 장치로 인식되었기 때문이다. 그것은 조선영화계가 그토록 원했던 '조선성'의 발현이나 박기채가 추구한 '예술성과 통속성의 융합'이 아니었다.

최남주는 「무정」 개봉과 함께 한은진을 포함한 배우와 스텝 20여 명을 대동하고 광주극장에서 무대 인사를 하였다. 20여 명이 넘는 영화인의 광주 방문은 단순한 영화홍보 활동으로 보기에 많은 숫자였다.

게다가 영화인들이 최남주 자택에 머물면서 대접받은 '호사스러운' 전라도 음식에 대한 이야기는 지역에서 화젯거리였다.[65] 다수의 영화인을 대동하여 자신의 고향을 방문하고 회사 직원들을 손님처럼 대접한 것은 최남주를 제작자라기보다 재력을 자랑하는 유지(有志)의 모습으로 보이게 했다. 게다가 영화배우의 등장은 영화에 버금가는 볼거리를 지역민에게 제공하는 일종의 쇼였다.

준채도 이들의 광주방문 소식에 접하고 광주극장을 찾았을 것이다. 최남주는 1937년 여름 남조선축구대회에 광주 지역 선수단이 출전하자 경비를 부담하고, 1938년 여름 제11회 베를린 올림픽 우승자 손기정을 자신의 집으로 초청하여 기념사진까지 남긴다. 최남주는 지역을 대표하는 인물에 대한 격려 역시 아끼지 않는데, 손기정과 더불어 마라톤 3위를 차지한 전남 순천 출신 남승룡에게 도합 1천원을 희사했다. 요컨대 손기정의 올림픽 우승은 '조선적인' 것으로 세계에서 인정받고자 열망한 최남주에게 각별한 의미였을 것이다. 정준채는 이윤을 극대화하는 기업가와 문화 기획자 사이를 오갔던 최남주의 양가적 모습을 통해 실질적인 영화 수업을 받고 있었다.

기왕에 영화수업 이야기가 나왔으니 말이지만 1923년 개봉한 윤백남 연출의 「월하의 맹서」의 제작비를 댄 주체가 척산 은행이라는 사실은 경제적 궁핍으로 동경 유학을 보류해야 했던 준채에게도 영화와 자본의 상관관계를 깨우쳐 주었을 것이다.

광주농고를 졸업한 준채 역시 '척산은행 대구지점'에 취직이 되었지만 이는 일본 유학의 꿈을 이루기 위한 일보후퇴의 형국이었다. 대구 척산은행에 다니면서 월급을 꼬박꼬박 저축하며 유학자금을 모으고

---

65) 박선홍, 『광주 1백년 ②: 개화기 이후 광주의 삶과 풍속』, 광주문화재단, 2014, 76쪽. 위경혜, 위의 글, 36쪽 재인용.

있던 준채는 1938년 전남 장성을 찾아간다.

장성엔 고모부 김우진의 막내 동생 김익진(1906~1970)이 살고 있었다. 김익진은 부친에게 물려받은 장성의 논밭과 임야 등 전 재산을 장성 가톨릭성당에 기부하고 성당 부지 한 쪽에 사택을 지어 살고 있었다.

1937년 형은 농고 졸업 후, 대구 척산은행원으로 취직이 되어 떠났다. 아마도 1938년이었다고 생각되지만 형이 광주 고향으로 돌아왔다가 내게 장성(長城)을 가자고 말했다. 거기 김우진의 동생 익진 씨가 가톨릭 성당을 세웠다는 것은 알고 있었다. 기차를 타고 가서 그날로 돌아온 여행이었다. 과연 성당을 찾아갔다. 천주교 교회당 비슷한 건물이고 색유리창은 전통적인 교회를 연상시켰다. 김익진 씨와의 면담은 그리 오래지 않았다. 형은 일본 도쿄에서 영화감독 공부를 할 계획인데 우선 학비를 지원할 수 있는가를 타진하는 자리였다. 익진 씨는 "지원해 줄 수 있지만 한 가지 조건이 있다. 만약 내가 학비를 대주면 너는 천주교 신자가 되어야한다"고 말했다. 형은 천연하게 대답했다. "나는 내 뜻을 못 이뤄도 종교인이 될 사람은 아니다."

이 얼마나 장쾌한 일인가. 자기가 설 자리를 아는 그런 성숙한 사람이라는 것을 보여준 것이다. 결국 형은 1945년 일본 패전 후 조선민족문화 건설 특히 영화 건설의 선구자로 역사적 인물로 남은 것이다.[66]

준채는 동경에 건너가 일본대학 입학시험을 치르고 싶은 마음이 간절했으나 여비와 학자금이 턱없이 부족한 탓에 차일피일하던 중, 그나마 속내를 털어놓을 수 있는 김익진을 찾아갔던 것이다.

하지만 김익진은 뜻밖의 제안을 했다. "가톨릭 신자가 되면 학자금

---

66) 정추 육필 회상기, 「나의 형, 선구자 준채」.

을 대줄 수 있다"는 조건이었다. 어릴 때부터 기독교에 대한 인상이 좋지 않았던 준채는 이를 선뜻 받아들일 수 없었다. 성장기 때 양림교회의 종소리와 풍금소리를 듣고 자랐고 또 주일 예배에도 참석해 보았으나 주변의 기독교인들의 행태를 볼 때 기독교인이야말로 종교를 앞세운 위선자라는 생각이 들었다. 술을 마시고 행패를 부리고 부인에게 손찌검을 일삼는 기독교인이 주일날 교회에 가서 '내 죄를 모두 사해주소서'라고 고백을 하는 것으로 모든 죄가 사해진다는 교리를 도저히 받아들일 수 없었다.

준채는 두말 않고 자리를 박차고 나와 버렸다. 내심 1938년도 입학시험을 치르지 못해 아쉬웠지만 그렇다고 가짜 신자노릇을 하며 영혼까지 팔아 학자금을 빌릴 생각은 추호도 없었다.

이 일화는 좌절에 대한 이야기가 아니다. 오히려 세상살이가 녹록하지 않다는 것을 깨우쳐진 21세 청년 준채의 개안(開眼) 이야기이다.

어린 시절, 부친과 함께 광주에서 기차를 타고 목포 고모부 댁을 찾아갔던 준채는 김우진의 첫 조카였기에 사랑을 듬뿍 받았다. 김우진의 본가에 있는 서재 '성취원'에 가득 찬 문학서적을 접하며 문학도로서의 꿈을 키워나간 준채에게 고모부 김우진의 타계는 적지 않은 충격이었다.

김우진에게는 철진, 익진 두 동생이 있었다. 김익진은 경성이나 동경에 갈 기회에 있으면 조카뻘인 준채를 잊지 않고 꼬박꼬박 엽서를 보내줄 만큼 자상한 성격이었다. 김익진이 각처에서 보내준 엽서는 소년 준채에게 이방(異邦)과 교신하는 창구였다.

준채의 문학적 감성이 고모부 김우진의 영향에서 시작되었는지는 확인할 수 없지만 문학청년이었던 그의 희망은 종합예술의 꽃인 영화로 옮겨가고 있었다. 준채의 꿈이 영화에 있다는 것을 알고 가끔 엽서에 잡지까지 보내주던 김익진이었지만 그렇다고 해서 고모부 김우진을 대신할 수는 없었다.

상실과 응시, 아니 상실에의 응시는 소년 준채가 후천적으로 체득한 습관 중 하나였다. 이제 응시는 외부가 아니라 준채 자신의 내부로 향한다. 일보전진을 위한 일보 후퇴는 이듬해까지 이어졌으니 척산은행에 다니던 시절의 준채는 생활과 이상이라는 두 개의 자아로 쪼개져 있었다.

4. 고모부 김우진의 죽음

준채가 아홉 살 때인 1926년 8월 3일 일본 시모노세키를 떠나 부산으로 오던 관부연락선에서 탑승객 가운데 두 남녀가 현해탄으로 투신하는 사건이 발생했다.

> 3일 오후 11시에 시모노세키를 떠나 부산으로 항해하던 관부연락선 도쿠주마루(德壽丸)가 4일 오전 4시경 쓰시마 섬 옆을 지날 즈음 양장을 한 여자 한 명과 중년 신사 한 명이 서로 껴안고 갑판에서 돌연히 바다에 몸을 던져 자살했는데, 즉시 배를 멈추고 부근을 수색했으나 종적을 찾지 못했다. 승객 명부에 남자는 전남 목포부 북교동 김수산(30), 여자는 경성부 서대문정 2정목 273번지 윤수선(30)이라고 씌어있지만 본명은 아니고, 남자는 김우진, 여자는 윤심덕으로 밝혀졌다. 관부연락선에서 조선 사람이 정사한 것은 이번이 처음이다.[67]

'수산(水山)'은 극작가 김우진(金祐鎭, 1897∼1926)의 호이고, '수선'은 당대 최고의 인기를 누리던 성악가 윤심덕의 애명이다. 사건은

---

67) 『동아일보』, 1926.8.5.

연일 특집기사로 보도되었을 정도로 사회적 파장을 일으켰다. 같은 날
『조선일보』역시「미성(美聲)의 주인(主人) 윤심덕 양, 청년문사(文士)
와 투신정사(情死)」라는 제목으로 현해탄 투신사건을 보도했다.

    3일 오후 11시에 하관(下關·시모노세키)을 출범한 관부연락선 덕수환
    (德壽丸)이 4일 오전 4시경 대마도 앞바다를 항행(航行)하는 도중 돌연히
    갑판 위 난간에서 몸을 바다 쪽으로 투신한 일등선객의 양장미인(洋裝美
    人)과 청년신사(靑年紳士)가 있었는바…… (남자는) 목포 부호 김모의 아
    들 김우진(金祐鎭)으로 판명되고 그 여자는 조선 악단(樂壇)의 총아(寵兒)
    윤심덕(尹心悳)으로 판명되었다.[68]

    선박의 급사가 객실에서 찾아낸 것은 "짐을 부탁한다"는 가명의 쪽
지 한 장 뿐이었다. 『동아일보』는 김우진과 윤심덕이 '서로 껴안고' 현
해탄에 몸을 던졌다고 전했지만, 실제로 두 사람이 자살하는 장면을
직접 목격한 사람은 아무도 없었다. 승객 모두가 잠든 새벽 4시에 두
사람이 사라진 것을 발견했으므로 그들이 언제 어느 지점에서 투신했

▶ 김우진, 윤심덕의 현해탄 투신이 실린 조선일보ⓒ정철훈

───────────────
68) 『조선일보』, 1926.8.5.

느지, 과연 투신한 것이 맞는지조차 확실하지 않았다. 윤심덕의 유류품에는 현금 140원과 장신구, 김우진의 유류품에는 현금 20원과 금시계가 있을 뿐, 유서조차 발견되지 않았다.

목격자도 없고 유서도 남기지 않아 두 사람이 무엇 때문에 어떻게 동반 자살했는지 정확히 알 길이 없었다. 그럼에도 불구, 언론은 정사(情死)라 단정하고 앞 다투어 추측기사를 쏟아 냈다. 사고 발생 사흘 후인 8월 7일 밤, 김우진의 동생 철진은 목포 자택으로 찾아온 기자에게 말했다.

저는 비보를 듣고 부산까지 갔다가 오늘 낮차로 돌아왔소이다. 형님이 투신한 곳은 시모노세키와 부산 사이 한가운데랍디다. 그런 까닭에 지금껏 시체를 찾지 못했고, 앞으로도 찾기 어려울 것 같다고 합디다. 형님의 사고에 대해 각 신문에서 단편적인 사실 몇 가지를 부풀려 기사를 실었는데 각 신문에 발표된 내용은 가족의 견해와는 큰 차이가 있습니다. 현장에서 유서가 발견돼 경찰의 손에 들어갔다 함은 낭설이올시다. 저는 이에 대해 철저히 조사하여 세상의 오해가 없도록 발표하려 합니다.[69]

동반 자살한 이후의 상황도 의문이었지만, 자살 동기나 두 사람 사이의 관계는 더 큰 의문이었다. 윤심덕과 김우진은 제각기 아픔과 고민은 있었지만 함께 정사해야 할 뚜렷한 이유는 없었다. 윤심덕에게 있어 김우진이라는 존재는 그녀 자신이 사귀던 여러 남자 가운데 하나였다. 그렇다면 김우진이 과연 윤심덕과 동반자살까지 해야 했던 이유는 무엇인가. 죽음으로서 자신의 사랑을 증명이라도 해야 했단 말인가.

김우진은 윤심덕과 동갑이었지만 성격이나 가정환경은 판이했다. 가난한 집 둘째딸로 자란 윤심덕이 쾌활하고 대범했음에 반해 부잣집

---

69) 「김씨 투신과 가족의 설움」, 『조선일보』, 1926.8.10.

맏아들로 자란 김우진은 예민하고 신중했다.

김우진은 어려서부터 문학에 뜻을 두었지만 완고한 부친은 장남인 그가 가업을 잇기를 바랐다. 김우진은 목포공립보통학교를 졸업하고 목포심상고등소학교를 다니다가, 1915년 부친의 뜻에 따라 일본 구마모토 농업학교로 유학을 떠났다. 하지만 문학에 대한 미련을 버리지 못하고 졸업 후 와세다 대학 영문과에 입학했다. 김우진이 윤심덕을 처음 만난 것은 와세다 대학 2학년 때였다.

졸업을 한 해 앞둔 1923년, 김우진과 사귀던 일본인 간호사가 백혈병으로 사망했다. 그해 여름방학 김우진은 목포 본가에서 지내며 죽음이 앗아간 실연의 아픔을 달랬다. 김우진은 도쿄 음악학교를 졸업하고 평양으로 돌아온 윤심덕에게 동생들과 함께 목포로 놀러 오라며 편지와 차표 석 장을 보냈다. 윤심덕은 윤성덕, 윤기성을 데리고 목포로 내려와 김우진의 집에서 조촐한 가족음악회를 열었다. 윤성덕의 피아노 반주에 맞춰 소프라노 윤심덕과 바리톤 윤기성이 노래를 불렀다. 김우진은 아내와 함께 윤심덕 남매를 극진히 대접했다.

1924년 도쿄 유학을 마치고 금의환향한 윤심덕은 성악가로서 전성기를 구가했다. 윤심덕이 독창자로 나서지 않는 음악회가 없을 정도로 출연요청이 쇄도했다. 하지만 독창자로 나선다고 수입이 생기는 것은 아니었다. 더욱이 관비유학생이 귀국하면 관립학교 교사로 임용되는 것이 관례였지만, 몇 달을 기다려도 교사 발령이 나지 않았다. 윤심덕은 조선 최고의 성악가로 이름을 날리면서도 정작 생계를 걱정해야 할 만큼 어려운 지경에 내몰렸다.

윤심덕의 나이도 어느덧 스물여덟이었다. 혼기가 꽉 차다 못해 노처녀 신세였다. 많은 남성이 윤심덕에게 구애했지만 혼처가 마땅치 않았다. 재산이 있는 남성은 죄다 기혼자였고, 그에게 구애하는 미혼자는 재산이 없었다. 한때 함경남도 대부호의 아들 김홍기와 혼담이 있었으나 이 역시 파기되었다. 혼사가 깨지자 하얼빈으로 건너간 윤심덕은 반 년 동안 배형식 목사 집에서 은거했다. 1925년 6월 윤심덕은 형부의 사망 소식을 듣고 젊은 나이에 남편을 잃은 언니를 위로하기 위해 귀국했다.

이 시기, 김우진도 와세다 대학을 졸업하고 목포로 돌아왔다. 귀국 후 김우진은 문학과 연극 운동을 하고 싶었지만 부친의 강요로 상성합명회사 사장에 취임했다. 상성합명회사는 김우진 집안이 소유한 막대한 토지를 관리하는 회사였다. 원하지 않는 일을 억지로 떠맡은 김우진은 우울한 나날을 보냈다. 낮에는 회사 일을 돌보고 밤 시간을 이용해 작품을 읽고 썼다. 부친에게 자신을 풀어달라고 간청했지만 번번이 거절당했다. 스캔들에 휩싸여 절망적인 상황에 처한 윤심덕보다 나을 것이 없는 처지였다. 김우진과 윤심덕은 편지를 주고받으며 서로의 처지를 위로했다.

1926년 김우진은 윤심덕에게 광무대에서 상설 공연을 하는 토월회에 입단할 것을 권했다. 조만간 집을 나온 후 극장을 차려 윤심덕과 함께 운영할 생각이었다. 그때까지만 해도 조선사회는 여배우를 기생처럼 여겼다. 여배우가 되는 것은 신세를 망치는 일처럼 인식됐기에 극단들은 여배우를 구하지 못해 어려움을 겪었다.

이 시절, 한때 악단의 여왕으로 명성을 떨치던 윤심덕이 전속배우가 되겠다고 자원해서 나서자 토월회는 크게 환영했다. 윤심덕은 집안의 만류를 피하기 위해 대구 일갓집에 간다는 핑계를 대고 집을 나와 여관에서 기거했다. 윤심덕이 공연에 출연한다는 광고가 나가자 이용문과 염문을 뿌려 하얼빈까지 달아난 뻔뻔스러운 여자 얼굴이나 보자고 관객이 구름처럼 몰려들었다.

일갓집에 간다고 집을 나간 윤심덕이 여배우가 됐다는 소식을 듣고 그의 모친은 열흘 동안 매일같이 광무대를 찾아와 그를 무대에서 끌어

내리려 했다. 모친이 찾아왔다는 연락을 받으면 윤심덕은 손수건으로 얼굴을 가리고 뒷문으로 도망치듯 광무대를 빠져나왔다.

윤심덕은 여배우로 성공하지 못했다. 연기는 부자연스러웠고, 발음이 부정확해 대사가 객석까지 전달되지 않았다. 좌절감에 휩싸인 윤심덕은 경성의 오쿠다 사진관 2층에 거처를 마련하고 김우진과 동거를 시작했다.

언니! 지금 생각해도 눈에 선합니다. 수은정 오쿠다 사진관 2층에서 김우진 군과 공허한 살림살이를 꾸미고 지내며 가끔 남창을 열고 두 분이 나란히 앉아 길거리를 내다보던 형용이 지금도 눈앞에 선합니다. 아마 지금은 천국의 창을 열고 두 분이 나란히 고해(苦海)를 내려다보고 계실지도 모르지요.[70]

1926년 6월 김우진은 예술에 전념하기 위해 가업을 포기하고 집을 나왔다. 부친은 잘 가라는 말조차 하지 않고 맏아들을 내쫓았지만, 모친은 생활비에 보태 쓰라고 3000원을 마련해주었다. 김우진은 그 길로 도쿄로 건너갔다. 김우진이 도쿄로 떠난 지 한 달 후 윤심덕은 음반 취입과 미국 유학을 떠나는 동생 배웅을 위해 오사카로 건너갔다. 닛토레코드에서 27곡을 취입한 후 도쿄에 있는 김우진에게 전보를 쳤다. "당장 달려오지 않으면 죽어버리겠소."

1926년 8월 3일, 여동생 윤성덕이 미국행 배를 타기 위해 요코하마로 떠나자, 윤심덕은 도쿄에서 황급히 달려온 김우진과 함께 시모노세키로 가서 관부연락선 도쿠주마루에 탑승했다. 그 후 아무도 윤심덕과 김우진을 보지 못했다.

---

70) 「다한한 윤심덕」, 『삼천리』, 1938.11.

그로부터 4년 여가 흐른 1930년 12월, 김우진의 동생 김철진과 김익진은 총독부에 수색원을 제출함으로써 한동안 잠복했던 윤심덕·김우진 생존설은 또다시 수면으로 떠올랐다.

1931년 11월, 이탈리아 주재 일본영사관은 김우진의 유족에게 "로마에는 김우진과 윤심덕이라는 이름을 가진 조선인이 살지 않으며, 동양인이 경영하는 악기점도 없다"고 공식적으로 통보했다. 다만 중국 여권으로 신분을 가장하고 살 경우에 대해서는 확인되지 않았다.[71] 이로써 1926년 8월 4일 현해탄에서의 동반자살 사건은 이 같은 수다한 설이 난무하는 가운데 1931년 말 일단락되는 듯했다. 하지만 후유증은 일파만파로 이어졌다.

죽은 자는 말이 없고 죽음이 몰고 온 파장은 유족들에게 고스란히 전가되었다. 누구보다도 목포의 갑부요, 목포 개항 당시 무안감리(務安監理)를 지낸 부친 초정(草亭) 김성규(金星圭, 1863~1936)의 충격은 이루 말할 수 없었다.

김우진의 호 수산(水山)은 항구도시 목포의 이미지에서 따온 것이고 초성(焦星)은 평소 독일 철학자 니체를 흠모한 데서 연유한 것이다. 네 살 때 어머니를 여읜 뒤 부친이 장성에 설립한 호남선우의숙(湖南先憂義塾)에서 공부하였고 12살 때인 1908년 목포 북교동 46번지의 성취원(成趣園)으로 이사를 왔다. 13살 때인 1910년 목포 보통학교를 졸업(2회)하고 16세인 1913년 8월 최초의 작품인 소설「공상문학」을 탈고했다.

「공상문학」은 한 여성이 근대적인 자의식에 눈 떠가는 과정을 그린 작품이다. 주인공 순자는 가정의 경제적 어려움 때문에 소녀시절의 꿈

---

71) 전봉관, 「옛날 잡지를 보러가다 27」, 「윤심덕·김우진 현해탄 정사(情死)」, 「미스터리」, 『신동아』, 2007년 9월호.

을 좌절당한 채 어떤 부유한 청년과 결혼하여 화목한 가정을 이룩하였다. 그러나 그녀는 하련당이라는 청년 소설가를 흠모하고 있었는데 이로 인해 끝내 비극적인 결말을 맺고 만다. 그 청년 소설가의 자살, 여주인공 순자의 병사, 그리고 순자가 낳은 아이가 여덟 살이 되어 돌아가신 어머니의 모습을 그리워하는 내용으로 끝난다.

1914년 17살 때 목포 공립심상소학교 1년을 수료한 김우진은 국내 공업개혁에 대한 부친의 관심에 따라 새로운 농업연구단지로 부상하는 일본 구마모토(態本) 현립(縣立)농업학교로 유학을 갔다. 그리고 18세인 1916년 부친의 권유에 따라 전남 곡성군 오산면 봉동리에 사는 유학자 운람 정봉현의 여식 점효(點孝, 1900~1964.6)와 혼례를 올렸다. 개화기 청년이 신식 처자가 아닌 유교 전통의 구식 처자와 혼례를 치렀으니 결혼에 대한 갈등은 김우진의 「첫날 밤」이라는 시에 잘 드러나 있다.

이날 저녁에/ 너/ 흰 얼굴/ 붉혀 가며/ 붉은 적은 입/ 다물고/ 무엇을 생각하니// 얼굴 수그리고/ 쳐다보지도 못하며/ 웃어볼 생각도 없이/ 무엇을 축수(祝壽)하니// 이날 저녁 이 자리 위에/ 같이 누워서/ 너와 나/ 같은 술 한 마음으로/ 천년만년 축수하나/ 너와 나의 생각하는 것/ 같지 않다.

(김우진, 「첫날 밤」 도입부)[72]

「첫날 밤」은 결혼 직후의 갈등이 정직하게 드러나 있는 작품이다. 그럼에도 불구, 김우진은 지엄한 가문의 장남으로써 깊은 속내를 숨긴 채 2년 뒤인 1918년, 논문 「조선에서의 삼림사업 일반」을 제출하고 구

---

72) 김우진 시선집 『哀樂曲』, 전예원, 1987, 25쪽.

마모토 농업학교를 졸업(13회)했다. 이 논문으로 영친왕으로 부터 5원의 상금을 받은 그해 그는 신주쿠에 하숙을 정하고 와세다 대학 예과 입학준비 중 딸 진길(辰佶, 1918~1949.5)의 탄생 소식에 접한다. 그로부터 7년 뒤인 1925년 8월 아들 방한(芳漢, 1925~2002)이 태어났다. 두 자녀와의 시간도 잠시뿐. 이듬해인 1926년 8월 4일 현해탄에 투신하고 말았다.

▶ 김우진과 딸 진길, 아들 방한
(1926.5)ⓒ정철훈

김성규는 장남 김우진이 가업을 이어가길 바랐다. 하지만 가업의 계승을 바라는 아버지와 예술에 대한 열망을 품은 아들 사이엔 풀 수 없는 갈등이 있었다. 와세다 대학을 졸업하고 1924년 귀국한 김우진이 '상성합명회사' 사장으로 있을 때 쓴 시엔 그런 갈등이 엿보인다.

자면서 나는 소리친다./ 검을 불르고 신비를 운명을 찾은/ 나는 죽어도 싫어!/ 다리에 가슴에/ 둘러 감은 이불을/ 나는 벗으려 한다./ 아 가위눌린 이 안타까움 꿈 속 꿈 속 달빛 속의 도깨비/ 산 밑에 형체 없는 갈가마귀/ 길가에서 오줌 누는 주정꾼/ 달아나는/ 발뒤꿈치를 잡아다니는/ 헌 사내키!/ 뉘라서 갑갑한 혼미 속에서/ 하느님을 부르겠느냐/ 누구라도 와서/ 이 이불을 걷어 채이고/ 자리를 둘러엎고/ 이 방안까지/ 둘러엎게 해주려나/ 아 나는 그이에게 절하련다./ 나의 검이라고.(1926.3)

(김우진, 「잠결」 전문)[73]

73) 김우진 시선집 『哀樂曲』, 전예원, 1987, 75쪽.

목포시 북교동 46번지 '성취원'은 김성규가 유달산 아래에 지은 자택의 당호이다. 깎아지른 듯 험한 유달산을 등지고 목포의 만호천문(萬戶千門)이 내려다보이는 원지(園地)의 넓이는 약 백여 무(畝)로, 중앙에 정자와 연못이 있었고 뒤뜰 높은 언덕에 채소밭이 있었다. 김성규가 부인과 함께 손수 밭갈이를 하던 곳이다.

소년 준채가 성취원을 방문할 때마다 어울리던 단짝은 김우진의 외동딸인 한살 연하의 진길이었다. 진길은 어렸을 때부터 양장차림에 주름치마를 입던 모던 걸이었고 기독교 학교인 광주 수피아 여학교로 진학하였으니 준채와 진길의 교유는 목포와 광주를 오가며 이어졌다.

큰 아들을 잃은 김성규는 둘째 아들 철진에 대한 기대가 컸다. 철진은 1900년 음력 12월 30일 태어나 역시 구마모토 농업학교를 졸업하고 1927년 도시샤(同志社) 대학 정경과를 중퇴한 후 귀국, 그해 6월 신간회 목포지회가 설립되자 상무간사가 되었다. 그해 여름 신간회 하기(夏期) 강좌에서 강사로 활동하며 조선공산당과 고려공산청년회에 가입하여 '고려공청' 목포 책임자가 되었다. 소작인이 겪는 고충과 지주계급의 횡포를 보면서 성장한 철진은 일본 유학 시절, 사회주의 사상을 갖게 되었고 귀국 후엔 주로 청년들의 계몽 운동에 뛰어들었다.

그는 1927년 7월 19일 목포극장에서 1000여 명이 참석한 가운데 열린 '민족적 의식에 대하여'라는 주제로 강연하는 등 각종 강연활동을 펼쳤으며 그해 10월 8일 목포청년연맹이 창립되는데도 산파역할을 했다. 그러나 1929년 12월, 4차 조선공산당 사건에 연루되어 경성지방법원에서 징역 2년에 집행유예 5년을 선고받았다. 이후 아버지의 사업을 이어받으며 활동성향이 크게 바뀌었고 1935년 4월 시사종합지 『호남평론』을 창간하면서 지역 현안과 시사, 문예 등을 싣는 등 언론을 통한 계몽에 주력했다.

1930년대 목포 지식인과 유지의 활동에 『호남평론』이 미친 영향은

매우 컸다. 1936년 1월 18일 목포에 있는『조선』,『동아』,『매일신보』,
『조선중앙일보』지국과 호남평론사의 연합으로 목포사회의 당면한 시
급문제를 논의하는 유지좌담회는 밤 깊도록 진행되었다. 이날 좌담회
에서는 지역 숙원사업이었던 중등학교로서의 목포고보의 발전에 대한
문제가 토의되었다. 성과는 신통치 않았지만 유지좌담회는 이후에도
계속되어 목포의 제반 문제들을 논의했다. 또 목포의 조선인사회를 관
리할 사회적 기관이 없음을 유감으로 여겨 오던 차에 1936년 2월 16일,
목포청년회관에서 발족한 목포협회 창립에도 주도적으로 관여하였다.
김철진의 목표는 목포청년운동을 시민운동으로 전환하는 것이었다.[74]

현재 보존된『호남평론』(1935년 4월호~1937년 8월호)에 투고된 김
철진의 글은 모두 71편이 남아있다. 흥미로운 것은 준채의 아버지 정
순극의 글이『호남평론』2권 9호(소화(昭和) 11년 9월 15일 발행)에 실

▶ 부친 정순극의 광주 경방단(소방대) 활동을 알리는 신문기사ⓒ정철훈

---

74) 1951년 목포상과대학 2대 학장으로 취임한 김철진은 말년에 모든 공직에
    서 물러난 후 1971년 작고했다.

렸다는 사실이다. 김철진이 사돈 어른인 정순극에게 원고를 청탁했을 것으로 보인다.

고금인(古今人)의 생활관(生活觀)—광주(光州) 정순극(鄭淳極)

고금인의 생활하여갔음을 회고하건대 그때는 생활조직에 대한 범위도 작았고 모든 지혜도 발달되지 못하였을 것이다. 그러므로 모든 생활이 간단하였으며 솔직하였다. 천혜의 양심을 그대로 발휘하야 대자연에 춤추고 노래하였다.

그리하야 의식주의 부족함도 그렇게 느끼지도 아니하였으며 또는 다소 부족함이 있을지라도 자위자안(自慰自安)하야 그렇게 고통스럽게도 여기지도 아니하였다. 따라서 인심이 순후하였음은 도덕을 주로 하야 권선징악하며 미풍양속에 의리를 존중히 하야 상부상조의 도를 실현시키려고 하였든 것이 그때는 참다운 생활이었든 것을 알 수 있다. 금일에 복잡한 상태를 볼 때에 어찌 느낌이 없으랴.

그때 그네들의 생활은 단순하였든 것이 원인인지는 모르나 대개는 타동적이 아니었고 각자의 독성(獨性)을 고수하야 그들 그대로 백척불굴한 의지로 일로매진하였다. 학자는 학문으로. 농자농(農者農) 상자상(商者商) 공자공(工者工)으로 각기 환경과 사정을 따라 변함이 없었다. 그리하야 중도에 여하한 난관이 있을지라도 그 의지는 변함이 무(無)하였든 것이 고대인간의 특징이었으며 진실한 생활이었다. 그러하므로 정신적으로 감(感)한 바 많아 그 취미를 몰각하지 아니하고 초지(初志)를 관철하는 동시에 각기 위안을 스스로 받고 스스로 용기를 내어 자연의 환락경(歡樂境)에 있어 만족하였다. 그때 그 생활을 총괄적으로 관찰하면 모든 사람의 마음은 순후(淳厚)하였으며 의리를 존중히 하야 무선(務善)을 하였고 이해관계에 있어 그렇게 다투지 아니하였음을 깨달을 수 있다.

그러면 현대인의 생활이면을 들여다보자. 물론 시대의 변천을 따라 고

금이 다를 것은 사실이나 그러나 시대는 변함이 있을지라도 인성은 마찬가지일 것이다. 그러나 현대인의 생활은 얼마나 조잡한가. 참으로 난마와 같이 다사다번(多事多煩)하다. 정신적으로나 상부상조의 오늘이라고는 말하기 거북하다. 소위 도덕과 의리 있는 생활은 과거가 된 것 같이 보이는가. 현금 생활에 있어 이면의 실정을 본다하면 일일(一日) 이해관계에 머리가 밝고 행동이 기민하다.

그러므로 솔직히 말하면 부자·형제·친척 간에도 물질의 이해관계로써 효우돈목(孝友敦睦)하나니 만일 이해가 상환되어 각자가 소망에 달성이 되지 못하고 부합이 되지 아니하면 인륜과 도덕은 한 용어(用語)에 불과하고 극악무도자의 행위를 하는 자 불소(不少)하야 골육상쟁이 연선부절(連線不絕)한 상태로서 신문지 3면 기사는 이런 말이 많이 차지함을 볼 수 있을 것이다. 물질의 힘도 위대하지만 그 반면에 있어서는 도리어 참혹한 광경을 주조하여낸다. 이 어찌 좋은 현상이랴. 물론 사물은 선악도 정도가 유(有)할지며 환희도 그 도를 벗어나지 아니한 것이다. 모든 것을 극도로써 이기주의에만 급급한다면 상부상조의 원리원칙을 이해치 못할 것이다.

지금 소위 생활은 궁빈극치(宮嬪極侈)하여 동양 도덕의 고유한 의의는 몰각한 바 많아 구각(舊殼)을 벗어 신진문명에 마취하여 오히려 모든 방면에 폐해가 남기고 있다. 여사(如斯)히 장족의 발전으로 세상은 외면(外面)으로는 화려한 듯 만족한 듯 하나 이면에 있어서는 고민을 많이 느끼며 원만을 결(缺)한 바 많다. 그러면 자아를 방기(放棄)하고 인(人)을 위해야만 희생하여라 함도 아니다.

너무 규모(規模)를 벗어나 탈선의 행동을 하지 말지며 숭덕존의(崇德尊儀)에 대체(大體)를 몰각하지 아니하면 우리 생활은 그대로 나아갈 것이다. 고금을 통하야 그 시대에 있어서 민심교도(民心敎導)에 적지 않은 노력을 했을 것이다. 그러나 그에 대한 교화는 난문제(難問題)에 있었음도 알겠지만 현세와 같이 궤도를 맺은 복잡한 생활은 없었을 것이다. 성공은 인내의 힘임을 알겠으니 모든 것이 수난시대에 있어서는 자강(自强) 자제(自制)의 힘이 필요할 줄 안다.[75]

준채의 당시 처지에 빗대자면 맨 마지막 구절인 "성공은 인내의 힘임을 알겠으니 모든 것이 수난시대에 있어서는 자강(自强) 자제(自制)의 힘이 필요할 줄 안다"가 새겨질 수 있겠다. 올곧은 선비정신으로 옛 것의 선함이 사라지고 이윤과 이해관계의 교환에 의해 맺어지는 현대인들의 생활상에 대한 한탄은 장남 준채도 공감하는 바요, 준채 역시 이 글을 읽어보았을 것이다. 이는 김철진이 글을 청탁할 만큼 정순극과의 관계는 김우진의 타계 이후에도 이어지고 있었음을 알 수 있다.

김우진의 둘째 동생 익진은 1906년 목포에서 태어나 1918년 목포보통학교를 졸업한 후 대전중학교, 서울 중앙고보를 거쳐 일본으로 유학을 갔다. 이후 중국 북경 대학에 진학하여 언어학을 전공했다. 언어에 대한 재능이 특출하여 영어를 비롯해 6개 언어에 능통했다.

1930년대 초반 북경 대학 도서관 사서로 일하던 모택동과 알게 되어 공산당에 입당한 그는 홍군에 가담해 일본군과 전투를 치렀고 겨우 목숨만 건진 채 1년 반 만에 북경으로 다시 돌아왔다. 이 사실을 아버지 김성규가 뒤늦게 알고 강제 귀국시킨 뒤 다시 일본으로 보냈다. 맏형 김우진으로 죽음으로 허무주의에 빠졌던 그는 한때 불교에 심취하기도 했으나 1935년 도쿄의 한 서점에서 우연히 접한 『아시시의 성 프란치스코』라는 책을 읽고 천주교에 관심을 갖게 되었다.

귀국한 직후 경성 양현본당 오기선 신부의 서재에서 토마스 데 아퀴노의 『가톨릭과 경제문제』라는 책을 읽고 세례를 받기로 결심, 1936년 목포에서 가족과 함께 가톨릭으로 개종하였다. 1937년 프란치스코(제

---

75) 『호남평론』 2권 9호.(소화(昭和), 1911.9.15)

▶ 대구 식산은행 시절 자취방에서(1939.3)　　　▶ 대구 시절의 정준채(가운데 1938.12)
　　ⓒ정철훈　　　　　　　　　　　　　　　　　ⓒ정철훈

3회)에 가입하였으며, 그 뒤 광주교구의 섭외 일을 보다가 1938년 장
성으로 이주하였다. 장성으로 이주한 후 장성성당을 건립하였고, 해방
이후 자신의 토지를 소작인들에게 분배하고 가산을 정리하여 광주교
구에 헌납하였다.

　1948년 대구로 이주하여 왜관의 순심중학교 교장, 김천 성의중학교
교감을 거쳐, 6·25전쟁 중 『가톨릭 시보』 편집동인으로 활동하였다.
전쟁이 끝난 뒤 경주 근화여자중학교 교감으로 재직했지만, 1955년부
터는 문필생활에만 전념하여 여러 번역서와 저술을 남겼다. 1966년에
는 『가톨릭 청년』지에 발표한 「동방문화연구기구의 창설을」이라는 글
에서 "유학과 불교를 우리 편에서 연구하는 위원회를 구성함이 바람직
하다"고 주장하였고, "국산 외국인이 되지 말자!"(勿爲國産外國人)고
주장하였다. 말년엔 경주(慶州)를 좋아하여 매주 경주의 고분을 찾아
그 앞에서 즉흥시를 읊기도 하였다. 1967년 한쪽 눈을 실명한 이후 신
앙생활에만 전념하였고, 1970년 1월 6일 고혈압으로 사망해 대구 범
어동 천주교 묘지에 안장되었다. '한국의 성 프란체스카'로 부를 만큼
그는 행동하는 지식인의 삶을 살았다.

　김우진 형제가 성장한 목포는 호남에서 가장 먼저 근대화된 도시였

고, 근대성에 대한 고민과 문화충돌이 일어난 곳이었다. 준채는 그 충돌의 압축판이라 할 성취원 내 김우진의 서재 '백수제'에 꽂힌 무수한 책을 보면서 일본 유학의 꿈을 키워 나갔던 것이다. 그 꿈은 김우진의 문학적 단절을 이어보자는 '연속'의 의미와 결합되었다고 볼 수 있다. 준채의 무기는 문학이 아니라 영화였다. 장성에서 김익진과의 담판에서 쓴 맛을 본 준채는 척산은행 대구지점으로 돌아와 동생 추와 함께 경주로 향한다.

나는 양정고보 재학 때 형으로부터 초대를 받았다. 나는 방학이 되지 서울 역에서 대구까지의 기차표를 구해 형을 만나러 떠났다. 그가 사는 하숙방이 그리 크지도 않았지만 둘이 화목한 날을 지낼 수 있었다. 말이 무뚝뚝한 경상도 사투리도 알았고 한번은 개장국을 들여왔다. 생전 첨이

▶ 동생 추와 함께 찾은 불국사 석굴암(1937년)ⓒ정철훈

었으니 그 맛이 어쨌든지 기억에 없다. 하루는 경주로 떠났다. 우리 형 생각에 '황성의 밤' 같은 옛날 옛적 성터를 보여줄 생각이었을 것이다. 그리 애국적인 연설도 없었기에 그저 거기로 떠난 것이다. 우리는 곧 자전거를 빌려주는 곳을 찾아 자전거를 빌려 타고 신라 고도 경주 관광을 떠난 것이다. 안압지가 우리 조선 지도와 같이 만들어진 것도 보고 그 옆에 고란사 성터, 첨성대도 보고 우리 민족의 과학을 눈앞에 보는 것 같이 놀랍고 즐거웠다.

집도 없고 사람도 없는 성터를

돌아보는 한참이었다. 그러나 옛 서적에서 말한 바와 같이 경주 고도에 기와집에 즐비했음을 살펴볼 수 없었다. 다리는 아프지 않았지만 마음은 뒤숭숭하고 수심에 찬감을 저버릴 수 없었다. 과연 이것이 나라 없는 설움인가. 어떠한 애국적 민족적 감정이 솟아나곤 했다. 이제는 불국사를 찾아가자는 것이다. 우리 형은 5년 간 자전거를 타고 통학한 사람이다. 나는 겨우 따라갈 지경이었지만 불국사에 올라가는 고개를 자전거로는 갈 수 없었다. 끌고 갈 힘도 없었다. 형은 나의 자전거를 밀고 끌고 겨우 불국사에 도착한 것이다. (중략) 경주 박물관을 찾았을 때 텅 빈 마당에 에밀레종 종각이 눈에 띄었다. 형은 에밀레종을 만들 때의 전설을 말해 주었다.[76]

대구 하숙집에서 개장국으로 점심을 먹은 형제는 대구에서 자전거를 빌려 타고 경주로 유람을 떠난다. 대구-경주까지는 약 80km이다. 비포장 국도와 시골길을 자전거로 달리면 무려 6시간이나 걸린다. 그런 길을 이륜의 바퀴로 달려 도착한 형제는 불국사며 다보탑, 무영탑을 돌아보고 토함산에 올라 석굴암에 들어간다. 에밀레종을 비롯해 신라의 유적들이 널려 있는 경주 일원을 유람하면서 형제는 조선적인 미학과 민족 유산에 대해 새롭게 눈을 떴던 것이다. 하지만 준채의 심정은 매우 복잡했다. 이미 도일을 결심한 후였으니 동생까지 대동하고 망중한의 여행도 가능했을 터이다. 차마 동생에게 도일의 결심을 털어놓지 못한 것은 부모에게 걱정을 끼쳐드리고 싶지 않았기 때문이다.

---

76) 정추 육필 메모, 「나의 형, 선구자 준채」.

5. 떠나가는 문학청년

1939년 봄, 출항을 알리는 뱃고동 소리가 부산항에 길게 울려 퍼졌다. 뱃고동에는 늘 비장미가 묻어나기 마련이다. '비장미'는 자연을 인식하는 '나'의 실현 의지가 현실적 여건 때문에 좌절될 때 나타나는 미의식으로 흔히 슬픈 느낌을 준다. 뱃고동은 떠나감과 이별, 그리움과 향수를 자극한다. 일본의 시모노세키(下關)와 부산(釜山)을 오가는 관부(關釜)연락선은 어느 새 항만에서 멀어져 뱃머리를 현해탄으로 향하고 있었다.

관부연락선이 취항한 것은 1905년 9월이다. 그해 1월, 일제는 부산의 초량역과 서울의 영등포역을 잇는 경부선 철도를 개설한데 이어 같은 해 9월 일본의 산요(山陽)철도주식회사(나중에 일본 국철)가 시모노세키와 부산을 연결하는 관부연락선을 취항시켰다. 연락선이라는 명칭은 경부선과 일본의 철도를 '연결'하는 해상운송수단이라는 의미로 붙여졌다.

일본 본토와 아시아 대륙을 최단거리로 잇는 현해탄에 첫 취항한 1600톤급 이키마루(壹岐丸)는 시모노세키-부산까지 11시간 반이 걸렸다. 그해 11월엔 역시 1600톤급인 '쓰시마마루(大馬丸)'가 취항했다. 선명(船名)에서도 알 수 있듯 '이키(壹岐)'와 '쓰시마(大馬)는 일본의 지명에서 따왔다. 모든 연락선의 이름은 '둥글 환(丸)'자를 써서 '마루'라고 불렀는데 '마루'는 일본에서 비전투함을 이름 지을 때 관행적으로 붙여온 접미사였다.

하지만 1910년 8월 29일 일제가 대한제국을 병합하고 국권을 상실한 후 1913년 1월 취항한 고마마루(高麗丸), 4월 취항한 시가리마루(新羅丸), 그리고 1922년 5월과 11월, 각각 취항한 3600톤급 게이후쿠마루(景福丸)와 도쿠주마루(德壽丸), 1923년 3월 취항한 쇼케이마루(昌慶丸)라는 명칭은 한반도의 역사와 조선 왕조의 상징인 궁궐조차 일제의 손아귀에 있음을 보여주는 제국주의적 발상의 작명이었다.

중일전쟁을 앞둔 1936년엔 7000톤급 곤고마루(金剛丸), 1937년엔 고안마루(興安丸)가 취항했다. 가히 '현해탄의 여왕'이라고 불린 두 선박의 명칭 역시 조선의 금강산과 만주국의 흥안령에 대한 지배권을 과시하기 위함이었다. 현해탄은 관부연락선의 뱃고동 소리가 끊이지 않았고 수많은 조선인과 일본인이 일본과 조선을 오고 갔다.

환송 나온 사람들을 향해 갑판에서 손을 흔들던 승객들도 부산 항 부두가 시야에서 멀어지자 하나 둘 선실로 들어가고 현해탄을 넘실대는 파도를 구경하는 여행자들의 흥분된 목소리로 갑판은 소란스러웠다. 엄동설한이 물러가고 절기가 바뀌는 춘삼월이었지만 바닷바람은 여전히 쌀쌀하게 피부에 와 닿았다. 오랜만에 귀국하는 들뜬 표정의 일본인 승객과 불안한 눈동자로 사방을 두리번거리는 초라한 행색의 사내들은 흑과 백처럼 대조를 이루었다. 사내들은 생계를 위해 일본으로 떠나가는 조선 동포였다.

출항의 들뜸도 잦아들고 갈매기만 오락가락하는 갑판 후미의 난간에 기대어 멀어져가는 부산항을 바라보는 청년이 있었다. 큰 키에 마른 체격의 청년이었다. 코트 깃을 올린 채 동그란 안경을 쓰고 손에 가방을 든 모습은 한 눈에도 제법 준수한 차림새였다.

22세의 준채는 멀어져 가는 조국의 땅을 좀 더 붙들려는 듯 시선을 떼지 못했다. 3년 전, 광주농고 졸업반 때 수학여행으로 교토, 오사카, 도쿄 등지를 순차적으로 둘러본 후 두 번째 도일(渡日)이었다.

식산은행 대구지점엔 일단 휴가원을 제출한 상태였지만 대구에서 부산까지 열차로 4시간, 부산에서 관부연락선으로 시모노세키까지 8시간, 그리고 시모노세키에서 동경까지 열차로 20시간이 걸리는 긴 행로였다. 연결 편이 잇대어 있지 않으면 부산이나 시모노세키에서 하룻밤을 묵어야 했으니 조선 내지에서 동경까지는 통상 사흘이 걸렸다.

▶ 일본대 예술학원 건물 앞에서(1941.5)
　ⓒ정철훈

준채에게 동경은 어떤 공간이었을까. 조선의 지식인들은 일본으로의 여행을 통해 얻은 시공간에 대한 감각을 통해 비로소 근대 세계의 사정을 이해하기 시작했다고 해도 과언은 아니다. 특히 제국 일본의 수도인 동경은 식민지 지식인들에게 근대성에 대한 특별한 환상과 욕망이 투영된 상징적 공간으로 다가왔다. 그 여정은 그들의 인식과 지각변화를 동반하면서 닫힌 상상을 깨부수며 현실적 이데올로기의 최대치에 도달하는 순간을 내장하고 있었다.

그들이 남긴 각종 일본 여행기를 보면 동경이라는 장소는 그들 자신의 자의식 속에 재구축된 리얼리티의 공간으로 다가온다. 그들은 근대적 자기 형성이라는 욕망의 문제를 충족하는 장소로서 동경에 발을 들여놓고 있다. 그러나 1930년대 이후 식민지 지식인과 작가들이 체험한 동경은 자기 정체성의 확립이라는 측면에서 그들 개개인에게 별개의 장소로서 기억되기도 한다.

1930년대 지식인이자 작가인 이상(김해경)과 박태원은 각각 동경에 도착했지만 스스로가 만들어 낸 동경이라는 가상의 장소를 살면서 자신들의 주체성을 그 장소에서 확립할 수 있었다. 마찬가지로 준채 역시 1930년대 끝자락에 동경에 도착해 동경이라는 특수한 자기만의 가상의 장소에서 자신의 정체성을 구축해 나갔다. 한마디로 전대미문의 근대와 맞닥뜨린 것이다. 짚어보면 근대적 공간이란 동경만이 아니었다.

1930년대 경성에서도 전차가 다녔고 엘리베이터가 설치된 미스코시 백화점이 문을 열었으며 축음기에서는 콜롬비아사의 전속 가수였던 박향림의 「오빠는 풍각쟁이」가 흘러나왔다. '살롱'엔 모던 걸, 모던 보이들이 들락거렸다. 프랑스에서 '살롱'은 차를 마시는 장소이자 전시 공간이었고 지적 교류가 이루어지던 '문학 살롱'을 의미한다. 서구문화에 대한 동경과 유럽에서 시작된 다다이즘, 초현실주의를 스펀지처럼 빨아들인 당대의 지적, 사상적 수용은 놀랍기만 하다. 이런 지적, 사상적 수용은 언제나 액체 상태에서 출렁거렸다.

1930년대 광주에서도 근대의 물결이 출렁거렸다. 광주의 '서양촌' 혹은 '예루살렘'이라고 불렸던 양림동에는 지금도 100여 년 역사의 근대문화유산이 산적해있다. 1904년에 지어진 양림교회, 선교사 오웬 사택, 1908년 문을 연 수피아 여학교 등이 그것이다. 오웬 사택이 있는 양림동의 호랑가시언덕은 시인 김현승과 서정주, 소설가 박화성 등이 즐겨 찾던 광주의 '몽마르트'였다.

1930년대의 지구촌은 1, 2차 세계대전 사이의 혼란스러운 시기였다. 미국에서 시작된 경제공황의 여파가 유럽에도 상륙했고 독일에서는 히틀러 내각이 성립됐으며 프랑스에서는 사회당과 공산당이 결합해 인민전선을 결성했다. 앙드레 말로의 『인간의 조건』(1933), 사르트르의 『구토』(1938)가 이 시기에 나왔다. 작가들은 혼란스러운 시대에 '어떻게 살 것인가?'라는 근본적인 물음에서부터 다가올 전쟁에 대한 불길한 예언, 인간의 실존에 대한 탐색에 몰두했다. 그러나 정작 이런 탐색이 쉽게 허용되지 않은 곳이 식민지 조선이었다. 조선은 일제의 내선일체와 황국신민화 정책으로 숨을 쉴 수 없는 밀폐공간이나 마찬가지였다.

1937년 조선총독부는 행정기구에 근무하는 모든 조선인 관리 및 지방의원에게 일본어 상용을 강요했다. 그리고 1943년에는 '국어(일어) 보급운동'을 대대적으로 전개했다. 일본어 상용을 위해 일본어를 이해하지 못하는 자를 위한 국어강습소를 개설하고 『국어교본』도 배포했다. 학교에서 학생들은 반드시 일본어만 상용해야 했으며, 이를 어길 경우 불이익을 주었다. 이러한 일본어 상용 강제에 의해 일본어를 해독하는 조선인 수는 1938년 전체 조선인의 12.4%에서 1943년에는 22.2%로 크게 늘어났다.

준채는 조선총독부의 조선인 황민화 정책이 극에 달한 엄중한 시기에 동경으로 갔다. 3박4일이나 걸리는 동경에로의 여행길에 준채의 심정은 복잡했다. 광주의 부모에게 알리지 않고 떠나온 참이었다. 일단 동경에서 도착하면 니혼 대학에 가서 전문부 응시원서를 쓰고 입학시험을 치를 것이다. 만약 불합격이면 다시 은행에 복귀해야 했기에 휴가원을 냈을 뿐, 합격하면 전보로 사표를 내고 1939년 봄 학기부터 눌러앉기로 작정을 했다.

니혼 대학은 1889년 법무장관 야마다 아키요시(山田顯義: 1844~1892)가 세운 '일본법률학교'를 전신으로 하는 일본 최대의 사립종합대학교였다. 1903년 학교명을 니혼 대학으로 바꾸고 1904년 공포된 「전문학교령」에 따라 대학이 된 뒤 1922년 사립대학으로 인가를 받았다. 일본 최대 규모의 대학답게 각 학부는 독립성이 강하기 때문에 하나의 대학이라기보다 각 단과대학의 연합체라는 성격이 강하다. 그중에도 예술학부는 명문으로 랭크되었고 특히 예술과에서 영화 전공자를 모집했다.

준채는 니혼 대학 도쿄 스이도바시 캠퍼스 근처에 하숙을 정하고 곧바로 응시원서를 썼다. 당시는 입학시험을 치른 일주일 후에 합격자를 발표했으니 준채로서는 휴가를 내고 도전해볼 만한 시간적 여유가 있었다. 결과는 합격이었다. 준채는 광주의 부모에게 합격통보를 하고 식산은행 대구지점에 사직서를 제출했다.

6. 소설 『인적(人跡)』

1939년 봄, 니혼대 응시에서부터 이듬해인 1940년 9월까지의 일상을 사소설 형식으로 기록한 것이 원고지 500장 분량의 장편소설 『인적(人跡)』(1940)이다.

준채가 자신의 호인 '지성(志星)'을 필명 삼아 써내려간 『인적』은 순한글소설이다. 동경 유학 중 여름방학을 맞아 고향을 찾은 대학생 현대훈과 목포의 이종사촌동생 현경과의 '이룰 수 없는 사랑'이 그 한 축이요, 근대적 개인의 자아 형성 과정을 그린 계몽적 성격이 다른 한 축이다.

소설은 등장인물의 내면적인 변화와 발전을 추구하여 복잡하고 광범위한 생의 전개와 그 관련성, 그리고 하나의 통일된 세계상(世界像)을 보여준다.

영화감독 지망생인 준채의 첫 창작품이라는 점에 의미를 부여하면 『인적』은 영화 시나리오

▶ 동경 부근 무사시노공원에서(1940.6)ⓒ정철훈

를 염두에 둔 장면 전환, 식민지 지식인 청년의 세계관, 결혼 적령기에 이른 지식인 여성의 사회의식, 그리고 기독교의 폐단에서 비롯된 종교에 대한 비판 의식 등이 눈에 두드러진다. 또 인습과 도덕의 세계는 애정의 세계와 영원히 갈등을 빚을 수밖에 없다는 테마를 일관되게 탐구하고 있다.

소설은 외형적으로 볼 때, 작가 자신의 페르소나인 '현대훈'을 내세워 사촌 여동생 '현경'과의 사랑을 중심테마로 하고 있다.

> 자기 호를 지성(志星)으로 지었다면 그는 반드시 우리 머리 위에 넓게 깔려 있는 별들을 상상했을 것이다. 그 별들은 우리의 끝없는 신비한 공상의 과녁이다. (중략)
>
> 그 별을 가슴에 품고 산 사람이 바로 준채 형이다. 자기를 가리켜 지성이라고 부를 때 지성이면 감천이라는 뜻을 먼저 헤아렸을 것이다. 하늘이 감동할 성의를 다 할 것을 맹세한 것이다. 지성(至性)으로 통하는 매우 착한 성질을 가져야 하고 오성(悟性)과 이성(理性)을 다하는 지성(知性)을 연상했을 것이다. 결국은 지성(至聖)으로 연결되는 지덕(知德)이 겸전한 성자로의 지향이었던 것이다. 이렇게 지성을 어느 때나 잊지 않고 초지를 끝까지 관통한 사람. 바로 그 분이 지성 정준채이다. 나는 형으로서의 준채보다 선구자로서의 준채를 가장 잘 아는 사람이다.[77]

김우진의 호가 독일 철학자 니체를 흠모한 데서 연유한 '초성(焦星)'임을 상기할 때 준채가 스스로 '별을 지향한다'는 의미의 '지성(志星)'이라는 호를 지은 것은 김우진의 호와 무관하지 않다. 김우진은 자신의 생각하는 개화여성과의 결혼 대신 부친의 권고에 의해 원치 않는 결혼을 했지만 첫 조카인 준채에 대한 관심은 친척간의 보편적인 윤리를

---

77) 정추, 육필 기록 「나의 형, 선구자 정준채」.

넘어선 순애보적인 것이었고 그렇기에 1918년 12월 첫 딸 '진길'을 품에 안은 김우진의 감회는 남달랐을 것이다. 문학적 표현주의자로서의 김우진의 감성은 진길과 함께 찍은 사진에서도 엿볼 수 있다. 마음에 흡족치 않은 부인일지라도 자식은 눈에 넣어도 아프지 않는 자식이다.

진길 역시 아버지의 사랑을 듬뿍 받았고 그것은 두 삼촌인 철진과 익진도 다를 바 없었다. 하지만 세상과 주위에 눈을 뜰 즈음인 여덟 살 진길은 아버지를 잃었으니 그의 성장기는 이해할 수 없는 아버지의 죽음을 경험한 상처로 점철되었다. 어쩌면 아버지의 죽음보다 그 죽음을 드러내놓고 말할 수 없는 슬픔은 더욱 가중되었을 것은 물론이다.

성장기의 고독한 자아 형성과 늘 집안 환경과 밀접한 관련이 있다. 목포 성취원은 슬픔을 드러낼 수 없는 유교적 엄숙주의와 근대적 신사였던 두 삼촌의 개화된 모더니티가 충돌하는 두 물결이 출렁거렸다. 두 물결 사이에서 성장한 진길이 소학교를 마치고 여고 진학을 앞두었을 때, 주변부의 시선은 감당하기 어려운 것이었다. 동정과 연민이 가득한 시선이었다. 더 이상 목포에 둘 수가 없어 집안의 숙의를 거쳐 선택한 게 광주 수피아 여학교로의 진학이었다. 문학청년인 준채와 진길은 광주에서 서로 왕래하며 더욱 친밀한 감정이 생겼으나 이 감정을 외부로 발설할 수는 없었다. 말할 수 없는 것을 말하고자 할 때 긴요한 장르가 소설이다.

준채는 『인적』의 '작가의 말'에 이렇게 썼다.

지금의 나에겐 인간이 인간다운데 인간의 의의가 있는 것이지, 신이 되면 그건 벌써 신이지 인간은 아닐 것이며 또 동물이라면 금수에 지내지 않지 그건 이성을 갖춘 인간은 아니라고 생각하고 있다. 나의 괴로움은 여기에 있는 듯하다. 그러나 나는 어디까지나 인간으로서 살아가고 싶다.[78]

---

78) 정준채, 소설 『인적』.

이는 '이성을 갖춘 인간은 인간이기 때문에 괴로움을 느끼지만 나는 어디까지나 인간으로 살아가고 싶다'라는 자기 선언문에 해당한다. '인적'이라고 제목을 붙인 것도 다름이 아니라 "인간이 생을 받들어 이 세상에 나왔다가 자연에 다시 돌아가든 아니 돌아가든 인간으로서 어떤 일이고 흔적을 이 인간사회에 끼침은 사실"[79]이라는 것이다. 한마디로 '인간의 흔적'이 『인적』인데 등장인물은 "실제하고 있는 인물은 모델로 한 것도 사실[80]"이라고 밝히고 있다. '대훈'이란 청년, '현경'이란 여성, 그리고 동무로 등장하는 강인선, 량형준, 조영일 등이 그들이다. 이들 등장인물을 통해 그려나가고 싶은 것은 "도덕에 알맞은 생활이면 애정의 세계에 고민이 있으며 애정의 생활에 알맞은 생활을 하려면 도덕의 세계에 부도덕 한이 되어야 하"는 문제에 대한 접근과 분석이다.

애정을 갈구하려면 부도덕 한(汗)이 되어야 한다는 것은 "이 땅의 방방곡곡에 자고로 부터 존재해온 것이 사실"이지만 "그들은 어찌 그리 하지 않으면 안 되었는가"라는 명제를 앞에 두고 "이 땅의 인습과 도덕이 아름다움에 있음으로 더불어 과연 그 아름다움의 표피가 동일한 아름다운 점인지 우리는 새롭게 분석해보야야 옳을 줄 안다"면서 "새로운 사조의 흐름과 더불어 새로운 도덕관념, 새로운 인습이 나와야 한다는 걸 나는 제창한다."라고 작가는 쓰고 있다.

'작가의 말'이 탈고 직후인 1940년 9월 25일에 써진 것을 보면 『인적』은 1939년 여름부터 1940년 9월까지 약 1년간의 기록이다. 사소설 형식의 『인적』의 행로는 이 기간 동안 정준채의 행적과 그 궤를 같이 한다. 이 1년 동안 어찌 소설만 썼을 리 만무하지만 22세에서 23세로 접어드는 길목에 가장 공을 들인 창작물이라는 점에서 청년 준채의 중

---

79) 위와 같음.
80) 위와 같음.

심적인 고민이 어디에 있
는 지를 여실히 보여주고
있다.

　작가 자신의 페르소나인
3인칭 '대훈'의 신분은 동
경에서 문학을 전공하는
유학생이다. 여름방학을
맞아 동경에서 본가인 광
주 양림동으로 돌아와 지
루한 나날을 보내던 대훈
은 중학시절의 동창들을
추억한다. 먼저 떠오른 게
가장 친했던 벗 R 군이다.

▶ 광주 양림동 자택 뜨락에서 정준채ⓒ정철훈

　버드나무, 너도 컸구나. R 군은 지금 어디가 있나. 이 시냇가를 거닐면
서 R 군은 하이네의 시가 좋다고 나더러 몇 번이고 암송해 달라 해서 듣
곤 했는데. R 군은 이태 전에 소학교 교원을 그만두었다는 소식을 듣고는
소식이 끊어져 버렸다.

　R 군은 대훈이 소년시절부터 가장 좋아하고 친하던 벗이었다. R 군은
화가를 지망하고 틈만 있으면 그림 그리길 좋아했다. 그래 학교에서도 미
술부를 맡아보며 선생, 생도 간에 장래를 촉망받고 있었다. 특히 대훈과
는 일생을 예술에 바쳐 일해 가자고 약속하고, 만나면 예술을 논하고 인
생을 논하고 젊은 양기를 그대로 일생을 통해 일해가길 서로 맹세했던 것
이다. 그러나 졸업하는 해에 그들은 동서로 갈리게 되었다.

　소년의 꿈을 현실사회는 그렇게 쉽사리 실현시켜 주진 아니했다. 그래
눈물을 머금고 R 군은 사범학교 강습과를 지망해 갔고 대훈은 어느 회사

에 입사하게 되었다.[81]

여기서 대훈의 전사(前史)가 밝혀진다. "R 군은 사범학교 강습과를 지망해 갔고 대훈은 어느 회사에 입사하게 되었다"는 대목이 그것. R 군과 갈리던 최후의 밤, 둘은 "새로운 문화를 건설해 가세"라고 맹세했던 것이다. 그런 맹세를 떠올리며 수피아 여학교 언덕에 오른 대훈은 조선교육 인허사건으로 폐허가 된 교사(校舍)를 바라보며 상념에 젖은 채 중학시절 잘 놀러 다니던 이름 모르는 묘 앞에서 이렇게 독백한다.

대훈아, 생사의 구별이란 육신의 혈관이 움직이고 뇌가 활동하고 심장이 고동 하느냐 못하느냐에 구별이 있거늘 하물며 그 육신도 이미 자취도 사라져버린 이 묘의 주인공에게서 무슨 답이 있겠니. 이 표본은 너의 육적(肉的) 장래를 말함이다. 그 괴로움을 벗고 생의 애착을 탐구(探求)해 가보렴. 네 앞길은 오직 네가 알 것이다.[82]

언덕에서 내려오던 대훈은 안면 있는 간호부과 잠시 애기를 나누는데 뜻밖에도 "대촌면 사는 이모라는 학생이 칼모진을 먹었"다는 소식을 듣는다. 시도 쓰고 하던 문학도인 동경 유학생 이 모 군이 염세증으로 칼모진이라는 극약을 먹고 입원 중이라는 끔찍한 소식이었다. 삼년 취직을 했다가 만학도로 동경의 한 대학에 입학한 대훈 역시 삼 년 더 전문학교에서 공부를 한다한들 곧 무엇이 되리라는 보장도 없어 침울해 하던 차다.

---

81) 위와 같음.
82) 위와 같음.

그는 무슨 강연회이고 연구회이고 기어코 쫓아다니며 알려고 애썼다. 그리고 책상에서 들이팔 대로 들이 파보았다. 그러나 그 앞에는 문학표현의 문제가 가로놓여 있었다. 그뿐 아니다. 더욱더욱 파고들어 갈수록 과연 예술이란 게 무얼까. 예술과 인생의 관련이란 게 어떠한 위치에 있을까. 이렇게 파고들어 갈수록 문제는 더욱더욱 미궁에 들어가고 심지어 나중에는 과연 자기 따위가 예술의 길을 옹호하며 창조해 갈 수 있을지 자기 자신을 의심하게까지 이르렀다.[83]

대훈은 여름방학을 맞아 하숙집 다다미방에서 궁상맞은 고민만 할게 아니라 고향에라도 다녀오자고 바로 동경을 출발해 왔던 것이다. 실인즉 그해 4월, 집안도 모르게 혼자서 도항권을 발급받아 대학입시를 치르려고 건너온 현해탄을 다시 건너가려니 감개가 무량했다. 결과는 다행히 합격이었다.

여숙에 닿아 이렇게 집으로 대훈은 편지를 써냈다. 살포롬한 봄바람이 싹터 오르는 느티나무를 싸안고 거리거리로 불어간다. 오피스 데스크에 머리를 맞대고 일을 해도 당초에 손에 잡히지 아니했다. 오늘이나 합격 통지가 오려는지……하면서. 하숙에 돌아오니 합격의 통지가 왔다. 대훈은 바로 퇴직서를 써서 회사에 내고 부모에게 알렸던 것이다.

'여숙'이란 척산은행 대구 지점에 다닐 때 묵었던 '대구의 하숙집'이다. 동경에서 시험을 치르고 돌아와 사무실에서 일을 봐도 손에 잡히지 않던 대훈은 합격 통지를 받고 곧바로 사직서를 내고 (광주의) 부모에게 알렸던 것이다. 여기까지가 대훈의 짧은 전사(前史)이다.

집에 돌아오니 화순에 사는 친구 인선으로부터 "한번 다녀가라"는

---

83) 위와 같음.

편지가 와 있다. 인선은 "금년에 같이 취직을 집어 치우고 동경에 같이 간 동지"로 역시 방학을 맞아 귀향한 상태였다. 인선의 편지 내용은 당시 동경유학생들의 치기어린 감상주의에서 벗어나 건강한 현실주의를 반영하고 있다.

> 이곳 촌인은 비 오기만 바라고 하늘만 쳐다보고 있소이다. 그러나 비 한 점, 주지 아니하고 매일들이 볕만 나니 큰일 났소이다. 이런 가운데 저 혼자만 방학이라고 쉬고 있을 수도 없고 정말 딱하오이다. 헌준 군은 군청에 다니느라고, 그렇게 자조 만나지는 못하나 밤이면 찾아가 가끔 만나나이다. 그리고 조영일 군도 서울서 내려와 있습니다. 한 번 귀 형도 놀러 오시오.
>
> 쩍쩍 벌어진 땅만 바라보고 있을 수도 없고, 그렇다고 무얼 손에 들고 일할 수도 없고 책 한 권 읽을 수도 없나이다. 이럴 줄 알았으면 차라리 무어라고 집엘 왔는지. 이러고 보면 자연에 매여 인간이 지내만 봤고 있는 이 땅의 경제 근원도 속히 상공업으로 전향하도록 할 필요를 더욱더욱 절실히 느끼는 바이오. 형아, 한 번 부디 오시라. 이 현실에 부딪혀 사색을 새롭게 함도 일리는 있을 듯하오.

이튿날 오후, 목포에서 상고에 다니는 대훈의 동생 인훈이 역시 방학을 맞아 귀향해 4형제는 한 자리에 모인다. 대훈, 청훈, 인훈, 길훈 4형제가 한 지붕 밑에 모이는 것도 드문 일이었다. 형제는 형제지만 연령 차이와 취학 상태에 따라 각각 동경으로, 서울로, 목포로 광주로 뿔뿔이 흩어져 있다.

> 오랜만에 만날 인훈의 얼굴이 대훈의 머리에 이미지 되어 떠올라온다. 인훈은 아버지 희망대로 중학에로 간 청훈과는 달리 상업학교로 가게 되

었다. 침착한 성격과 언제나 활발한 소년다운 데가 대훈의 가정에서 인기였다.

　그 애가 얼마나 컸을까. 작년 소학생 시대에 반 쓰봉을 입고 들로 산으로 전쟁 흉을 낸다고 다니던 애가 이젠 중학생이 되었으니……. 대훈은 슬그머니 미소를 띠웠다. 말동무 하나 없이 매일 들어 가만히 책상에만 앉아있으려니 말동무 하나라도 어서 더 와주었으면 하는 대훈의 마음이었다.[84]

동생을 대하는 대훈의 마음 씀씀이에서 맏형다운 데가 느껴진다. 목포의 이모님 댁에서 하숙을 하며 학교를 다니고 있는 인훈은 "목포 이모께서 한 번 놀러오시라"고 했다는 말을 대훈에게 전한다. 마침 서울에서 여대에 다니던 이종사촌동생 '현경'도 인훈 편에 그런 말을대훈에게 전한다. 대훈은 '현경'을 떠올린다.

　대훈은 이 화락한 기분 속에 있으면서도 생각은 딴 데로 흘러내리고 있었다. 그건 이때까지 생각지 않았던 현경의 출현이었다. 물론 어렸을 적부터의 죽마의 벗이었다. 그러나 이날같이 자기의 머릿속에 크로스업해 나타나게까지 생각한 적은 처음이었다. 어찌 변해졌을까. 그 신경질이, 그리고 언제나 우울함에 얼굴이 싸여있고 포즈마저 외롭게, 어느 때나 활발한 기색을 보이지 않는 그 애가……. 그는 잠깐 눈을 감아 현경과 놀던 지나간 날을 생각해보았다.

대훈과 현경과는 어릴 적부터 친구처럼 자랐다. 그러나 소학 시절을 거쳐 현경이 광주의 여고보로 진학했을 때는 그 수줍은 마음과 신경질적인 성격 때문에 이따금 일요일에 집에 놀러 와도 곧 가버리곤 해서

---

84) 위와 같음.

섭섭한 마음이 있었으나 속내를 털어놓을 수 없었고 차일피일 거북한 마음이 들었던 것이다. 그런 현경이 "놀러 오시라"는 말을 전했으나 대훈은 썩 내키지 않는다. 대신 축음기에 걸고 슈베르트 심포니 8번을 듣는다.

부모의 반대로 이루지 못한 연인과의 사랑을 테마로 한 슈베르트의 미완성 교향곡. 대훈은 이 곡을 들으면서 위안을 받았던 것인데, 독일 윌리 포르스트의 「미완성교향악」이란 음악영화를 보고 나서 이 곡이 더욱 마음에 들었다.

그러던 차에 대훈은 친구 강인선, 양현준, 조영일이 살고 있는 화순으로 내려간다. 인선은 순천의 형 집에 가고 없었고 대신 현준의 집에서 하룻밤은 묵은 대훈은 가뭄임에도 전지군마(戰地軍馬) 먹일 보리를 징수하러 가는 현준을 따라 영일과 같이 농가에 갔다가 두레박으로 물을 품어 논에 대는 작업을 돕는다. 논물을 대면서 대훈과 영일이 나누는 대화에 소설의 주제가 슬쩍 드러나기도 한다.

이 세상이란 평범한 인간들이 사회의 기초를 이루어 있으나 그네들의 에고이즈한 감정이나 육적인 인간의 생활을 크게 인생의 전부인 것처럼 알고 행동하려는 데만 이 사회의 도덕이나 학설이나 기타 모든 게 운행된다면 이 지구덩이에는 새로운 문화도 무엇도 건설되지 아니하고 일보일보 그나마 쌓아놓은 문화마저 퇴보해가지 않을까 하네.

그렇지, 그러니까 그 비를 깨치고 그것을 박차고 나아가는 부류는 불과 소수일 것이나 무어랄까 상층 계급의 문화인들이 결국은 대다수의 세속인들을 리드하여 가는데 비로소 새로운 문화가 건설될 줄 아네.

사범학교에 합격한 영일은 교육이 장래에 자신이 큰 뜻을 세우고 일할 곳이 아님을 느끼고 중도에 그만 둔 뒤 서울서 사립학교를 나와 지금은 성대 이과에서 의사의 길을 가고 있었다. 실은 자기의 이상을 밀어 붙인 영일의 남성다운 행동은 친구들을 자극했고 대훈 역시 영일에게 자극받아 취업 생활 끝에 동경유학을 실천에 옮겼던 것이다. 그런데 대훈은 화순에서 공무를 보고 있는 현준을 생각할 때 현준 군은 저렇게 땀을 흘리며 일을 하고 있는데 이리저리 다리며 도리어 양 군의 심중을 심란케 한 일이 마음에 걸려 광주로 발길을 옮긴다. 광주에 와서도 심란한 마음이 가라앉지 않은 대훈은 부모님의 권고도 있고 해서 기차를 타고 목포로 향한다. 가뭄으로 타들어가는 차창 밖 풍경을 바라보는 대훈은 괴롭다.

> 동경서 벗들과 무슨 예술이 어쩌니 인생이 어쩌니, 문화가 어쩌니 하고 학교나 들판에나 모이면 서로서로 떠들어대고, 열정을 끓던 일이 지금 생각에는 가소롭게도 여겨졌다. 기차는 대훈이 이런 생각을 하든 말든 제 갈 데로 말라붙은 들판을 달리고 있었다.[85]

이런 생각 끝에 목포에 도착한 대훈은 목포 아주머니 댁에 발을 들여놓는다. 여기서 사실 관계를 밝히자면 '현경'의 신분을 '이모의 딸'이라고 밝힌 대목은 실제와 다르다. 실은 이모의 딸이 아니라 고모의 딸이 현경이다. 사소설 형식을 따랐다면 실제대로 썼어야 할 인척관계를 슬쩍 비튼 것에서 작가의 신중함이 느껴진다. 현경을 고모의 딸로 그릴 경우 김우진의 딸이라는 전혀 새로운 의미망으로 전환되기 때문이다. 그렇게 되면 김우진 사후의 가족 이야기로 방향이 달라질 수밖에 없고 문제의식도 달라져야 하기 때문이다. 그래서 선택한 것이 사소설 형식에 픽션의 가미이다.

---

85) 위와 같음.

▶ 김우진 사후 정점효 가족들(왼쪽부터 한 사람 건너 김진길, 김방한, 정점효, 김익
진과 그의 가족.)ⓒ정철훈

    대훈의 어머니 형제가 육남매인데 대훈의 이모님은 세 분이나 계셨다.
큰 이모님은 목포서 살고, 둘째 이모님이 개성, 그 다음이 대훈의 어머니
이시고, 끝으로 이모님 한 분이 남원서 사시었다. 그러나 대훈의 집과 가
장 친히 왕래가 유특히 있는 곳이 목포 아주머니 댁이었다. 그건 대훈의
아버지께서 사업상 자주 목포에 내려 다니시는 관계도 있지만 대훈이 어
려서부터 유특히 방학에도 찾아가고 했으며 또 그 아주머니께서도 광주
에 자주 오시게 됨으로 친분이 더욱더욱 두터워졌음은 사실이었다. 그리
고 대훈도 아주머니들 중에 이 아주머니가 제일 마음에 들었으며 사랑을
많이 받았다.[86]

    현실 속의 고모를 이모로 돌려놓는 방식에서 작가의 신중함이 느껴

---

86) 위와 같음.

진다. 현해탄 사건의 후유증이 가시지 않은 상태에서 그 집안의 딸과의 연애감정 비슷한 것을 드러낼 경우 깊은 상처에 다시 소금을 뿌리는 격임을 너무도 잘 알고 있기에 이모 쪽 이야기로 물꼬를 돌렸을 것이다. 이를 제외한 『인적』의 모든 에피소드는 사소설 형식에 따라 충실하게 써진 것으로 보인다. 우선 '현경'과의 관계에 있어서 리얼리티를 담보해주는 것은 유년시절의 추억이다.

그때 현경에게는 현경의 아저씨께서 사다주신 완구 중에 조그마하게 만든 병아리가 다섯 마리가 있었다. 색은 노랗게 물들어져 있고 눈알은 까맣게 둥글둥글하게, 여간 귀엽게 생기질 않았다. 그리고 연분홍 진 뾰쪽한 입이 꼭 살아있는 병아리 같았다. 대훈과 현경은 이 병아리를 요모조모로 놓고 숨바꼭질을 했다. 그러다 잘못해 그만 병아리 한 마리의 다리가 떨어졌다.

오빠, 아휴, 가엾어라. 병아리 다리가 떨어졌네.

글쎄, 어째 떨어졌을까. 얘!

하고 다복다복 내 손으로 어루만져주고 있으려니 현경의 아저씨가 마침 지나시다가 이걸 보시고

왜 그렇게들 서러워하니.

아저씨, 병아리 다리가 떨어졌어요.

에, 참 불쌍하게 되었구나. 니들과 이때까지 재미있게 놀아주었으니 살았던 병아리와 똑같이 생각하고 땅 속에 파묻어 주어라.

그래, 현경과 대훈은 현경이 가지고 있던 베 쌈지 고은 걸 꺼내서 병아리를 곱게 곱게 싸가지고 뒤 정원으로 갔다. 그래, 장독 옆에 호미로 땅을 파서 가볍게 가볍게 흙을 놓아 파묻어 주었다.

그런 유년시절을 지나 여고 때는 새침 맞고 우울 상에 신경질만 피우던 현경은 i 여전 4학년 생으로 성장해 어엿한 처녀티가 났다. 여고

때는 수줍어서 대답도 잘 안 하던 현경의 활달한 모습에서 대훈은 내심 "교육이란 받아야말 할 것"이라고 생각한다. 그렇지 않아도 대훈은 여성해방운동에 관심을 가지고 있었다며 현경에게 이렇게 토로한다.

첫째. 그러한 운동이란 자력갱생이라는 말이 있듯이 여성 자기네들 힘으로 해가야지. 타력으로 해가선 도저히 되지 않을 줄 알아. 그건 여성 측의 각성이 있어야 할 줄 알아. 가령 직업으로 말하더라도 기생, 여급, 음매업 이따위란 재래의 남존여비의 사상 아래 남자의 너무나 지나친 압정의 권리 아래 빚어낸 자기네들의 이익만을 주장하는 폭행적 권세 아래 생긴 직업이라 하겠지만도 여성 자체가 이런 방면의 직업으로 생활해 간다는 게 어리석지 않은가 해. 물론 이렇게 말하면 생활이 있고 집안 환경에 어쩔 수 없이 그러한다고 하지만. 자기네들의 이상이 있다면 어찌 그러한 직업만을 구하겠느냐 말이야. 같은 사무원이나 점원 등 넉넉히 신성하게 해갈 일이 있지 않아.
저도 동감이에요.
그러니까 내 생각 같아선 첫째 여성 측의 반성이 있어야 하겠다고 믿어. 그러나 이 현 사회의 법률이나 사회조직이 절대적으로 남성에게 유리하게만 조직되어 있으니 여성의 지위란 연약한 게지. 하여튼 나도 내 일생을 통해 여성운동을 해볼 작정이야.[87]

이에 대한 현경의 대꾸 역시 배운 사람답게 호방하다 못해 지식인다운 데가 있었다.

조선 가정에선 남편이 바깥에서 돌아와도 어서 오시라는 말 한자리도 없고 모른 채하고 일을 하거나 웃음 웃는 얼굴로 맞아들이며 모자나 가방

---

87) 위와 같음.

을 받는 일은 없거든요. 조선여성에게 애교가 없다는 것은 유교적 교육 아래 남녀칠세부동석이란 사상이 머리에 꽉 들어박혀져 길러 나오고, 집 안에서 자라면서 자기의 의욕을 마음껏 발표를 못하고 늘 쪼들려 자라왔 던 만큼 가정생활에 들어가서도 자연히 그리되지 않는 가해요. 이 점과 아까 말한 그 언어로서 존대를 받는 등. 이래서 여자는 퍽 자존심을 길러 내게 되지 않는 가해요. 그러니깐 남자에게 아양을 떨 수는 없죠. 그렇게 되니 냉랭한 가정에 여자에게 말이 옮겨져 첩을 두게 되지 않을 가해요.

현경의 대답을 듣는 대훈은 흡족하다. "말이 없던 현경이 말을 잘 내놓는 것도 기이했으나 말하는 그 근본적 사조의 흐름이 상통됨"을 느끼는 것이다. 한 마디로 "진실한 처녀의 인생관이요, 사회관이며 옥 같이 아름다운 정신"으로 받아들인다.

현경은 한 여성으로 완전히 그 용모가 성장한 것만이 아니라 정신으로 도 부끄럽지 않을 만큼 뚜렷하고 이지적인 가장 현대적인 교육을 받은 해 택이 아름답게 빛나고 있었다. 대훈이가 언제나 시선을 가깝게 하며 별 다른 각도로 현경을 대하게 된 것은 이때부터였다.[88]

선남선녀의 상대방 알아보기란 용모와 정신의 똑같은 정도의 결합 에 있다면 바로 이런 순간을 말할 것이다. 이때부터 대훈은 현경을 한 이성(異性)으로 대하기 시작한다.

나는 여성을 대하는 눈을 인제부터선 달리해야겠다. 너무나 멸시하고 어리석게만 여겼던 여성 가운데 내 몸 가까이 숨어 빛나지 않았던 현경이 같은 여성이 있지 않나. 그래도 난 또 이렇게까지 현경이 변해왔을 줄이

88) 위와 같음.

야 몰랐지. i 여전이라면 허영덩어리 여성만 교육을 하느니 무슨 유한마담 배양소이니, 하는 사회의 평판까지 있는 학교에서 현경이 교육을 받으면서 저만한 교양을 쌓았다는 것은……. 그렇다. 결국 그 인간의 선천적인 인간성의 문제이다. 물론 후천적인 습관과 교육이 그 사람의 성격이나 사상을 좌우해감도 사실이나, 그걸 몸에 붙이며 참으로 자기 것으로 만들어가며 정당한 비판 아래 행동과 사조에 자기의 개성이 뚜렷하게 나타남은 역시 그 사람의 타고난 소질 여하에 매이지 않았을까.[89]

다음날 현경의 가족과 함께 외달도 해수욕장에 간 대훈은 보트를 빌려 노를 저으면서 현경과 둘만의 시간을 갖는다. 현경은 처음 타보는 보트였지만 대훈의 노 젓는 솜씨에 신뢰가 가기에 장난기가 발동해 보트를 굴리며 요란케 한다. 다른 가족들은 따로 보트를 타는 두 사람에게 아무 신경도 쓰지 않는다. 집에 돌아온 현경은 대훈에 대해 호감을 느낀다.

현경은 대훈을 마침 캄캄한 방 한 구석에 먼지 낀 그대로 잊어버리듯 두고 관심치 않았던 다이아몬드를 발견한 듯한 감이 났다. 대훈의 유난스런 그 성격이 첫째 좋았다. 그리고 이해 있는 태도와 진실한 학도로서 마땅히 해결해 가야할 제 문제에 착안하여 의식적으로 연구하려는 그 태도가 매우 마음에 들었던 것이다.
현경이 대훈을 이렇게 이해해주고 대훈의 뜻을 잘 알아준 것도 하나는 자기의 가정의 생활과 환경에서 빚어낸 것도 있었다. 그건 자기의 부친이 문학을 연구한 분이었고 자기 자신 학적은 문학 방면에 두질 아니했다. 문학에 많은 관심을 갖고 있는 데에도. 대훈의 심경을 잘 이해해 줄 수 있었던 것이다. 자기 자신도 차라리 문학 방면으로 나갔으면 하는 마음에

---

89) 위와 같음.

간절했으나 가사과에로 학적을 둔 지 이미 사년이요, 내년이면 졸업을 하게 되니 인제 학적을 옮겨 할 수도 없는 일이요, 그는 하는 수없이 독서로서 그 심정을 위로해가는 편이었다.

'자기의 부친이 문학을 연구한 분'이라고 짧게 언급하고 있지만 현실에 있어 현경의 아버지가 김우진임을 상정하면 현경의 생활과 환경을 좀 더 선명하게 짐작할 수 있다. 현경 자신은 비록 문학을 전공하지는 않았으나 문학과 문학도를 누구보다 잘 이해할 수 있는 사람이었기에 대훈에게 더욱 호감이 갔던 것이다. 현경 역시 "고독을 벗 삼고 홀로 방에 들어앉아 책이나 읽는 것이 유일의 위안"이었다가 실로 오랜만에 말이 통하는 이성을 대면하고 보니 행동도 좀 더 적극적이어서 내심 놀란다. 현경의 솜씨로 점심을 먹은 둘은 목포 시내로 영화구경을 나간다.

조선영화라 하면 어쨌든 관중들은 모여드는 것이다. 테크닉이나 작품의 내용이 빈약하고 언제나 궤짝 속에서 움직인 듯한 감이 나는 조선영화이지만도, 관중들은 자기네들의 생활을 그대로 스크린에 볼 수 있음을 한 기꺼움으로 느끼는지 하여튼 무조건하고 관중이 밀려드는 것이다.
대훈과 현경도 이 관중 속에서 영화감상을 하기는 하되 스토리의 전개성이랄지 몽타주의 조잡한 것, 배우들의 장난 같은 표정, 더구나 귀창을 막아야 들을 수 있는 음악, 하나도 들리지 않는 녹음 등은 차마 볼 수 없었다.

이 대목은 당시 조선영화의 답답한 현실에 대한 작가의 의견을 반영하고 있다. "작품의 내용이 빈약하고 언제나 궤짝 속에서 움직이는 듯한 감이 나는 조선영화"라는 언급이 그것이다. "스토리의 전개성이랄지 몽타무의 조잡한 것, 배우들의 장난 같은 표정, 귀창을 막아야 들을 수 있는 음악" 등의 표현은 조선영화의 열악한 수준에 대한 화자(話者)의 탄식이나 마찬가지이다.

목포는 예향의 도시라는 명성에 걸맞게 영화도 매우 빠른 시기에 보급되었고, 많은 인기를 누렸다. 목포에 남아있는 극장 중 가장 오래된 것은 목포극장이다. 물론 그 이전부터 목포좌(1904년)·상반좌(1908년) 같은 흥행관이 있었지만 모두 사라지고 1920년대엔 목포극장이 명맥을 잇고 있었다. 당시 목포는 단순히 영화상영 뿐만 아니라 직접 영화를 제작하는 프로덕션까지 설립될 만큼 영화에 대한 관심이 남달랐다.

木浦에 撮影所 「오리엔탈프로덕순」 영화계의 유지를 망라
일반적으로 보아서 영화가 착착 발뎐되여 간다함은 본보 영화난(本報映畫欄)을 통하야 루차 보도된 바이나 여기에 쯧을 둔 김찬(金讚)씨외 사오인이 지난 오월 구일 하오 일곱시에 목포극장(木浦劇場)안에 모히여 「오리엔탈프로덕순」을 창립하고 조선에 영화계에서 일흠 잇는 중요한 배우를 망라하야 가지고 현대사상에 적합한 신각본을 선택하야 촬영할 터인바 녀배우중 쯧이 잇는 분은 한 번 동프로덕순으로 한 번 무러 주기를 바란다더라.[90]

이 시기 매우 활발하게 이루어졌던 목포청년회의 활동 중에는 영화와 관련된 내용들도 등장한다. '활동사진대'라는 이름으로 각 지방을 순회하면서 그 수익금을 가지고 동경에서 고학중인 학생들을 돕는데 사용하였다.

---

90) 『동아일보』, 1927.5.17.

목포활동사진대

목포청년회에서는 해외고학생을 원조할 목적으로 활동사진대를 조직하야 각 지방을 순회한다는 사는 예히 보도하얏거니와 해일행은 단장 서광조씨 인솔하에 거십삼일 상오 구시 목포를 출발하야 라주로 향하얏다더라[91]

초창기 영화 제작은 화면만 촬영할 뿐 음성을 녹음하는 기술까지 갖추지 못했다. 따라서 영화를 상영할 때는 장면을 해설해주는 변사가 있었다. 변사는 극장 측에서 별도로 고용하여 관객의 흥미를 돋구었고, 이들의 실력에 따라 영화 보는 재미가 달라졌다. 그러다가 목포극장이 개관된 1927년엔 변사 대신에 해설부를 두고 영화를 상영했다.

영화상설목포극장은 대정 십오년 십일일 팔일에 개관(開館)하여 미국 유니바—살회사와 특약을 하고 해설부는 김성두군과 리상근군을 두고 지금까지 부족함이 업시 계속하여 왓스나……[92]

그런데 1927년은 김우진의 동생 철진이 도시샤(同志社) 대학을 중퇴하고 귀국해 신간회 목포지회 상무간사 자격으로 목포극장에서 '민족적 의식에 대하여'라는 주제로 강연하고 목포청년회를 이끌던 때다. 이 시기에 지방을 순회하면서 상영되는 영화는 문화생활을 접할 기회가 적었던 당시의 사람들에게는 유일한 오락거리라고 해도 과언이 아니었다. 이러한 점 때문에 특정 목적을 가진 집회에 군중을 불러 모으기 위한 볼거리 제공용이나 지역민을 위로하는 수단으로 사용되기도 하였다. 하지만 문제는 여전히 조선영화의 열악성에 있었다. 그렇기에

---

91) 『동아일보』, 1922.7.20. 목요일.
92) 『동아일보』, 1927.5.17. 화요일.

대훈과 현경은 귀갓길에도 조선영화에 대한 이야기를 나눈다.

　아이, 조선영화는 어찌 저리 흉악한지요. 무어 내용도 줄거리가 있어
야죠.

　글쎄, 나도 언제나 생각하는 바이지만 테크닉이야 영화의 한 수법으로
서 영화가 제작되는 과정으로 과학적 기능을 절대 필요로 하는데 여기엔
영화의 기법 문제가 관련되니 곧 그렇게 쉽사리 해결될 문제는 아니다 하
더라도 내용에 있어서야 각국의 영화기법 상으로나 영화정책 상으로 보
아 자유로운 위치에 있는 게 조선영화인데, 거기서 일하는 부류의 인간들
이 도무지 이렇다 할 의지가 없는 모양이야. 가령 문학을 예를 든다면 세
계적 수준을 놀리고 다방면으로 개척해가는 노력이 보이지 않나. 그렇지
만 영화계란 신문지상이나 잡지상의 발표된 논문 등 영화인이 써놓은 걸
보면 이론은 그럴 듯하게 써놓았지만도 실제 일하는 걸 보면 모두 저따위
니 첫째 인적 조건이 필요해.

　저도 잘 모르지만도 어쩐지 조선영화계란 선전뿐인 것 같네요. 그리고
배우나 감독들의 재미스럽지 못한 스캔들이나 나고. 그건 예술을 하는 이
들이니깐 그렇게 감정에 못 이겨 그런 태도를 취한다 해도 그 작품을 통
해선 그래도 어떠한 예술을 한다는 의욕이 있어야 하지 않아요? 아무리
기교가 서투르다 해도 그 작품을 창작하는 그런 의욕이 있었다면 이면에
충분히 작품을 통해 느낄 수 있을 거예요.

　그렇지. 결국은 영화인들의 무교양한 것이 폭로된 셈이지. 지금 현재
영화인들이란 중등학교도 변변히 졸업 못한 친구들이 있으니까. 물론 교
양이란 학교를 가야만 얻을 수 있는 게 아니지만도, 현대의 영화란 예전
과 같은 제 육감으로 제작하든 때와는 다르다는 것을 알아야지. 하여튼
영화계에도 진실한 학도가 나와야 해.[93]

---

93) 정준채 소설, 『인적』.

집에 당도하기까지 대훈이 현경에게 들려준 조선영화의 여러 문제 가운데 핵심은 '영화인의 무교양'이다. 과학적 기능에 의해서 아니라 육감에 의존해 제작하는 척박한 현실이 영화인의 무교양 때문에 빚어지고 있다는 말이다. 이와는 달리 당대 문학의 수준에 대해 "세계적 수준을 놀리고 다방면으로 개척해가는 노력이 보인다."고 높이 평가하고 있다. 집으로 돌아온 대훈은 현경의 사진첩을 구경하면서 현경으로부터 사진 한 장을 얻은 것을 끝으로 광주로 가려 한다. 더 이상 머무른다면 현경에 대한 연애 감정을 억누를 수 없기에서인데 다만 떠나기 전에 몰래 편지 한 장을 써놓는다. 하지만 이튿날 아침, 전혀 예상치 못한 현경의 아저씨(삼촌)가 보낸 전보가 대훈에게 도착한다. 제주도 여행을 가려고 하는 함께 가자는 권유의 전보였다. 이때부터 소설은 일종의 여행소설인 로드(road) 로망으로 펼쳐진다. 로드 로망은 길 위의 인간상, 길 위의 사건, 길 위의 인식론적 풍경과 존재론적 풍경이 뒤섞이면서, 타자 인식을 통해 하나의 세계관을 정립시키는 전개방식이다.

함께 여행을 떠난 인물은 대훈과 현경을 비롯해 현경의 어머니, 그리고 현경의 아저씨가 여행에 초대한 동경 유학생 최양구 군, xx사 지배인 아들, 또 다른 동경 유학생 채동율 군 등이다. 다만 대훈이 꺼림직하게 생각한 것은 "대훈을 기어코 가톨릭 교우로 만들려고 하는" 현경의 아저씨의 특이한 종교관이다. 그러나 대훈은 종교를 받아들일 마음의 틈새가 없다.

중학시절에 들어가 인생사에 대한 의문이 생기고 괴로워 견디지 못한 그는 그래도 무엇인가 찾으려 예배당, 절(寺)로 설교를 들으러 다녔으나 괴로운 대훈의 마음을 어름 풀어주는 말은 들을 수 없었다. 그리고 종교는 아편이다. 라는 말을 그는 맹목적으로 절간이나 교회에 가는 사람들을 보고 절실히 느꼈다.

그는 어렸을 적의 모든 그 어리석은 설교가 소극적인 입장에서 부르주 아즘이었다는 책에서 보고 알았다. 그래 정말 대조적인 학리적인 종교란 자기가 서책으로 공부해갈 수밖에 없음을 통절히 느꼈다.

지금의 대훈은 역시 종교를 꺼리고 있다. 그건 자기가 진리를 얻어 그리한 것은 아니로되, 종교를 마음으로 어떤 무형적인 관념 속에 자기라는 걸 붙잡아두고 거기서 그 관념을 기대로 하며 한 편견적인 인생관, 사회관을 갖게 됨을 피하려 했던 것이다. 대훈은 신이 된다는 것보다도 어디까지나 인간으로서 일을 해보고 싶었다.

인간이 동물인 자체를 벗어나 신이 된다는 건 벌써 그건 인간이 아니요, 신이다. 인간은 인간인데 비로소 가치가 있는 것이며 인간인 도리가 그 중에 있다고 보는 것이었다. 그러나 그렇다고 동물적인 야수와 다름없는 인간을 요구함은 절대로 아니었다. 그는 인간이 신인 동시에 야수인 그 중간, 즉 인간이 되고 싶었던 것이다.[94]

대훈이 이성의 힘으로 종교의 수락 여부를 놓고 고심하며 저항하고 있는 데 비해 마치 생명보험 외교원(외판원) 같은 인상의 최양구는 어느새 현경의 아저씨를 떠받치며 마치 종교나 연구한 듯한 말을 내놓으며 비위를 맞추는데 급급하다. 여기서 잠시 실제 관계를 말하자면 현경의 아저씨란 작가인 준채가 동경유학자금을 변통하러 전남 장성에 가서 만난 김우진의 둘째 동생 김익진이다. 말하자면 김익진으로부터 자금 변통을 거절당하고 2년 여를 척산은행 대구 지점에서 일하다가 겨우 동경 유학을 간 첫 해(1939) 여름에 목포에서 김익진과 재회한 것이다. 그럼에도 김익진에 대한 케케묵은 감정 따위는 찾아볼 수 없을 뿐 아니라 오히려 존경의 대상으로 그려지고 있다.

---

94) 위와 같음.

현경의 아저씨는 대훈도 참마음으로 존경하고 있는 분이었다. 청년 시기에 남다른 고생을 쌓은 만큼 그 체험으로나 또한 독학으로 그리 학교는 가지 못했으나 문견이 넓고 이해성이 있고 더구나 그 성격이 청년다운 씩씩한 데가 있어 대훈은 퍽 존경을 바치고 있었다. 자기도 장차 실사회의 사람이 된다 해도 저렇게 언제나 동심을 잊지 않고 활발한 생활을 해 보려나 하고 현경의 아저씨를 본 받아 생각한 적도 한두 번은 아니었다.

제주에 도착한 대훈의 눈에 비친 제주는 이국적일 뿐만 아니라 인종적으로도 육지 사람과는 다르게 느껴진다. 어떻게 다른가, 하는 점이 구체적으로 서술되는데 이 대목에서 로드 로망의 한 풍미가 읽혀진다.

첫째 제주도엔 인종학 상으로 본다 해도 조선 본토의 인종과는 완연히 다른 모습을 보여준 듯했다. 그들은 마치 몽고인 적인 얼굴형용이 많았다. 가정여자들의 얼굴을 본다 해도 이마가 육지 사람보담은 훨씬 더 벗어져 가지고 뒤에로 넘어왔다. 육지 사람들은 이마가 나오는데 뒤에로 넘어가 있고 코는 덜렁하니 콧대가 세어 마치 인디언을 연상케 하고 턱아리는 길쭉하니 쪽 빨려들어 안으로 휘어들어져 있다. 이 얼굴형용이 몽고인종과 흡사함은 사실이었다.

조선족의 원 시조란 몽고라고 하나 얼굴 모습과 형용이 그렇게 현재의 몽고인과 흡사한 점을 찾을 수는 없는데 제주도 도민들을 보고 대훈인 그 말도 거짓말은 아닌 양 느껴졌다. (…)

말소리는 일종 독특한 악센트를 가지고 육지에선 듣지 못한 감촉을 받았다. 일종 경상도 사투리 같은 말을 쓰나 무어라고 알아들을 수 없는 말이 많이 들렸다.[95]

---

95) 위와 같음.

남편에게 일을 시키지 않고 논밭을 갈며 억척같이 살아가는 제주 여자들의 생활력에 감탄해 마지않은 대훈이 현경에게 "행여나 제주도에 시집올까 무섭네."라고 던진 한 마디로 다시 티격태격, 살가운 감정들이 부풀어 오른다. 즉흥시를 지어 읊는 대훈과 쓴 소리를 하는 현경의 티격태격. 이 티격태격은 "마음이 악독해 하는 싸움도 아니고 감정이 폭발하여 싸우는 싸움도 아니요, 그들은 품은 애정을 둘 곳 없이 이렇게 남 보기엔 싸움인 양하면서 두 속 깊이 말하지 못할 괴로움의 폭발"로 규정된다. 일종의 심리극이 펼쳐지는 것이다.

장면은 바뀌어 대훈은 현경의 아저씨를 따라 영국인 신부가 봉직하고 있는 가톨릭 성당에 가서 한 청년을 소개받는다. 동경 유학 중 몸이 편찮아 귀향한 채동율 군은 활달한 성격의 소유자다. 그런데 성당에 와서도 최양구는 입을 쉬지 않고 놀린다. 대훈의 눈엔 그게 "상습적인 사교술"로 보일 정도다.

다시 장면은 바뀌어 다음날 아침이다. 일행은 제주 읍에서 좀 떨어져 있는 삼양해수욕장으로 걸어간다. 하지만 해수욕장에 도착한 대훈이 헤엄 치고 노는 동안 수영복이 없는 현경은 소라껍질을 줍고 있다. 모래 사장에 앉은 두 사람은 다시 티격태격이다. 티격태격을 보다 못한 현경의 어머니가 한 마디를 한다.

저 애들은 만나면 싸움이야. 웬 것들이 그러니. 보다 못해 현경의 어머니는 이렇게 중재했다. 한라산에는 구름이 끼었다, 덮었다, 해양 기상의 묘미를 보여주며 바다는 각도를 달리할수록 파란색, 연분홍색, 새까만 푸른 색, 노랑에 파란색 섞어놓은 색, 바이올렛 색 등등. 가지가지로 변해주고 있었다.[96]

---

96) 위와 같음.

일종의 사랑싸움인 '티격태격'을 뒤로 하고 화자가 제주의 다양한 풍광과 갖가지의 바다색깔을 묘사한 이 대목은 카메라의 이동과 줌업을 연상케 한다. 장면 전환과 풍광의 변화야 말로 대훈과 현경이 펼치는 심리극을 상징하기도 한다. 다시 밤이다.

> 현경과 대훈은 오늘 낮에 십 리나 되는 길을 걸었으면서도 어쩐지 이 밤엔 서럽다. 걷고 싶었다. 현경은 간단한 양장을 하고 알듯 말듯 얄포롬하게 한 화장이 대훈은 거리에서는 찾아보지도 못할 나리꽃 같은 아릿다움을 느꼈다. 둘이서 해안선을 걸어 제주항 부두에까지 다다랐을 적엔 해풍은 더욱 심하게 불어들어 무더운 여름밤에 청량미를 더 한층 던져주었다.[97]

밤으로 바뀐 이 장면에서도 카메라 기법이라고 할 수 있을 것이다. 유장한 시간의 흐름 속에서 과거에 있었던 순정의 한 토막을 현경에게 들려주는 대훈. "두 청춘남녀는 옛 추억담에 정신이 팔려 별들이 잠이 와 눈을 부비며 그들이 잠 이루길 고대한 줄도 모르고 속삭였던 것이다."라는 대목은 마치 극장의 변사가 늘어놓는 화려한 수사를 닮았다. 다음날, 일행은 버스를 대절해 제주를 반 바퀴 돌아 서귀포에서 일박을 한다. 서귀포에서도 두 사람은 티격태격이다. 아마도 주일이었는지, 서귀포 가톨릭 성당에서 미사를 본 대훈 일행은 한라산 등산을 가기로 결정한다. 반면 현경 모녀와 현경의 아저씨는…… 목포로 돌아가기로 한다. 가톨릭 청년 채동율은 현경에게 제주도 특산 동백기름을 선물하고 현경을 대신해 대훈은 채동율에게 감사의 인사를 전한다. 현경과 갈린 대훈은 천문학에 관심이 있다는 임용선 군과 별에 대한 이

---

97) 위와 같음.

야기를 나누며 섭섭한 마음을 달랜다. 장면은 바뀌어 대훈이 목포 이모 댁에 도착한 날이다.

지금 바로 오시는 길이에요? 아유 셔츠가 다 찢어 졌네……. 현경의 놀람과 인제 오니? 아주 욕봤구나? 현경이 어머니의 말이 같이 나왔다.

대훈이가 한라산 등산을 마치고 목포에 돌아온 날이다.

욕이라니요. 말 아니에요. 글쎄 해발 일 천 미터까지 올라가는 도중에 길을 잃어서 꼭 다섯 시간을 헤매었습니다. 가시덤불 아사리 밭 산림 속을 헤매다 냇을 찾아 올라 가면 절벽이 나오고 그걸 또 올라가면 절벽……. 이렇게 죽을 고생을 하다 포도시 길을 찾아 거기서 부터는 쉽사리 올라갔죠.[98]

하지만 제주 등산은 말처럼 순조로운 게 아니었다. 산이 험한 것이 아니라 사람이 험했다. 의당 내야할 차 삯이며 여관비를 한 푼도 내지 않고 버티던 최양구 군과 말다툼을 하게 대훈은 하필 목포까지 동행한 최 군이 이모 댁에서 눈치 없게 하룻밤을 묵고 가는 바람에 더 마음이 좋지 않았다. 최 군과 같이 광주로 가기 싫어 목포에서 하루 더 있게 된 대훈은 제주에 가기 전에 쓴 현경에게 몰래 써둔 편지를 현경이 읽었다는 말에 낯을 붉힌다.

대훈은 언제 주어도 줄 편지이니 읽었다는 게 아무런 충동도 줄 무엇도 아니었다. 그러나 직접 그걸 읽었다는 말에 얼굴을 대하기가 거북했던 것이다.

현경은 보트 노를 잡고 물장구를 치며 저었다. 거짓말 아니라 정말로 그는 저을 줄을 모르는 솜씨였던 것이다.

---

98) 위와 같음.

오빠, 정말 저를 대해 누구든지 그리 생각되나 보아요. 자칫하면 불행이 될 듯이……

글쎄. 그건 현경의 성격이 빚어낸 첫 인상이 그러겠지. 나도 현경을 대하고서 그런 감이 없지 않아 있었어.

저도 제 생각에 꼭 불행이 될 것만 같아요.

천만에 왜 그런 생각을 하나.

대훈은 목포에 머무는 게 거북해 광주로 올라온다. 현경은 역에 나와 전송을 해주었고 광주 행 기차에서 대훈은 하이네 시집을 꺼내 읽는다.

그 전엔 동감되지 않던 곳도 오늘은 동감이 되었다. 그는 빨간 연필로 줄을 그어서 동감을 표시했다. 일견 평범한 듯한 시상에 깊이 알 수 없는 정열이 숨겨져 있고 평범한 듯한 어구를 깨물면 깨물수록 달콤한 감정에 시달리게 됨을 그는 느꼈다.[99]

3주 만에 광주로 돌아온 대훈은 현경에 대한 생각에 골몰한다. 현경에 대한 감정은 사랑인가, 호기심인가. 이런 감정은 정당한 것인가. 심정의 괴로움은 이루 말할 수 없으나 그 괴로움의 정체를 대훈으로 이성으로 되짚어간다.

물론 현대의 일상 생활양식과 사상의 흐름은 예전과 같은 동일한 계약 아래 굴러가고 있지는 않다. 그러나 깨들지 못할 이 땅만의 윤리가 있고 도덕이 있지 않은가. 대훈은 이렇게 이성적으로 판단해 가면 자기가 생각하고 있는 게 얼마나 죄스런 일이요, 추접한 마음인 것을 느끼는 것이다.

---

99) 위와 같음.

그러나 정리란 곧 그렇게 이성으로 판단해서 옳고 그르게 행동을 취할 수는 없는 것이었다.[100]

대훈은 스스로 현경과의 사랑을 플라토닉이었다고 자신을 토닥인다. 현경에 대한 감정은 "여성에 대해 너무 기대를 가졌기에" 생긴 일이라는 것이며 현경에 대한 기꺼움은 "모래 위의 누각"이었다고 스스로를 달래보기도 했다. 마침내 방학이 끝나 동경으로 가는 길에 경성에 들린 것은 목포 역에서 헤어지던 때 현경이 어렵게 꺼낸 부탁이기도 해서다. 현경의 안내를 받아 i 여전 기숙사도 참관하고 동무도 소개받았으나 역시 현경만은 이성은 없었다. 동경에 돌아와서도 현경에 대한 생각이 떠나지 않는 대훈은 편지를 보내기도 한다. 가을로 접어들어 현경으로 부터 답장이 오길 "저도 괴로움에 시달려 있습니다. 졸업은 가까워 오고 장차 어찌해야 할 것인지, 동경이나 건너가고 싶은 생각에 간절합니다."였다. 그러나 멀리 떨어져 있고 보니 편지 내용은 "어쩐지 머나먼 세상 일만 같은 듯" 했다. 게다가 친구 ㅁ군이 사랑에 실패해 마지막 선택을 했다는 부고까지 받고 보니 정신이 드는 것도 같았다.

다시 장면은 바뀌어 겨울방학을 맞아 광주에 온 대훈을 현경이 찾아온다. 하지만 현경은 자꾸 딴 소리만 늘어놓는다. 제주 청년 채동율이 자꾸 편지를 한다느니, 최양구가 제주도에서 찍은 사진을 보내며 동무가 되자고 한다느니…… 졸업이 닥쳐오자 앞길을 어떻게 열어야 할지 고민을 거듭하고 있었다. 광주 역에서 배웅하는 대훈을 현경은 기차가 점점 떠날 때까지 객실에 들어가지 않고 바라보았다.

동경으로 간 대훈은 현경에게 졸업 축하편지를 보냈을 뿐, 다시 여

---

100) 위와 같음.

름방학을 맞았지만 귀향할 마음이 들지 않는다. 대신 화산지대인 대도
(大島) 삼원산으로 여행을 떠난다. 연기가 피어오는 삼원산 화구의 살
풍경 앞에서 죽음이라는 것도 떠올려보고 제주 여행도 떠올려보며 마
음을 추스른다.

> 남아란 한 여성에게 애정을 느꼈다 해도 그건 그 남아의 살아가는 길
> 의 사업에 비하면 조그마한 한 요소에 지나지 않는 것이다. 남아란 결국
> 인간다운 생기를 받들어 자기의 희망의 길을 밟아 무슨 일이고 해가야 할
> 것이다. 그러나 그 사업의 이면 공작 혹은 그 사업에 유난성을 주며 기름
> 진 맛을 주는 것은 여성의 사랑이다. 이 유기적인 관계를 갖고 있는 이성
> 의 관계, 이 열정, 이것에만 억매여 살아갈 수는 없는 것이다.[101]

삼원산 여행이 어느 정도 괴로움을 해소해 주었는지, 대훈은 여름방
학 중간에 훌쩍 현해탄을 건넌다. 이번엔 만주로 해서 북조선 지방과
금강산까지 여행해 볼 작정이다. 귀성 플랜을 짜서 돌아왔지만 한편으
로는 부질없는 생각이 들었다. 그래 가까운 지리산이나 등산하자고 준
비를 하던 차에 현경에게서 편지가 온다. 지리산 등산에 따라나서겠다
는 것이다. 여대를 졸업한 현경은 결혼 적령기에 접어들어 주변의 여
러 남자들을 떠올려 보았지만 여전히 대훈이 머리에서 사라지지 않는
터였다. 예술가 타입의 대훈이란 청년을 어떻게 한담. 그러던 차에 지
리산 등산이었고 두 사람은 반야봉을 향해 걸음을 옮긴다.

하지만 지리산 등산 과정은 '반야봉 등산하는 심경'이라는 일종의
일기 내지 수상록으로 대체된다. 대훈은 착착한 심경을 기록한 '수상
록'을 산숙(山宿)에 남기고 혼자 반야봉을 향해 떠난다.

---

101) 위와 같음.

구례서부터 나는 텅 빈 마음 속이었다. 거기에 근일 나의 심경이 허궁한 마음에 가득하며 생에 대한 애착도 생활력에 대한 자신도 무엇도 모두가 다 없어져버렸다. (…)

나는 이 성내고 인간을 비웃는 자연 속에 무능력하고 무기력한 나 자신을 부딪쳐 보려한다. 반야봉까지 간다는 게 그렇게 대수로운 일은 아니다. 그러나 이 비바람 구름과 안개에 나는 스스로 이 몸을 이끌어 넘어본다. 생에 대한 애착도 없고 청춘의 한갖 부자유로운 불구성을 띄운 자이라면 차라리 이 대자연 속에 들어가 자연의 한 요소로 돌아가는 게 옳을 것이다. 나는 자연의 힘에 나를 맡긴다. 다시 아무런 탈이 없이 돌아오면 그때의 일이다. 나는 다시 돌아온다는 그것보다도 이 폭풍우의 자연 가운데 들어가는 무서움도, 뒤에 남은 거리낌도 없다. 자 그럼 자연의 제재에 맡기어보자.

지리산 한 소나무 밑에서 대훈.[102]

다음 장면은 이 글을 읽는 현경의 모습이 클로즈업된다. 마치 영화의 한 장면처럼 펜이 카메라가 되어 현경을 비추고 있다. 무언가 잘못됐음을 짐작한 현경의 얼굴은 창백해지고 손은 떨린다. 현경은 레인코트를 걸치고 여숙을 나갔으나 구름과 안개 때문에 한치 앞이 보이지 않자 다시 숙소에 돌아와서 사람들을 불러 모아 다시 대훈을 찾아 나선다. 와글, 하고 산이 무너지는 소리가 들리고 아무리 이름을 불러도 대답은 없다. 마침내 반야봉 근처에 당도한 현경은 길에 쓰러져 있는 대훈을 발견한다. 대훈은 머리에서 피가 흘러내리고 정신을 잃은 상태다. 현경은 대훈을 품에 안고 흐느껴 운다.

오빠, 흥분 마세요. 이렇게 될 것이 우리의 운명이었습니다. 오빠, 사내

---

102) 위와 같음.

로서 할 일이 아직도 무궁하게 남아있지 않습니까. 이 땅의 청년으로 책임은 큽니다. 거기에 비하면 조그마한 감정에 시달려 귀여운 생명을 허술히 하신다는 건 얼마나 어리석은 짓입니까. 아무쪼록 씩씩하고 힘진 마음으로 나아가 주세요. 그래서 초가삼간에 흐느껴 우는 현경의 생활을, 아니 현경이 같은 환경과 운명에서 자고로 현대까지 우울과 눈물에 범벅인 여성들에게 예술의 향기를 뿜어 광명을 주세요. 엘레나 같은 여성이 못되는 저를 원망해주세요. 이 땅의 기나긴 역사와 인습은 나에게 생을 받들며 그 용기를 탈취해 가버렸습니다. 저는 오빠의 예술을 마음에 안고 살아가겠습니다.[103]

폭우가 두 사람을 향해 쏟아져 내리는 장면으로 끝맺는 『인적』의 마지막 대사에 투르게네프의 장편 『그 전날 밤』(1860)의 여주인공 엘레나가 언급되고 있음은 흥미롭다.

'그 전날 밤'이라는 제목은 1861년의 러시아 농노해방 '전날 밤'을 의미한다. 귀족의 딸인 아름다운 엘레나는 이상주의자 베르세네프와 조각가 슈빈의 구애를 받으나, 조국해방에 헌신하는 불가리아의 가난한 유학생 인사로프를 사랑하여 그와 결혼한다. 남편은 귀국 도중 병으로 죽지만, 그녀는 남편의 해방운동을 계승하기 위해 불가리아에 남아서 "러시아에서는 무엇을 할 수 있겠어요?"라고 부모에게 편지로 호소한다.

강한 의지와 지성, 그리고 풍부한 심성의 소유자인 엘레나는 당시의 러시아에서는 사랑할 대상을 찾지 못한 것이다. N. A. 도브롤류보프의 유명한 논문 「오늘이란 날은 언제 오는가」(1860)에서 "러시아의 인사로프가 나타날 날은 가깝다"라고 지적했듯이, 새로운 인간상을 조형한 작품이다. 마찬가지로 『인적』은 새로운 인간으로 거듭나려는 대훈

---

103) 위와 같음.

의 인간개조론을 담은 실험 작이자 이루지 못한 첫 사랑에 관한 연애소설로 읽힌다. 비록 작가의 고민이 근대 극복의 문제로까지 밀고 나가지 못한 점은 아쉽지만 새로운 인간상의 제시라는 작가의 문제의식이 시종 일관되고 있다.[104]

『인적』은 1941년(辛巳年) 5월, 정준채의 친구인 문학평론 전공 공석휴(孔錫休)의 평론 「'인적'을 읽고」를 추고하여 양장본 형태의 두툼한 원고 철에 묶여 있다. 공석휴 역시 동경 유학중에『인적』의 원고를 준채로부터 전달받아 읽은 후 그 원고 철의 남은 원고에 평론을 써내려 갔다. 공석휴는『인적』을 3개의 플롯으로 나누어 평하고 있다.

첫째, 전반부 가운데 대훈이 목포로 가는 데서부터 소설적 플롯은 시작되며 도입부의 화순 장면은 소설과 아무 관련도 필요도 없다.

둘째, 제주 여행을 떠남에 있어 소용없는 친구들이 많이 등장하고 현경의 어머니의 역할이 너무 무시되어 있다. 또 종교에 대한 부정, 긍정 여부는 사족일 듯 싶다. 제주로 장소를 옮겼으나 장황하게 제주 소개가 되고 만 점, 제주까지 가서 현경과 깊은 대화를 나누지 못하고 만 점, 사건 사이에 연결이 부족하고 부자연스러운 점 등을 지적하고 있다.

셋째, 지리산 등산으로 재회한 대훈과 현경의 고민이 극에 달한 것

---

104) 정준채의 동생 추는『인적』에 대해 이렇게 언급했다. "한번은 형, 경희 누나, 그리고 목포 고모의 딸 김진길과 함께 지리산 노고단까지 여행한 일이 있었다. 나는 지금도 도보로 화엄사 가는 길에 팔뚝에 벌이 쏴서 얼마나 아팠는지 잊을 수 없다. 벌이 쏜 자리를 몇 십 년 간 그 자취를 볼 수 있었다. 목포 고모 집에서 제주도로 여행을 갔는데 그때 진길과 형이 함께 갔고 그 결과가『인적(人跡)』이라는 소설을 쓰게 된 계기였다. 두툼하고 묵직한 소설책이다. 나도 한번 읽은 기억이 나는데 두 청춘 남녀가 제주도를 배경으로 사랑을 나누는 신소설이라는 것만은 사실이다. 그 젊은 시절의 정서를 만끽할 수 있는 순정의 역사, 그것을 형은 청년 시절에 썼다. 물론 시도 많이 썼다.(정추 육필 메모,「나의 형, 선구자 정준채」)

은 좋으나 여기에 제주도 여행 때의 청년들을 논의할 필요는 없다. 지리산 대목에서 많은 생략과 표현, 묘사가 애매한 부분이 많다. 이런 논점에도 불구, 『인적』은 당대 지식인 청년들의 공통된 고민을 제재로 삼아 주인공으로 하여금 기어이 대자연의 세례를 받고 새 출발을 하게 하는 우렁찬 울림이 있는 소설이라는 게 대체적인 평가이다.

다만 공석휴의 평론에 앞서 짚어야 할 점은 실제에 있어 고종사촌인 현경에 대한 연애 감정은 수많은 제약과 난관으로 인해 이미 이룰 수 없는 로맨스임을 잘 알면서도 청춘의 들끓는 열정을 제치고 그 안에 숨은 인습과 혈연의 벽을 육박해 들어가는 펜촉의 힘이 느껴진다. 무모함에 대한 도전, 여기에 진리를 찾고자 하는 작가 정신이 있을 것이다.

2장
동경 잔류파의 심상

1. 음악다방 '에테르'와 친구 구鷗

1941년 11월 15일, 준채는 수상록 『정상기』를 쓰기 시작한다. 일본 대학 졸업을 두 달 정도 남겨놓은 시점이다. 친구들과 자주 들리던 동경의 단골 다방 '옐텔(에테르)'에서 『정상기』 집필의 구상을 밝힌 준채는 친구인 구형(鷗兄)의 전폭적인 지지와 격려를 받는다.

> 내가 이 정상기를 쓰기 시작한 건 鷗兄의 권勸이었으나 일기를 수년래 써왔던 것도 가업家業이다. 말하자면 이 정상기란 나의 마음의 기록이다. 마음의 기록일뿐더러 청춘의 기록이다. 내가 슬퍼할 때나 기뻐할 때나 가지가지의 심적 변화를 느낄 때마다 나는 조용히 정상기에 기록해 갈 것이다. 기록한다는 그것이 무슨 나의 역사를 기록하는 것은 아니다. 여기에 일기와 다른 의미가 있을 것이다. 물론 여기에도 일상이라는 제반의 나의 근황을 중심으로 관찰하고 사색하고 들은 그대로 적어갈 것이다.[1]

준채는 "일기를 수년래 써왔던 것도 가업이다"라고 밝힐 만큼 기록은 그의 가업이나 마찬가지다. 이는 부친(정순극)이 거의 평생에 걸쳐 한시 일기를 써온 것과도 무관하지 않다. 부친의 한시가 심상의 압축인 운문이라면 준채의 『정상기』는 서사적 기록인 산문에 해당한다. 준채는 『정상기』가 "일기와는 다른 의미가 있을 것"이라고 적고 있다. 보통의 일기가 아니라 『정상기』 자체를 반면교사로 삼을 만큼 자신의 본심을 가감 없이 쓸 것이라는 각오 『정상기』에 임하고 있다.

『정상기』의 서문에 해당하는 '정상기靜想記를 쓰는 마음'은 그가 일영日映에 취직된 이후인 1942년 3월 5일에 작성되었지만 『정상기』의

---

1) 정준채, 『정상기』, 「정상기를 시작하는 마음」.

시작은 1941년 11월 15일이다. 그 시작을 지켜본 한 구형(鷗兄)의 격려사가 흥미롭다.

▶ 동경 긴자(銀座)거리에서 정준채
(1940.4)ⓒ정철훈

　전시戰時의 제77차 임시의회는 5일 만인 어제 폐회하였다. 화전和戰의 기로岐路! 비기飛機로 날아간 일본 대사는 미국과 최후의 담판을 하는 중이다. 과연 어떻게 될지.
　이때에 지성志星의 감상기 '정상기靜想記'가 태생胎生한다. 청년, 우주의 무대로 나온다. 군은 우리 사회에서 기다리고 있는 젊은이다. 군이 즐거울 때 혹은 슬플 때 솔직히 하소연할 곳이 오직 정상기일 것이며 자위의 반성의 회고의 반려가 될 것이다. 나는 전부터 기다리든 이 '정상기'가 태어나니 오직 즐거울 뿐. 다방에서 약속한 지성을 기다리며 최승희무용관람권 넣어둔 봉투를 찢어 이 붓 작란을 해보았다. 길동무를 믿은 곳에 험한 길은 없다. 우리는 서로 믿고 서로 돕고 헤엄쳐 나가자.

　　　　　　　　　　1941.11.21. 다방 엘텔[2]에서 구鷗[3]

　'에테르'는 휘발성이 강한 물질이다. 액체에서 곧바로 기화하여 공기 중에 퍼진다. 전시 체제의 강화라는 억압적 기제가 동경에 엄습한 가운데 친구 구(鷗)는 다방 '엘텔'에 앉아 지성을 기다리며 메모를 하

---

2) 엘텔: 에테르(Aether).
3) 정준채, 『정상기』, 「정상기靜想記'에 일언一言함」.

고 있다. 최승희무용관람권을 넣어둔 봉투를 찢어 붓장난하듯 『정상기』에 대한 격려의 말을 쓰고 있다.

1941년 4월 일본은 소련과 불가침조약을 맺고 7월 '제국국책요강'을 결의하며 서방과의 전쟁을 내부적으로 다짐한다. 이에 영국과 미국은 일본 자산을 동결하고 영국은 일열 통상조약을 폐기한다. 미국은 대일 석유수출을 금지한다. 긴장 상태 속에서 11월 워싱턴에서 열린 미일회담은 결렬되고 만다. 결렬은 태평양 전쟁을 예고하는 신호탄이었다.

이런 급박한 시기에 준채가 『정상기』를 쓸 결심을 했으니 그건 보통의 일기가 아니고 일종의 존재적 기록이라 할 수 있다. 준채는 개인 차원뿐만 아니라 동경 잔류파 조선 유학생들의 심리를 반영하고자 했다.

1937년 중일전쟁을 승리로 이끈 일본은 1940년 9월 프랑스령 인도차이나 북부에 군대를 주둔시켰다. 동시에 독일과 이탈리아와 삼국동맹을 체결했다. 이로서 일본의 동남아 침략은 개시되었고 급기야 베트남과 인도네시아를 포함하는 대동아공영권을 확립하는 것이 민족의 사명이라고 선언하기에 이른다. 하지만 아무리 전쟁의 논리를 세웠더라도 일본의 서양의 개국과 전면적으로 맞서기엔 여전히 무리가 따랐다. 일본은 효율적인 전시체제가 필요했고 이른바 '신체제 운동'이 전개되었다. 이는 사실상 전시 체제의 확립이었다. 신체제는 전쟁 수행을 위한 효율적인 시스템으로 정당화되었으며 상명하복의 군대식 위계질서가 일본 사회 전체를 지배하고 있었다. 국가의 국민지배는 억압적으로 정당화되어갔다. 영화부문을 떼어놓고 볼 때 중일전쟁 기간 동안 기록영화와 시사영화의 비중이 커짐에 따라 영화의 허구성을 배제한 채 사실적 기록성이 추구되었다. 이는 국가의 모든 힘을 전쟁 수행에 쏟아야 하는 상황에서 도출된 당연한 귀결이었다.

이렇듯 전시 문화가 횡행하는 동경잔류파의 준채는 다방 '엘텔'을 아지트 삼아 시대적 감성과 식민지 청년의 암울이 뒤섞인 휘발성 짙은

▶ 일본대 예술학원 정문에서(오른쪽부터 정준채, 백성규, 홍필성. 1940.6.8)ⓒ정철훈

기록을 시작했던 것이다. 이에 친구 구(鷗)가 격려사를 써준다. 하지만 동경 유학 시절, 정준채의 절친한 친구로 추정될 뿐, 구(鷗)의 정확한 신분은 알 수 없다. 『정상기』에 언급된 동경잔류파를 일괄하면 발레리노 백성규, 준채와 함께 일본대에서 영화를 전공한 홍필성(훗날 북한에서 영화제작), 일본대 척식과에 적을 둔 후배 김 군, 그리고 준채의 고향 친구 공석휴 등이다. 이들 친구들이 각각 백 군, 홍 군, 공 군, 그리고 김 군으로 표기된 것과 달리 구(鷗)는 '군(君)'을 빼고 그냥 '구(鷗)'로 적혀 있다.

『정상기』에 있는 구(鷗)의 산문은 모두 3편이다. 3편을 읽어보면 구(鷗)는 흔치 않은 문장가이자 문학도임이 밝혀진다.

레코-드는 돈다. 멜로디는 흘러내린다. 앞에 놓인 커피 잔에서는 가느다란 김이 흘러나간다. 나는 담배 연기와 작란을 시켜본다.

연한 그녀彼女. 커피의 김에 담배연기는 모션을 건다. 에이 총각 놈! 지성志星은 곧 오겠지!

창밖에는 조용한 가을바람이 분다. 가을이다. 꽃철이 지나가고 신록 철이 또한 지나가고 맥추(麥秋)[4]도 어느새! 시들어 가는 국화가 넘어가는 석양에 머리를 모으고 쓸쓸히 졸고 있는 늦은 가을이 되었다.

타임은 꾸준히 흐른다. 태평양의 물결이 사나웁던, 본국本國을 잃은 국인菊印이 끄떡 않고 당당히 제 한 몫을 하고 있던. 자연은 모름지기 봄, 여름, 가을 이렇게 태연히 흘러간다.[5]

'지성'을 '에이 총각 놈'이라고 부를 만큼 '구(鷗)'와 지성은 친밀하다. 어느 정도 친밀한가 하면 지성의 제2의 페르소나를 구(鷗)로 착각할 만큼 둘은 절친하다. 다만 문장으로 보면 지성보다는 훨씬 낭만적이고 모던하고 센티하다.

후유―. 이렇게 한 숨을 쉬고 난 구鷗는 '포스트'에 편지를 집어넣고 전차를 탔다. 가을의 석양이다. 지금은 고향에서 홀로 지내는 구鷗의 제2의 지성志星인 백 군[6]에게의 답장이었다. 가을은 와서 마음은 산란해지고 홀로 집에만 있기엔 너무도 고적해서 절로 찾아간다는 白 군에게 한 답장이었다.

가을! 가을 하며 鷗는 무거운 "가방"을 들고 하숙을 찾아오니 책상 위

---

4) 맥추(麥秋):음력 4월을 달리 부르는 말. 맥량(麥涼)이라고도 한다. 보리가 익어 수확하기 시작하는 때.

5) 위와 같음.

6) 세계적인 발레리노 백성규. 백성규는 훗날 일본으로 귀화해 시마다 히로시(島田広)라는 이름으로 활동한 일본 무용계의 대부이다. 1984년 1월 14일, 일본에서 6백만 장의 음반 판매량을 기록한 「돌아와요 부산항」의 가수 조용필이 한국가요 60년 역사상 최초로 디지털 녹음을 위해 소니 스튜디오를 방문했을 때 백성규가 동행해 한국의 한 리포터와 인터뷰를 하기도 했다.

에는 志星이 기다리고 있었다. 부리나케 뜯어보는 鷗![7]

동경에서 고향으로 돌아온 구(鷗)는 준채의 친구인 백성규에게 쓴 편지를 우체통에 넣고 전차를 탄다. 때는 바야흐로 가을이다. 가을의 센티를 느끼며 하숙에 돌아오니 지성의 편지와 사진이 기다리고 있다. 편지엔 지성의 시가 적혀 있다.

소녀야 구슬퍼한 소녀야/ 울고 있는 소녀야/ 덧없는 세상을 원망해 무엇 하리./ 울고 있은 들 무엇 하리/ 보아라!/ 하늘엔 번쩍이는 志星이 있으니/ 나는 언제까지나 너를 안고 있으리[8]

이로 미뤄 구(鷗)는 여성임이 밝혀진다. 그것도 지성을 사랑하는 여성이다. 구(鷗)는 지성의 시를 서울인문사로, 매일신보의 친구에게 보내 평을 받고자 한다. 그런데 "이 글을 포스트에 넣겠다. 서울로는 내일 베껴 보내련다."라는 대목에서 구(鷗)가 거주하고 있는 공간이 밝혀진다. 구(鷗)는 일본의 어느 전차가 다니는 도시(고향)에 있다. 구(鷗)는 일본 시인 이시카와 다쿠보쿠(石井啄木·1885~1913)의 시를 인용한다. "사람 나름에 재주가 뛰어나/ 나의 벗의/ 깊은 불공평에 연신 눈물이 나는구나."

구(鷗)는 지성에 대한 연애 감정을 숨기지 않고 있다. 구(鷗)와 지성은 플라토닉 사랑을 나누는 연인 사이라고 할 수 있다.

다음 한 가지. 이 못난 鷗. 이번 토요일 출발 익일까지 橫濱[9]까지 놀러

---

7) 정준채, 『정상기』, 「구(鷗)의 산문 1」.
8) 위와 같음.
9) 橫濱: 요코하마.

가게 되었구려. 이번만은 재정상의 초불경기超不景氣로나 같이 갈 멤버-로나, 가는 장소로나 도저히 생각이 없으나 이번 箱根[10]간 것부터 공격을 받아온 처지. 할 수 없이 쓰다 달다 말 못하고 끌려가오. 그러나 이번 箱根 가서 곤란할 테니 차비만 가지고 따라오라니 다소는 안심. 그러면 토요일에 가서 공일날 돌아오겠소. 다녀와서 그리운 별을 찾으리.[11]

이렇게 보면 '구(鷗)'는 필명이 거의 확실하다. 갈매기 '구(鷗)'를 필명으로 삼은 문학지망의 일본 여성 혹은 일찍이 일본에 정착해 문학을 전공하고 있는 조선인 출신 여성으로 보인다. 구(鷗)는 정구를 잘 쳤던 모양으로, 정구 대회에 복식조가 나갈 선수를 준채에게 찾아달라고 부탁하기도 한다.

중대中大에 정구대회가 있는데 지금 전위前衛해줄 사람이 없어 야단. 웬만한 전위만 되어도 한번 기회인만큼 이 놈들 한 번 싸우겠는데 이럴 때나 기를 한번!
나도 지금 극력 찾는 중이지만 혹 형의 친지에 정구한 사람이 있으면 기여 좀 소개해 주오. 꼭 부탁하오.[12]

구(鷗)는 이어지는 두 번째 편지에서 준채에게 미술전람회나 영화 「죄와 벌」을 관람하자고 제안하는데, 이는 사적인 연애 감정을 담고 있다. 편지의 서두는 물론 연예 감정의 발로이겠지만 그 시대에 보기 드문 남녀평등의 페미니즘으로 점철되어 있고 매우 문학적이기도 하다.

---

10) 箱根(하코네): 온천장.
11) 정준채, 『정상기』, 「구(鷗)의 산문 1」.
12) 위와 같음.

아서라. 말어라. 쓸쓸해 말어라.

네가 다시 못 볼 이 총각 시대가 아니고야 어이 이런 맛을 알리야. 너는 행복한 줄 알어라. 그리고 그대도 지금 나를 그리워하며 복실복실한 눈으로, 밤이면 달을 남다른 심경 속에 감상할 것이며 별이 뜨면 우두머—니 세어보며 밤중에 바람소래에 잠을 깨여 생각에 잠기고 부엌에 우는 귀뚜라미의 처량한 울음소래에 잠을 못 이루며, 낙엽을 보고는 자기도 뜻을 모르는 긴 한 숨을 쉴 것이며 부모님의 밀담은 두근거리는 가슴을 훔쳐쥐고 엿듣고 있단다야.

아! 그런가. 그러면 알지 못한 그대여. 복실복실 자라라. 동무 '지성'의 그대여. 당신도 복실복실 자라라. 그리고 딴 생각 아예 하지 말고 우리들을 기다려라.[13]

그러면서 구(鷗)는 모월 모일에 출발해 이케부쿠로로 가겠으니 지긋하게 기다려달라고 준채를 달랜다. 이쯤이면 동경잔류파 준채의 심상지도가 그려질 만하다. 준채는 목하 구(鷗)와 연애 중이다. 어쩌면 그의 문재(文才)를 높이 샀는지도. 구(鷗)는 매우 활동적이고 거침없는 행동파 여성이다. "영화 「죄와 벌」 관람권을 사놓고 초대하겠다."는 말까지 덧붙이고 있다. 준채는 '제4회 문부성 미술전람회'를 1941년 11월 16일 관람하고 돌아와 밤을 꼬박 새워 '관람기'를 쓴 뒤 이어 한 통의 편지를 작성한다. 편지 제목은 '須子[14] 氏께 드리나이다.'이다.

나는 귀양貴孃에게 몇 번이고 펜을 들고자 했으나 조용히 펜을 들 기회를 주기엔 현실은 너무나 산란했습니다. 졸업이란 현실이 어디까지나 기꺼워할 것인데 도리어 찌푸린 표정만 던져주니 학생생활을 최후에 내

---

13) 위와 같음.

14) スコ(스코).

던진다는 '노스탈'적인 심정이 아니라 근일近日은 정말 우울의 '아트모스
페어[15]'에서 살고 있습니다.

어떤 동무는 문화적 양심의 망각설을! 어떤 동무는 사색의 생활을! 어
떤 동무는 초지의 일관을! 이렇게 가지가지로 내 앞에 던져놓았소. 나의
심적 태도는 이미 결정한 것이오. 인간으로서 마땅히 걸어가야 할 길. 바
른 길이면 서슴지 않고 돌파해 갈 심정입니다.[16]

전후 관계로 미뤄보건대 '수자(須子)'는 '구(鷗)'인 것으로 추정된다
고 할 때 구(鷗)의 자유분방하고 모던한 문체에 비해 준채의 문체는 사
변적이고 좀 더 신중하며 동경잔류파의 '우울한 아트모스페어'가 투영
되어 있다. "쓰고도 매움한 것이 현실"이며 "이 현실 속에서 이상과
싸"우고 있는 준채에게 수자(須子)의 존재는 따뜻한 위안이다. 하지만
그 위안도 우정이상의 것은 아니다. 두 사람은 사색과 논리를 교환하
는 문학도의 플라토닉 러브 상태이다.

구(鷗)의 세 번째이자 마지막 편지는 이듬해인 1942년 1월로 이어진다.

志星! 나는 오늘 몸이 좀 고달파서 일찍 돌아와 실컷 한숨을 자고나니
오후 2시. 밖은 따뜻하고 봄을 연상시키는데 이 길로 이케부쿠로池袋에
나가서 산보나 할까 했다가 원체 中座―池袋 간이 멀고, (멀기)보다도 만
일 형이 안 계신다면? 하고는 그냥 다방엘 왔소.[17]

(구(鷗)의 산문 3)

다방 '엘텔'에서 쓴 것으로 보이는 이 편지는 지성이 구(鷗)에게 보

---

15) atmosphere: 분위기.
16) 정준채, 『정상기』, 「須子氏께 드리나이다」.
17) 정준채, 『정상기』, 「구(鷗)의 산문 3」.

낸 '사의 의의'라는 글에 대한 비판으로 일관된다. 추측컨대 지성은 '사의 의의'에서 목숨 따위야 버려도 상관없다는 연약한 비관론을 펼쳤고 이에 대해 구(鷗)는 실망감을 내비치고 있다.

　나는 지금 池袋의 담배 집 옆에 있는 그 방을 머릿속에 그려보오. 그리고 발작이 이 글을 쓸 충동을 받았오. 젊은 예술 청년이 있는 그 방! 항상 명랑해야할 그 방. 왜 몸 무거운 부사리소가 되어 "디스커레-지[18]"한 분위기 속에 있어야 할까?? 나는 「사의 의의」의 논자로서의 지성으로는 볼 수가 없겠소.
　왜? 한번 회사에 다녀와 보면 알 것. 대략의 사정만 듣더라도 안심하고 기낼 수 있을 것 그렇게 가기가 어려운 그곳일까? 매일을 오늘이나 오늘이나 하고서 맘 닳고 지내야할까? 공(公)의 의의의 논자엔 알맞지 않은 지성에게 이해를 갖지 못하겠소.

　구(鷗)는 동경 이케부쿠로의 담배 집 옆에 있는 하숙방에서 염세적 생각에 사로잡혀 있을 지성을 떠올리며 "한 번 회사에 가서 직접 알아볼 것"을 독려하고 있다. 여기서 회사란 영화사를 의미할 터. 전시 체제 하, 동경의 어느 영화사에서도 선뜻 신입사원을 뽑지 않는 현실을 비관하고 있는 지성에게 구(鷗)는 용기를 내서 직접 도전해볼 것을 권유하고 있다. 그리하여 지성은 구(鷗)의 편지를 받은 지 나흘만인 1942년 1월 26일 일영제작소를 찾아간다.

　"알고 보니 회사에서는 내정되었으나 본사 측에서 정식 통지가 없어 여태껏 통지를 못했다고." 1월 말에는 통지할 테니 좀 더 기다리라고 말을 한다. 그렇게 되었다면야 얼마든지 기다리지요. 그래서 집에도 다녀오기

---

18) discourage: 좌절.

로 했다. 얼마나 애를 먹인 담에야 이렇게 결과를 지어주는 걸꼬.

그러나 나는 일영에 입사한다 해도 소홀히 일을 하지는 않을 심정이다. 문화영화를 통해 충분히 연구할 작정이다.('오늘 일영제작소日映製作所에 가다')

지성은 이미 일영(日映)에 입사원서를 내고 면접까지 치렀지만 가타부타 정식 통보가 없어 가슴 조리던 중, 마침내 합격 통지가 갈 터이니 좀 더 기다리라는 말에 고무되어 고향에 다녀오기로 한다. 여기서 지성은 문화영화에 대한 의욕을 내비친다.

'문화영화'라는 용어는 일본 내무성 경보국이 1937년 4월 활동사진 필름검열규칙을 개정하면서 처음으로 도입한 것으로 기록영화, 시사영화, 선전영화, 교육영화, 학술영화, 교재영화 등을 아우르는 개념으로 정의되었다. 이에 따라 영화법 시행규칙이 개정되어 강제상영 대상이 극영화와 문화영화로 확대되었고 1940년 1월 도쿄, 교토, 오사카, 요코하마, 고베, 나고야 등 6대 도시에서 문화영화의 강제 상영이 실시되었으며 그해 7월부터 전국적으로 확대되었다. 동시에 쇼치쿠와 도호의 문화영화부를 주축으로, 제작 및 배급의 합리화는 도모하는 '대일본문화영화협회'가 설립되었다. 앞서 1940년 4월 기존의 시사영화 제작사의 동맹 단체인 '사단법인 일본뉴스사'가 발족되었으며 이 회사는 1941년 5월 문화영화의 제작과 배급을 겸하는 사단법인 '일본영화사'로 개명되었다.

그런데 중일전쟁 이후 부각하기 시작한 것이 바로 문화영화였다. '문화영화'란 1920~30년대 독일에서 유행한 'Kulturflim'을 직역한 용어였다. 처음에는 막연히 자연과학이나 보건위생 등을 계몽적으로, 교육적으로 다룬 영화를 지칭했으나 1939년 일본영화법의 제정에 따라 시사영화와 함께 의무 상영이 이루어져 의미의 폭이 넓어졌고 전체

영화에서 차지하는 비중도 높아졌다. 이때부터 문화영화는 '국민정신의 함양 및 국민지능의 계발에 이바지'하기 위한 비극영화(非劇映畫)로서 기능했다.

1940년 들어 조선에서도 문화영화 상영은 갑자기 증가했는데 모두 4편이 개봉되었다. 방한준 감독의 「승리의 뜰」, 「최후의 승리」(이상 조선구귀영화사) 및 야마나카 유(山中裕) 감독의 「산촌의 여명」, 다쿠라 후토시(田倉太) 감독의 「바다의 빛」(이상 조선문화영화협회)가 그것.

「승리의 뜰」과 「최후의 승리」는 군사홍보를 위해, 「산촌의 여명」과 「바다의 빛」은 생산 증진을 위해 제작되었다.[19] 하지만 열악한 환경의 조선영화가 문화영화의 영역까지 아우르기에는 많은 제한이 있었다. 문화영화만으로 이윤을 챙기기도 힘들었고 상대적으로 일본 문화영화 제작이 활발한 상태에서 조선 문화영화만의 입지를 기대하기도 어려웠다.

이러한 점들로 인해 문화영화는 1941년 조선에서 자취를 감추게 된다. 하지만 시대적 대세는 문화영화였다. 이는 극영화를 통한 수입창출보다 새로운 국가 건설 내지 신체제에 국민을 동원하고 적응시키기 위한 방편이었다고 해도 과언은 아니다.

하지만 1942년 조선에서 조선영화제작주식회사 설립 직후 시간과 비용을 절감하면서도 선전효과를 배가할 수 있는 문화영화 제작이 활기를 띠었고 이런 활기는 해방 직후까지 유지되었다. 해방을 전후하여 조선에서 속보성을 중시하는 시보(時報) 형태의 문화영화 제작이 활기를 띤 것도 이러한 이유 때문이었다.[20]

---

19) 황충범, 「전시체제 하의 조선영화, 일본영화 연구: 1937~1945」, 2009년 8월 한양대학교 대학원 박사학위논문.

20) '시보'는 영화의 기록성에 주안점을 둔 것으로 해방 직후 정준채가 '민족전선'이라는 다큐멘터리를 제작하기 위해 평양으로 간 것도 문화영화 제작의

2. 영화감독 박기채와의 교유

▶ 일본대 예술학원 내 조선인유학생 일동(앞줄 맨 오른쪽이 정준채 1939.5)ⓒ정철훈

정준채의『정상기』엔 당대 조선 영화인의 대표주자였던 박기채 감독의 이름이 등장한다.

에라, 이래선 안 된다, 하고 나는 마음으로 결심했다. 박기채朴基采 씨를 통한 동경 영화계 진입은 시원스러운 말 하나 던져주지 않은 이때 졸업은 닥쳐오고 불안은 과중해오니 나는 마음의 결심한 바 있어 영화과 부주임인 古舘 선생을 찾아 상의했다. 그건 바로 지나간 달이었다. 古舘 선생은 松原 과장을 찾아가 소개를 받겠다는 나의 의향을 극히 찬동하여 그리하라고 한다. 일요일 아침 일찍이 과장을 찾았다. 그러나 과장은 월요일 조회 시 전에 학교서 만나자고 한다. 나는 小田急 山谷에서 신주쿠新

___
한 방편이었다.

宿[21]까지 걸어오며 이모저모로 사색을 하지 않을 수 없었다.[22]

1906년 광주 태생인 박기채(朴基采)는 '토키영화연결법'에 관심을 가지고 새로운 타입의 영화예술가를 기대하며 조선 영화계에 뛰어든 감독이었다. 그는 1927년 일본 도시샤(同志社) 대학에서 수학하고 이후 교토에 있는 도아(東亞) 키네마에 수습생으로 입사하여 실제적인 영화

▶ 이광수 원작–박기채 연출 「무정」 포스터
ⓒ정철훈

촬영에 종사했다. 이후 다카라즈카(寶塚)로 옮겨 조감독이 되었고 1933년 12월 촬영감독으로 승격되었다. 이러한 경력을 토대로 일본에서 「청춘비가」를 연출해 감독으로 데뷔한 그는 근황이 신문지상에 오르내릴 정도로 언론의 주목을 받았다.

1935년 다카라즈카 영화사에서 일했던 양세웅과 함께 귀국할 무렵, 언론인과 영화계는 박기채의 활동에 주목했고 「춘향전」(1935)과 함께 시작된 조선의 발성영화 시대를 이끌어갈 신진 영화인으로 자리하게 된다.

그는 신문 지면에 발성영화의 제작기술과 영화계의 최근 경향을 소개하면서 이름을 알렸고 동시에 안석영의 신문연재소설을 각색해 영

---

21) 新宿(신주쿠): 동경 부도심.
22) 정준채, 『정상기』, 「가을과 졸업과 사회」, 신사辛巳(1941) 11.25.

화화한 「춘풍」(1935.11)으로 유명해졌다.

「무정」은 「춘풍」에 이은 박기채 감독의 두 번째 작품으로, 광주 출신의 자본가 최남주가 설립한 조선영화주식회사의 첫 번째 작품이자 영화배우 한은진의 첫 출연작이기도 하다.[23] 박기채는 이 무렵 문화영화라는 새로운 흐름을 적극적으로 옹호하며 주도한 감독 중 하나였다.

당시 영화계의 또 다른 흐름 중 하나는 영화 기업화론이었다. 발성영화 등장으로 제작비가 크게 상승하면서 이전과 같은 제작 방식이 한계에 다다랐기 때문이다. 박기채는 대규모 스튜디오를 창설하여 조선영화를 발전시켜야 한다고 주장하는 신진 그룹 중 한 명이었다. 결국 안석영, 최남주와 함께 발성영화촬영소를 설립하기로 하고 실업가들의 지원을 받아 1937년 조선영화주식회사를 창립하였다. 창립 작품 「무정」은 비평과 흥행에서 모두 성공을 거둔데다 박기채의 연출기법을 둘러싸고 박기채-서광제 논쟁까지 불러온 화제작이 되었다.[24]

---

23) 현재 영화 「무정」은 전하지 않지만 박기채의 시나리오 「무정」은 잡지 『삼천리』 제10권 5호(1938.5.1)에 실려 있다.
24) 박기채의 화려한 데뷔와는 달리 후세의 평가는 빈약하다. 그가 연출한 「나는 간다」(今ど我は行)(1942)와 「조선해협」(1943)은 두 편 모두 태평양 전쟁에 참전할 것을 부추기는 내용의 국책 영화였다. 특히 징병제 실시 기념으로 제작된 「조선해협」은 지원병으로 참전한 형이 전사한 뒤에 동생이 그 뒤를 잇는다는 내용의 친일 영화이다. 그는 광복 직후 결성된 조선문화건설중앙협의회 영화부문과 조선영화건설본부에 참여했으며 1945년 12월 조선프롤레타리아영화동맹과의 통합으로 발족한 조선영화동맹 중앙집행위원을 맡았다. 그러나 조선영화동맹의 좌경화로 안석영을 비롯한 우익 영화인들은 이듬해 3월 조선영화동맹을 탈퇴하고 영화감독구락부를 결성하였다. 박기채도 영화감독구락부에 동인으로 참가했다. 광복 후엔 1948년 박기채는 경찰 홍보 영화로 형사들이 밀수단을 일망타진한다는 줄거리의 「밤의 태양」(1948) 한 편만을 연출했는데, 이 영화가 신문기자의 모습을 왜곡해 그렸다는 이유로 수도청 기자단이 반발하면서 진통을 겪기도 했다. 한국전쟁 중 납북되어 이후 행적은 알 수 없다.

정준채가 박기채를 알게 된 계기는 명확하게 알려져 있지 않다. 다만 둘 다 광주 출신이라는 점을 감안하면 광주농고 시절부터 박기채를 알고 지냈을 가능성이 높다. 박기채는 뛰어난 영화이론가이기도 했으니 그의 영화이론을 접한 준채는 박기채와 어떤 경로로든 접촉을 했을 것으로 보인다.

준채는 일기에 "박기채朴基采 씨를 통한 동경 영화계 진입은 시원스러운 말 하나 던져주지 않은 이때"라고 적었다. 동경에서 영화사 취직을 알아보고 있던 준채는 선배 영화인인 박기채에게 자문을 구했지만 시원한 대답을 얻지 못했고 내친 김에 일본대학 영화과 부주임 古舘을 찾아가 상의한 끝에 松原 과장에게 추천을 받기로 했다. 문맥으로 보아 松原 과장은 영화과 학과장으로

▶ 박기채 감독
ⓒ정철훈

보인다. 松原 과장을 만난 준채는 소개장을 들고 송죽(松竹)영화사 대선촬영소장 城戸四郎를 찾아간다.[25]

여기서 일본영화사의 발자취를 더듬어보자. 1912년 '니카츠(日活: 日本活動株式會社의 약칭)'라는 최초의 대형영화사가 창립된다. 니카츠는 당시 일본을 대표하던 4개의 영화회사인 요시자와(吉澤)상점, 요코다(橫田)상회, M·파테상회. 후쿠오도(福寶堂)가 합병되어 세워진 일본 최초의 메이저 영화사이다. 1928년 니카츠는 30여 곳의 영화관을 직접 관장하였고, 1천여 곳의 영화관과 배급 계약을 체결하였다.

또 다른 영화사는 1920년 교토극장에서 과자를 팔면서 교토에 가부키와 신파단을 소유하고 있던 오타니 형제가 설립한 '쇼치쿠(松竹)' 영

---

25) 1930년대 일본영화의 풍경.

화사다. 쇼치쿠는 시라이 마쓰지로(白井松大郞)·오타니 다케지로(大谷竹) 형제가 자신들의 이름에서 따온 이름이다. 형제는 가마타(蒲田)에 스튜디오를 여러 개 세웠는데, 그들의 회사는 곧 일본 대형 영화사의 하나가 되었다. 쇼치쿠 역시 일본 영화 근대화의 중심역할을 하였다. 쇼치쿠는 「노상의 영혼」(1921) 등을 제작했고, 세실 데밀 감독의 「반역」(1915)에 출연한 그 유명한 하야카와 셋슈와 같이 할리우드로 간 배우들과 고타니 헨리 같은 연출가들을 다시 일본으로 불러들였다.

일본 영화는 개막 시기에 오즈 야스지로, 미조구치 겐지, 나루세 미키오라는 걸출한 세 명의 감독을 배출하였다. 이들의 공통적 특징은 그들이 모두 근본적으로 동 시대적 주제, 즉 겐다이게키(現代劇)에 전념했다는 것이다. 겐다이게키는 수많은 하위 장르를 포함하는데, 그 중 가장 많이 알려진 것이 '쇼민게키(庶民)' 즉, 서민에 대한 드라마였다. 이른바 서민 드라마는 조선에서도 상영되어 관객을 모았으니 준채가 어린 시절에 본 일본영화의 상당수는 쇼민게키 영화였다.

일본영화는 전통적으로 시대극과 현대극이 공존하는 가운데 크게 시대극의 경향은 닛카츠가, 현대극의 경향은 쇼치쿠가 이끌고 있었다. 그러다가 발성영화 도입을 계기로 현대극이 상대적인 우위를 점하게 되었다. 영화에 소리가 입혀짐으로써 보다 다양한 장르, 내용, 형식과의 결합이 용이해진 현대극이 일본영화를 이끌게 되었던 것이다. 이러한 영향으로 1930년대 중반엔 닛카츠와 쇼치쿠가 현대극 제작을 위한 전문촬영소를 마련하여 발성영화 제작 경쟁에 뛰어들었다. 1934년 닛카츠는 발성영화의 본격적인 작업을 위해 도쿄 가마다(鎌田)에서 가나가와(神奈川)의 오후나(大船)로 촬영소를 이전하였다.

그러다 중일전쟁이 발발한 1937년 8월 도쿄다카라즈극장(東京寶塚劇場), PCL영화제작소, JO스튜디오, 등의 연합체인 '도호(東寶) 블록'은 새로운 메이저 영화사 도호영화주식회사를 창립함으로서 영화사들

간의 경쟁이 더욱 치열해졌다. 그렇지 않아도 닛카츠와 쇼치쿠를 위시해 비교적 규모가 작은 신코(新興)과 다이도(大都) 등 기존 4사는 자신들이 계약한 영화관에 도호 배급 작품을 상영하지 못하도록 보이콧을 실시했으니 기존 4사 관련 영화관 252개관 중 17개관을 제외한 나머지 영화관에서 도호의 영화는 상영되지 못했다.[26]

이에 맞서 도호는 강력한 흥행력을 갖춘 「양인의 정조(良人の貞操)」를 내놓고 맞불작전으로 대항했다. 기존 4사와 도호의 갈등은 중일전쟁 발발 시기에 최고조에 달했다. 이런 과다한 경쟁 구조로 인해 일본영화계는 전쟁관련 이슈가 한 곳으로 집중되지 못했다. 이들 영화사는 상업주의적 관점에서 중일 전쟁을 인식했기에 일본 정부는 보다 근본적인 해결책을 강구해야 했다. 국민정신총동원령과 국가총동원법으로 대표되는 전시체제를 영화산업에도 도입키로 한 것이다.

일본영화가 법제도에 의거하여 국가권력으로부터 통제를 받게 된 직접적인 계기는 1939년에 이루어진 일본영화법의 제정이었다. 일본 내무성은 영화사 간의 경쟁이 더욱 치열해지고 흥행시간 제한 등을 통한 「영화보국(映畫報國)」 조치가 실효를 거두지 못하자 영화법을 제정키로 하고 1937년 11월 내무성 경보국이 이에 대한 준비에 착수했다. 이후 조문(條文) 작업을 거쳐 1938년 12월 영화법 요강이 신문에 공개되었으며 1939년 4월 일본영화법이 제정되었다. 영화법은 크게 영화사업 허가제, 영화종사자 등록제, 영화 사전검열, 상영방식 제한, 외국영화 상영제한, 우수영화 추천제 등이 골자였다.

영화인 등록제에 대한 후속조치도 취해졌다. 1940년 2월 제1회 기능심사가 행해졌고 연출 분야 349명, 연기 분야 2218명, 촬영 분야 441명의 합격자가 대일본영화협회 발행의 기능 증명서를 교부받았다.

---

26) 황충범, 위와 논문.

8월엔 실시된 제2회 기능심사에서는 연출 23명, 연기 198명, 촬영 25명이 추가로 등록되었다.[27] 이로써 일본영화법의 시행을 통해 영화제작, 영화수입, 영화상영, 영화내용, 영화사업, 영화인 등에 관한 정부의 개입과 간섭이 가능해졌고 영화에 대한 국가의 완전한 통제의 기반이 마련되었다.

정준채가 영화사 취업을 타진하고 있던 1941년 말은 이런 엄중한 시기였으니 조선인 출신의 청년 영화인의 취업은 낙타가 바늘구멍을 통과해야 할 만큼 어려웠다. 준채는 취업문제로 부친에게 편지를 보냈고 부친은 이런 답신을 썼다.

大船[28]에는 결원이 有有하면 입사하는 것을 확실히 약속했는지 혹은 사절키 곤란함으로 임시로 한 말인지 만일에 입사는 언약하고 자못 인원 관계상 조만早晚만 있다 하면 장래가 유망할 것이나 大船 편의 허락여부가 진위가 不知이다.

박기채朴基采 군이 소개한 곳은 여하한 곳인지 부지不知이나 견학 겸하여 들어가게 된다 하면 자격문제는 유망할 것이며 생활의 관계도 있을 것이다. 그리고 명년 사월에 귀성한다하니 말이지만 입사 결정 여하를 정한 후라고 생각한다. 그래서 大船에 부탁하여도 네가 귀성하게 되면 만일 大船이 여의치 못하면 이러한 복잡한 시에 일시 귀성하였다가 다시 가는 再去함도 불망不妨한 바이며 조선서도 형편 보아 적당한 곳을 택하여 활동하기 위하여 예비로 학교의 추천서 등을 준비하여 가져 오라함이다. 선처 회답 바란다.[29]

---

27) 황충범, 위의 논문.
28) 발성영화의 본격적인 작업을 위해 닛카츠(日活)가 1936년 창립한 오후나(大船)촬영소.
29) 『정상기』에 수록된 부친 정순극의 편지.(1941.12.19)

▶ 조선영화제작주식회사 편지 봉투에 들어 있는 모친 정참이 사진(1940.9)
정준채는 이 때부터 조선영화사와 관련을 맺고 있었던 것으로 보인다.
©정철훈

이에 따르면 준채는 닛카츠가 1934년 창립한 오후나(大船)제작소에
입사를 타진한 데 이어 박기채의 소개로 또 다른 영화사를 알아보고
있었다. "자격 문제는 유망할 것"이라는 대목은 일본대학 영화과 졸업
장을 받았으니 "그만 하면 한 번 도전해볼 만하다"는 뜻일 것이다. 이
어 부친은 준채에게 귀향을 늦추더라도 "입사 결정 여하를 정한 후"에
귀향하는 게 좋으나 기어코 일시 귀향하겠다면 조선에서도 적당한 곳
을 택해 취직을 알아볼 만하니 "예비로 학교의 추천서를 준비하여 가
져오라"고 당부하고 있다.

부친의 이런 간곡한 당부가 통했는지 준채는 귀향할 의사를 접고 진득하니 동경에 남아있기로 한다. 동경 잔류, 그건 불안하고 불확실한 시간의 누적을 견디는 일이었다. 그로부터 한 달 후인 1942년 1월 26일 준채는 일영(日映)제작소로부터 입사를 알리는 전보를 받았던 것이다.

일영(日映) 입사가 확정된 직후 준채는 잠시 짬을 내어 1942년 2월 4일 동경을 출발하여 본가가 있는 광주에 다녀온다. 그렇지 않아도 지난 정월, 누이 경희의 결혼식에 참석하지 못한 마음의 빚도 있었고 본격적인 조감독 생활을 시작하기 전, 부모를 찾아뵙고 인사를 드리려는 방문이었다.

> 역두엔 아버님과 경희 부부, 근, 복동 등이 출영해 주셨다. 이때까지 알던 집을 이사했다 하시기에 어쩐지 환멸의 비애를 느끼었는데……. 더구나 우리들을 공부시키기 위하여 차금借金한 걸 갚기 위하여 살든 집을 팔았다며…….[30]

준채는 광주 역으로 출영 나온 부친에게서 학비 조달을 위해, 그리고 누이의 신접살림을 장만하기 위해 은행에서 빌린 돈을 갚느라 집을 줄여서 이사를 했다는 말을 듣고 마음이 무겁다. 넉넉하지 않은 살림에도 불구, 학비를 대느라 고생을 한 부모를 생각하면 한시바삐 경제적 자립을 해야 할 터. 혼기의 연령인 준채의 머릿속은 복잡했다. 하지만 자시의 혼사 문제는 제쳐둔 채 광주에서 서로 알고 지낸 남이 양과 서울의 부잣집 아들인 동경 유학생 김기호 군과의 혼사에 들러리 노릇을 했을망정, 정작 자신의 배필은 찾을 길 없다.

게다가 동생 추가 이참에 형을 따라 동경 유학을 가겠다고 고집하니

---

30) 정준채, 『정상기』, 「다정다감의 노래」, 1942.2.28.

집안 사정에 비추자면 딱히 반대를 해야 할 형편임에도 동생의 간절함을 거절할 수 없어 동행을 허락한다. 허락이야 쉽지만 동생의 하숙비나 생활비를 생각하면 이것만큼은 부모 대신 형이 책임을 져야겠다는 각오가 어찌 없었겠는가.

> 며칠 후엔 추 군과 같이 나는 동경으로 향해 출발해왔다. 추 군은 제가 가고자한 음악의 길을 찾아 동경憧憬의 동경東京으로 현해탄을 넘었다.(「다정다감의 노래」, 1942년 2월 28일)

일영(일영)에 갓 입사한 새내기 조감독 준채의 어깨는 이래저래 무거울 수밖에 없을 것이다. 생활의 책임과 예술에의 꿈, 그 둘을 양립하는 문제가 준채의 코앞에 놓여 있었다.

3. 발레리노 백성규와의 친교

『정상기』에 가장 많이 언급된 인물은 발레리노 백성규이다. 정준채와 백성규는 니혼 대학교 동창생이다. 백성규는 연희전문 재학 중이던 1939년 일본 유학을 가서 니혼 대학교 예술대학에 편입했다. 연극을 전공하던 그는 동경학생예술좌에도 참여한 것으로 알려지고 있다. 이후 서울에서 유치진이 이끄는 극예술연구회에 참가하기로 하고 귀국을 계획했으나 극예술연구회가 해산되는 바람에 형상좌에서 1년 정도 활동하다가 남궁련의 권유로 엘레나 파블로바의 문하생이 되었다.

제정 러시아 출신인 파블로바는 러시아 10월 혁명 이후 가족과 함께 중국으로 건너갔다. 당초 미국으로 갈 계획이었지만 중간 기착지였던 일본에 정착하게 됐다. 처음으로 동경에 발레 교습소를 차린 그는 '일

▶ 발레리노 백성규의 공연 모습
©정철훈

본 발레의 어머니'로 불린다. 백성규를 포함해 핫토리 치에코, 아주마 유사쿠, 다치바나 아키코, 가이타니 야오코, 아즈마 유사쿠 등 일본 발레 1세대들이 파블로바 문하이다.

백성규는 발레에 입문한 지 얼마 안 돼 파블로바가 준비한 「백조의 호수」 2막과 4막 공연에서 지그프리드 왕자 역으로 발탁된다. 오데트 공주 역을 맡은 파블로바는 무대에서 자신을 들어 올릴 수 있는 상대 역에, 체격 조건이 출중한 백성규를 지목했다. 공연은 성공적이었다. 하지만 백성규가 한참 발레에 재미를 느끼던 1941년 파블로바는 중국으로 일본군 위문을 갔다가 갑자기 세상을 뜬다. 비록 일본에 귀화를 했지만 2차 대전 당시 일본의 적국인 러시아(당시 소련) 출신인 파블로바는 일본군 위문공연으로 자신의 애매한 입장을 해소하려 했다.

파블로바[31] 여사가 중국 지나(中支)에서 금년 여름에 위문 무용 중 세

---

31) 엘레나 파블로바(Elena Pavlova, 1899.3.22~1941.5.2): 제정 러시아의 망명 무용가 엘레나 파블로바가 중국·만주 순회공연을 마치고 평양을 거쳐 서울에 온 것은 1931년 7월이었다. 파블로바의 공연은 경성일보 주최로 7월 4일, 5일 희락관에서 열렸다. 엘레나 파블로바는 20세기 초 발레의 여신이라 칭송받던 안나 파블로바(Anna Pavlova)의 수제자로 황실무용학교(皇室舞踊學校)에서 전통 러시아 발레를 전공한 무용가다. 1920년 일본으로 망명한 후 1941년 중국순회공연 도중 사망하기까지 일본에 러시아 발

상을 떠난 지 벌써 수개월. 오늘 밤 추계秋季발표회를 갖게 되었다. 오늘 밤 무엇보담도 제일의 수확은 백白 군君[32]이 진경進境을 말하는 "죽음과 소녀"였다.

"죽어가는 소녀(片岡마리-의 유순한 춤 맵시)는 죽음의 현실에 부딪쳐 공포 속에 헤맨다. 신음하는 소녀는 어느 듯 잠을 이루었다. 꿈속에선 사死의 마귀(神)가 소녀를 휩쓸어 괴롭힌다. 이모저모로 괴롭히는 죽음의 신! 꿈은 깨었다. 소녀는 다시 일어나지 못하고. 하-얀 하-얀 베드에 영원히 잠들어 버린다."

이 무용에 있어 백 군은 '죽음의 신'을 추었다. 점프의 활달성과 아름다움. 힘찬 춤. 리드미컬한 그의 춤은 요전 파블로바 추도무용회 때 "거미와 파리"에 반해 수 단계의 진경進境을 보여주었다. 벌써 그 작품이 일가를 이룬 감에 들어있다. 장래가 기대되는 무용가다. 일면 '피에로와 피에레타'는 마치 「백조의 호수」의 프린스처럼 그의 무용에 있어서의 역의 넓이를 말해준 춤이다.[33]

레를 보급시켰다. 백성규와 핫토리(腹部智惠子)는 엘레나 파블로바의 문하생이었으며 1943년을 전후해 한국에 처음으로 발레를 도입한 한동인(韓東人)·정지수(鄭志樹) 등은 백성규에게 사사했다. 한국전쟁 후 본격적인 발레운동을 전개한 임성남(林聖男)·조광(趙光) 등도 백성규와 핫토리의 제자이다.

32) 백성규(1919~2013). 전북 익산 출신으로 휘문고보를 졸업하고 연희전문학교 재학 중 일본 도쿄로 건너가 엘레나 파블로바 문하에서 발레를 배웠다. 일본에 귀화해 시마다 히로시로 개명한 그는 '핫도리시마다발레단'을 창단, 일본 발레 부흥에 기여했다. 1946년 그가 기획하고 출연한 「백조의 호수」는 일본 발레 역사 최초의 전막 공연이었다. 그는 한국 발레의 기틀을 다진 임성남 초대 국립발레단장의 스승이며 1980년대에 재일교포 무용가 최태지를 국내 무용계에 천거하기도 했다. 한일 무용 교류에 가교 역할을 했다는 평가를 받는다.

33) 정준채, 『정상기』, 「파블로바 무용연구소 추계 신작 발표회 감상기」, 1941. 12. 19.

舞踊研究所 パヴロバ 秋季新作發表會

10月28日(水)午後6時30分

於 軍人會館

▶ 파블로바 무용연구소 추계신작 발표회 포스터ⓒ정철훈

준채는 백성규의 무용을 보기 위해 평소에도 파블로바의 무용교습소를 자주 찾아다녔고 파블로바와도 알고 지냈다. 그런 만큼 파블로바 사후 처음 열리는 추모 공연을 많은 기대감을 갖고 지켜보았다. 결론은 기대 이상이었다. 백성규의 화려한 동작은 이미 수준급에 올라 있었다.

백성규는 파블로바 사후, 조교였던 핫토리 지에코(服部智惠子)와 함께 교습소를 유지하고 있었다. 두 사람은 11살이라는 나이 차이에도 불구하고 사랑에 빠졌고, 핫토리는 훗날 남편과 네 아이들을 떠나 백성규와 결혼했다. 그리고 얼마 뒤 교습소를 겸한 핫토리-시마다 발레단을 창립했다.[34] 『정상기』에 등장하는 '마마'는 핫토리 지에코를 지칭하는 것으로 보인다.

그것보담 지금 백 군은 어디서 무얼 하나. 그리고 마마는? 시게코繁子 양은? 나는 정말 이들이 걱정되어 못 견디겠다. 폭격은 그칠 줄을 모른다. 폭격이 심하면 심할수록 백 군과 마마와 시게코繁子 양이 걱정이 된다. 더구나 시게코繁子 양은 홀로 어찌하고 있을 런지. 역이 때려 부서지는 듯한 폭음! 인제는 죽는다 하는 마음뿐이다. 그러나 이왕에 죽는 바이면 폭격을 당하는 걸 육안으로 목격하며 죽고 싶은 충동이 일어난다. 그

---

34) 일본발레협회 회장을 역임한 백성규가 한국을 찾은 것은 모친이 사망한 1994년이다.

러나 경방단원들은 우리들을 거리로 한 발도 내주질 않는다. (…) 그래서 마마에게와 백 군에게 안부를 전하고 싶었다. 내 마음은 곧 달려가 만나 보고 싶은 심정이 가득했다.[35]

시게코 양이 연습에 나와 마마와 연습을 할 적엔 차마 더 앉아 있을 수가 없었다. 나는 내일 조조 촬영이 있다는 이유로 연습장을 나와 버렸다. 나의 머리 가운데는 그 어느 날 밤 부두의 유가다에 몸을 싸인 백 군의 반박을 모름지기 듣고 서 있는 시게코(繁子) 양이 가득히 완연한 것을. 금일은 어쩐지 최후인 듯싶은 시게코 양의 무용연습도 눈 여겨 보지 않고 아니 보고 있기엔 너무나 나는 마음 괴로워 나와 버렸다.[36]

여기서 연습장이란 파블로바 무용교습소로 보인다. 준채는 백성규에게 사사받는 시게코(繁子) 양을 차마 바라볼 수 없어 "내일 조조 촬영이 있다는 이유로" 교습소를 나와 버린다. 이는 어느 날 밤, 일본의 유카다 잠옷을 걸친 채 시게포 양을 다그치는 백성규의 모습이 떠올랐기 때문인데, 실은 그게 못마땅한 것은 준채 자신이 백성규를 생각하는 만큼 백성규의 준채에 대한 배려는 늘 기대에 미치지 못했기에 섭섭한 감정

▶ 동경 유학시절의 친구 발레리노 백성규의 도약 모습©정철훈

35) 정준채, 『정상기』, 「전쟁을 목격하고」, 1942. 4. 19.
36) 정준채, 『정상기』, 「린조기」, 1942. 6. 12.

▶ 발레리노 백성규 공연모습ⓒ정철훈

을 토로하기도 했다. 이는 백성규와 마마, 그리고 문하생인 시게코 사이에 끼어 감정 낭비를 해야 하는가, 라는 질문으로 이어지고 이내 이렇게 생각을 정리한다.

　　그건 내가 너무나 백 군을 따른다는 현실이다. 백 군을 그리워하는 심정이 나의 순수한 우정의 한 얼에서만 나온 것이 아니라는 것이다. 백 군을 만나면 시게코 양의 소식을 듣고 시게코 양의 말을 듣는 기쁨. 그리고 백 군이 겨우 매일 들어 시게코 양과 같이 생활을 하고 있다는 것을 생각할 제 이 사실 하나로서 백 군과 같이 한 시라도 있다는 게 나로선 말할 수 없는 기쁨이었다.
　　이 사실을 반성해볼 때 시게코 양을 마음으로 알기 전에 백 군을 만나려하는 우정의 순수성에 비하면 그 후의 나의 백 군에 대한 우정은 얼마나 오손汚損한 것인가. 나는 정말 괴로웠다. 허나 이렇게 나를 만들어 놓은게 누군가. 나는 생각지 않을 수 없다. 물론 나의 탓이겠으나 하나의 이유는 역시 백 군이 중간에 있기 때문이다. 아니 나는 이런 건 생각지 말자.

지금 내가 느끼고 있는 것은 백 군이나 시게코 양의 생활과 내가 걸어가는 생활과는 너무나 동떨어지게 멀고멀다는 것이다. 이렇게도 먼 거리의 생활을 이끌어 가깝게 하려는 내가 어리석은 것이었다. 나는 나의 갈 길이 있다. 무용의 세계가 아니라 영화의 세계!

오직 나는 영화의 세계를 중심으로 생활해 가야한다는 것을 자각했다. 이 생각으로 더불어 그 얼마나 쓰린 고배를 나 홀로 그저 나 홀로 마시었는가![37]

누구보다 화려하게, 게다가 괄목하게 발레의 길을 가고 있는 백성규를 지켜보면서 준채 역시 영화의 길을 가야겠다는 각오를 다진다. 동경잔류파의 두 조선인 예술가의 운명은 이 지점부터 바뀐다. 당초 정준채 주변의 동경잔류파는 다섯 명이었다.

졸업. 거기엔 기쁨이란 추호도 없었다. 영화에 살고 영화에 죽으려는 우리에게 연구할 곳을 주지 않고 벗은 동서東西로 갈려버리게 되었다. 두兩 김金형은 경성으로, 결국 잔류 부대는 백白, 홍洪, 나 이렇게 세 사람이 남게 되었다.

백 군은 그래도 무용계에 안착하게 되었으니 전진의 갈 길엔 암담성은 없다. 그러나 경성에 돌아가 여러 방면을 곤하게 노력하는 두 김金 군君은 그래도 갈 길을 찾아갔으니 괜찮은 일! 남은 홍 군과 나의 갈 길은 정말 아득하다.[38]

---

37) 위와 같음.
38) 정준채, 『정상기』, 「신사년辛巳年을 보내며」, 1942.1.3.

4. 최승희의 신작무용 관람

정준채는 1941년 11월 동경에서 열린 「최승희 신작 무용 공연」을 관람한다. 전시 체제하의 엄중한 상황에서 무용을 관람하는 의미에 대해 준채는 "감명 깊은 생활"을 유지해야 한다는 일념이라고 적고 있다.

예술!! 그렇다. 나의 갈 길은 예술이다. 이렇게 나의 주관을 내걸고 모름지기 전진하는 때 나는 가지가지의 감명 깊은 현실을 몇 번이고 접했다. 이 무수한 감명의 생활의 하나에 최승희 여사의 무용관람도 헤아릴 수 있는 터이다.[39]

준채가 최승희의 무용을 처음 관람한 것은 광주농고 시절로 거슬러 올라간다.

최 여사의 무용을 처음에 접함은 내가 아마 소학 시절엔가 혹은 농교 입학 당시이든가에 광주제국관에서 공연함을 접한 것이 처음이었다. 이 때엔 나 자신이 무용이란 게 무엇인지도 모르고 그저 춤을 춘다기에 기이한 마음으로 가 보았다. 이때엔 최 여사는 고난의 시절이었을 때이어서 초라하기 짝이 없었다. 최 여사의 솔로 이외에 연구생들의 앙상블이 있었으며 축음기(당시엔 넓적한 그 광성기擴聲器가 신기했었다)로 반주를 했었다.

이때의 기억으론 4, 5인의 앙상블. 위에 옷만 입고 아래 종아리는 벗은 춤을 추던 것과 최 여사의 "기계시계"(?)이든가 제명은 확실치 못하나 시계를 돌리며 로봇 짓을 하는 춤을 추는 게 가장 깊이 머리에 남아 있다.[40]

---

39) 정준채, 『정상기』, 「〈최승희 신작 무용 공연〉 관상기」, 1941. 11. 29.
40) 위와 같음.

준채의 광주농고 입학은 1932
년이다. 그 비슷한 시기에 광주
제국관에서 최승희의 공연을 본
기억은 평생 잊히지 않았다. 혼
이 생생하게 남아 있는 것이다.
이 시기, 최승희의 행적을 보면
1931년 5월 9일 문학평론가 안
막과 결혼했고 안막은 카프 문
학활동으로 인해 감옥에 갇힐
때까지 최승희에게 지방 공연을
당부한다. 최승희는 안막의 당
부대로 지방 공연을 진했다. 이
것은 1931년 9월 1일 제4회 신작

▶ 정준채 앨범에 붙어있는 최승희 사진
©정철훈

무용작품을 시작으로 1932년 4월 28일 제5회 신작 발표회로 이어진다.
이때 최승희의 예술의식은 시대의식이 민감하게 반영되었으며 그것은
현실의식과의 적극적인 만남이자 전통에 대비한 새로운 창작이라고
보아야 할 것이다. 광주제국관에서의 공연도 이 시기에 해당한다.

최승희는 1911년 11월 24일 서울에서 태어났다. 개성 출신의 아버
지 최준현은 호탕하고 개방적인 성향으로 자녀들에게 신식교육을 받
게 했다. 이로 인해 막내딸인 최승희도 숙명여학교에 입학하여 신지식
을 배웠고 아버지가 취기에 추던 춤도 어린 최승희에게 자연스럽게 스
며들었다. 어릴 적부터 청아한 목소리와 늘씬한 체격, 아름다운 용모
로 늘 주위의 이목을 끈 그는 14세 때인 1926년 숙명여학교 졸업 때
일본의 현대무용가인 이시이 바쿠(石井漠)의 한국 공연 「수도인」을 보
고 무용에 관한 강한 인상을 받았다. 오빠의 도움으로 이시이 바쿠를
직접 대면한 그는 3년 과정의 무용수련을 쌓을 것을 승낙받아 이시이

바쿠 무용단과 함께 동경으로 떠나 독일식 무용을 배우게 된다.

1년 뒤인 1927년 3월 고향방문 제1회 공연을 개성공회당에서 개최한 그는 1929년 무용단 내부의 불화와 이시이 바쿠의 눈병 질환 그리고 3년 간의 계약만료 등으로 조선으로 귀국해 서울에 '최승희무용연구소'를 설립한다. 이듬해 1930년 2월 서울의 경성공회당에서 12개의 작품을 선보이며 제1회 무용발표회를 연 그는 1931년 인생의 전환점을 맞이한다. 그해 5월 오빠 최승일(崔承一·카프 문학가)의 소개로 안막과 결혼하게 된 것이다.

안막의 당부대로 지방을 찾아다니며 공연하던 그는 근대적 재창조라는 포부가 조선에서는 실현되기 어렵다는 판단을 내리고 1933년 다시 이시이 바쿠에게 돌아간다. 이때 이시이 바쿠는 한국적인 춤을 추라는 가르침을 주었고 때마침 전통 춤의 대가 한성준이 일본 방송 출연을 위해 동경에 온 것을 계기로 한성준(1874~1942)에게 직접 한국 무용을 익혔다. '학춤'의 명인이었던 한성준은 승무, 태평무, 살풀이 등 전통 무용을 최승희에게 전수했다.

그해 9월 20일 최승희는 도쿄에서 첫 공연을 하여 일본예술계를 흔들어 놓았다. 이후 1934년, 15개의 작품을 다시 도쿄 무대에 올렸는데 도쿄의 『국민신문』은 최승희의 무용을 "타고난 신체와 충분한 근대무용의 훈련기초가 조선무용을 회생시켰다. 이는 그녀와 같은 예술가만이 할 수 있는 일이다."라고 평가하였다. 이때부터 일본의 유명인사들로 구성된 최승희 후원회가 만들어졌고 20여 도시에서 공연하여 일본에서 가장 인기 높은 무용가로 발돋움하였다.

1930년 이시이 바쿠 등이 대만 공연을 한데 이어 1936년엔 최승희도 대만 대세계 극장에서 공연하였다. 최승희 등 무용가들의 공연은 대만 현대무용창작에 많은 영향을 주었다. 대만의 무용가들은 대부분 일본에서 무용을 공부하였고 최승희를 스승으로 모셨다.

대만의 첫 무용가인 임명덕 역시 최승희의 공연을 보고 1936년 일본으로 가서 무용을 공부하였다. 1937년, 솔로몬 휴록의 주최 하에 최승희는 유럽과 미국 각국에서 순회공연을 하였고, 이는 1939년까지 매년 계속되었다.

20세기 초 소련디아길레프 무용단이 유럽, 미국, 아시아의 각국을 여행하며 공연하던 중 발레 무용가인 안나 파블로바가 연출한 발레가 부흥한 것처럼, 1930년대에 최승희가 유럽, 미국, 아시아를 돌아다니며 연출한 것이 동방무용을 부흥시키는 역할을 하였다. 최승희는 미국, 프랑스, 독일 등 15개 국가의 수도와 큰 도시에서 순회공연을 하였고, 3년이 넘는 시간동안 100번 정도의 공연을 하였다. 최승희는 일약 세계적인 무용가 반열에 올랐다.

1940년 4월 1일 미국『로스앤젤레스 타임스』는 "최승희는 동양에서 온 무용가 중에 제일 성숙한 사람이었다."라고 보도했다. 1940년 11월 6일『멕시코 신문』은 "그녀의 무용은 모두 어떠한 심리 상태를 암시하고 있고, 동작과 감정이 절묘하게 결합되었다. 정확히 말해서, 그녀는 대단한 무용가이다."라고 평가했다. 1940년 6월 25일 아르헨티나『부에노스아이레스 Grafico』는 "그녀는 완벽한 예술가이고, 그녀는 어떻게 감정을 표현하는지 알고 있는 무용가이다."라고 칭찬을 아끼지 않았다.

세계각지를 순회공연을 하면서 최승희는 공연을 하는 동시에 각지의 무용을 배웠다. 독일의 현대무용전문가인 마리 비그만을 알게 되었고 그녀에게서 현대무용의 기본기술을 배워 동방의 각국에 알리게 되었다. 일본 매스컴에서는 "세계무용여왕 최승희는 평범한 사람들 뿐 아니라 세계무용계에서도 알아주는 사람이다. 그녀의 공연에서 받은 칭찬은 그녀를 더욱 빛나게 해주는 결과이다."라고 하였다.

준채가 도쿄에서 최승희의 공연을 본 것은 이미 세계적인 명성을 획득한 뒤였다. 준채는 이와 같이 썼다.

금일의 최 여사의 무용을 감상하고 나는 뱃속으로부터 힘지고 믿음직함을 느꼈다. 금일의 최 여사 무용회 프로그램은 동경무용 연구발전의 첫 실험이다. 과연 그 방법에 있어서 여하히 소화시키련가. 근본이념을 내변에 둘 것인가. 이것이 가장 불안스러우며 회의의 집점 集点이었다. 그러나 결과에 있어서 나는 희열과 신망에 가득해짐을 느꼈다 그건 최 여사가 세계무대에 나설 때 조선의 무용. 최승희의 무용을 벌써 뿌리깊이 가졌다는 것이다.

예술이란 본시 국경이 없는 것이요. 국적을 말할 것 없이 어느 나라 민족이고 공통된 이념을 느끼고 아름다움을 느껴야 할 것이다. 다시 말하면 세계성, 보편성을 띠어야 할 것이다. 그러나 여기서 우리가 잊어서는 안 될 일이 있으니 즉 예술가에게 우리는 향토성. 민족성을 요구해야 할 것이다. 예술가 자체의 고향이 있고 생장의 환경이 있을진대 생활의 감촉이 있어야 할 것이요 그 사람을 에워싼 특이한 생존의 형태가 있어야 할 것이다.[41]

아울러 최승희의 공연 순서대로 단평을 덧붙이고 있다. 1부는 '신전의 무(舞)', '화랑의 춤', '천하여장군', '칠석(七夕)의 밤', '즉흥무'였고, 2부는 '무혼(武魂)', '보살도', '초립동', '당궁(唐宮) 무희', '옥중 춘향', '세 전통적 리듬' 등이었다. 준채는 '최승희 무용감상기'를 이와 같이 맺었다.

최승희 여사의 금후의 갈 길은 동양무용의 창조에 따라 새로운 감각과 형식 아래 새로운 세계무용의 창조에 있을 것이라고 믿는다. 따라서 철학적인 입장과 사상성의 심원한 데 비로소 위대한 무용가가 될 것이라고 믿는다. 최 여사는 본래가 심미적이며 명랑과 명쾌와 자기를 싸도는 사람들

---

41) 위와 같음.

의 생활을 사랑하는 무용가다. 그러나 좀 더 폭을 넓이고 더욱더욱 생명
있는 무용가가 되려면 사상의 폭을 나는 요구하며 현재의 무용태도를 더
욱더욱 전진하길 바라며 펜을 놓기로 한다.[42)]

　　최승희는 이후 1942년 말부터 1952년까지, 중국 북경, 상해, 천진,
심양, 하얼빈 등의 도시에서 공연을 하였다. 이 순회공연에서 최승희
는 중국고전무용을 기초로 한 「패왕별희」, 「명비곡」, 「길상천녀」, 「한궁
추월」, 「양귀비염무지도」, 「자금성의 옥불」 등의 무용작품을 창작하였
고, 1942년 초 다시 일본 동경제국극장에서 24일간 공연하였다. 최승
희가 중국고전무용을 추기로 한 데는 이유가 없지 않다. 1939년 최승
희가 서울로 돌아왔을 때 일제는 그녀의 조선민족복장을 금지하였고
민족무용도 레퍼토리에 넣지 못하게 했다. 그래서 최승희는 1940년에
중국 북경으로 가서 중국무용을 연구하였으며 한편으로는 중국무용가
들을 양성했던 것이다.
　　최승희 춤에 대한 남다른 견해와 비평의식을 갖고 있던 준채는 이로
부터 14년 후인 1956년 평양에서 최승희의 무용극 「사도성의 이야기」
를 영화로 제작했으니 최승희와의 인연은 거의 평생을 두고 이어졌다
해도 과언은 아닐 것이다.

5. 불타는 동경

　　『정상기』에서 매우 인상적인 장면 가운데 하나가 미군의 동경 폭격
이다. 음악도인 동생 추를 데리고 동경으로 건너간 두 달 뒤인 1942년

---

42) 위와 같음.

4월 19일의 일이다. 준채의 이케부쿠로 하숙집에 잠시 얹혀살던 동생 추는 일본대학 입시준비 차 동경 제국 음악학교에 등록을 한 후 학교에서 가까운 오다큐엔선(小田急沿線) 북역(北驛) 근처에 하숙을 얻어 나갔다. 이에 준채는 친구 홍필성 군과 추의 하숙을 찾아가는 길이었다.

추 군이 하숙을 오다큐엔선(小田急沿線) 북역北驛으로 옮겨 홍 군과 같이 찾아가는 도중이었다. 省線이 신오쿠보(新大久保)역에 다다르려고 한때이다. 연습지에서 고사포 놓는 바람에 열차가 쨍쨍 울린다. 연습이려니…하고만 생각했더니 차내 사람들이 요란하며 차창으로 모인다.
나도 얼른 몸을 돌이켜 차창으로 바깥을 내다보니 비행기 한 대가 유유히 저공비행을 해 가는데 그 뒤로 고사포의 폭열하는 검은 포연이 나타난다. 하나, 둘, 셋. 이렇게. 그러나 비행기엔 조금도 맞지를 않는다. 나는 필연코 연습일 줄만 알았다. 그럴 것이 이때까지 경계경보는 수차 있었으나 적기가 비래飛來한 일이 없고 고사포나 기관총은 보통 시처럼 흔히 들려왔기에다.[43]

준채가 목격한 것은 미군의 동경 폭격이었다. 당시 미군이 태평양을 건너 동경을 폭격한다는 것은 거의 불가능이 가까운 일이었다. 1942년 4월 19일 미 육군 항공대의 제임스 둘리틀(James Harold Doolittle) 항공 중령이 이끄는 특공대가 진주만 공습에 대한 보복작전으로 일본의 도쿄, 오사카 등 주요 도시에 폭격을 가했던 것이다. 원래 미군의 공격 계획은 야간폭격이었다. 하지만 폭격기가 계획보다 일찍 이륙한 탓에 백주대낮의 폭격이 이뤄졌고 이로 인해 심리적인 효과는 더욱 극대화되었다. 하필이면 동경 시내는 방공훈련이 끝난 직후였다. 그야말

43) 정준채, 『정상기』, 「전쟁을 목격하고」, 1942.4.19.

로 충격과 공포를 배가시킬 수 있는 호기였다. 하늘에 떠 있는 비행체를 보고 일본 비행기인 줄 착각해 손을 흔들어 주는 사람들도 있었다. 일본인들은 그 비행체가 폭탄을 떨어트리는 걸 보고서야 미군기라는 걸 알고 크게 당황할 수밖에 없었다.

　요전에도 공습의 사이렌이 난 때도 있었으나 이때도 비행기는 오지 않았다. 설사 금일 경계경보가 있었다고는 할망정…… 흔연히 연습일 것이다. 하는 상습이 선입해옴은 당연한 전례가 존재했었기에다. 허나 新大久保 역에서 새로이 차에 오른 중학생들이 공습이라고 떠들어댄다.
　나도 장난말인 줄 알았지만 내 앞에 서 있는 중학생이 "공습이라고 흥" 하면서 제 동무에게 방금 들어온 중학생들이 철없는 말을 한다는 듯 비웃으며 말을 한다. 설사……?하고 생각하고 있을 때 省線 열차는 신주쿠新宿으로 향해 움직이고 있었다. 차내 사람들은 갑자기 더욱 소란해지며 아까 연습장의 반대편을 모두들 내다본다. 웬일인가하고 내다보니 세 군데서 흑연黑煙이 중천에 높이 솟고 있었다. 화재다. 하는 말과 더불어 공습의 사이렌이 불어 내린다.
　화재다. 하는 말은 폭격이다. 하는 말로 순식간에 변해져 왔다. 동요하는 사람들. 그러나 모두들 차창으로 시선을 모아 폭격되어 화재를 일으킨 세 군데를 눈이 뚫어지게 보고 있다. 도순도순 하는 말소리는 점점 더 커져온다. 사이렌은 연달아 불어내리나 사람들 떠드는 소리는 미처 사이렌 소리도 들리지 않게 해버린다. 열차는 신주쿠新宿역에 돌입했다. 우리는 태연하게 차를 내리었다. 그러나 기다리고 있던 사람들은 쥐구멍을 찾아 들어가듯 나 먼저하고 달려 들어간다. 입구에서 들어온 사람들도 다름질쳐 차에로 달려들어간다. 민중들은 완연히 정신의 혼란을 일으킨 듯했다.[44]

---

44) 위와 같음.

존 톨랜드의 『일본제국 패망사』에 따르면 폭탄이 실제로 떨어진 지역 부근의 사람들을 제외하면, 도쿄 시민들은 공습 훈련을 실전 수준으로 최대한 끌어올리는 정도로 생각했다. 그 상황을 제대로 파악치 못한 JOAK(일본 제1라디오) 방송은 첫 번째 폭격과 동시에 갑자기 방송을 중단했고, 학교 운동장에 있던 아이들과 붐비는 거리에 오가는 사람들은 미항공기의 원형 적·백·청 표식을 욱일기로 착각하고 손을 흔드는 모습을 보였다.

미군의 동경 폭격은 일본군의 수뇌에겐 대단히 수치스러운 일이었다. 이 사건으로 인해 일본군은 방공도시계획을 진행시키고 폭격기 요격부대를 창설하게 된다. 하지만 결과적으로 전력이 분산된 탓에 미드웨이 해전에서도 패배했고 오키나와 등지에서도 차례차례 패배함으로서 일본군의 전력은 급격히 저하되었다.

6. 현장 로케일지 「린조기隣組記」

정준채가 일본영화사(日本映畵社) 조감독으로 들어간 것은 1942년 2월이다. 일영(日映)은 어떤 영화사인가. 중일 전쟁이 발발한 1937년 영화법 시행규칙 개정으로 강제상영 대상이 극영화와 문화영화로 확대됨으로써 1940년 1월 도쿄, 교토, 오사카, 요코하마, 고베, 나고야 등 6대 도시에서 문화영화의 강제 상영이 실시되었다. 그해 10월, 이들 6대 도시에서 시사영화의 강제상영이 실시되었고 1941년 1월부터는 이것이 전국적으로 확대되었다. 시사영화의 경우 이미 1940년 4월 기존의 시사영화 제작사의 동맹 단체인 '사단법인 일본뉴스사'가 발족되었으며 이 회사는 1941년 5월 문화영화의 제작과 배급을 겸하는 사단법인 '일본영화사'로 개명되었다. 일영은 시사영화나 시사뉴스를 제작하고 배급하는 일본의 문화영화사였다. 말하자면 1941년 전시체제 하에서 영화 신체제가 공식적으로 출범하면서 만들어진 영화사였다. 이는 영화법 시행 및 영화 신체제 출범에 이은 영화 행정체제 수립의 일환이었다. 이로써 일본영화는 법과 제도와 행정 체제에 의해 국가로 부터 보다 강력하게 구속되고 강제되었다. 이러한 영화 신체제는 영화 분야에서만 이루어진 것은 아니었다. 이는 전시 상황 변화에 따른 일 본 내 전시체제의 수립 과정과 밀접하게 관련되어 있었다.

1940년 9월 프랑스령 인도차이나 북부에 군대를 주둔시키며 '대동 아공영권'을 선언한 일본은 본격적으로 서양 국가와의 일전을 준비하 고 있었으나 여전히 전면전을 치르기에는 무리가 따랐다. 이에 효율적 인 전시 체제로의 전환이 필요했다. 추밀원 의장인 고노에 후미마로 (近衛文麿)는 의장직을 사임하고 신체제 운동을 전개했는데 이는 모든 분야의 시스템을 상명하복의 군대식 위계질서로 전환시키기 위한 목 적이었다. 특히 영화는 어떤 매체와도 비교할 수 없는 초고의 선전도 구였다. 영화는 선전방식을 자유자재로 선택, 조정하여 선전 대상인 국민들에게 국가가 제시하는 메시지를 수용케 하는 유일한 선동 수단 이었다.

정준채가 일본대학에서 영화를 공부하던 1939년엔 일본영화법이, 1940년엔 조선영화령이 도입됨으로서 일본과 조선은 국가시책을 보 다 적극적으로 반영하기 시작했다. 일본영화는 다양한 작품을 통해 전 쟁에 임하는 일본인의 자세나 정신을 강조했고 일본 정부는 군사 정책 에 집중하였다. 반면 조선영화는 얼마 되지 않는 작품 안에서나마 조 선총독부 지시에 따라 아동, 학도병 지원, 이주 정책 등을 반영한 영 화가 제작되었다.

하지만 1942년부터 일본과 조선의 모든 단체는 전시 조직으로 일원 화되었고 이를 바탕으로 모든 인적 구조와 물적 자원은 전쟁 수행을

위해 동원되었다. 영화 역시 마찬가지였다. 일본에서는 다이에이(大
映), 도호(東寶), 쇼치쿠(松竹) 등 대형 영화사 체계가 수립되었고, 조
선에서는 사단법인 조선영화제작주식회사의 제작 일원화 체제가 수립
되었다. 이로써 영화의 역할과 기능은 전쟁 수행에 맞추어졌다. 일본
영화는 용감한 전쟁 영웅과 항공 및 해양 전투 장면을 통해 일본정신
과 극미(極美)의지를 드러냈고 조선영화는 남자 주인공의 입영 상황을
설정함으로써 내선일체와 황국신민화를 추구하였다. 이러한 과정 및
흐름 속에는 조선영화의 역사적 치욕과 아픔이 존재한다.

「린조기」는 일영(日映) 연마(練馬)제작소의 1942년 6월 3일부터 7월
1일에 걸친 28일간의 현지 로케 일지(日誌)이자 다큐영화 제목이다.
일기의 부제는 '일영(日映) 조감독 기(記)'이다.

'린조(隣組)'는 태평양 전쟁이 대비해 국민을 통제하기 위한 최말단

▶ 린조기 촬영 현장(정준채 앨범)ⓒ정철훈

지역 조직을 일컫는다. 하지만 「린조기」는 막 사회에 진출한 조선인 영화인의 로케현장에 대한 감회와 영화 기술의 습득에 대한 소회의 기록이다. 한마디로 전시 체제하 동경잔류 조선영화인의 심상기록이다.

> 쾌청한 초여름初夏이다. 작년 연마제작소鍊馬製作所에서 나오라는 전보를 받고 이거 참 오랜만에 일하게 될 모양이다 하고 출사出社하다.
> 회고하면 일영日映에 입사 말이 있기는 작년 12월! 그래서 또 1개월 간 아무런 할 일도 없이 놀고 지냈다. 그러나 금일부터선 일을 하게 될 듯하니 힘이 나는 듯함도 사실일 듯. 연마鍊馬의 들판은 어디까지나 푸르고 아름답다.
> 전보의 주인공을 알 수 없어 찾아다니다 겨우 萩原耐[45] 씨가 친 듯하다고 본사로 가보라 한다. 본사에선 금일 독일기록영화 「승리의 역사」 일본 판을 시사한다고, 萩原耐 씨도 갈 것이라고.[46]

'작년 12월'이라 함은 일본대학 졸업식이 열린 날이다. 졸업식 때 만난 古館 선생이 일본영화사 문화영화부로 가보라고 권유했던 것인데 이로 말미암아 동생 경희의 결혼식 참석도 포기한 채 동경에 잔류했던 것이다.

> 나는 28일 졸업식엘 갔더니 古館 선생이 일본영화사 문화영화부로 가

---

45) 다이에이(大映) 영화감독·각본가·프로듀서·시인. 독일문학가에서 영화계로 전향. 1900년생. 쿄토제국대 졸. 동지사대에서 독일어강사. 1932년 영화사 입사. 1935년 영화 「동경의 영웅」 조감독. 1938년 「인생경마」로 감독 데뷔. 이후 다큐 영화로 전향. 1943년 마지막 영화 촬영 후 1945년 필리핀 마닐라 지국에 감. 극한 전투 기록 촬영을 위해 필리핀 남쪽 오지에 감. 패전 후 마닐라에서 포로가 되어 아사함.
46) 정준채, 『정상기』, 「린조기隣組記」, 1942.6.4.

보라 한다. "노느니 보다 일하는 가운데 생활을 알라. 네가 하고 싶은 일이면 네 정열을 다해 일해보아라. 豊田 씨 밑에서 견학하며 네가 가려는 목표를 가냘피 가지 말고 정정당당하게 활보해가라. 더구나 극예술영화에서 멀리 떠난 일이 아니요, 결국 영화의 길이니 가보아라."하는 八木保大郎 선생의 말과 같이 나는 이 통제 시의 어려운 길을 뚫어 영화에 관계를 가지며 공부할 수 있는 행운을 놓치지 않으려 했다.

그리고 보니 1월 5일 누이 경희의 결혼엘 참가 못하게 되었다. 다름이 아니라 1월 5일에 연출 보조계장 萩原耐 씨를 면회하라는 통지를 받았기 때문이다.[47]

동경잔류파의 심상은 쓸쓸하기 그지없다. 준채는 전시체제 하의 동경을 견딜 수 있었던 것은 서로를 다독이며 의지하는 '다정다감'의 마음이라고 쓰고 있다.

섣달 그믐날엔 백 형의 하숙에서 홍 군과 나, 세 사람, 동경잔류부대가 모여 한 자리에서 밤을 새웠다. 포도주, 떡, 과일, 먹을 대로 먹었다. 우리는 과거로 흘러갈 신사년 1년을 회고하고 우리의 생활을 추억하며 동경을 떠난 두 김 형을 이 자리에 회상하며 3인 합작의 글월을 각각 써 보냈다. 그러나 쓸쓸한 밤이었다. 동경잔류부대는 한층 더 노력하기로 했다.

밤은 더욱더욱 짙어가고 이제 인젠 성선省線의 경음輕音도 그쳤다. 창밖에는 캄캄한 암야 暗夜다. 섣달 그믐날을 보내는 지금 그리고 정월 초하룻날을 맞이하고 있는 이 밤. 때는 전시戰時였다. 등화관제가 필요했던 것이다. 방만은 전등이 비치며 불야성을 이루고 있다.

우리들의 마음 다감多感! 다정多情! 그래서 끝이 없이 말을 하고 배가 차도록 먹고 마시고 우리는 이 의의意義있는 때에 차대次代의 제네레이

---

47) 정준채, 『정상기』, 「신사년辛巳年을 보내며」, 1942.1.3.

선인 우리의 입장에서 더욱더욱 목적하는 일에 노력하기로 했다. 예술!!
오. 이것만이 우리들의 사명이 아니던가.[48]

정준채와 발레리노 백성규와 영화학도 홍필선. 이들 동경잔류파 3인
방은 전시 체제 하 동경의 하늘 밑에서 1942년 새해를 맞아 서로를 격
려하면서 "예술만이 우리의 사명"이라고 다짐한다. 그해 2월 일영(일
영)의 입사가 결정된 후 잠시 고향에 다녀온 준채가 바로 일영에 합류
했는지는 명확하지 않다.

萩原耐 씨를 만나다. 多胡隆 씨 작 연출작품의 린조기隣組記의 일을
보라고. 보조한다는 것보다는 견습의 정도라고! 금일 多胡隆 씨는 현지
린조隣組에 가있으니 내일 연마제작소鍊馬製作所에 가서 간 곳을 진행
계에부터 바로 현지로 가라고 한다. 이래서 처음으로 일을 하게 되었다.[49]

「린조기」 제1일 6월 4일에 씌여진 일지는 과거의 회상이지 그날 이
뤄진 일은 아니다. 萩原耐 씨를 만난 게 2월 혹은 3월 중순이라면 6월
까지는 여전히 3개월의 시간이 남아 있다. 추측컨대 이 3개월여의 시
간 동안 준채는 일영에서 수습 감독으로 일하다 萩原耐 씨로부터 현지
로케에 배치 받는다. "多胡隆 씨 작 연출작품의 린조기隣組記의 보조
일"이 그것이다.

鍊馬製作所에서 赤羽(진행계) 씨를 만나다. 금일 심천深川 현지에 가
서 여관에 투숙하여 로케하게 된다고. 시나리오를 한 벌 얻어 대략 일독
해보다. 평범한 내용이나 多胡 씨가 한 만큼 기대가 된다. 담담한 내용 가

---

48) 위와 같음.
49) 정준채, 「린조기」, 제1일-1942.6.4.

운데서 여하히 막다른 골목의 그들의 생활을 캐치할 것인가. 오후 1시 출발 심천행深川行. 赤羽 씨 말에 의하면 심천구深川區 복주정福住町 1정목丁目 제 41군群이란 실제의 린조隣組를 취재한 것인데 모범린조模範隣組로서 동경시에서 표창을 받았다고. 이들의 평범한 생활을 그대로 기록한다는 것이다.[50]

로케 현장인 후카가와(심천·深川)는 도쿄 앞바다와 접한 해안마을로 도쿄 시내에서 영대교를 넘어가야 한다. 촬영은 심천 린조의 어린이 회인 자공회(자공회)를 출연시키는 것으로 시작된다. 영화를 찍는다 하니 아이들은 들떠있다. 준채의 눈에 그 아이들은 그저 동심의 아름다움을 간직한 대상으로 보인다.

어린애들의 동심이란 생활환경의 여하를 막론하고 깨끗하고 아름답고 순진스럽다는 현실이었다. 영대교永代橋 너머 번화한 은좌銀座! 외전천隈田川 저쪽 심천深川 막다른 골목 시정인市井人들의 생활을 돌아볼 제 여기에 과연 인간세계가 있다고 느끼어지나. 마물魔物 카메라 아이모가 이들의 생활을 어느 정도까지 파고 들어가 찾아낼 것인가.[51]

영대교 너머 번화한 은좌 거리와 대조적으로 심천의 막다른 골목은 시장 상인들이 밀집한 지저분한 세계다. 아이모 카메라가 이들의 생활을 어느 정도까지 촬영할 수 있을지는 전적으로 多胡 감독의 책임이겠지만 준채 역시 그들의 생활을 어떻게 포착할 지 여간 흥미로운 게 아니다. 이날 밤에는 田坂具隆 씨 작품「모자초母子草」를 방은좌邦樂座로 보러간다. 준채는 田坂具隆 감독을 성실 일로一路의 작가로 표현하

---

50) 정준채,「린조기」제2일-1942.6.5.
51) 정준채,「린조기」제3일-1942.6.6.

면서 "이만큼 田坂 씨는 확고한 자기의 것을 가진 사람이다"라고 평가한다. 하지만 「모자초母子草」는 두 번 보고 싶은 작품은 아니다. "매컷에 나오다시피 하는 후지산富士山 풍경은 정말 싫증이 났었다. 단조로운 그 풍물이 더 한층 이 단조로운 영화 내용을 표명表明한 듯하여 정말 싫었다."라고 이유를 달고 있다. 다음날은 나흘째 촬영이 계속된다.

　창을 열어 제치니 쪼락쪼락 비가 내리고 있다. 동경의 천기天氣란 믿을 수 없는 게 일상사이니 더 말할 것도 없으나 늦잠 잔 것이 안심이 되었다. 금일은 촬영 중지란 전달이 왔다. 연출의 多胡 씨는 밤 3시에 눈이 떠져 천기天氣에 마음이 두려워 하늘만 내다보았다고 한다. 촬영의 川口 씨는 이를 모른 척하고 매트에 누워있었다는 것이다. 진행계의 赤羽 씨도 불과 3시간 밖에는 잠을 이루지 못했다고 한다.
　영화와 천기天氣!! 그것도 로케와 천기天氣란 보통 시엔 상상할 수 없는 관계다. 비가 내리면 일을 못하는 수밖에. 이런 건 잡지의 로케 진행 기사 등으로 읽어 잘 아는 일이나 실제 당하고 보니 새로운 기이한 생활상을 맛본 듯 해진다.[52]

　준채는 로케 현장의 분위기는 날씨에 좌우된다는 교훈을 얻고 있다. 연출자도 3시부터 눈에 떠져 하늘만 바라보았다는 것이다. 영화와 천기(天氣)는 불가분의 관계다. 비가 내리니 모든 게 중단된다. 촬영은 중지됐지만 준채는 콘티에 따라 장면과 인물 배역, 소도구를 꼼꼼하게 분류하고 앞으로 있을 촬영 분위기에 도움이 되라고 린조구락부에 가서 아이들과 사귄다. 그날은 밤새 진행계와 함께 어울려 영화와 세상 사는 이야기를 하며 새벽 4시에 하숙에 들었다. 다음날은 녹음부 4인이 합류했지만 역시 비가 내려 촬영은 중단된다. 준채는 多胡 감독과

---

52) 정준채, 「린조기」, 제4일-1942.6.7.

대화를 나눈다.

준準:　　이번 이 영화의 작가가 그리려는 중점(氣合)은 「설국」 같은
　　　　그런 감인가요?

多胡 씨:　아니, 아니. 「설국」과는 정반대지. 그런 염참隱慘한 감感의
　　　　것이 아니라 예를 들면 龜井 씨의 '小林一某' 같은 영화의 정
　　　　반대의 작품이 이번 린조기요. 말하자면 명랑하고 건설적인
　　　　것을 의도하고 있소. 전엔 명랑한 걸 그리려면 음참陰慘한
　　　　면을 그려야 나온다는 게 내 주장이었는데 이번에 절실히 느
　　　　낀 것은 명랑한 면만 그려 가지고 충분히 명랑한 걸 그려낼
　　　　수 있다는 거요. 50전錢이 가령 여기 있다하면 이 돈 50전錢
　　　　을 가지고 가지각색으로 생각이 들어갈 것이요. 즉 50전 가
　　　　지곤 도저히 아무 것도 할 수 없다는 비관론자, 불만에 가득
　　　　한 자가 있을 것이나 50전을 갖고도 이 돈 한내限內에서 무
　　　　엇이고 유의하게 써가려고 한 사람이 있을 거요. 말하자면
　　　　나는 이 돈 50전을 가지고도 유의하게 생활해 가려는, 명랑
　　　　하고 건설적인 생활을 하려는 걸 그리려고 의도하오.[53]

　짧은 대화지만 多胡 감독의 영화 미학을 짐작할 수 있다. "이번에
절실히 느낀 것은 명랑한 면만 그려 가지고 충분히 명랑한 걸 그려낼
수 있다는 거요."라는 말은 어떤 낙관주의도 쉽사리 찾을 수 없는 전
시 체제하에서 구태여 음참한 면을 그려 그 대조인 명랑을 부각시킬
게 아니라는 자기 부정의 미학이기도 하다. 多胡 감독과 작업하면서
준채는 많은 것을 느끼고 배운다. 그건 영화 촬영 현장이기 전에 삶의
현장이었다.

---

53) 정준채, 「린조기」, 제5일-1942.6.8.

▶ 1942년 6월 린조기 촬영 현장(정준채 앨범)©정철훈

　날은 차츰차츰 밝아져와 "린조隣組"에선 어제와 같은 생활을 따라 카메라는, 새를 사랑하는 노인, 부부 동 부인으로 일터에 가는 사람, 재봉을 하는 부인, 재봉틀 일을 하는 직업부인 등등을 쫓아 필름에 올려간다. 시간이 쉬어갈 사이도 없이. 눈에 띤 정경은 엑스트라 컷에 찍어 넣길 잊지 않는다. 사람들이 떠꺼머리처럼 모여든다. 나는 이 군중 가운데서 일본영화계의 중진들과 같이 일을 하고 있다.

　이것이 결코 무슨 영화 잡지에서 보는 현지촬영의 스냅이 아니라 현실로 나는 이들 속에서 일을 하고 있다. 일을 한다는 이 현실의 당연한 일이다. 허나 내가 소년 시부터서 꿈꾸든 영화를 이제 지상紙上의 스냅 속에서 대하고 감격한 것이 아니라 내가 이 버젓한 현실 속에서 일하고 있다는 이 사실. 이것은 내가 영화인으로 완연히 출발한다는 역사적인 의의를 나 자신 품고 있다는 사실이다.[54]

54) 정준채, 「린조기」, 제7일―1942.6.10.

준채는 한 영화인으로 거듭나고 있다는 자부심을 느낀다. 그건 소년 때부터의 꿈이다. 모든 스탭이 혼연일체가 되어 한 마음으로 임하는 현장에선 육체적 피곤도 문제가 되지 않는다. 준채는 하루하루 조연출로서의 기술을 체득하면서 나름대로 연출기법의 정립한다.

카메라 앵글, 화면 구성 등 별別로 카메라를 들여다보지 않아도 머리 가운데 상상력으로 그려 이를 의도화시키는 능력을 연출자는 가져야한다. 피−트 수, 엑스트라 컷, 화면 구성을 발휘하는 多胡 씨를 보고……. 무슨 예술이고 그렇겠지만 한 작품을 의도하야 이를 제작해내기까지의 노력이란 말할 수 없는 인종忍從과 기력을 요구한다는 걸 절실히 느끼다. 한 작품이고 이를 완성해냈다는 노력만큼은 우리가 크게 사주어야 할 것인 줄 믿는다. 다만 그 노력이 우리 생활에 가치 있는 노력이든가, 아니든가는 다음에 운운해야 할 커다란 중대성을 띤 문화가치 면이라는 걸 잊어선 안 될 일이라고 느끼다. 오늘은 가지가지도 느낀 바가 많았다.[55]

다음날은 이케부쿠로 하숙에 돌아와 양복을 가봉하고 노상에서 홍필선 군을 만나 함께 백성규 군을 만나러 간다. 백 군은 만난다는 것은 핑계인 뿐, 실은 그 하숙에 같이 유숙하고 있는 발레리나 시게코 양에 대한 관심이 먼저인데, 이게 백 군에게 미안한 감이 있다, 라고 심경을 고백한다. 하지만 시게코 양보다 촬영 현장이 먼저다. 그렇게 생각을 정리한 준채는 일찌감치 현장으로 돌아온다.

비 오는 씬을 박으려고 그 얼마나 애를 썼는지 펌프로 물을 뿜어 혹은 "조로"로 비 오는 감을 내는 등. 그러나 자연은 또 우리의 일하는 걸 관대하지는 않는다. 애당초에 오늘은 휴양하자는 날인데 비가 와서 촬영하기

---

55) 정준채, 「린조기」, 제8일−1942.6.11.

에 좋은 비이니 개시하자는 것이었다. 허나 촬영을 개시할 준비를 다하고 시작한 때는 비는 나리지 않았다. 인공 비를 만들기로 했다. 이 비를 겨우 만들어 일을 하려니 인제는 또 갑자기 바람이 불기 시작하야 물줄기가 마음대로 되지 않는다. 이 일이 극영화이고 보면 스튜디오 내에서 인공으로 마음껏 작의作意를 내어 할 수 있으나 문화영화란 부여된 현상을 대조對照로 하는 일인 만큼 유독 어려운 일이었다.[56]

준채는 차츰 촬영 현장에서 제 목소리를 내기 시작한다. 그건 비가 오는 장면에 대한 多胡 감독에 의견에 대한 비판의식이었다. 많은 선배들 앞에서 겨우 말을 꺼낸 준채는 이렇게 말한다. "영화에 있어서 비를 이용함은 이때까지 대개 음참陰慘한 것을 효과내기 위해서 많이 써왔다. 허나 인간의 심리란 그 환경 여하에 따라 비가 온다 해도 심히 우울이나 음참의 기분이 일어나지 않는다고 나는 생각합니다. 그러기에 비라는 것을 명랑한 심적 표현의 한 수단으로 사용함이 있어야 할 것. 말하자면 음참한 것만 외에도 사용해야 한다고 생각하오." 스탭들은 준채의 말을 신중히 경청해주었다. 그러나 이 말도 제작에 직접적인 작용을 미칠 수 없는 단견에 그치고 만다. 하지만 준채는 내심 밀리지 않는다. 확고한 생각이 있는 것이다.

多胡 씨는 어느 말끝에 이런 말을 했다. 이 말을 듣고 나는 전일前日 느낀 多胡 씨의 부여된 현실 속에서 찾아내려하는 태도를……겨우 이해가 갔다. 허나 현실에 실재한 현상을 작가가 뽑아내어 그리려는 것에 한해선 나는 안 된다고 본다. 작가가 본 그 당시엔 그 현상이 없었다 해도 작가가 발견치 못한 가운데에 실재한 가지가지의 현상이 존재하리라. 작가는 이 실재하는 현실을 근거하야 그려내야 할 것이다. 예를 들면 린조

56) 정준채, 「린조기」 제11일-1942.6.14.

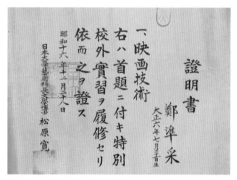

자공회의 애들이 노지露地에서 유기遊技를 하고 놀고 있다. 多胡 씨는 이 현상을 보고야 애들의 세계를 그릴 때 이 유기를 써보자고 말한다. 만일 나 같으면 시나리오에는 애들의 세계를 그릴 제 어린애들의 세계에 파고 들어가 유기하는 걸 그리려면 애들이 유기를 하며 놀고 있을만한 유기를 애들에게 시켜보던지 혹은 내가 어린애가 되어서 생각하야 그걸 시키는 등……실재한 현상을 상상하여 써보겠다.[57]

「린조기」는 현지 로케의 일상만 쓴 것은 아니다. 고향의 부모로부터 순창의 어떤 처자와 혼삿말이 있다는 편지가 오고 그 처자의 부친이 직접 준채를 만나러 동경에 온다는 소식에 접한다. 무사시노武藏野 음악원에 다닌다는 그 처자의 사진 한 장 미리 구해 보지 못한 준채는 무사시노에 가서 학적부에 붙은 사진을 보고 더욱 고민이 깊어진다. 그건 준채가 17세 발레리나 시게코 양을 애정으로 지켜보고 있기에 그런 탓이기도 하지만 본질은 경제적 문제에 있었다.

신 양은 순창의 부자 집 딸로, 그녀의 가정이 부유하다는 것을 하나의 장점으로 내세우긴 했으나 부유 여부가 결혼을 결정짓는 여하한 타당성도 갖지 못하기에 준채는 혼삿말을 없던 것으로 치부하기에 이른다. 게다가 "그녀가 음악을 한다는 것도 취미 정도인 모양"인데, 이것만으로는 참다운 행복이 우러날 리 없다. 이 또한 「린조기」 촬영 시기

---

57) 정준채, 「린조기」, 제14일-1942.6.17.

▶ 정준채의 일본대 교외실습이수증ⓒ정철훈

에 일어난 청춘의 기록이다.

시각을 좀 달리해 보면 영화 「린조기」의 주인공은 린조의 아이들이나 등장인물이 아니라 고스란히 준채 자신이다. 준채는 마치 영화를 찍듯, 「린조기」 시기의 자신을 그려나가고 있다. 청년 준채의 「린조기」는 표정이 살아있다. 그건 양심과 본능의 표정이요, 영화적으로 지각화되고 감각화된 표정이다. 그 표정은 무엇보다도 정직성의 표출에서 나온 것이다.

「린조기」의 랏슈는 촬영 17일째 나왔다. 아직 완성된 것은 아니지만 전 스탭들이 중간 랏슈를 본다. 물론 자신의 작품은 아니지만 애정이 생긴다. 장면마다 고생한 기억이 역력하다. 여러 생각이 겹친다. 「린조기」는 막바지에 이르러 파블로바의 1주기 추도 무용회에 가지 못하는 준채의 안타까운 심정이 그려져 있다.

금야는 파블로바 1주기 추도무용회가 개최되는 날이다. 백 군이 출연하는 금야. 그리고 시게코 양이 최후로 춤추는 「빈사瀕死의 백조」를 상연하는 밤이다.

아무래도 어린이회 전람회 준비 촬영에 들어가 벌써 오후 5시가 되어도 촬영은 아직도 덜 끝났다. 추樞 군과의 약속은 5시 20분인데 벌써 약속시간까지 가기엔 틀려버렸다. 그러나 감독에게 말을 하고 쫓아가고 싶은 심정은 우러나지 않았다. (…)

그리고 백 군에게도 적지 않은 불만이 있다. 다름이 아니라 내가 금야 꼭 간다는 걸 말했다할 망정 금야의 연목演目 프로와 나에게 와달라는 엽서 한 장一枚이라도 해주면 어때. 단 엽서 한 장 안 주고 전화 한 번 해주지 않는다는 건 나 따위에게 무용을 보아달라고 할 필요도 없는 듯 그만 보아주어도 무방하다는 의의로 해석할 수도 있는 것. 정말 동무라면 기어이 와 달라는 간청이 있을 것이다.

나 亦 아무리 바빠도 백 군이 이번 출연을 앞두고 연습하는데 두 번이나 가지 않았는가. 그걸 생각하면 나의 품은 우정에 백 군은 대해주는 양이 너무나 엷은 듯하다. 요는 백 군의 가는 생활이 다르고 내가 가는 생활이 다르다. 나도 생활의 출발점에 본격적으로 겨우 선 방금. 그렇게 무리해서까지 가고 싶진 않다.[58]

추도 무용회가 열린 그날 늦은 촬영을 마친 준채는 편집계의 片岡 양과 함께 저녁을 함께 한 뒤 신주쿠 문화영화극장으로 「아침놀」(朝やけ)을 보러간다. 한 마디로 반전이 아닐 수 없다.

시간은 늦고 하숙에 가야 쓸쓸할 뿐 나는 편집계의 片岡 양과 저녁을 같이 하고 신주쿠新宿 문화영화극장의 「朝やけ」(아침놀)를 보러가다. 片岡 양은 연약한 재래의 여성이라기 보담 탄력성이 있는 깊이 있는 여성이다.

사내라는 걸 단순한 이성으로 대하는 것이 아니라 한 벗으로서 대해준다. 이 점만 취한다 해도 달관한 감이 든다. 말을 해갈수록 서로 말을 이해해주며 특히 영화에 대한 심원한 이해는 감격할 뿐 이만치 영화를 이해해주는 여성이 있을까. 신 양이 이만치 예술에 대한 견해와 영화에 대한 이해를 가져준다면…… 하는 행복스러운 감도 난다. 나는 금야 片岡 양과 이렇게 같이 행동하는데 대해 조금도 불민不敏함이 없다. 그건 내 생활의 한 전개이기 때문이다.[59]

백 군에 대한 우정, 시게코 양에 대한 애정, 그리고 순창의 신 양에 대한 혼삿말 등 그동안의 모든 고민을 다 내려놓고 로케 현장에서 만난

---

58) 정준채, 「린조기」, 제23일-1942.6.26.
59) 위와 같음.

188 정준채 평전

片岡 양과의 영화 관람. 준채는 "내 생활의 한 전개"라고 썼다. 그건 "백 군의 가는 생활이 다르고 내가 가는 생활이 다르다"는 말과 상통한다. 동경잔류파 3총사는 각자의 미래로 달려가기에도 바빴다. 그 분기점에 쓰진 것이 「린조기」이다. 기록의 한 특징이 현상을 써내려가면서 비로소 그 현상을 이해하고 체화하여 마침내 그 현상을 초월하는데 있다면 준채는 「린조기」를 통해 자신의 처한 상황을 이성적으로 꿰뚫어보고 마침내 성숙한 자아를 소유하게 되었다고 말할 수 있다. 그걸 증명이라도 하듯, 「린조기」의 마지막 장면은 준채 자신의 내면 풍경이다.

홀로 누워서 岡本かの子 여사의 「인생론人生論」을 탐독하다. 잡풍경雜風景한 근일의 나의 두뇌에 새로운 청량제의 감이 든다. 확호確乎한 인생관의 수립은 건전한 토대 위에의 건축의 안전성을 의미한다. 대체로 동감된 관념이 많았다. 더욱 문학적 교양과 철학의 공부를 해야겠다는 걸 느끼다. 그리고 되도록이면 불란서나 유럽에 견학 여행을 해보았으면 하는 생각이 무럭무럭 나다.

탐독하던 책을 반은 남겨두고 밤엔 歌舞伎座에 오페라 「파우스트」를 감상하러 가다. 원작은 괴테의 것이니 두말할 것도 없으려니와 나는 오페라를 감상하면서 음악가들이란 그 얼마나 순수한 예술적 양심에서 생활해가고 있는가를 느끼다. 금야의 개최는 일본 합창단 창립 50주년의 의미에서다. 음악의 보급이 아직도 부족하며 저급한 일본에서 50주년을 싸워온 합창단을 생각할 제 이들의 문화적 공로가 적지 않음을 느끼며 만강의 사의를 표하는 바이다. 따라서 내가 현재 동경서 생활하고 있는 행복의 감을 아니 느낄 수 없었다. 어젯밤의 신극이나 금야의 오페라를 감상할 수 있다는 현재의 나의 생활의 행복, 문화적 희열. 만일 내가 이 몸을 경성에 두었다고 하자……. 그 얼마나 문화적 고독 생활이며 적요寂寥 공기에 헤매는 공허일까.

나는 우리 땅에도 오페라를 이식하고 싶은 감정에 마음은 불꽃을 이루

었다. 그러나 버젓한 교향악단 하나 없고, 발레단 하나 없고, 극장이 없다
는 걸 생각할 제 오페라를 상연하기 위한 음악가의 인적 자원은 그만두고
라도 언제나 이만한 오페라일지라도 우리 손으로 해볼 수 있을 런지 한탄
치 않을 수 없었다.

　또 하나는 이들 오페라의 스태프들의 예술행동의 순수성을 돌아볼 제
역시 이러한 음악이나 무용이나 연극(新劇)들의 타 예술의 순수성을 자극
받아 자칫하면 풍속화風俗畵해지는 영화예술을 순수한 예술의 권내에서
있도록 노력해가야겠다는 걸 느끼었다. 이들은 타 예술을 모방한다는 게
아니라 순수한 예술 본질에서 이들과 다름없는 예술행동을 해야 한다는
것이다.[60]

「린조기」는 아쉽게도 제28일째인 7월 1일로 마감된다. 실은 나머지
가 얼마쯤 남아 있었으나 유실되고 말았다. 다만 유실된 분량은 전체
원고의 제본 상태로 미루어 볼 때 원고지 서너 장에 불과할 것으로 추
정된다.

　이렇게 해서 「린조기」를 포함한 원고지 700장 분량의 『정상기』는 끝
났지만 준채의 기록은 계속된다. 준채에게 있어 "기록은 가업"이니 기
록을 중단할 리 만무하지만 아쉽게도 동경에서의 기록은 이것 외에 남
아 있는 게 없다. 하지만 정준채는 일영을 거쳐 다이에이(大映)에서 조
감독 생활을 계속했다.

　1942년부터 약 2년여 동안 니혼다이에이(日本大映)영화사에서 조연출
일을 보고 있던 준채 형 역시 전황이 급박하게 돌아가자 나보다 3∼4개
월 뒤인 1944년 봄, 일본에서 귀국해 광주로 돌아왔다. 형은 1년 남짓 광
주에서 지내는 동안, 서울을 오가며 영화인들과 접촉하며 다큐멘타리 영

---

60) 정준채, 「린조기」, 제26일−1942.6.29.

화제작에 몰두해 있었다.[61]

동생 추에 따르면 준
채는 일영(日映) 연마제
작소에 「린조기」 조감독
생활을 끝으로 1942년
조직된 다이에이(大映)
영화사로 자리를 옮겼
다. 다이에이는 어떤 영
화사인가.
1941년 8월 일본 내

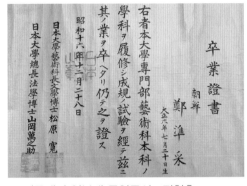

▶ 정준채의 일본대 졸업증서ⓒ정철훈

각정보국에 의해 임전 체제하의 물자동원계획으로 영화용 생필름에
대한 통제가 진행된다. 영화계는 이로 인해 벌집을 건드린 것 같은 소
동이 일어난다. 서로 경쟁상대인 업계 내부에서 단합이 잘 진행되지
않아 통일된 의견을 모으지 못한 채 정부의 의향을 타진했다. 정부의
복안으로 제시된 것은 두 회사에서 합하여 한 달에 4편을 제작하라는
것이었다.

당시 극영화를 제작하고 있던 영화사는 매주 신작 발표를 원칙으로
하고 있던 일류 회사 쇼치쿠(松竹), 도호(東寶), 니카츠(日活)였고 이
류회사는 신코(新興), 다이도(大都), 도쿄발성, 낭오(南旺), 다카라즈
카(寶塚), 다이호(大寶)와 쇼치쿠의 자회사인 코아(興亞)였다. 따라서
두 회사를 통합한다고 하면 쇼치쿠와 도호에 이류 회사를 흡수 통합시
키는 것이 타당한 방법이었다. 즉, 도호, 쇼치쿠, 그리고 니카츠-신
코-다이도 합병회사를 축으로 하는 3사 통합체제로 가닥을 잡아갔

61) 정추, 구술회상기, 「알마티의 기둥」.

다. 이 가운데 니카츠-신코-다이도 합병회사 설립안은 신코의 주도로 이루어졌는데, 이는 당시 극심한 재정곤란을 겪고 있던 니카츠의 자리를 파고 든 신코의 술책으로 이루어진 것이다.[62] 즉 촬영소를 현물 출자한 니카츠의 경우, 직영 영화관과 이전에 제작한 작품을 유지함으로써 흥행전문회사의 형태로 존속하게 되었다.[63]

▶ 일본 다이에이(大映)영화사 조연출 시절의 정준채.©정철훈

여기서 한 사람이 나타난다. 신코(新興)시네마의 나가타 마사이치(永田雅一)이다. 그는 정부에 맹렬한 로비를 전개하여 쇼치쿠와 도호의 2개 계열사 외에 또 하나의 계열사를 만드는 것은 인정받았다. 신코시네마는 니카츠 제작부분과 다이도 영화를 합병하고 이듬해인 1942년 대일본영화주식회사(통칭 다이에이大映)를 발족시켰다. 문단의 대부인 작가 기쿠치 히로시(菊池寬)가 사장으로 영입된 다이에이는 가장 오래된 영화사인 니카츠를 제치고 일약 메이저 영화사로 발돋음했다.

준채는 기존 쇼치쿠나 도호에서 조감독 자리를 찾지 못하자 새로 발

---

62) 황충범, 앞의 논문.
63) 위와 같음.

족한 다이에이로 옮긴 것으로 보인다. 그때는 영화임전체제가 구체화되기 시작한 시기였다. 그러나 다이에이에서의 활동에 대해서는 알려진 바가 없다. 다만 1942년 2월 배급가구의 일원화가 이루어져 모든 영화사의 영업부를 통합한 '사단법인 영화배급사'가 탄생했다. 그리고 특정영화사에 소속되어 있던 영화관에서도 다른 영화사의 작품을 상영할 수 있게 됨으로써 정부가 지향하는 영화 상영의 폭은 훨씬 확대되었다. 이러한 제작-배급-상영을 망라한 영화체제의 개편 작업을 통해 일본에서 영화임전체제가 수립되었다. 영화임전체제에 발맞추어 일본영화의 선전선동 전략은 더욱 강화되었다. 1942년 「하와이·말레이 해전」의 공개로 도쿄도(東京都)와 아이치현(愛知縣) 등 3개현에 국민영화보급회가 결성되었다. 국민영화보급회는 문부성 추천영화나 정보국의 국민영화 혹은 '우량영화(優良映畵)'를 상영하여 국책에 협력했다. 주요 대상은 학생층이었다. 문부성은 학습과제로 영화 관람을 지정해 일반 관람이 이루어지지 않는 오전 시간에 학생들을 동원해 영화를 상영했다.

시간이 갈수록 전황은 더욱 악화되었고 이에 따라 국민에 대한 통제 및 영화에 대한 통제도 한층 강화되었다. 일본은 연이은 전투패배와 극심한 경제악화로 인해 국내외적으로 어려움을 겪고 있었고 이러한 때의 영화임전체제라는 것도 결국엔 영화를 통제하는 데 초점이 맞추어질 수밖에 없었다.

1944년 2월 '결전비상조치요강'이 내각에서 결의되어 '고급향락'을 정지한다는 취지에서 그해 3월부터 대도시 번화가의 대규모 극장에 대한 1년간의 휴관 조치가 취해졌다. 또한 공습대비책의 일환으로 일부 지역에서 영화관이 대피소로 활용됨으로써, 대도시의 경우 도심에 위치한 영화관이 아닌 공장지대에 위치한 영화관에서 신작 개봉이 이루어졌다. 이런 여 파로 인해 내무성은 1944년 4월 '흥행쇄신실시요

강'을 통해 문화영화의 강제 상영제를 폐지하고 다만 권장하는 한편 극영화에 대한 통제는 더욱 강화되었다.[64]

영화임전체제 하에서 더 이상의 동경 잔류는 의미가 없다는 결론을 내린 준채는 1944년 봄, 동경 체류를 마감하고 귀국한다. 하지만 조선 영화계에 뛰어들기 위해 광주와 서울을 오가던 준채를 기다리고 있던 것은 강제 징병이었다. 준채와 추, 두 아들이 징집을 피해 일본에서 귀국하자 시국의 급박함을 알게 된 부친은 광주를 떠나 고향으로 거주지를 옮긴다. 남의 눈을 의식하지 않을 수 없는 도회지보다는 시골이 낫겠다는 이유에서였다.

7. 임옥순과의 결혼

일제의 강제징집을 피해 전남 곡성군 임면 면사무소에서 서기 일을 보던 준채에게 보성에 사는 임종규의 딸 임옥순과 혼사 말이 오고 간 것은 1944년 2월의 일이다. 말하자면 정혼(定婚)을 위한 의사타진이 이루어진 것인데, 이는 틈틈이 광주와 서울을 오가며 조선영화계의 동향을 파악한 준채가 한시라도 빨리 면서기 직을 작파하고 영화 일에 본격적으로 뛰어들기 위해서는 강제징병을 면할 수 있는 기혼자 신분이 되어야 했기 때문이기도 하다.

임옥순은 서울 동덕여고보를 졸업하고 조흥은행 보성지점에서 은행원으로 일하고 있는 규수였다. 정혼을 하게 되면 신랑 집에서 신부 집으로 신랑의 사주(四柱)인 생년·월·일·시의 네 간지(干支)를 적은 간지(簡紙)를 담은 사주단지를 보내기 마련이다. 사주단지를 받아본 신

---

64) 황충범, 위와 같음.

▶ 신혼 시절 정준채, 임옥순 부부ⓒ정철훈

부 집에서 보낸 한 장의 서찰이 남아 있다.

謹未審
氣體侯 萬安萬安 微區(?)之生 依昔耳 鄭生員 婚結事 既承 普(?) 諾
故涓吉擇呈
伉儷(?)拘碍聊于歸 以翌日丁巳爲?云引結有紛托之尊 擇吉最可 引必
以其日 進?之地 大望
餘不備 伏惟 尊照上狀
甲申十月二十三日 生 林山源 再拜[65]

65) 임산원이 운정 정순극에게 보낸 서찰.

(번역)

삼가 주신 편지를 받자옵고 기체 후 두루두루 평안하시길 바랍니다. 저는 변함없이 잘 지내고 있습니다. 정생원의 혼사가 이미 받들어 승낙되었으므로 혼사를 맺는 날을 받아 드립니다. 짝을 맺어 시집가는 날을 정함에 어찌 구애됨이 있겠습니까. 그 다음날인 정사일(丁巳日)에 혼인을 맺고자 하오니 분부 바랍니다. 길일을 택한 것이 합당하온지라 그날에 진행되기를 크게 바랍니다. 나머지는 이만 줄입니다. 잘 살펴 주시길 바라오며 삼가 편지 올립니다.

갑신 10월 23일 생원 임산원 재배

임산원이 준채의 부친 앞으로 보낸 이 서찰은 1944년 10월 23일자이다. 보성에서 한학자로 명성이 높던 임산원은 임옥순의 조부로 추정된다. 호적에 따르면 임옥순은 아버지 조양(兆陽) 임(林)씨 임송규(林

▶ 임옥순의 보성 조흥은행원 시절(맨 오른쪽)ⓒ정철훈

宋圭)와 어머니 김두만(金斗滿) 사이의 셋째 딸로 1926년 11월 23일 생이다. 광주와 보성은 거리로는 멀리 떨어져 있지만 보학(譜學)으로 보면 어느 집안의 자손인지를 단박에 파악할 수 있기에 일단 사주단지를 보내게 되면 그게 정혼이나 마찬가지였다.

조양(兆陽)은 전라남도 보성군 조성면 일원의 옛 지명이다. 그러니까 '조양'임씨는 대대로 보성군 일원에서 살아온 뿌리 깊은 집안이다. 지금의 보성은 백제시대엔 동로현(冬老縣)이었다가 757년(신라 경덕왕 16)에 조양현(兆陽縣)으로 이름을 바꾸었고 고려 현종 때 보성현(寶城縣)으로 다시 고쳤다. 근대에 이르러 1911년 조양면(兆陽面)과 대곡면(大谷面)을 합하여 조성면(鳥城

▶ 아내 임옥순과 첫 아들 훈(광주 양림동에서의 마지막 사진)ⓒ정철훈

面)으로 통합되었으니 현재는 보성군 보성읍 보성리이다.

준채는 1944년 10월, 보성사람 임옥순과 혼인한 후 상경해 조선영화사 조수로 들어가 영화 활동을 계속했다. 이때의 행적은 잘 드러나지 않았다. 하지만 이재명, 박기채 등 동향 출신이 서울에서 활동하고 있었기에 이들과 접촉하며 활동 범위를 확장하고 있었던 것으로 보인다.

3장
영화로 무엇을 할 것인가

1. 조선프롤레타리아영화동맹 서기장 시절
2. 평양 국립영화촬영소 제작부장 시절
3. 전장의 포화 속에서
4. 체코슬로바키아 국제영화축전에서 최고 기록영화상 수상-1950년
5. 제6차 체코슬로바키아 국제영화축전 참가-1951년
6. 「인민은 승리한다」-중국 장춘 1952년
7. 용정 방면에서 로케-연길 1953년
8. 「전우들이여 잘 가라」-1954년
9. 「주르빈 일가」 더빙 편집-평양 1955년

1. 조선프롤레타리아영화동맹 서기장 시절

▶ 서울키노 시절 다큐영화를 촬영하는 정준채ⓒ정철훈

    1945년 8월 15일 정오, 일왕 히로히토(裕仁)의 항복 선언이 라디오를 통해 일본과 조선 전역에 울려 퍼졌다. 일본의 항복 소식은 입에서 입으로 퍼져나갔다. 반신반의하던 분위기는 오후 늦게 서대문형무소에서 정치범에 석방되고 이들의 석방소식이 알려짐으로서 사실로 확인되었다. 태평양 전쟁 기간 동안 등화관제에 시달려온 시민들은 집집마다 밤새 불을 밝혀놓고 해방의 첫날을 만끽했다.

    해방의 감격은 영화인들도 마찬가지였다. 일제 말 조선영화인들은 일본의 침략전쟁을 위한 국책영화 제작에 동원되었기에 이에 대한 반동으로 해방 이후 영화로 무엇을 할 것인가를 고민할 수밖에 없었다. 대답은 하나였다. 영화로 국가를 만들자. 그것이었다. 그러나 해방 직후 조선영화인들은 일제에 관여한 정도에 따라, 그들이 참여한 부문이 영화 제작이든 영화배급이든, 이합집산을 할 수밖에 없었으며 갈등과 반목은 심화되었다.

해방 직후 문화예술인들 대부분은 서울에 모였는데 특히 영화인의 서울 집중은 다른 어떤 예술장르보다 심했다. 해방 후 조선영화계에 남은 가장 시급한 문제는 일제가 떠나면서 남긴 정신적 물질적 잔재를 해소하는 것과 민족국가 건설에 이바지할 영화운동조직을 건설하는 것이었다. 그렇기에 해방 당시 조선 유일의 영화회사로 어용영화 제작에 앞장섰던 사단법인 조선영화사(이하 조영) 소속 조선인 영화인들은 해방 다음날인 1945년 8월 16일 아침, 조영의 창고를 뜯고 카메라를 꺼내 거리로 나섰다.

그들은 시내 곳곳의 만세행렬을 카메라에 담았다. 일제의 침략전쟁에 조선인을 동원하기 위해 내선일체, 황국신민화와 같은 전쟁 이데올로기 전파에 앞장섰던 조영의 조선인 영화인들은 자신들의 손으로 해방의 감격을 카메라에 담아 「해방뉴스」라는 이름으로 전국에 상영하였다.[1] 당시 상황은 조영에서 무라야마 토모요시(村産知義) 원작 「고향(故鄕) 이야기」를 연출하던 중 해방은 맞은 영화감독 이병일의 증언에서 짐작할 수 있다.

> 8월 16일 아침부터 조선영화사 창고를 부수고 카메라를 끄집어내어 우리나라 해방뉴−스를 찍기 시작했다. 서대문형무소 앞, 서울역 광장, 종로 가두의 행진, 휘문고보운동장건준대회 등 우리나라의 독립뉴−스를 빼지 않고 찍었다. 이때 처음으로 영화인으로서의 보람을 느꼈다.[2]

---

1) 한상언, 「해방 공간의 영화·영화인」, 『이론과실천』, 2013, 20쪽.
2) 이병일, 「나의 영화 편력−이병일」, 『월간영화』, 1977.10., 11~30쪽. (한상언, 「해방 공간의 영화·영화인」, 『이론과실천』, 2013, 22쪽에서 재인용.)

"영화인으로서의 처음 느꼈다"는 '보람'은 이병일 혼자만의 감정이 아닐 것이다. '보람'이란 국책 영화 제작에 내몰린 일제 강점기 영화인들의 비운과 억압에 대한 거대한 반동이었다. 조선영화인들 앞에는 유일한 영화사인 조영의 처리문제, 당시 극장의 대부분이었던 일본인 소유 극장의 처리 문제, 그리고 일제 강점기의 친일 부역 영화인 척결에 대한 문제가 남아 있었다. 그러자니 일제 잔재 청산에 있어서는 우익보다 좌익의 목소리가 더 커질 수밖에 없었다. 좌익 영화인들은 조선영화건설본부, 조선프롤레타리영화동맹, 조선영화동맹으로 이어지는 일련의 영화 운동조직에 투신했다. 이들의 첫 목표는 어떻게 영화계의 일제 잔재를 청산해야 할 것인가로 모아졌다.

우선은 조선 유일의 영화사인 조선영화사의 승계와 해체였다. 조영은 조선총독부 주도로 1942년 5월 설립된 조선영화배급사와 9월에 설립된 조선영화제작주식회사를 모태로 하고 있었다. 1944년 4월 조선영화배급사가 조선영화제작주식회사를 흡수하는 구조조정을 통해 탄생한 사단법인 조선영화사는 조선 내 일본인 자본가와 조선의 손꼽히는 거부의 헌금을 통해 재정을 조달하였기에 일제가 패망했을 때 조영의 모든 재산은 미군정의 관리 하에 놓이게 되었다.

미군정은 조영의 자산을 1948년 현재 238,000달러(3,570,000엔)으로 추정했다.[3] 구체적인 자산 현황은 알 수 없지만 조영 조명계 주임 김성춘의 증언에 따르면 남대문시장 뒤의 촬영소와 창고 2개소, 남대문 밖의 촬영실과 녹음실, 을지로 4가(광희동)의 창고, 원효로의 창고, 사택 2개소를 소유했다고 한다. 해방 직후 조영 사장 다나카 사부로는 조선인 종업원 가운데 간부급들을 불러 조영의 운영을 타진했다.

---

3) 송낙원, 「해방 후 남북한 영화 형성기」, 『남북영화사 비교연구』, 국학자료원, 2007, 53쪽.

당시 조선인 실무자는 계획계장 김정혁, 미술계 주임 윤상열, 기술과장 이재명, 촬영계장 이명우, 조명계 주임 김성춘, 편집계 주임 양주남 등이었다. 김성춘도 조영의 운영을 제의받았지만 일개 사원이 조영 전체를 운영한다는 부담감 때문에 거절했다고 한다.

결국 조영 기술과장 이재명을 중심으로 운영위원회가 구성되었고 일본인 운영자는 운영자금 10만원을 넘겨주는 한편 미군 진주 시까지 조영에 남아 있는 직원들에게 퇴직금을 지급하는 등 조영을 정리했다. 조영의 조선인 운영위원회 조직은 다음과 같다.

중앙위원회 이재명
위원 김정혁, 김한, 방한준, 성동호, 윤상열, 이명우, 이병일
① 내무대(대장) 안석영
② 경비대(대장) 김성춘
③ 뉴스대(대장) 김정혁
④ 상영대(대장) 성동호
⑤ 보존대 박기채, 최인규[4]

내무대는 서무와 회계 담당, 조직대는 조영 시설 경비를 담당했는데 해방 직후 들뜬 분위기에서 일제에 봉사하던 영화시설에 대한 테러를 막기 위한 경비는 필수적이었다. 보존대 역시 조영의 자료와 자재, 기재에 대한 보존업무를 담당했다.

뉴스대 대장은 조영계획과장인 김정혁, 상영대 대장은 유명 변사 출신으로 조영 배급업무를 담당했던 성동호가 맡았다. 이들은 전국으로 흩어져 뉴스를 촬영했고 촬영기사 김학성은 평양에 있던 오영진의 요청으로 평양으로 올라가 소련군의 평양 입성, 미군의 인천 상륙, 평양

---

4) 『매일신보』, 1945.9.1. (한자이름을 한글로 표기했음.)

시민대회 등 주요한 뉴스를 촬영했다. 평양에 머물고 있던 극작가 오영진은 이렇게 증언했다.

나는 하루 한번 建準 본부를 찾아 몇몇 친구와 조(조만식: 인용자) 선생을 찾고는 일찌감치 물러나와 多事하였던 며칠을 서로 阻隔되었던 친구들을 찾았다. 그러나 소설가 金史良이 없고 화가 黃憲永이 없는 평양은 너무도 쓸쓸했다.

나는 한가로운 일주일을 이용하여 서울 친구도 만나고 또 서울 사정도 알아볼 생각이 났다. 선전부의 전화로 서울에 있는 조선영화사를 불렀다. 서울의 영화계가 궁금했던 것이다. 이재명 군의 반가운 소리가 어서 좀 올라와야겠구먼. 조영은 우리들의 관리하고 있지. 서울사정? 그야 전화루 어떻게 말하노? 자네가 올라와야지 그러구 위선 자네가 해방기록영화를 하나 구성해야겠어. 오래 잊었던 영화이야기에 가슴이 뛰었다. 평양의 해방을 기록할 촬영기사를 한 명이라도 좋으니 급파해줄 것을 부탁하고 위원장실로 가서 잠시 동안의 휴가를 얻으려 했다.[5]

조영이 만든 「해방뉴스」는 1945년 10월 21일 경성극장, 낭화관, 명치좌 등에서 일제히 공개되었다. 그 직전, 미군이 서울에 입성했다. 미군은 1945년 9월 2일 '연합군 최고사령부 일반 명령 제1호'를 발포하고 북위 38도 이남에 군정이 시작될 것을 알렸다. 이 문건은 B29 폭격기를 통해 남한의 주요도시에 뿌려졌으며 9월 8일 미군 제24군단이 인천을 통해 입국하여 본격적인 미군정이 시작되었다.

미군정은 9월 25일 조선에 있는 일본을 비롯한 패전국의 재산을 미군정에 귀속시키는 군정청법령 제2호 「패전국 정부 등의 재산권 행사 등의 금지」를 발포한다. 군정청법령 제2호의 1조에 따르면 패전국의

---

5) 오영진, 『蘇 군정 하의 북한—하나의 증언』, 중앙문화사, 1952, 35쪽.

재산(적산)을 매매, 취득, 이동, 지불, 인출, 처분, 수출 기타 취급과 권리, 권력, 특권의 행사는 법형에 규정한 이외에는 금지하고, 제2조에서 적산에 관하여는 모두 군청청의 허가와 지시를 받아야 한다고 명시했다. 이 법령은 발포 즉시 시행되었다. 이 법령을 토해 조영의 모든 재산도 미군정 관리하에 들어갔다.

▶ 서울키노 시절 아이모 촬영기와 함께
©정철훈

조영의 기자재를 이용하여 뉴스를 촬영하던 영화인들은 우선 미군정의 허가를 받아야 했다. 법령이 발포되기 하루 전이자, 영건의 창립일인 1945년 9월 24일 군정청 보도부는 조영의 기자재를 이용하여 뉴스를 촬영하는 것을 허락했다. 그러나 조영은 미군정의 승인을 받아 해방뉴스 2편과 뉴스 2편을 제작하고 보유하고 있는 외국영화를 상영하는 것 외에는 별다른 활동을 하지 못했다. 그나마 필름의 부족으로 영화제작이 쉽지 않자 조영에 모여 있던 영화인들은 뿔뿔이 흩어졌다.

일제 말기엔 부족하나마 필름을 배급받았지만 해방 이후엔 필름이 수입되지 않아 영화제작이 쉽지 않았다. 기존 보유하고 있던 필름은 뉴스 제작 위주로 사용될 수밖에 없었다. 극영화가 제작되지 않는 상황에서 조영의 전속 배우와 직원들은 급여를 받을 수 없었고 생계의 위협을 느끼자 저마다 살 길을 찾아 조영을 떠났던 것이다. 일례로 조영 전속배우들은 극영화 대신 연쇄극을 찍어 무대에 서려는 계획을 세

윘고 이 계획은 영화배우들이 주축이 된 조선영화배우협단의 창단으로 이어졌다. 극장의 운영도 미군정의 지시를 따라야만 했다.

해방 후 영화계에서 가장 시급한 문제는 친일 영화인의 숙청이었다. 일제 식민 치하의 부역행위와 적극적인 친일 행위는 단죄하고 신국가 건설에 필요한 경우 이들을 용서하고 중용하는 것이 순서였다. 하지만 문제는 대부분의 영화인들이 일제의 국책영화제작에 참여한 경력을 갖고 있었다.

친일 정도는 일제 강점기 당시 그들이 누린 사회적 지위와 명성과 비례했다. 이에 따라 조영 소속 영화인 가운데 최인규, 박기채, 방한준, 안석영, 서광제 들은 친일문제에 있어 자유롭지 못했다. 친일 시비는 조영에 입사하지 않은 영화인 가운데도 친일 단체인 조선영화인협회 회장을 역임하고 황금좌에서 친일 연극 「개화촌」을 연출한 영화감독 안종화, 최초의 친일영화로 평가받는 「군용열차」의 기획과 시나리오에 참여한 영화감독 이규환, 독일 유학파 출신으로 일제 말기 영화 활동을 하지 않았지만 요코하마의 독일 영사관과 서울의 소련 영사관에서 통역관으로 일한 안철영, 친일연극 「밤마다 돋는 별」, 「빙화(氷花)」 등을 연출한 전창근이 그들이다.

조영에서는 채용 시에 철저한 신원조사를 했으므로 좌익 영화인들은 조영에 입사하지 못했지만 카프 출신의 영화인들의 일부도 친일 문제에서 자유로울 수 없었다. 카프 출신의 영화평론가인 서광제는 최초의 친일 영화로 평가받는 「군용열차」를 연출했고 역시 카프 출신인 영화인 강호는 「지하촌」을 비롯, 일제의 황국신민화에 봉사하는 국민연극의 무대를 담당했다.

이러한 현상은 북한 영화인들도 마찬가지였다. 일제 당시 제2기 태평양 노조사건으로 옥고를 치른 뒤 영화계에 뛰어든 주인규와 영화배우 겸 가수인 강홍식도 친일영화와 연극에 그 얼굴을 내밀었다. 두 사람은 친일영화 「망루의 결사대」, 「거경전(巨鯨傳)」, 「태양의 아이들」 등에도 출연했다. 주인규는 심영, 박창환과 함께 삼두체제로 친일극단 고협을 이끌었으며 강홍식은 유치진이 만든 친일극단인 현대극장의 단원이었다. 평양에서 활동하다 1947년 월남한 시나리오 작가 오영진도 일제 말기 조영 기획과의 촉탁으로 일하며 시나리오 개발에 참여했다.

그나마 친일 혐의에서 자유로운 영화인은 일제 말, 영화계를 떠나 의정부 근처의 산곡으로 솔가하여 들어간 유봉춘, 고향인 함흥으로 낙향했던 이규설, 오랜 기간 감옥에 있었던 추민 정도에 불과했다. 그럼에도 불구, 영화인들의 부역과 친일 행적에 대한 소장 영화인들의 문제제기는 유야무야되고 말았다. 조영 소속 영화인들은 해방 이후에도 살아남기 위한 방책을 강구했다.

1946년 서울극장에서 구정 특선으로 서광제가 만든 「군용열차」를 「낙양의 젊은이들」이라는 제목으로 바꾸어 신작인 것처럼 상영한 사건이 일어났다. 해방의 감격이 채 가시지 전에 친일 영화가 상영된 것은 큰 물의를 일으키기에 충분했다. 조영 영업 담당 성동호는 당시 『서울신문』과의 인터뷰에서 조영에는 더 이상 친일영화도 남아있지 않으며 업자들 자신이 크게 각성하여 수중에 있는 친일영화를 각기 없애도록 해야 한다고 해명성 발언을 했을 뿐이다.

결국 친일 영화인 청산 문제는 뒷전으로 밀린 채 조영에 입사한 영화인과 그렇지 못한 영화인, 좌익과 우익 영화인의 갈등만 심화되었다. 이는 영화운동의 분열로 나타났다. 좌우익으로 갈라진 영화인들은 조영에서의 활동을 들어 상대를 헐뜯었다. 예를 들어 1947년 『신태평양』 지에 게재된 「민족 반역은 누가했나」라는 글은 조영 운영위원회의 주요간부인 이재명, 이창용, 김정혁, 문예봉 등의 친일 행적에 대해 신랄하게 꼬집었다. 흥미로운 것은 이 글의 필자가 친일 영화「군용열차」제작을 담당한 조영의 진행주임 홍찬으로 추정된다는 점이다. 그는 당시 『신태평양』의 간부로 있었지만 똥 묻은 개가 겨 묻은 개를 나무라는 격이었다.

▶ 오영진©정철훈

오영진이 해방 직후 목격한 서울 영화계의 균형추는 우익에 비해 좌익 쪽으로 기울어져 있었다. 친일 청산의 문제에 단호했던 좌익이 우익보다 명분이 우세했기 때문이다.

안암동 큰 길에서 조금 떨어진 아담한 이재명의 집에는 한때, 조선영화주식회사에 관계했던 평론가 백철, 영화감독 윤용규, 소설가 정비석, 연극인 안영일, 宋評중앙집행위원이며 일본공산당원인 문두재 등이 늦도록 모여 있었다. 그들은 간단한 酒案을 앞에 놓고 끊임없는 논쟁이며 장래의 포부를 말한다. 조선영화와 연극의 장래를 논하고 영화인을 위하여는 촬영소를, 연극인에게는 극장을 주어야 한다. 이것을 단시일 내에 획득하기 위해서는 정치, 정치, 정치. 방금 떠나온 친구의 집과는 너무도 대조적인 분위기였다. 나는 여행의 피로도 잊어버리고 불식 중 그들의 열정에 휩쓸리려 한다.

서울의 문화, 예술인들의 정치에 대한 관심은 예상 외로 치열하다. 서울 문화인의 정치적 자세는 눈부실 만큼 찬란하다. 그들은 재빨리 '중앙문화건설협의회'를 조직하였고 그 산하에 문학, 음악 등의 각 부분의 분과위원회가 설치되었다. 그리고 평론가이면서 시인인 임화를 의장으로

하는 '중앙문협'은 여운형, 안재홍씨가 리-드하는 '조선건국준비위원회'를 절대로 지지하고 있다. 미처 조직이 안 된 조선영화계는 이재명의 말에 의하면 일제 시에 가장 일본에 대하여 비협조적이었던 나의 상경을 기회로 발족하려는 것이었다.

이러한 대부분 문화예술인의 활발한 조직 활동에 비하여, 우익진영의 일부 문화인은 마치 큰 죄나 지은 양 매우 소극적이다. 그들은 대개가 다소의 차이는 있지만 일제에 대하여 협력하였기 때문에 자책지감으로 근신하는 태도를 취하는 것일까? 그렇다면 日政 시에 조선군사령부 보도과에 빈번히 출입하던 임화 역시, 누구보다도 발언권이 없어야 할 것이다. 그렇지 않으면 좌익의 드높은 기세 앞에 완전히 기운을 꺾이었단 말인가? 또는 일시의 민족적 흥분이 가라앉아 냉랭해지기를 기다린다는 말인가? 문화계 뿐 아니라 정치계도 우익진영은 철저한 침묵이다. 송진우 씨는 왜 여운형 씨와 악수하지 않는가. '조선건준'은 왜 呂, 安 양씨만의 '건준'인가. 宋, 김성수 씨 역시 인심이 안정하고 미군이 주둔하기만을 속수하고 기다리고 있는 것일까?

좌익과 중간 노선파(후에 명명되었지만)의 활발한 공세는 거리의 풍속이 되고 유행이 되고 만 듯싶다. 지식인과 청년들은 대개가 독점자본과 대재벌을 배격한다. 부의 편재에 대해서는 생리적인 혐오를 느낀다. 日政하 36년, 친일함으로써 약간의 부를 축적하느냐, 빈곤을 감수함으로써 민족정신을 견지하느냐의 기로에 서서, 흔연히 후자를 택한 이 민족에 있어서 부는 일종의 죄악시가 된다. 이러한 독점적인 자본과 부의 편재를 부정하고, 그리고 日人이 고스란히 놓고 간 주인 없는 이 나라의 모든 부의 국유화, 또는 균등한 재분배를 주장하는 것은 응당 문화인의 양심이고, 해야 할 일이라고 생각했다.

그리고 이것은 좌익노선만이 성취할 수 있고, 따라서 그 노선을 좇는 자만이 양심적인 문화인의 자격을 향수한다고 생각했다. 따라서 사회주의적 세계관과 정책만이 이지러진 조국을 건설하는데 유일의 지표인 듯 싶었다.

나 역시 그렇게 생각했다. 나뿐 아니라 이전에는 우리들의 천박한 모던 뿐이라고 멸시하던 친구도 그러했고, 민족주의자라고 자타가 공인하던 친구도 같은 일색이다. 그들은 대개가 좌익으로써 자처했고, 좌익이 됨으로서 비로소 문화인의 완전한 자격을 갖춘 것이라고 믿었다.[6]

해방을 맞아 조선인 영화인들은 조영을 인계 받았으나 아무런 준비도 없는 상황에 직면해 혼란스러웠다. 「해방뉴스」 제작을 위해 평양에서 서울로 온 오영진이 이재명의 집에서 백철, 윤용규, 안일영, 정비석, 문두재 등과 토론하는 모습은 그 혼란의 단면을 보여준다.[7]

어쩌면 정준채 역시 이재명의 안암동 집에 함께 앉아 있었을 가능성도 있다. 이들은 영화인에게 촬영소를, 연극인에게 극장을 주어야 한다고 주장했고 이를 위해 연극인, 영화인들이 모두 정치에 참여해야 한다고 주장했다.

조영 위원장인 이재명을 비롯, 김정혁·박기채·윤상열·이병일 등으로 구성된 조영 운영위원회는 한시적으로 잔존했다. 이후 조영은 조선영화건설본부(이하 영건)의 설립과 함께 그 산하 조직에 편입되었다. 영건은 해방 후 사흘만인 8월 18일 임화가 조직한 조선문화건설중앙협의회 산하의 영화 부문 단체로 발족했으며 위원장은 윤백남, 서기장은 김정혁이었다. 그러나 조직 구성 과정이나 노선에 대한 자료는 남아 있지 않아 참가한 인물들의 추후 행적으로 노선을 추정할 수밖에 없다.

영건 좌익과 우익 영화인으로 분류되는 인물들이 혼재되어 있는 등 해방을 맞아 급조된 단체였다. 영화계 내부에서 일정한 합의를 거쳤다

---

6) 오영진, 『蘇 군정 하의 북한—하나의 증언』, 중앙문화사, 1952, 38~40쪽.
7) 한상언, 『해방공간의 영화·영화인』, 이론과실천, 2013, 41쪽.

기보다는 갑자기 맞이한 해방 정국에서 즉자적 반응으로 출범했으며, 여기에는 예술계 여러 분야에 걸쳐 주도권을 선점하려는 조선문화건설중앙협의회 측의 의도도 반영되어 있었다.

영건은 인적 결속력이나 노선, 활동이 조선문화건설중앙협의회나 이 단체의 주도권을 장악한 임화의 조선문학건설본부에 비해 미약했다. 조선문화건설중앙협의회의 노선에 따라 일제 잔재를 소탕하고 봉건적 반민주적 문화 요소를 청산하기로 했으나, 실제의 조직 구성과는 괴리가 있었다.

특히 일제 말기의 전시 체제를 절필한 채 보냄으로서 친일 논란에서 떳떳할 수 있었던 사회주의 계열 작가가 적지 않았던 문학 부문과는 달리, 영화 부문에는 국민영화 제작으로 전시체제에 적극적으로 동원된 인물이 많았다. 친일 이력의 영화인들이 영건에 참여할 수 있었던 것은 중간층을 포섭하여 문화계 전체를 아우르려던 조선문화건설중앙협의회의 타협적 조직 방침 속에서 이들의 참여가 용인되었기 때문이다. 영건은 이처럼 여러 노선의 인물들이 섞여 있는 과도기적 형태였다.

영건은 좌우 영화인을 모두 아우르려는 의도로 조직되었지만, 일제 강점기 당시 프롤레타리아영화운동에 종사했던 일부 인사들은 영건에 가담하지 않다가 1945년 11월 별도로 조선프로레타리아영화동맹(이하 프로영맹)을 창립했다. 프로영맹은 좌익 강경파가 결성한 조선프롤레타리아예술동맹 산하에 조직되었다.

정준채의 이름은 이때부터 언론에 등장한다. 1945년 11월 5일 혜화동에 있는 조선영화사 다나카 사부로(田中三郎)[8] 사장 사택에서 조선

---

8) 1940년 「조선영화령」의 발효에 따라 조선의 10개 영화제작사를 하나의 영화사로 통폐합할 때 조선총독부가 내세운 인물이 경성의 다나카시계점(田中時計店) 대표인 다나카 사부로(田中三郎)이었다. 다나카의 주도로 1942년 초 배급회사가 먼저 통폐합되었고 이어 제작회사가 설립되었다.

프롤레타리아영화동맹 결성대회가 열렸고 집행위원이 결정되었다.[9] 대회에서 위원장에 추민(秋民), 서기장에 정준채가 각각 선출되었다.

> 푸로레타리아 映畵人들의 總意로 朝鮮푸로映畵同盟이 結成되리라는 데 大會는 五日 午後 一時 서울 惠化町(구 朝映社長家)에서 開催키로 되엿다는 바 該盟 會員들의 參席을 바란다 한다.[10]

> 朝鮮프로데카리야 映畵同盟 結成大會는 지난 五日 午後 三時부터 서울 惠化町 同 準備事務所에서 開催하엿다는 바 決定된 執行委員은 아래와 갓다.
> 委員長 秋民
> 書記長 鄭準采
> 會員 洪顯東 金回基 許澄 李炳逸 閔政植 李基星 洪弼善 林連素 林學洙 李賢 尹在英 金韓 金傑 崔順興 崔承麟 李秀根 金興壽[11]

추측건대 11월 3일에 준비회의가 있었고 그 회의에서 5일에 결성대회를 열기로 결정된 것으로 보인다. 결성대회는 11월 5일 오후 3시부터 열렸다. 28세의 젊은 영화감독인 정준채가 해방 직후 조직된 조선프롤레타리아영화동맹(이하 프로영맹)의 서기장으로 추대된 경위는 명확하게 알려지지 않고 있다. 하지만 친일청산을 해야 했던 프로영맹으로서는 일제에 협력하지 않은 젊은 피를 수혈해야 했을 것이다. 이에 적합한 인물로 이제 막 영화인으로 출발하는 동경유학파 준채를 지

---

9) 한상언, 앞의 책, 62쪽.

10) 『중앙신문』, 1945.11.4., 이효인, 앞의 책, 63쪽에서 재인용.

11) 『중앙신문』, 1945.11.9.(김회기는 김경기, 임연소는 임연수, 김흥수는 김흥만의 오식.(한상언, 앞의 책, 71쪽에서 재인용.)

목했을 수 있다. 사실 자본과 배급망을 동시에 갖춰야 하는 조선영화
계에서 일제와 연관되지 않는 영화인을 찾기란 거의 불가능했다. 그러
니 정준채는 동경에서 영화기술을 배웠을지언정, 친일 시비에서 자유
로운 젊은 영화인이라는 강점이 있었다. 따라서 정준채의 서기장 선출
은 일제에 부역한 영화인을 제외시킨 결과였다.

　프로영맹 위원장 추민의 본명은 추완호(秋完鎬)이다. 해방 전 프롤
레타리아연극동맹에서 일할 때는 추적양(秋赤陽), 영화동맹에서 일할
때는 추민이라는 가명으로 활동했다.[12] 그는 카프 해산의 계기가 되었
던 '신건설' 사건과 일본에서 강호와 함께 일본프롤레타리아영화동맹
기관지 『영화의 벗』 사건에 연루되어 옥고를 치른 카프 영화부의 대표
적 인물이기도 하다.[13]

---

12) 경기도 광주 출신인 추완호는 1931년 8월경 서울에서 박영희(朴英熙) 등과
　　함께 신사회의 건설을 목적으로 한 이동극단 형태의 비밀결사 신건설사(新
　　建設社)를 조직하고 미술장치부를 맡아 항일적 문화운동을 전개하였다. 김
　　영득, 석재홍, 이의백, 최정희 등과 함께 서울 와룡동 시대공론사에서 회
　　합하고 프로레타리아 연극을 통해 마르크스주의 선전을 행하고 공산주의
　　사회의 실현을 목적으로 하는 이동식 소형극장이란 결사를 조직하였다.
　　1931년 11월부터 1932년 5월까지 원산, 함흥, 고원, 서울 방면에서 공연을
　　통해 대중에게 계급의식을 확산시키려 했다. 1932년 6월경 서울 외아현동
　　이천석(李千石)의 집에서 결사체의 명칭을 '메가폰'으로 개명하고 연극 활
　　동을 지속적으로 전개하였다. 사회주의 의식을 확대하기 위한 연극 활동으
　　로 인해 추완호는 1934년 8월 26일 일경에 체포되었다. 그 후 1935년 12월
　　9일 전주지방법원에서 소위 치안유지법 위반으로 징역형을 받았다.(『한국
　　향토문화전자대전』, 한국학중앙연구원)
13) 추적양은 여배우 김소영의 첫 남편이다. 1914년 강원도 인제군 서화면(瑞
　　和面) 태생인 김소영의 본명은 혜득(惠得)이다. 영화평론가 김종원에 따르
　　면 1931년 김상진 감독의 「방아타령(芳娥打令)」으로 영화계에 데뷔한 김소
　　영은 또 다른 영화감독 김유영의 친구 추적양(秋赤陽)의 프러포즈를 받고
　　결혼한다. 추적양은 경향파(KAPF)가 주도한 신건설 사건에 연루돼 옥살
　　이를 하고 출옥한 후 김소영에게 애정 공세를 퍼부은 끝에 결혼에 성공한

영건이 조영의 시설과 기자재를 이용하여 「해방뉴스」를 촬영하고 상영에 나선데 비해 프로영맹은 그렇지 못했다. 프로영맹은 발족 직후 서울 원남동에 영화제작소 '서울키노'를 설립한 것으로 보인다.[14] 서울키노는 준채의 활동거점이었다. 하지만 변변한 기자재가 없었기에 촬영을 위해서는 카메라를 빌려야 했다. 실제로 프로영맹의 최순흥은 맹원인 유장산이 일본인에게 구입해 가지고 있던 아이모 카메라를 들고 월북해버렸다. 이렇듯 프로영맹은 노선의 선명성에 비해 기자재의 부족으로 인해 실질적인 활동에 제약이 뒤따랐다.

프로영맹이 서울키노를 통해 제작한 영화는 「경방」과 「민족전선」이 전부이다. 이 가운데 경성방직 노동자들의 투쟁을 담은 「경방」은 제작이 완료됐는지 불분명하다. 하지만 정준채가 연출한 「민족전선」은 프로영맹의 직속단체인 서울키노에서 제작을 맡아 해방 직후 민족통일전선의 끓어오르는 염원을 담은 다큐멘터리 영화였고 총3권 분량으로 계획되었다.

다. 당시 김소영의 나이 열일곱이었다. 그 직후 김소영은 임신으로 인해 연기 생활을 접어야 했다. 남편 없이 남한산성 근처에서의 신접살림은 고되기 짝이 없었다. 더구나 둘째 아이마저 어이없이 죽었다. 눈물로 세월을 보내다시피 하는 며느리를 보다 못한 시부모가 잠시 친정에 가 있으라고 권했다. 그러나 김소영은 친정에 가는 대신 이규환 감독의 「무지개」(1935)에 출연했고 이를 계기로 「심청」(안석영, 1937)을 비롯한 「국경」(최인규, 1939), 「수업료」(최인규, 1940), 「그대와 나」(허영, 1941), 「감격의 일기」(신경균, 1945) 등에 출연했다. 광복 후 밀수 근절을 주제로 한 계몽영화 「수우(愁雨)」(안종화, 1948)를 끝으로 영화배우 생활을 청산하고, 최인규 감독에 이어 세 번째 만난 남편 조택원(무용가)를 따라 도미하게 된다.(영상자료원 웹진 연재 「영화평론가 김종원의 그 시절 그 사람—미국시민이 된 미모 중의 미모 여배우 김소영」(2015.12.23)
14) 이 명칭은 일제 강점기 때 김유영이 만든 '서울키노'를 연상시킨다. 이를 계승한다는 의미라면 '서울키노Ⅲ'에 해당하지만 확인되지 않기에 그냥 '서울키노'로 표기한다.

잡지 『예술운동』에 실린 프로영맹의 기관지 「영화전선」 광고에 따르면 「경방」의 시나리오는 성백수, 「민족전선」의 시나리오는 이기성이 썼다. 「경방」은 16밀리 기록영화로 1권으로 되어있다. 반면 「민족전선」은 필름타입이 16밀리인지, 35밀리인지 나와 있지 않다.[15] 다만 「민족전선」은 해방 직후 남북 인민대중들의 새로운 국가 건설의 염원을 담은 기록영화로 추측된다.

三千萬 人民의 念願으로부터 加熱化하고 있는 民族統一戰線의 諸 現想을 여러 方面으로 正視하고 온갖 角度로 收錄하여 우리 人民大衆에게 公開, 啓蒙하여 建國大業에 이바지하고자 方今 準備를 갖추고 卽時 撮影을 開始한다.[16]

프로예맹은 프롤레타리아 계급 문화 수립을 위해 조직을 꾸리고 작품활동을 하는 데 노선의 중심을 두었다. 프로예맹 산하의 프로영맹은 상위조직의 노선과 목표에 맞게 대상을 취재하고 제작했다. 그러나 모든 시설이 조영에 있었기 때문에 실질적인 활용은 불가능했다. 따라서 과거 실습용으로 사용하던 16밀리 아이모 촬영기를 이용할 수밖에 없었을 것

▶ 서울키노 시절의 정준채ⓒ정철훈

15) 한상언, 앞의 책, 67쪽.
16) 『예술운동』, 1945.12. 36쪽(한상언, 『해방 공간의 영화·영화인』, 이론과실천, 2013, 72쪽에서 재인용)

이다. 이렇듯 프로영맹은 노선의 선명성에 비해 실질적인 활동에 제약이 있었다. 프로영맹은 조선공산당이 문화예술운동조직을 통합하는 과정에서 1945년 12월 16일 영건과 함께 조선영화동맹으로 발전적 해소를 하기에 이른다. 조직 결성 40일 만의 일이었다.

프로영맹은 짧은 기간 동안 존속했지만 산하 영화제작소인 서울키노는 좀 더 활동을 계속한다. 준채는 서울키노에서 영화음악을 담당할 사람이 필요해 동생 추를 서울로 불러들인다.

준채 형은 '서울키노'에서 활동하면서 당시 정치·문화계의 각종 행사와 격동하는 서울거리를 다큐멘터리 영화에 담고 있었다. 나는 1945년 10월부터 1년여 남짓 종로통에 하숙집을 정해놓고 원남동 서울키노까지 매일 걸어다니면서 영화음악을 담당했다. 내가 작곡한 「서울키노의 노래」는 서울키노 맹원들이 즐겨 부르고 다녔다. 또한 광주출신 음악가 박영근과 함께 조선프롤레타리아음악동맹에 참가하면서 음악동맹 소속 합창단 지휘도 맡아보았다. 나는 1946년 2월 8, 9일 이틀 동안 서울 종로 YMCA강당에서 열린 제1회 조선문학자대회에도 참석했다.[17]

해방과 동시에 일제의 통제영화사인 조선영화사 소속 조선영화인들은 일본인 운영자들로부터 조선영화사를 인수받아 해방 직후의 역사적 사건들을 필름에 담기 시작했다. 일제 말기 영화의 제작과 배급은 조선영화사로 통합되었기에 조선영화사가 조선영화산업의 전부였다. 조선영화사 기술과장 이재명, 계획계장 김정혁, 연출계주임 안석주, 조명계주임 김성춘, 촬영계장 이명우, 미술계주임 윤성렬 등이 중심이 되어 조선영화사를 일본인으로부터 인수 받기 위한 운영위원회가 꾸

---

17) 정추, 구술회상기, 「알마티의 기둥」.

려졌다. 위원장에 이재명이 선출되었다.[18] 이들의 중심이 되어 해방직후 문예운동의 중심에 선 조선문화건설중앙협의회 산하 조선영화건설본부 조직이 추진되었다. 그러나 안종화, 전창근, 이규환, 등 비조영파 영화인들은 조영 소속 영화인들이 주축이 된 영화건설본부에 참여를 거부했고 추민을 중심으로 한 소장 영화인들 역시 조용 출신 영화인들의 친일행적을 이후로 영화건설본부 참여를 거부했다. 정준채는 추민을 중심으로 한 소장 영화인들과 함께 행동한 것으로 보인다.

이렇듯 서로 다른 이해관계로 인해 범영화인조직 건설은 불발로 끝났다. 이에 일제 강점기 예원좌를 이끌던 변사 출신 김춘광, 영화배급업자 고인문도 해방 직후 영화인들이 추진 하고자 했던 영화산업국영화에 반대하면서 참여를 거부한다.[19] 조선영화건설본부는 영화 계 원로 윤백남을 위원장으로 추대하고 김종혁을 서기장으로 하여 1945년 9월 24일 창립 되었다. 조영 소속 영화배우들은 조선영화건설본부 제3과장 김한을 중심으로 배우회인 월요회를 구성하여 조선영화건설본부에서 활동하게 된다.[20] 그러나 1945년 11월 9일 집행위원회에서 조선영화건설본부의 발전적 해체가 결정되었고 전영화인을 망라한 조선영화산업 노동조합 결성이 추진되자 월요회도 동월 22일 정례회의에서 전조선영화배우를 총망라한 조선영화배우조합의 결성을 결의하였다.[21] 이러한 배우회의 변화는 조선프롤레타리아영화 동맹(프로영맹) 설립과 관련이 있었다. 조선문화건설중앙협의회에 반대하던 과거 카프 출신 문학예술인들은 1945년 9월 30일 조선프롤레타리아예술가동

---

18) 한상언, 「해방기 영화인 조직연구」, 한양대석사학위논문, 2007, 8쪽.

19) 위의 논문, 21~23쪽.

20) 『매일신보』, 1945.9.25.

21) 한상언, 「해방기 영화운동과 조선영화협단」, 한상언 외, 『해방과 전생 사이의 한국영화』, 박이정, 2017, 16쪽.

맹을 재건했다. 이에따라 1945년 11월 5일 추민을 중심으로 한 소장 영화인들에 의해 조선프롤레타리아영화동맹이 조직되었다. 이에 따라 월요회 소속 배우들도 프로영맹에 가입하면서 조선영화건설본부의 영향에서 벗어나려는 움직임을 보였다.[22] 영화부문 산별노조의 설립은 불발되었다. 대신 운동 조직에 통합이 추진되었다.

해방 직후 문화건설중앙협회와 프롤레타리아예술동맹으로 나뉜 문화예술분야의 운동 조직은 문학 분야에서부터 통합이 시작되어 12월 16일에는 영화부문도 통합에 동참한다. 두 조직에 통합은 그동안 어느 조직에도 참여하지 않은 영화계 주요 인사들까지 참여하면서 명실상부한 통합을 이루어냈다. 이렇게 탄생한 조선영화동맹은 안종화를 중앙집행위원장, 이규환·안석주를 부위원장으로 선출했고 서기장은 추민이 맡아 조직이 완성되었다.

조영 출신 영화배우로는 김한과 복혜숙이 중앙집행위원으로 이름을 올렸다.[23] 하지만 범영화인 운동 조직으로 출범한 조선영화동맹은 신탁통치안으로 촉발된 좌우 대립과 갈등으로 다시 분열되었다.

영화동맹 위원장 안종화를 비롯하여 많은 수의 영화인들은 영화동맹을 떠났다. 또한 좌익세력의 영향 하에 있던 대중 운동을 미군정이 탄압하면서 영화 동맹의 활동 역시 크게 위축되었다. 미군정의 좌익문화운동에 대한 탄압은 1946년 2월 7일 경기도 경찰부 명의로 발령된 「극단 및 흥행장 취체령」으로 시작되었다.[24] 이 취체령 제10조는 "階級 派閥 鬪爭의 意識을 유발 鼓吹 한 것"을 단속한다고 되어 있는데 이 조목이 문제가 되었다. 이로 인해 공연 중이던 연극을 사상 선전을

---

22) 한상언, 위의 책, 17쪽.
23) 『해방일보』, 1945.12.19., 한상언, 위와 같음.
24) 한상언, 위의 책, 18쪽.

하고 있다는 이유로 공연을 중지시키는 사건이 일어났으며 일부 극단에서는 각본이 삭제당하기도 했다. 이에 조선문화단체총연맹에서 항의하는 사태가 일어나 장택상 경 부장이 재발방지 약속을 하기에 이르렀다.

1946년 5월 7일 전남 순천에서 서울예술극장이 「독립군」과 「옥문이 열리던 날」을 공연하던 중 대본에 없는 대사를 했다는 이유로 경찰이 단원 전부를 검거했다.[25] 1946년 6월 11일 국제극장에서는 영화동맹에서 주최한 6·10만세운동 기념행사의 하나인 신불출의 만담 공연 중 우익 청년들이 무대로 뛰어 올라 신불출을 폭행하는 사건이 발생했다. 그러나 폭행을 당한 신불출의 만담내용이 미군정법령을 위반했다는 이유로 입원 중이던 신불출과 주최 측인 영화동맹 서기장 추민, 『일간예술통신』의 김정혁이 검거되어 재판에 회부되었다.[26]

이렇게 좌우 대립과 미군정에 탄압으로 영화동맹은 그 세력과 활동이 위축되었다. 원래 45명이던 중앙집행위원은 16명으로 축소되었다. 조선영화동맹은 1947년 초까지 서울지부를 중심으로 활발한 활동을 펼쳤으나 그해 7월 제2차 미소공동위원회가 결렬되면서 타격을 입게 된다. 서울에서는 좌익에 대한 대대적인 탄압이 시작되어 영화동맹의 주요 인물인 서광제, 윤성렬, 문예봉 등이 1948년 월북했다.

정준채의 입북은 이보다 앞선 1946년 1월이었다. 「민주주의민족전선」 촬영을 위해 윤재영, 오웅탁 등 프로영맹 위원들과 함께 평양으로 건너갔던 것이다. 형 준채가 입북한 직후인 정추는 그해 2월 서울 종로 YMCA건물에서 열린 제1회 조선문학자대회에 참석했다.

---

25) 한상언, 위와 같음.
26) 한상언, 위의 책, 19쪽.

제1회 조선문학자대회는 1946년 2월 8일 오전 11시 서울 주재 소련총영사 '사브신'과 그의 부인 사브시나, 김원봉, 이주하 등을 비롯, 6백여 명의 방청객이 운집한 가운데 농민문학부위원장 권환의 사회로 시작되었다. 연단 정면 벽에는 소련의 유명한 작가인 '니꼴라이 치호노프', 미국작가 '업튼 싱클레어', 중국작가 '곽말약(郭沫若)' 등 세 명의 초상화가 내걸렸다.[27]

대회에서는 홍명희의 개회사를 이태준이 대독했다. 대회에서는 임시집행부가 구성됐다. 의장에 임화·이태준·이기영·한설야·김태준, 서기장에 홍구·박찬모·여상현·이봉구·김영석·이기영·한설야 등이 피선됐다. 평양에 머물던 이기영과 한설야는 불참한 상태였다.

식순에 의해 조선공산당 대표 박헌영의 축사를 조선공산당 정치국원 이주하가 대독했고 조선민주주의민족전선준비위원회 축사는 김오성(인민당), 조선인민공화국중앙인민위원회 축사는 서중석(徐重錫), 조선공산당 청년동맹축사는 김용우, 조선학술원대표 백남운(白南雲)의 축사는 김양하(金良瑕), 과학자동맹대표 박극채(朴克采)의 축사는 이창기(李昌器), 조선연극동맹축사는 김태진(金兌鎭), 그리고 조선영화동맹축사는 나웅(羅雄)이 낭독했다.

이틀째 대회는 이태준의 사회로 계속됐다. 인민당 당수 여운형과 재미한족연합회대표 김호(金乎)의 축하연설이 진행됐다. 이날 대회에서는 각 부문별 보고가 있은 후 결정서가 채택됐고 임화가 낭독한 초안을 수정 없이 만장일치로 가결했다.

이른바 '민족문학건설에 관한 결정서'이다. 이 결정서는 그 무렵 『해방일보』에 「조선민족문화건설의 노선」이라는 제목으로 발표된 조선공산당 정책과 일치하는 내용이었다. 그 해 2월 24일에는 박헌영의 지

---

27) 정추, 구술회상기, 「알마티의 기둥」.

▶ 서울키노 시절 경성의 건설현장 로케에 나선 정준채(맨 왼쪽)©정철훈

시에 따라 임화·김남천·김태준 등이 '조선문화단체총연맹(문련)'을 결성했다. 이는 진보적 성향의 제반 문화단체를 '문련' 조직에 흡수통합하려는 의도였다.

'문련' 결성대회는 2월 24일 동숭동 경성대학 법문학부강당에서 열렸다. '문련' 산하단체는 모두 25개였다.

조선문학가동맹(위원장 洪命熹), 조선연구동맹(45년 12월 20일 결성 위원장대리 趙靈出), 조선영화동맹(45년 12월 16일 결성위원장 秋民), 조선미술동맹(46년 2월 23일 결성 위원장 金周經), 조선음악동맹(45년 9월 10일 서기장 愼漠), 조선무용협회(46년 6월 8일), 조선가극동맹, 조선조형예술동맹(46년 2월 5일 위원장 尹喜淳), 조선국악원(45년 8월 20일), 조선과학자동맹(45년 10월 21일 위원장 朴克采), 조선학술원(45년 8월 16일 위원장 白南雲), 조선사회과학연구소, 조선과학기연맹, 조선산업노동연구소, 조선공업기술연맹, 조선산업의학연구회, 조선법학자동맹, 조선생물학회, 조선어학회, 조선국어문학보급회, 조선과학여성회, 조선신문기자회, 조선교육자협회, 조·소문화협회(위원장 金台俊), 조선체육회 등이었다.

한편 임화, 김남천, 김태준 등은 '문련(文聯)'에 소속된 모든 단체들을 이른바 '민주주의민족전선(민전)'에 참가시켰다. '민전'은 조선공산당이 모스크바3상회의에서 결정된 신탁통치의 찬반문제로 우익진영과 합작에 실패하고 성공 가능성마저 불투명하게 되자 좌익진영의 결속을 다지기 위해 만든 연합조직이었다.

민전 결성식은 1946년 2월 15일 종로 기독교청년회관에서 개최되어 4일간 계속됐다. '민전'에는 조선공산당(박헌영), 조선인민당(여운영), 조선신민당(백남운), 민족혁명당(김원본), 천도교청우당(이응진) 등 5개 정당과 약 30개에 달하는 좌익계 사회단체가 망라됐다. 나는 이태준·여운형·박헌영 등이 연단에 나와 연설하는 것을 지켜보았다. 당시 유명한 만담가 신불출(申不出)도 연단에 나서 찬탁·반탁으로 갈라선 남북의 입장을 당파 싸움하는 것에 비유, 풍자하는 바람에 장내는 온통 웃음바다를 이루기도 했다.

이에 앞서 1946년 1월, 준채 형은 '남북통일을 위해 진력하자'는 내용의 「민족전선」이라는 다큐멘타리 영화를 제작하기 위해서 북으로 갔다. 그때 준채 형은 광주 양림동 시절 사진관을 하고 있던 오웅탁(吳雄澤)을 서울로 불러 서울키노에서 함께 일하고 있었는데, 월북 당시 오웅탁을 대동하고 영화촬영을 위해 38선을 넘었던 것이다. 오웅탁은 광주 출신의 저명한 서양화가 오지호(吳芝湖)의 조카였다. 당시 북한에는 영화제작 기자재도 없었고 영화연출가도 없어 선전 선동용 영화를 제작하는데 큰 어려움을 겪고 있었다. 준채 형은 당시 구하기 힘든 독일제 '아이모 촬영기'를 가지고 북으로 넘어갔다.[28]

---

28) 위와 같음.

정준채의 입북 때 동행한 사람은 서울키노 촬영기사인 오웅탁을 비롯, 역시 서울키노 구성원이었던 해남 출신의 윤재영, 광주 출신의 김기호 등이었다.[29] 이들은 1946년 평양에서 열릴 예정인 3·1절 행사, 3·8절(국제여성절), 5·1노동절 등을 촬영해 기록영화「민족전선」에 삽입하기 위해 월북했던 것이다. 준채와 함께 입북한 영화인들은 해방 직후 서울 원남동에서 프로영맹에 의해 부활된 '서울키노' 출신이었다.

준채 형은 1945년 해방을 맞은 서울에 상경해 김기호(조선영화동맹 서울지부 조직원), 홍필선 등 일본대학 영화과 동창들과 함께 '서울키노'라는 영화제작사에서 활동했다. 이런 인연으로 인해 이들 세 사람은 1946년 평양으로 가는 같은 운명을 짊어지게 된 것이다.[30]

▶ 서울키노 시절 경성 동대문공립국민학교 촬영 현장(맨 왼쪽이 정준채)ⓒ정철훈

29) 이효인, 「해방 직후의 민족영화운동」, 『해방 전후사의 인식 4』, 한길사, 466쪽, 482쪽, 483쪽.
30) 정추, 구술회상기, 「알마티의 기둥」.

2. 평양 국립영화촬영소 제작부장 시절

1946년 1월, 평양에 도착한 준채 일행이 가장 먼저 찾아간 곳은 북조선노동당 선전선동부였다. 기록영화 「민주주의민족전선」 제작 의도를 설명하고 현장 촬영을 위한 허가와 촬영 장소 등을 섭외하기 위한 방문이었다. 촬영에 들어가기 전, 현장에서 필요한 인적, 물적 자원에 대한 협조를 구한다는 이유도 있었을 것이다.

당시 선전선동부장은 연안파 출신의 김창만이었다.[31] 김창만은 준채 일행을 만나 환담하면서 영화 제작의 취지에 공감을 표했고 그들이 가지고 있는 독일제 35㎜ 아이모 촬영기에 유독 관심을 보였다. 당시 북조선엔 16㎜ 촬영기 밖에 없는 실정이어서 기록영화나 뉴스 제작이 원활하게 이루어지지 않았다. 독일제 35㎜ 아이모는 당시만 해도 뉴스 영화용으로 최적화된 촬영기였다.

김창만은 촬영을 위한 협조를 아끼지 않겠다고 약속하고 숙소까지 제공하면서 준채 일행을 환대했다. 그는 다른 생각이 있었다. 기왕에

---

31) 함남 영흥 출신인 김창만은 서울의 중동중학을 중퇴하고 중국 광동(廣東)의 중산대학(中山大學)을 졸업한 후 동만주에서 김두봉·최창익 등과 함께 독립운동에 참가한 옌안파의 중심인물이다. 그는 중산대학 재학 시절 김구(金九)의 측근인 안공근의 지시에 따라 한국국민청년단을 결성했고 중일전쟁 발발 후 남경(南京)으로 가, 조선민족혁명당에 입당하고 중국 육군중앙군관학교 특별훈련반(1937.12~1938.5)을 졸업한 후 1938년 10월 창설된 조선의용대에 참여하였다. 이후 1939년 말, 조선의용대 유동선전대 대장을 맡아 호북성(湖北省)의 제5전구(戰區)와 서안(西安) 일대에서 활동했으며 1941년 여름 화북 팔로군 근거지로 이동해 화북 조선독립동맹의 중앙집행위원 및 조선의용군 화북지대 정치위원을 지냈다. 특히 1944년 초 화북 조선독립동맹 적구공작반(敵區工作班) 선전 책임자로 활동한 그는 광복 후 조선독립동맹 중앙위원의 한 사람으로 북한에 진출해 1946년 북조선노동당 선전선동부장으로 발탁되었다.

입북한 이상, 준채 일행을 좀 더 평양에 붙잡아 두고 아이모 촬영기를 활용해 다른 기록영화를 제작하자는 속내가 그것이었다. 김창만이 의중을 털어놓자 준채는 일행과 이 문제를 논의에 붙였다. 결론은 차제에 선전선동부 안에 영화반을 정식으로 설치하자는 것이다. 당시 평양에는 소련영화인들이 진출해 기록영화를 제작하고 있었다. 해방된 북조선의 정치 행사는 물론 새로운 국가의 탄생에 부푼 희망을 걸고

▶ 평양국립영화촬영소 제작부장 시절의 정준채ⓒ정철훈

있는 주민들의 모습은 소련영화인에게 있어 매력적인 피사체였다.

소련은 해방 이전 영화 활동의 근거지가 서울이었으나 이제 불모지에 가까운 북조선에 영화기술을 이전하기 위해 전폭적인 지원을 했다. 일제 당시 평양을 중심으로한 북한지역은 영화제작의 불모지나 다름없었다. 그렇기에 해방 직후 소련군정에 의한 영화보급과 상영을 토대로 북한영화 제작기반이 형성되었다.

북조선은 소련영화를 상영하기 위해 1945년 12월 '인민영화사회'를 설립했고 이는 1946년 12월 주인규 감독 아래, '북조선연극영화위원회'로 개명되었다. 1946년 1월 영화제작의 첫 단계로 북조선공산당 중앙위원회 선전부 안에 시보영화와 역사자료 촬영을 위한 영화반을 설치한 것도 독자적인 제작기반을 갖추기 위함이었다. 평양에 도착한 준채의 모습은 오영진의 증언에서 포착된다.

共産黨에서는 월북하여 온 몇몇 映畵靑年 尹在英(後에 蘇聯 留學), 鄭俊采(鄭準采의 오기·인용자) 등을 맞아서 宣傳部內에 映畵班을 組織하였다. 日政 때부터 알던 이 助手들은 매일과 같이 나를 찾아와 映畵委員會를 조직하자고 졸라댄다. 藝術同盟 傘下에 오직 映畵部門만은 그때까지 組織되지 않았던 것이다. 나는 아이모 한 台 밖에 없는 現狀으로 그까짓 委員會를 만들어 놓아 무엇을 하느냐는 理由로 그들의 要求에 應하지 않았다. 器材가 없는 것도 事實이지만 나는 새로 誕生되는 映畵委員會의 將來를 누구보다 더 正確히 透視할 수 있었기 때문이다. 이러한 속도 모르고 大衆劇場 支配人 朴運三이도 計劃書를 보이며

"製作은 現在狀態로는 到底히 不可能하니까 製作部는 追後로 두기로 하고라도 于先 配給事業을 시작하는 것이 좋을 듯 합니다."

하고 가장 打算的이고 商業的인 計劃을 말한다. 蘇聯映畵는 軍隊의 뒤를 따라 벌써 평양에 들어왔고 市內 劇場에서 上映되고 있었던 것이다. 레닌의 말에 의하면 映畵야말로 宣傳戰에 있어서 가장 强力한 武器이다. 나는 朴의 計劃에도 贊同할 수가 없었다. 配給事業으로 收入될 많은 所得을 모르는 바는 아니나 어쩐지 良心이—누구에 對한 무엇에 대한 良心인지 모르되—허락지 않는 것만 같았다.[32]

1916년 평양 태생의 오영진은 경성제대 조선어문학과 재학시절, 「영화예술론」이라는 논문을 『조선일보』에 발표함으로써 문단에 데뷔했다. 민족계몽을 위해 영화가 좋겠다는 생각으로 시나리오 작가가 되기 위해 동경으로 건너가 동경발성영화제작소에서 영화를 공부했다. 1942년 귀국한 그는 숭인상업학교 교사로 있을 때 쓴 시나리오 「배뱅이굿」과 「맹진사댁 경사」(1943)로 유명해졌고 서울과 평양을 오가면서 영화 일을 보고 있었다. 해방 직후 그는 조만식을 수반으로 한 조선민

---

32) 오영진, 『蘇 군정 하의 북한—하나의 증언』, 중앙문화사, 1952, 133쪽.

주당 청년 위원이자 평남예술동맹에 관여하고 있었다. 오영진의 아버지 오윤선(1871~1950) 장로는 1922년 조만식과 함께 조선물산장려회(朝鮮物産獎勵會)를 조직해 국산품장려운동을 벌였고 1945년 8월 평안남도 건국준비위원회부위원장, 인민정치위원회 부위원장에 선출되기도 했다.

준채의 제안을 받은 오영진의 반응은 매우 시니컬했다. "아이모 한 台 밖에 없는 現狀으로 그까짓 委員會를 만들어 놓아 무엇을 하느냐"며 요구에 응하지 않은 것이 그것이다. 그는 스스로 "새로 誕生되는 映畵委員會의 將來를 누구보다 더 正確히 透視할 수 있었다"고 토로했다. 불모지 북조선에 영화위원회가 조직된들 무슨 소용이며 또한 어느 세월에 영화기술이 축적되겠느냐고 비관적인 태도를 보이고 있다. 해방 직후 조만식의 비서를 지낸 오영진은 처음에는 공산주의 사상에 호의를 가지고 1945년 10월 14일 평양의 김일성 장군 환영대회에도 참가했으며, 김일성과도 몇 차례 만나 약간의 친분까지 쌓았다. 하지만 소군정과 김일성이 조만식과 민족진영 지도자들을 구금하자 1947년 11월 월남했다.

오영진이 준채와 평양에서 알고 지낸 것은 1년 6개월 가량이다. 오영진은 준채를 일컬어 "일정 때부터 알던 조수"라고 말했다. '조수(助手)'라는 호칭은 조선영화사 조수 출신이라는 뜻이다. 이는 1944년 봄, 일본에서 귀국한 준채가 짧게나마 조선영화사에서 조수 생활을 했음을 의미한다.

김창만은 준채 형이 이미 서울에서 조선프롤레타리아 영화동맹을 조직한 장본인이라 사실을 알았고 또 '아이모 촬영기'를 가지고 「민주주의민족전선」을 촬영하고 있다는 것을 알고 모든 요구조건을 다 들어줄 테니 「민주주의민족전선」 촬영 후 서울로 가지 말고 북조선에 남아 도와줄 것을 부탁했다. 북조선중앙당 선전선동부에서는 국가수립을 앞두고 여러 가지 행사가 있을 수 있으니 이 모든 것을 영화로 찍어서 기록영화로 남겨달라는 것이었다.[33]

영화반은 친일 영화인들을 배제한 소장파 영화인으로 조직되었고 초창기 멤버는 준채와 함께 입북한 남한의 소장파 영화인들로 추정된다. 준채는 영화반에서 1946년 7월 「우리의 건설」을 제작하는 등 가시적인 성과를 내기 시작했다.[34] 「우리의 건설」은 북한 최초의 기록영화로 1946년 3월에 촬영을 시작 3·1절 행사, 보통강 개수공사, 5·1절 행사장면을 찍은 뒤 그해 7월 1일 완성한 것으로 알려졌다.

영화반은 이어 「토지는 농민에게」, 「남녀평등권」, 「민주선거」, 「해방된 대지」 등의 기록영화를 제작했다. 「민주선거」는 해방을 맞이한 인민들이 최초로 주권을 행사한 1946년 11월 3일 임시인민위원회 대의원

▶ 1948년 평양에서 태어난 둘째 아들 태양을 품에 안은 정준채ⓒ정철훈

33) 정추, 구술회상기, 「알마티의 기둥」.
34) 김룡봉, 『조선영화사』, 사회과학출판사, 2013, 55쪽.

선거를 촬영해 그해 12월에 완성했다. 하지만 이 영화들은 질적으로 관객들을 만족시켜줄 만한 수준에는 이르지 못한 것으로 보인다.[35] 이로 인해 자연스럽게 '2차 대전' '10월 혁명' 등을 주제로 한 소련영화들이 북한의 극장가를 장악하였다.

소련영화는 1948년 평양 소련문화원 설립과 1949년 3월 북한과 소련 사이에 체결된 「조-소 양국간의 경제적 및 문화적 협조에 관한 협정」을 계기로 본격적으로 유입되기 시작했다. 소연방대외문화교류협회는 북한에 사회주의 이데올로기와 소련식 문화의 선전, 그리고 북한에 대한 문화, 예술, 영화 창작에 대한 지원 확대를 강화할 목적으로 1948년 7월 25일 평양에 소련문화원을 개원했다. 문화원은 북한과 소련 간에 문화 교류를 촉진할 전문 기구로서 냉전이 고조되어 가는 시기에 소비에트 이데올로기와 그 문화 선전사업을 수행 하는 일종의 이데올로기 문화센터로 자리 잡게 되었다.[36] 당시 개봉한 소련영화는 「위대한 변혁」을 비롯해, 「맹세」, 「베를린」, 「차빠예프」, 「발틱 대의원」, 「10월의 레닌」, 「1918년의 레닌」 등 레닌과 스탈린의 영웅성과 우상화를 묘사하거나 극대화된 당의 역할을 강조하는 주제의 영화들이 다양한 정치적 행사를 통해 북한에 전 지역에서 개봉되었다.[37]

북한과 소련은 1948년 10월 12일 공식 수교했고 1949년 3월 모스크바에 파견된 북한정부 대표단은 소련 정부와 10년 기한의 「조-소 양국 간의 경제적 문화적 협조에 관한 협정」들을 체결하였다. 김일성은 그해년 9월 조선민주주의인민공화국 최고인민회의 제4차 회의에서 "이 협정은 조소 양국 간의 친선을 더욱 공고히 하였으며 우리 공화국

---

35) 유우, 『북한과 중국의 영화교류사』, 박이정, 2018, 22쪽

36) 유우, 위와 같음.

37) 정태수, 「스탈린주의와 북한 영화구조 연구」, 『영화연구』 18호, 한국영화학회, 2001, 135쪽.

의 민주건설을 더욱 촉진시키는 중요한 담보로 됩니다."[38]라고 매우 긍정적 평가를 내렸다. 이 협정을 통해 북한은 소련의 물질적 원조와 지지를 받아 경제 부문을 발전시켰고 양국의 문화분야 교류의 제도적 기반을 마련하였다.

양국의 문화 교류가 빈번하게 전개됨에 따라 북한은 선진적 소련 문화예술을 거침없이 흡수하여 영화예술을 한층 더 급속히 발전시키고 전체 인민대중들의 문화수준을 향상시켰다. 때맞춰 북한은 소련영화와 함께 중국, 동유럽 등 사회주의국가의 영화들도 상영하였다.

이 시기, 김일성은 1946년 1월 24일 소련군사령부와 조선공산당 북조선분국이 공동주최한 '북조선 정당·사회단체 및 예술인대회'에 참석, 연설을 통해 "문화와 예술은 인민대중을 위한 것이 되어야 한다"며 문화·예술의 사회적 역할과 교양적 의의를 강조했다. 김일성은 이어 2월 8일 '북조선임시인민위원회'를 조직하고 위원장에 취임하면서 "선전선동을 위해서는 남한의 예술가들을 끌어 모아야 한다"고 주장했다. 3월 20일엔 이기영을 중앙위원장으로 하는 '북조선문학예술총동맹'이 발족됐다. 산하단체로 '북조선문학가동맹(위원장 李箕永)', '북조선연극동맹(朴英鎬)', '북조선영화동맹(安鍾和)', '북조선사진동맹', '북조선미술동맹' 등 7개 동맹이 조직됐다. 이들 조직은 당시 소 군정 제7부의 지도하에 소련의 프롤레타리아예술동맹을 모방해 골격을 만든 결과였다.

한편 1946년 12월엔 북조선중앙당 선전선동부에서 남한예술가 수십 명을 비밀리에 초대했다. 초대 명단엔 정준채의 동생 추의 이름도 있었다.

---

38) 김일성, 「조-소 양국간의 경제적 및 문화적 협조에 대한 협정 체결 1주년에 제하여-1950년 3월 17일」, 『김일성선집』 2권, 고려대학교 아세아문제연구소, 1969, 565쪽 재인용.

나는 준채 형이 이미 북한에 가서 일을 하고 있던 터라 일단 월북키로 했다. 월북 당시 동행자로는 일제 때 동경 '다카라스카'[39) 좌(座) 무용단의 무용수였던 정지수(鄭志樹)와 그의 부인 이석예(李石藝) 등 10여 명이었다. 개성 뒷산을 포복하면서 기어갈 때 '당'에서 나온 김 씨 성의 안내자가 손전등을 비추면서 다가왔다. 나는 즉시 그에게 준채 형의 소재를 수소문했다. 마침 준채 형이 평양 대동교 옆 영화제작소에 있다는 말을 듣고 그 길로 촬영소 달려가 10개월 만에 해후했다.[40)

정추에 따르면 대동교 옆 북조선영화제작소는 건물만 덩그마니 서 있었고 겨우 기록영화정도를 찍을 수준의 기자재가 갖춰져 있었을 뿐이다. 북조선영화제작소는 1946년 8월 창립되었다. 이에 따라 조선공산당 북조선분국 상임위 산하에 설치되었던 영화반의 역할과 영화반이 소유한 모든 시설이 북한영화제작소에 편입되었으며 지속적으로 기록영화와 시보영화를 제작하게 된다.

하지만 북조선영화제작소는 기자재 부족과 협소한 제작소 환경으로 인해 제대로 된 영화작업에 많은 고충을 초래했다. 이 문제를 해결하기 위해 1947년 2월 6일 북조선인민위원회는 「북조선국립영화촬영소 설치에 관한 결정서」를 통해 평양 시외 남형제산 구역에 '북조선국립영화촬영소'를 건설하기 시작했다. 북조선국립영화촬영소은 부지와

---

39) '다카라스카'는 일본 오사카 근교의 다카라스카시를 간사이 지역의 대표적인 문화관광지로 거듭나게 한 가극단으로 중국의 '월극'과 더불어 아시아권의 여성공연 장르가 건재한다는 사실은 증명하는 여성국극단이다. 특히 '다카라스카'의 사례는 기업과 지역 전통문화가 만난 성공 사례다. 가극단의 모회사인 한큐 철도회사는 1913년부터 도심에서 벗어나 여가를 즐기려는 여객을 확보하기 위한 수단으로 다카라스카의 문화상품들에 투자하기 시작했고, 이 지역을 관광도시로 탈바꿈시켰다.
40) 정추, 구술회상기, 「알마티의 기둥」.

시설 면에 당시 아시아 최고의 영화 산실로 기획되었다. 정추에 따르면 북조선국립영화촬영소 건설 부지로 평양 시외 남형제산 구역의 빈 양말 공장을 추천한 장본인은 정준채였다.

준채 형은 월북 직후 촬영한 필름을 네가티브 처리할 영화제작소가 필요해 장소를 물색하던 중 마침 평양 대동군 형제산(兄弟山)면 하당리에 있는 빈 양말공장을 발견하고 당시 북조선노동당 선전선동부장으로 있던 김창만에게 양말공장을 영화제작소로 쓸 수 있도록 허가해줄 것을 요청했다.[41]

준채는 촬영소 건설 부지를 낙점하는데 결정적인 기여를 했다는 것인데, 이는 정추의 증언일 뿐, 주인규, 강홍식, 추민 등과의 의견 조율을 거쳐 당에서 결정한 사안임은 의심할 여지가 없다. 부지가 결정되자 정준채는 평양에 진출해 있던 소련 영화인들의 기술적 자문과 자본력을 바탕으로 촬영소 건설에 의욕적으로 참가했다. 소련 영화인들의 방문 목적은 소련군에 의하여 해방된 북한인민들의 희망에 찬 생활상을 담은 기록영화제작이었으나 촬영소 건설이 결정되자 소련의 귀환을 미룬 채 촬영소 설계도 제작은 물론 녹음실과 스튜디오, 그리고 현상실, 편집실 배치에 대한 자문을 맡았다. 1947년, 소련 영화인들은 기록영화 「북조선」을 촬영하기 위해 평양에 왔다가 국립영화촬영소 건설을 자문하고 영화 기자재 등을 원조했다.

유유히 흐르는 대동강 물속에 모란봉의 아름다운 웅자가 드러나기 시작하자 창문으로 어슴푸레한 새벽빛이 짙어갔다. 밤 동안 책상 우에는 설계도며 설명서들이 무더기로 쌓여졌다.

41) 위와 같음.

네브리쓰끼 동무, 그만하고 쉽시다.

이걸 마저 끝냅시다. 동무들이 밤낮으로 고대하는 영화촬영소가 거진 되어갑니다하며 열심히 도면을 들여다보는 그의 얼굴에는 조금도 피곤한 기색이란 엿볼 수가 없었다. 위대한 쏘련 군대에 의하여 조선 인민이 일제의 식민지 기반으로부터 해방되었을 때 우리 북반부에는 영화 시설이라고는 몇 개의 다 낡은 영화관이 있었을 뿐이며 영화 제작을 위한 시설이라고는 단 하나도 없었다. (…)

바로 이러한 시기에 기록 영화를 촬영하러 우리나라에 온 네브리쓰끼 동무가 촬영소의 설계 사업을 방조해 주게 되었던 것이다. 그는 설계가가 아니라 노련한 영화 연출가이며 촬영가였다. 그러나 우리가 고심하는 것을 본 그는 설계를 해주겠다고 자청하여 나섰다. 더욱이 우리를 감동시킨 것은 그의 인간에 대한 세심한 배려와 겸손성이었다.

그는 현장 작업이 인체에 해로운 일이라고 하며 통풍과 배수장치에 이르기까지 어디다 무엇을 어떻게 해야 한다는 것을 자세히 설명하면서 설계도를 꾸몄다. 심지어 휴식할 공원과 만일의 경우를 생각해서 소방 시설까지 배치했다. 영화촬영소에 대해서 잘 모르는데 동무들에게 도움이 될지 모르겠다고 하던 그가 그 후 알고 보니 영화의 백과사전이나 다름없었다.[42]

준채는 소련영화인 네브리쓰끼의 전폭적인 협조로 촬영소 설계도면을 제작하는 등 현장 사무소에서 여러 날을 새면서 의욕적으로 촬영소 건설에 참여했다. 촬영소는 1947년 2월 녹음실, 영사실, 스튜디오 등 시급한 시설을 갖추고 우선 기록영화 제작에 들어갔다. 준채가 월북한지 1년여만의 일이었다. 김일성도 막 건립된 촬영소를 방문해 영화인들을 격려하는 등 각별한 관심을 보였다.

---

42) 정준채, 「잊을 수 없는 사람들」, 『조선영화』, 1960.8.

1947년 6월 어느 날이었다. 우리들은 촬영소 청사를 꾸리기에 여념이 없이 돌아가고 있을 때 불시에 승용차 한 대가 안 마당에 와서 멎었다. 우리들은 인차 수상님의 차라는 것을 알고 그곳으로 뛰어갔다. 만면에 웃음을 띄우시고 차에서 내리신 수상님께서는 우리들의 어지러워진 손을 거리낌 없이 잡아 주시면서 건설 사업을 치하해 주시었다. 수상님을 모시게 된 우리들의 기쁨은 그 무엇으로도 비길 바가 없었다. 수상님께서는 아직도 정돈되지 못한 어수선한 건물들을 하나하나 돌아보시고 우리들에게 새 살림살이의 형편을 낱낱이 들어보시었으며 친히 당신의 의견도 말씀해 주시었다. (…)

수상님께서는 공사 대상자들을 일일이 돌보아주시고 대스테이지와 대녹음실을 신축할 위치까지 친히 정해주셨으며 심지어 안마당에 연못 팔 자리까지 잡아주셨다. 또한 수장님께서는 노송이 우거진 주변 동산에 오르시어 지대를 살피시더니 야산들에는 과실나무를 많이 심고 온갖 시설들을 갖출 때 대한 전망 계획까지 세워 주시었다. 뿐만 아니라 채소전도 가꾸고 닭, 오리, 돼지를 치는 부업 경리에 이르기까지 일체 생활 문제들을 세세히 걱정하여 주시면서 하루 빨리 좋은 영화를 많이 만들어 인민들의 요구에 보답하라고 고무해 주시었다.[43]

김일성의 촬영소 방문은 지속적으로 이루어졌다. 강홍식에 따르면 김일성은 두 달 뒤에도 촬영소를 방문해 시사회에 참석했다. 김일성은 영화예술을 대중선전선동의 가장 중요한 수단으로 인식하고 있었다. 어떤 경우든 북조선에서 영화의 제작자는 국가였고 북조선공산당이었으며 이를 상징하는 존재가 김일성이었다. 김일성의 한 마디 한 마디는 곧 영화제작의 교시가 되었다.

---

43) 강홍식, 「우리들의 승리, 오늘의 행복」, 『조선영화』, 1962.4.

1947년 8월 어느 날 우리들은 다시 수상님을 모시고 시사회를 가지게 되었다. 이 시간은 엄숙한 시간이었다. 그것은 우리들이 촬영소 창립 이후 처음 제작한 기록영화 「인민위원회」를 감상하게 되었기 때문이다. 나는 여러 가지로 걱정이 되었다. 이 영화의 기술적 처리가 아직 어린 것은 고사하고라도 영화 제작에서 수상님의 뜻을 받들고 우리의 열정이 다 담아졌는지 혹은 주제 내용에서 어긋남이 없는지? 하는 생각이 번개같이 나의 머리를 스쳐 지나가며 초조한 마음은 걷잡을 수 없었다. 그러나 수상님은 영화 상영이 끝난 다음 매우 기뻐하시면서 인젠 자체의 설비와 기술로써 이런 영화가 나오게 되어 있으니 얼마나 좋으냐고 하시면서 없는 것을 찾아내어 기계도 만들고 해보지 못한 기술도 해결했으니 커다란 성과라고 하시면서 치하하여 주시었다. 사실 우리들은 영화 녹음기라든지 필름복사기 같은 복잡한 기계를 자체로 만들어 볼 생각은 전혀 해보지도 못했으며 누구나 다 외국에서 수입해 와야만 되겠다고 생각해 왔다. 그 것도 그럴 것이 이러한 고도의 정밀기계들을 아무런 설계와 공구도 없이, 초보적인 경험조차도 가지고 있지 못한 우리들이 만들어 냈다는 것은 그 야말로 '무(無)에서 유(有)를 창조'하는 기적이 아닐 수 없었다.[44]

김일성은 1년 후인 1948년에도 촬영소 시사회에 참석했다. 기록영화 「남북련석회의」 시사회였다. 강홍식은 이렇게 회고했다.

1948년 8월 오늘날 우리들은 다시 수상님을 모시고 기록영화 「남북련 석회의」 시사회를 가졌다. 수상님께서는 영화가 끝난 다음 역시 기뻐하시면서 내용에서 남북 대비가 아주 훌륭해 그려졌으며 우리 제도가 남조선에 비하여 우월하다는 것이 잘 실증되어 있다고 하시면서 기록영화는 이렇게 재료가 생신해야만 인민들에게 진실감을 주며 교양적 가치가 크

---

44) 강홍식, 앞의 글.

다고 말씀하시었다. 그러면서 수상님께서는 이 영화에서 우리의 민주개혁이 토막 식으로 나열된 감이 있으니 우리의 중공업 부문과 경공업 부문에서 대표적인 공장을 하나 선출하여 그것을 구체적으로 보여주었으면 좋겠다고 말씀해 주시었다. 여기서 우리들은 수상님의 명철 하신 가르침에서 영화예술에서의 형식과 내용, 소재와 형상, 허구와 진실에 대한 일련의 창작 미학 상 기본 문제들을 정확히 파악하게 되었으며 이 영화에서 해결하지 못한 걸린 문제들을 구체적으로 풀게 되었다.[45]

평양의 부유한 집안 출신인 강홍식(1902~1971)은 해방을 맞아 예술공작대 활동을 전개하던 1946년 겨울, 평양으로 올라와 영화사업에 종사하라는 당 중앙의 통지를 받게 된다. 평양에서 영화 사업에 참여

▶「아리랑」 제작 기념사진. 앞줄 중절모 쓴 이가 주인규. 그 왼편이 나운규, 오른편이 김태진ⓒ정철훈

45) 강홍식, 앞의 글.

하게 된 그는 가족들에게 뒤따라오라고 하고 먼저 고향인 평양으로 갔다. 평양에 도착해보니 북한 영화계는 일제 때부터 함께 활동했던 주인규 중심으로 돌아가고 있었다.

함흥 출신의 주인규는 해방 직전, 노동운동에 헌신했던 함흥에 돌아왔고 일본이 패전하고 소련군이 함흥에 입성하자 함흥지역 검찰부장으로 임명되어 지역 치안을 담당했다. 그러나 1946년 1월, 소 군정에 의해 북조선영화사를 설립할 것을 위임받아 그해 3월, 북조선문학예술총연맹의 함경남도 책임자가 되었다. 얼마 지나지 않아 총연맹이 북조선문학예술총동맹(문예총)으로 개편되면서 중앙위원, 1차 개편 시에는 중앙상임위원에 임명되었다. 주인규는 북한 문화분야의 지도자 위치에 있었을 뿐만 아니라 1946년 11월 북조선극장영화위원회 위원장에 올라 북한영화 건설의 전권을 휘두르고 있었다.[46]

사실 강홍식을 평양으로 불러올린 것은 주인규였다. 영화인들이 서울에 몰려있는 상황에서 38선 이북지역에서는 북한 영화의 토대를 마련한 인재가 턱없이 부족했다. 주인규와 반갑게 해후한 강홍식은 평양에서 영화사업에 종사하고 있던 젊은 영화인들과 인사를 나눴는데 그 가운데는 정준채 등 월북 영화인들도 있었다. 그리고 얼마 지나지 않은 강홍식은 북조선영화인동맹 위원장에 임명되었다. 1947년 2월 북조선국립영화촬영소의 설립이 결정되었고 강홍식은 연출부장에 임명되었다. 소장은 주인규였고 서울에서 조선영화동맹을 이끌던 추민이 월북하여 부소장을 맡았지만 강홍식은 주인규에 이은 2인자나 마찬가지였다. 이때 정준채는 제작부장에 임명됐다. 주인규, 강홍식, 추민 등은 준채보다 10살 이상 많은 선배 영화인이라는 점에서 준채는 같은

46) 한상언, 『강홍식 傳-월북 영화인 시리즈2』, 한상언영화연구소, 2019.3., 51쪽.

또래의 영화인 가운데는 거의 유일하게 주요 간부로 발탁되었던 것이다. 주인규가 막강한 권력을 쥐고 있었지만 함흥보안서장 출신인 그의 주변엔 비토세력이 들끓었다. 포악한 성격도 문제였지만 그의 친일 시비 또한 끊이지 않았다.

당시 북조선노동당 선전선동부장은 중국 중산대학을 졸업한 연안파 김창만이었는데 "부부장인 홍순철(洪淳哲)이 기구조직사업을 잘 하는 것 같다"며 홍순철에게 영화촬영소 조직을 맡겼다. 홍순철이 소장으로 천거한 주인규는 나운규 감독의 「아리랑」에서 오기호 역을 연기했던 배우 출신이다. 주인규는 일제 강점기 때 「보로노 객시다이(망루의 결사대)」라는 일본 영화에서 항일독립운동가 김일성 장군을 잡기 위해 만주에 파견된 일본인 앞잡이 역을 맡기도 했다. 김일성 부대에 밀정으로 파견되어 작전 상황을 일본경찰에 밀고하는 파렴치한 역의 주인규를 기억하는 사람들은 그가 초대 소장에 임명됐다는 소식에 의아했다. 그는 일제 때 일본에서 막노동을 하던 '오야가다(親方)' 기질의 포악한 인물로, 사람을 부를 때도 "야, 이 새끼야" 식으로 호칭해 영화촬영소 직원들 모두가 그를 싫어했다. 반면 제작부장인 정준채 감독을 더 따랐다.[47]

준공 당시 촬영소 직원은 200명이 넘었고 1만2천 평의 대지에 스테이지, 녹음실, 현상실 등이 완비됐다. 촬영소에는 탁아소가 만들어졌으며 숙사도 정비됐다. 소원들은 야채를 가꾸고 닭과 돼지를 기르면서 영화 공부를 시작했다. 그리고 기록영화 제작이 서서히 시작됐다. 그러나 가장 중요한 기계설비는 상당히 빈약해, 카메라는 렌즈가 맞지

---

47) 북한 출신 영화감독 최국인(카자흐스탄 알마티에서 2015년 작고)의 증언. 조선의용대 출신인 최국인은 1948년 2월 중국연변에서 평양으로 들어와 정준채 감독의 조명기사로 일했다.

않는 아이모와 아스카니야가 각 1대씩 있을 뿐이었다. 녹음기도 아직 없었으며 초기 뉴스영화나 기록영화는 무성으로 제작되었다.

소련의 인적, 물적 지원으로 촬영소가 건설되고 기본적 기자재가 어느 정도 완비됨으로써 북한 영화인들은 각종 시보 영화(1948년 3월부터 「조선시보」) 와 다양한

▶ 주인규ⓒ정철훈

주제로 한 기록 영화를 지속적으로 만들면서 예술 영화의 제작에도 착수하기 시작했다.

1947년부터 국립영화촬영소에서 제작된 주요 기록영화를 주제별로 살펴보면, 민주건설에 관한 주제로는 「자라나는 민주 모습」, 「민주 건국」, 「수풍댐」, 「흘동광산철도시설」 등이 그 대표적인 것이고, 인민정권 의창설과 그 강화발전을 위한 인민들의 투쟁을 수록한 기록영화 「인민위원회」, 「승리의 민주선거」, 「빛나는 승리」, 항일무장투쟁의 승리와 조국의 통일을 위한 인민의 거족적 투쟁을 수록한 「홍광」, 「인민군대」, 「남북련석회의」, 「38선」 등과 같은 영화 작품이 제작되었고 「1947년 8월 15일」, 「1949년 5·1절」, 「전국 제1차 체육절」, 「전국민청 3차 대회」 등 특정한 행사를 기록한 영화들이 제작되었으며 「영원한 친선」을 비롯한 「친선의 노래」, 「아세아여성대회」, 「제2차 세계청년학생축전」 등과 같은 프롤레타리아 국제주의적 친선을 주제로 한 기록영화들이 제작되었다.[48]

---

48) 『조선전사24 현대편(민주건설기 2』, 과학백과사전출판사, 1981, 407~409쪽. 유우, 앞의 책, 92쪽 재인용.

예술영화에 대한 첫 시도는 1948년 제작에 들어간 「내 고향」(강홍식 연출)이다. 「내 고향」은 일제 강점기 조선인민들의 일제에 대한 철저한 증오와 항일무장투쟁을 반영한 작품으로 남한의 문예봉이 월북해서 주연을 맡은 첫 영화였다.

1948년을 전후해 남한에 있던 영화인들이 대거 월북했다. 최고의 인기배우였던 문예봉은 세 자식을 데리고 송악산을 걸어서 38선을 넘었다. 1948년 초였다. 그보다 먼저 강홍식과 가까웠던 배우 심영이 김두한이 쏜 총에 맞아 고생하다가 월북하여 북조선국립영화촬영소 연기부장에 임명되었다 남선 순회공연 중 우익 청년들에게 테러를 당했던 박학도 영화 「해연」(1948)에 출연한 후 예술극장 단원을 데리고 1948년 여름, 북한으로 왔다. 뿐만 아니라 일본에서 조선인임을 숨기며 활동하던 촬영감독 고형규, 조명감독 송인호 등도 북행 대열에 합류했다. 북한영화의 가장 큰 고민이었던 인력부족 문제는 영화인들의 대거 월북으로 조금씩 해결되어갔다.

북한 최초의 예술영화는 해방과 북한정부 수립을 찬양하고 그 의미를 되새기는 영화여야만 했다. 이를 위해 김일성 항일무장독립투쟁을 모티브로 한 작품이 계획되었다. 시나리오 작가 김승구와 연출을 맡은 강홍식은 역사적 사건의 취재를 위해 김일성을 만났다. 강홍식은 1943년 「망루의 결사대」에서 공산 비적을 소탕하는 일제의 순사로 등장했는데 세상이 바뀌어 공산 비적의 두목 김일성과 면담하게 된 것이다. 김일성은 밤새 그의 유격투쟁 이야기를 쏟아냈고 이를 토대로 시나리오 「내 고향」이 만들어졌다. 마침내 촬영이 시작되었다. 북조선국립영화촬영소의 모든 역량이 투입되었다. 연출 강홍식, 촬영 고형규, 그리고 주인공 관필 역은 써클 활동을 통해 발탁된 유원준이 맡았다. 관필의 애인 역은 문예봉이었고 독립운동가 김학준 역은 심영, 악덕지주 역은 태을민, 지주의 아들 역은 박학, 어머니 역은 유경애였다. 얼마 전까지 서울에서 활동하던 연극, 영화인들이 북한영화에 대거 출연한 것이다.

김일성은 영화가 완성되기 전부터 이 영화에 대해 지대한 관심을 보였다. 영화의 원 제목은 「고향」이었으나 김일성이 「내 고향」으로 바꾸라고 지시했다는 일화가 남아있다.[49]

「내 고향」이 제작되고 있던 북조선국립영화촬영소는 1947년 2월 내각 결정으로 옛 삼 공양말공장 자리에 동양 최대규모의 촬영소가 건설되었다. 우선은 기존건물을 활용하여 촬영소를 가동시켰다. 그리고 서편으로 새로운 건물들을 짓기 시작했다. 가장 먼저 녹음실부터 지었다. 무성영화가 아닌 유성영화를 만들어야 했기에 다른 어떤 시설보다 녹음실이 시급히 요구되었다.[50]

이어 해방 직후 노동계급이 반혁명분자의 음모와 책동을 물리치고 파괴된 용광로를 복구한다는 내용의 「용광로」(연출 민정식)가 1949년 제작되어 1950년 초에 개봉되었다. 「내 고향」을 끝낸 문예봉이 주인공의 아내 역을 맡았다. 일제가 패망한 후 파괴시킨 황해제철소의 용광로를 복구하는 데 남한의 사주를 받은 간첩의 방해에도 불구하고 노동자들의 노력으로 용광로를 복구한다는 내용이었다.

1949년 영화 제작은 2개년 인민경제계획에 포함됐다. 「민주건국」, 「조선해방 4주년」, 「8월 15일」, 「수풍발전소」 등 10편의 기록영화, 그리고 13편의 뉴스영화, 남에서 북으로 간 군대를 테마로 한 「의권입북」 등 9편의 특보가 제작되었다. 강홍식 감독의 「내 고향」도 인민경제계획의 지원을 받았다.

국립영화촬영소가 건설되는 동안 평양에는 필름배급을 위한 '국립

---

49) 한상언, 『문예봉 傳-월북 영화인 시리즈1』, 한상언영화연구소, 2019, 82쪽.
50) 한상언, 위의 책, 81쪽.

영화관리위원회'가 설치됐다. 소련군정 당국자들은 소련의 영화배급 기관인 '소비에트영화사'의 평양지사를 개설하고 소련영화를 상영했다.

평양국립영화촬영소가 건설되기 전에는 북한에서 영화다운 영화는 단 한편도 제작되지 못했다. 고작해서 1946년 중국에서 돌아온 김창만이 공산주의 선전용 영화 「징용병」을 급조해 상영한데 불과했다. 이즈음 김일성은 토지개혁을 실시해 북한주민들에게 이를 홍보할 선전용 영화의 필요성을 느끼고 있었다. 김일성의 이 같은 의도를 알아차린 서만일(徐萬一)은 토지개혁을 통해 사회주의국가를 건설해야 한다는 내용의 「상복(喪服)을 벗는 날」이라는 계몽선전영화를 제작, 첫선을 보였다. 서만일은 이 영화로 김일성의 신임을 얻어 1949년 소련유학을 떠났다.

1949년 국립영화촬영소에서 제작한 작품은 강홍식 연출의 1930년대 한국농촌을 묘사한 「내 고향」(시나리오 김승구), 민정식 연출의 「용광로」, 주인규 연출의 「국경을 지키는 사람」 등이었다. 이밖에 기록영화로는 1948년 「인민군대」, 「성장하는 민주의 모습」, 「남북연석회의」, 「38도선」, 그리고 정준채의 「친선의 노래」 등이 있었다. 촬영소 음악과장으로 발탁된 정추는 이 가운데 대부분 작품의 음악을 담당했다.

초창기 북한영화계의 제작진은 주인규, 김영구(金永久), 강홍식(姜弘植), 김구군(金求根), 윤두헌(尹斗憲), 오웅탁(吳雄澤) 등이 있었고 특히 준채 형은 1948년에 제작한 「친선의 노래」로 1951년 체코슬로바키아에서 열린 '국제영화제'에서 기록영화 부문 작품상을 수상했다. 한국전쟁 전에 기록영화로 만든 이 영화를 전쟁 중인 1951년에 출품한 것이다. 따라서 「친선의 노래」는 김일성 찬양과는 거리가 멀 뿐만 아니라 사회주의 영화 미학에 주력한 작품이었다.[51]

---

51) 정추, 구술회상기, 「알마티의 기둥」.

1946~49년엔 소련의 저명한 작가와 예술가들이 평양을 방문했다. 시인 그리바초프(시인·소련작가동맹조직책), 끼또위치(시인), 베루벤초프(소설가), 피노게노브(미술가), 에미랴노바(모스크바드라마극장총장), 페드로프(모스크바 사지트극장 연출가), 에미랴노바(피아니스트), 써코베츠키(바이올리니스트), 리하초프(무용가), 메르쟈노바(무용가), 사찐(무용가), 엡슈메인(무용가), 그리고리야와(성악가) 등이 그들이다. 이 시기에 평양에서 상영된 소련영화로는 총천연색 음악영화인 「시베리아 대지의 곡(曲)」을 비롯 「동행(東行)열차」, 「차빠예프」, 「베를린함락」, 「청년근위대」, 「스탈린그라드의 격전」, 「구역 당비서」 등이다.

해방 직후 소련군의 북한 주둔과 함께 소련의 문화예술도 북한으로 물밀듯 들이닥쳤다. 일제의 검열에 의한 가위자국으로 엉망이 된 북한 영화계도 '소련 따라 배우기'가 본격적으로 시작되었다. 당시 조선의 영화인들은 소련의 저명한 영화이론가요 영화연출가인 쿨레쇼프와 푸도프킨과 에이젠슈테인의 이름을 들어보았을지언정 그들의 이론을 깊이 연구하고 작품을 감상할 기회와 자유를 가지지 못했다. 그들 앞에 놓여진 것은 일본영화와 아메리카영화, 그리고 불란서영화 일색이었다. 그런 상황에서 소련군의 진주와 함께 소련영화가 상영되었으니 북한 영화계는 일대 혁신이 일어났던 것이다.

드디어 찾아온 역사의 날 – 위대한 쏘베트 군대는 조선을 일본식민지 통치로부터 해방시켜주었을 뿐만 아니라 정치, 경제, 문화면에 있어서 온갖 방조를 아끼지 않았다. 영화부문에서도 마찬가지였다. 처음으로 쏘베트 군대가 우리에게 보여준 쏘베트 영화는 기록영화 「백림」(라이즈만 연출)과 극예술영화 「세 사람의 마음」(三인의 심정)이었다. 우리들은 해방의 감격 속에서 다시금 위대한 쏘베트 영화를 보게 되었다. 기록영화 「백림」

은 박력과 감격과 승리의 압도편이었다. 쏘베트 군대가 백림으로 진주하는 역사적 사실이 스크린 위에 현실감을 가지고 우리를 감격시켰다. 독일군과의 격전 끝에 백림 의사당 지붕위에 적기가 휘날릴 때 우리는 다시 한 번 위대한 현실을 뼛속에 느끼었다. 극예술영화 「三인의 심정」은 명랑한 희극영화였다. 인생을 긍정하고 현실을 긍정하고 모든 건설 사업으로 용감히 나가는 쏘베트 인민들의 인간미가 넘치는 유쾌한 영화였다. 우리는 그 영화를 보고 한 없는 행복감을 느낄 수 있었다.[52]

북한에서 최초로 상영된 소련영화는 기록영화 「백림」(라이즈만 연출)이었다. 이를 필두로 해방 후 4년 동안 북한에서 상영된 소련 영화는 다음과 같다. 레닌과 스탈린을 형상화한 「10월의 레닌」, 「1918년의 레닌」, 「맹세」 등의 작품을 비롯하여 과거의 애국영웅과 혁명투사들을 묘사한 「차빠예프」, 「대장 쏠쓰」, 「스워로흐」, 「표트르 1세」, 「꼬똡쓰끼」, 「알렉산더·네브스키」, 그리고 쏘베트 군대의 위력을 반영하고 애국 영웅들을 묘사한 「위대한 전환」, 「무지개」, 「조-야」, 「청년근위대」 등이었고 쏘베트 인민의 사회주의 건설을 기록한 「여자위원」, 「청년도시」, 「당증」, 「시베리아 대지의 曲」, 「마을의 여선생」 등이었다.

아동영화로는 「노동자의 아들」, 「찌둘 소년부대」, 「붉은 넥타이」, 「1학년생」, 기록영화로는 「5·1절」, 「우리나라의 청춘」, 「민족의 축전」, 「세기의 개가」 등이었으며 이 가운데 천연색 영화는 「석화」, 「동행열차」, 「시베리아 대지의 曲」 등이었다. 또 만화영화로 「곱새말」이 상영되었고 특별히 제작한 기록영화 「일본망국사」와 「북조선」도 상영되었다. 그밖에 고리키의 소설을 각색한 3부작 영화와 음악영화 「그린카」 시모노프의 희곡을 영화화한 「러시아 문제」, 오스트로프스키 원작의

---

52) 주영섭, 「쏘련映畵는 우리映畵製作의 산 敎材가 된다」, 『문학예술』, 1949.10.

영화 「죄 없는 죄인」 등이었다. [53)]

북한영화인들은 이를 통해 소련의 새로운 영화 예술가들을 알았고 그들의 작품을 연구할 수 있었다. 당시 북한에 소개된 소련 영화연출가로는 세르게이·에이젠슈테인 「알렉산더·네브스키」를 비롯, 게라시모프 「청년근위대」, 이반·쁘리에프 「시베리아 대지의 곡」, 「구역 당 비서」, 유리·라이즈만 「백림」, 「동행열차」, 블라디미르 페트로프 「죄 없는 죄인」, 이·스똘빼르 「참 된 사람의 이야기」, 미하일·롬 「러시아 문제」, 마크·쎄메노비치·돈스코이 「마음의 여선생」 등이었다. 이들 가운데 에이젠슈테인을 제외하고는 대부분 처음 소개된 영화인들이다. 북한 영화인들은 소련영화를 통해 영화예술의 창작방법을 배울 수 있었다. 소련영화는 다음과 같은 특징이 있었다.

첫째, 창작방법에 있어서 사회주의리얼리즘을 기본으로 하고 있다. 소련영화는 언제나 현실에서 취재하고 있으며 현실의 본질을 추구하며 생활의 진실을 그리며 사회주의 사회에서 공산주의 사회로의 전망을 보여주고 있다.

둘째, 애국주의 테마로 일관되어 있다.

셋째, 영화 수법에 있어서 다채다양한 영화수법을 자유자재로 구사하고 있으며 푸도프킨의 영화몽타주론을 실천하며 발전시키고 있다.

넷째, 소련영화는 국가의 관리 하에 있으며 따라서 영화제작에는 온갖 국가적 방조를 받고 있다. [54)]

이런 조건하에서 북조선국립영화촬영소는 소련의 원조를 받아 빠른 시일 내에 건설되었던 것이다. 하지만 촬영소라는 하드웨어만 갖췄을 뿐, 북한영화는 여전히 해결해야 할 과제가 있었다. 첫째, 선진 소련

---

53) 주영섭, 위와 같음.
54) 주영섭, 위와 같음.

문화의 섭취. 둘째, 영화이론의 수립. 셋째, 영화인의 사상적 무장. 넷째, 시나리오 작가 양성. 다섯째, 신인양성 등이었다. 주영섭은 "영화예술이 가장 새로운 예술이요, 일제하에 있어서도 가장 낙후했든 예술인만큼 우리는 영화 예술가를 그리 많이 가지고 있지 못한다"면서 "이점에 있어서 기성인을 대담하게 등용하는 동시에 신인을 일상적으로 양성하여 우수한 영화간부를 배출시켜야 할 것"이라고 지적했다. 이는 영화예술이 가지는 예술성과 사상성을 소련영화를 통해 충분히 인식한 결과였다.[55] 영화는 그것을 창작하는 영화인이 먼저 사상적으로 무장해야 할 것은 두 말할 여지도 없다는 것이다.

이 시기, 정준채는 영화 이론과 실제를 접목시키는 이론가로도 활약했다. 1949년 북조선직업총동맹군중문화부가 발행한 『군중문화총서 4: 영화 써-클원 수첩』의 「영화예술의 본질은 무엇이냐」를 보면 영화에 대한 정준채의 해박한 지식과 예술관을 엿볼 수 있다.

가령 문예가 예술이면서 문자나 언어 그것이 예술이 아닌 것과 마찬가지로 영화에 있어서도 예술영화는 예술일 수 있으나 영화의 본질 그것은 예술 이전에 동작 언어 문자 조형 등과 마찬가지로 일종의 의사전달 양식인 것이다.

예술 이후 즉 예술에 있어서는 전달내용인 주체에 반영된 세계상으로 취급함에 있어 그것을 모의화(模擬化), 상징화(象徵化), 부호화(符號化), 추상화(抽象化)하여 일면적인 특정된 약속 밑에서 번역하는데 반하여 영화의 본질 즉 영화는 직접적이며 구상적이며 전면적 현상을 시(視), 청(聽)각의 대상으로 제공하면서 여지없이 의사를 전달하는 양식이다. 시청각의 대상이기 때문에 이것들도 전달되는 현실 사이의 일부분으로서 내포되어진다는 이러한 점에서 영화는 의사를 정확하게 또 편리하게 전달

---

55) 주영섭, 위와 같음.

할 수 있는 가장 강력하고 우월한 의사전달 양식인 것이다. (…)

여기에 내가 말하고자 하는 심각한 주제가 있다고 하겠다. 대체 영화 예술의 창조란 무엇인가 또한 있는 것인가 있어야만 할 것인가. 영화는 사물에 류동 속에 있는 영상(映像)을 파악하고 이것을 움직이는 시각을 중심으로 하는 감각에 가져오는 형상화의 창조이며 그러한 파악에 표현을 주는 예술의 창조인가. 우리들은 오랫동안 영화는 예술일 수 있는 가 하는 즉 예술적 전통이 없는 영화를 예술로서 창조할 수 있겠는가 하는 의혹과 싸워서 영화예술의 자기 형성의 길을 밟아왔다.

그런데 이제까지 영화의 예술적 작품으로 문학이나 연극이나 음악의 고전적 걸작 앞에 제출한 것이 또 제출하여 손색없었던 것이 얼마나 있었던가. 영화의 창조는 예술적 영상의 창조를 생명으로 하는 현실의 현상적 파악과 표현의 창조이며 그 한도에서는 연극의 창조와 상이한 것으로서는 생각되지 않는다. 그러나 그것이 영화적 영상 말하자면 영상의 창조에서 다르다할 것 같으면 이 영상의 본질이란 무엇인가를 찾지 않으면 안 될 것이다.[56]

「영화 예술의 본질은 무엇이냐」는 영화에 대한 정준채의 이론적 토대와 예술관을 구체적으로 보여주는 텍스트이다. 무엇보다도 북한인민들의 교양서로 보급된 『군중문화총서』의 필자로 참여하고 있다는 점은 정준채에 대한 신임이 그만큼 두터웠음을 시사한다. 이렇듯 영화이론을 실제 제작현장에 적용시키던 시기, 정준채를 자극한 소련영화는 천연색 영화 「시베리아 대지의 曲」이었다. 컬러영화 제작이야말로 북한영화계에 신선한 자극을 불러일으킬 현안이었던 것이다.

---

56) 정준채, 「영화 예술의 본질은 무엇이냐」, 『군중 문화 총서 4: 영화 써-클 원 수첩』, 북조선직업총동맹군중문화부, 1949.

소련의 천연색 영화 「시베리아 대지의 곡(曲)」은 준채 형으로 하여금 북한 최초의 천연색영화를 제작케 한 자극이 됐다. 준채 형이 영화촬영소 건설에 여념이 없는 동안 나는 '평양음악대학'에서 잠시 교편생활을 했다. 그러다 1947년 2월 국립영화촬영소가 준공된 며칠 후 준채 형은 문화선전상 허정숙[57]에게 나를 소개했다. 허정숙은 나에게 "잘 오셨소. 예술전문가들이 부족한 실정이니 영화 음악을 도와주시오"라고 당부했다. 나의 월북은 남한의 예술가 집단으로서는 두 번째 행렬이었다. 첫 번째는 1945년 11월, 서울에서 프롤레타리아예술동맹을 만드는 과정에서 문학건설본부와의 통합에 불만을 품고 서울을 떠나 평양으로 간 사건이었다. 첫 번째 평양행엔 안막, 최승희 부부도 동행했으며 이들은 '문건' 측과의 통합은 말이 통합이지 그것은 '프로예맹'이 '문건'측에 흡수되고 마는 꼴이었기 때문에 불만이 팽배할 대로 부풀어있었다.[58]

소련은 한인계 소련인인 고려인 출신의 문화예술인을 대거 평양에 파견했다. 박창옥(선전선동부장), 기석복(『로동신문』 주필), 정국록(『민주조선』 주필), 이문일(『노동신문』 주필), 정률(문화선전성 예술국장, 후일 선전성 부상), 박일(김일성대학부총장), 김승화(내각사무국장, 후일 건설상), 김재욱(군총정치국장), 조기천(시인), 전동혁(시인) 등 요직을 차지한 사람도 400여 명이나 되었다.

이들은 북한정권 수립과정에서 소련식 사회주의 문화예술을 도입시

---

57) 1902년 함북 명천 태생인 허정숙은 배화여고보와 일본관서(關西)학원, 상하이외국어학원을 졸업한 인텔리 여성으로 1927~28년에 미국 하와이대학에 유학했다. 1928년 중국에서 항일운동에 참가했고 1937년 최창익(崔昌益)과 결혼했으며 1945년 10월 북조선노동당 중앙위원회 선전선동국장을 역임했다. 허정숙의 아버지 허헌(許憲)은 일제 강점기에 박헌영 변호를 맡았던 변호사로 훗날 북한 최고인민회의 의장, 김일성대학 총장을 역임했다.

58) 정추, 구술회상기, 「알마티의 기둥」.

키고자 했으나 중국에서 들어온 옌안파와 갈등을 일으켰다. 옌안파인 김두봉(당 부위원장), 김창만(당 선전선동부장), 허정숙(내각 문화선전상) 등은 소련 일변도의 문화예술 보급을 경계했다. 이 틈을 이용, 김일성 직계라 할 한설야, 이기영, 박세영 등은 '항일빨치산 문학예술'을 주장하며 문화예술계의 전면에 부상했다. 1945년~50년 초까지 북한문화예술계는 소련파, 연안파, 국내파 그리고 나중에 박헌영을 따라 후발주자로 평양으로 온 임화, 김남천, 박팔양 등의 카프계열 집단 등을 합쳐 4파전이 전개되었으며 권력판도를 따라 좌충우돌하던 때이기도 했다. 준채 형제도 이 격류에 휩쓸리지 않을 수 없었다.

북조선노동당 선전선동부장 김창만이 서만일과 함께 비당성적 예술·문화인 숙청사업을 펼치기 시작한 것도 그런 기류 가운데 하나였다. 서만일[59]은 준채와 일본대학 동창생으로 영화 시나리오를 전공했으며 해방 직전 만주에서 일본헌병대에 복무하다가 해방 후 평양으로 건너갔던 인물이다.

김창만은 이른바 시집 『응향(凝香)』 필화사건으로 시작된 '필화사건을 빙자한 숙청사업'을 끝까지 밀어붙이는 과정에서 공산당 가입을 거부한 작가들, 예컨대 김화청(金和淸), 김이석, 양명문(楊明文), 강소천(姜小泉), 함윤수(咸允洙), 이휘창(李彙昌), 원응서(元應瑞), 한진동(韓晋東) 등 무소속 계열의 문인들을 대거 숙청했다.

1946년 12월 원산에서 출간된 시집 『응향』은 당시 원산여자사범학교에서 교편생활을 하던 시인 구상이 책 장정을 화가 이중섭(李仲燮)의 유희하는 아동으로 표지화를 쓴 후 자신의 시 「여명도(黎明圖)」,

---

59) 서만일은 1936년 12월 1일자로 창간된 '동경학생예술좌(座)'의 기관지 성격을 띤 연극잡지 『막(幕)』에서 활동했다. 1958년 조선프롤레타리아예술가동맹(카프) 계열 문학 인사에 대한 정리가 이루어질 때 안막 등과 함께 숙청당한 것으로 알려졌다.

「길」 등과 함께 원산지역 공산당간부 서창훈(徐昌勳)과 소련계 한인 정률(鄭律·후일 북한문화선전성 부상)등의 시를 수록했는데 시집이 발행된 직후 1947년 1월초 구상의 시들을 반동 시로 규정짓는 백인준(白仁俊)의 비평이 신문 1면에 큼지막하게 게재되면서 필화사건은 시작됐다.

백인준은 1919년 평북 운산(雲産) 출생으로 38년 평양고보를 졸업하고 경성연희전문 2년을 중퇴한 후 일본으로 건너가 동경릿교(立敎)대학 재학 중 일제의 학병을 자원해 중국전선에 파병되었다가 서주(徐州)에서 해방을 맞아 46년 4월 귀국, 때마침 발족한 '문예총'에 가입해 작가동생의 시전문분과위원회와 평론전문분과위원회 위원으로 활동한 인물이다.

이 사건으로 원산에 검열원이 파견됐고 『응향』 사건은 구상이 남한으로 월남하게 한 계기가 된다. 『응향』 사건이후 평양에서도 제2의 필화사건이라할 『관서시인집』이 비판대상에 올랐고 이에 수록된 양명문의 「바람」도 난도질당했다. 김창만은 "시 「바람」은 아무런 사상이 없는 무의미한 것이다. 이런 형식주의에서 벗어나야만 한다"고 주장하며 공격, 결국 평안남도 인민위원회 문학과장직을 맡고 있던 양명문도 숙청당하고 만다. 김창만과 서만일의 숙청사업은 이런 식으로 전개됐던 것이다. 서만일은 1949년 백인준, 엄호석(嚴浩奭), 홍순청 등과 함께 소련 모스크바 '고리키문학대학'에 유학했는데 모두 한설야의 추천을 받았고 서만일은 유학 후 귀국해 작가동맹 부위원장을 맡게 된다.

북조선에서의 컬러영화의 제작은 정준채 연출의 「1950년 5·1절」가 최초라고 알려져 있다. 이 역시 소련의 컬러영화제작 기술의 도움을 받았다. 소련은 1946년 스탈린의 5개년 계획에 의해 천연색 영화의 발전 방향이 제시되었고 이에 따라 2차 세계대전 당시 독일에서 접수한 16mm 아그파 컬러를 기본으로 컬러 방식을 정했다.[60] 소련은 1950년 모스필름의 모든 작품에 대한 컬러화를 결정했고[61] 이에 따라 1954년 아그파를 기초로 한 소프트 컬러 방식을 완성시켰다.[62] 그러니까 1950년을 전후해 소련영화인들이 평양에 가지고 들어온 컬러필름은 16mm 아그파 필름이었다. 이는 북한이 비교적 빠른 시기에 소련으로부터 컬러영화 제작기술을 습득했음을 말해준다.[63] 「1950년 5·1절」을 연출한 준채는 천연색 영화를 제작하는데 있어 도움을 준 소련 영화인의 이름을 적시했다. '천연색 영화'는 자연의 색을 거의 그대로 화면에 나타낸 영화를 뜻하기에 당시로서는 모든 영화인의 꿈이자 상상력의 총화였다.

여기서 특기해야 할 것은 쏘련의 방조로 조선영화계에서 처음인 천연

---

60) 몬마 다카시(門間貴志), 『조선민주주의인민공화국영화사』, 2012, 現代書館.

61) 가메이(龜井文夫)·히지가타(土方敬太), 『소비에트영화사』, 白水社, 1952년, 178쪽.; 몬마 다카시(門間貴志), 위의 책에서 재인용.

62) 야마다카즈오(山田和夫), 『영화예술론』, 啓隆閣, 1968년, 186쪽.; 몬마 다카시(門間貴志), 위의 책에서 재인용.

63) 1910년대 초기 컬러 영화를 만드는 방식은 염색이나 착색과 같은 물리적인 방식이었으나 점차 광학적 방식을 이용한 키네마 컬러(Kinema color)가 등장했다. 렌즈를 통해서 들어온 빛을 프리즘을 이용하여 세 개의 필름에 각각 빨강, 녹색, 파랑으로 기록하고 나서, 이것을 다시 청록, 다홍, 노랑의 색으로 변환한 다음 이 세 개의 색채를 결합하는 방식이었다. 남한 최초의 컬러영화는 1949년 홍성기 감독의 16mm 영화 「여성일기」로 알려져 있다. 배우 황정순의 데뷔작이 바로 이 작품이었다. 그런데 「여성일기」의 상영기간은 딱 1주일이었다. 관객들이 이 영화를 외면한 가장 큰 이유는 컬러가 불안정하게 재생되었기 때문이다. 작은 사이즈로 시험 영사를 했을 때와 달리 극장에서 확대상영을 했을 때는 색감이 무척 흐리기 재생되어서다. 이에 비해 소련의 기술적 지원을 받은 「1950년 5·1절」은 확대상영을 해도 컬러가 흐려지지 않는 소프트 컬러방식으로 추정된다.

색 기록영화로 「1950년 5·1절」(정준채 연출)을 제작하게 된 사실이다. 조선의 아름다운 자연과 공장, 기업소, 5·1절의 시위 등 조선의 색채를 그대로 눈앞에 보게 된 감격은 지금도 잊을 수 없다. 이 작업에 있어서도 쎄뜨끼나 여사는 편집 사업에서 많은 방조를 주었던 것이다.[64]

정준채는 조선의 아름다운 자연을 눈으로 보는 듯 생동하는 색채 그대로 담아 낸 감격과 이 영화 작업에 도움을 준 소련의 여성영화인 쎄뜨끼나(Irina Setkina, 1900~1990)의 이름을 거명했다. 다른 기록에서도 쎄뜨끼나의 이름을 발견할 수 있다.

1948년에는 쏘련 중앙기록영화촬영소의 저명한 연출가이며 편집자인 쎄뜨끼나 녀사와 저명한 촬영자 벨리야꼬브 동지가 래조하여 총천연색 기록영화 「8·15」를 제작하였으며 우리 촬영소가 제작한 「5·1절」의 편집 사업을 방조하여 주었으며 촬영소의 기술 개진을 위하여 많은 방조를 주었던 것이다.[65]

소련중앙기록영화촬영소의 연출자이자 편집자인 쎄뜨끼나와 카메라맨 벨리야꼬프는 1948년 컬러기록영화 「8·15」를 제작하기 위해 북한으로 파견되어 북한영화인들과 함께 작업했다. 이때 정준채도 소련의 영화인들과 함께 작업했다. 연출가 후로 롬을 비롯, 보브로브, 할류샤꼬브, 쏘꼬리고브, 까쓰뻬 등 카메라맨들이 그들이다. 하지만 한국전쟁의 발발로 「새 조선」의 제작은 중단되었고 북한의 컬러영화 제

---

64) 정준채, 「쏘련 영화가 우리 영화에 준 영향」, 『조선예술』, 1957.11, 8쪽.
65) 김걸, 「조선 영화 발전에 기울여진 위대한 쏘련의 원조」, 『조선영화』, 1957.8, 24쪽. 한상언, 위의 글, 574쪽.

작은 한국전쟁 이후로 미루어질 수밖에 없었다.[66]

이런 와중에 1948년 4월 준채의 둘째 동생 권(權)이 월북해 평양국립영화촬영소로 찾아왔다. 목포상고를 졸업한 권은 1946년 경성사범대학에 진학했으나 국립대학안반대투쟁으로 장기간 동맹휴학 사태가 빚어지자 두 형을 쫓아 월북했다. 그해 8월 23일 미군정령 102호로 경성대학·경성의전·치전·법전·경성고공(高工)·경성고상(高商)·경성고농(高農)을 통합, 국립서울대학을 신설

▶ 목포 상고 시절의 동생 정권(1939)
©정철훈

하고 총장에 미국인을 임명한다는 국립대학교 실시령이 발표되자, 교수·교직원·학생들은 '식민지교육 반대', '학원의 자유와 민주화'를 내걸고 반대운동에 나섰다. 12월 초에는 서울대학교 9개 단과대학에서도 일제히 반대운동이 일어났다. 이에 미군정장관 러치 소장은 상대·공대·문리대에 3개월간 휴교령을 내렸다.[67]

이보다 앞서 11월 1일부터 서울의 각 대학에서는 등록거부가 시작되어 1947년 2월 최고조에 달했다. 한양대·연희대·동국대 등 각 대학과 경복·중동·배재중학, 덕수상고·선린상고 등 실업학교 및 동명여중 등에서 동맹휴학이 일어나 지방에까지 확대되었다. 1947년 5월 12일

---

66) 위의 글, 같은 쪽.
67) 『한국근현대사사전』, 2005.9.10., 한국사사전편찬회.

학생총수의 절반인 4,956명이 제적되었고 교수 총수의 3분의 2인 380여 명이 해임되었다. 미군정이 5월 말 수정법령을 공포함으로써 동맹휴학운동은 가라앉기 시작했고 그해 8월 제적학생 3,518명이 복적됨으로써 국대안 반대운동은 1년 만에 일단락되었다. 하지만 준채의 동생 권은 경성제대 문리대에서 제적된 학적이 회복되지 않아 좌절한 끝에 평양으로 건너왔던 것이다. 평양의 두 형은 목포상고 시절부터 영어와 중국어 등 외국어에 자질을 있었던 권에게 평양노어대학 입학을 권유했다.

나는 동생 권에게 "선진국의 문명을 다른 사람의 번역을 거치지 않고 직접 받아들여 큰 일을 도모하기 위해서는 외국어를 습득해야 한다"며 "외국어에 자질이 있으니까 '노어'를 전공하는 것이 어떠냐"고 충고했다. 나의 권고에 따라 동생 권은 평양노어대학 제2기생으로 입학했다. 평양노어대학은 소련당국이 소련식 공산주의화를 위해 노어교육의 필요성을 인식한데다 김일성도 북조선의 모든 국가운영을 소련에 의존하고 있었기 때문에 단기속성과정으로 노어전문요원을 양성하기 시작했다. 권은 외국어에 자질이 있었기 때문에 단 몇 달 만에 기초 노어학습을 마치고 평양노어대학에 응시해 합격했다. 평양노어대학 학장은 소련파 허가이계의 소련한인 2세였던 신태봉[68]이었다. 나는 권과 함께 평양노어대학에 다니는 한편 작곡가동맹원으로 활동했기 때문에 유관 단체들과 접촉이 많았다. 인민군대협주단 단장이던 정율성(鄭律成) 씨와는 돈독한 관계였다. 한번은 그의 집에 놀러가 그가 나와 본관이 같은 하동(河東) 정(鄭)씨인 것과 고향이 전남 광주시 양림동으로 나와 고향까지 같은 것을 알고 난 후부터는 더욱 가까워져 서로 호형호제하며 아끼는 사이가 됐다.

---

68) 신태봉은 6·25 전쟁 중 국방군에게 포로로 잡혀 거제도포로수용소에서 수용생활을 하다가 휴전회담에서 포로교환문제가 타결되자 다시 평양으로 돌아왔다.

1950년 봄, 내가 동생 권과 함께 그의 집을 방문했을 때 그는 "너희 두 사람은 모두 러시아말을 해득할 수 있으니 러시아의 음악이론가 '스포쏘빈'이 쓴 「음악형식론」을 번역하는 것이 좋겠다"며 "번역만 해놓으면 책 출판은 내가 책임질 테니 꼭 음악교과서용으로 쓸 기본도서를 만들라"고 권했다. 그의 말에 따라 우리 형제는 원고지 2천 장에 달하는 스포쏘빈의 「음악형식론」을 번역해 책이 출판되기를 기다렸다. 하지만 이내 전쟁이 터지게 되어 무용지물이 되어 버리고 말았다.[69]

6·25전쟁 발발 직전인 1949년 북한 전역에서는 강홍식 연출의 「내 고향」이 상영되어 주민들의 환호를 받고 있었다. 「내 고향」의 성공에 고무된 강홍식은 1950년 들어 38선 부근에서 일어나는 남북한 대치 상황의 긴장을 그린 「초소를 지키는 사람들」의 시나리오를 쓰고 있었다.[70] 「초소를 지키는 사람들」의 연출자는 주인규였다. 강홍식이 다음 작품으로 준비하고 있던 작품은 토지개혁을 소재로 한 리기영의 장편소설 『땅』이었다. 그런데 1950년 6·25전쟁이 발발했다. 3일 만에 서울은 인민군에게 함락되었다. 리기영 원작 『땅』을 촬영하고 있던 강홍식은 영화제작을 중단하고 주인규와 함께 서울로 내려갔다. 이들은 서울에 남아 있는 영화인들과 접촉하며 평양으로 함께 올라갈 것을 권유했다. 촬영감독 이명우와 영화감독 최인규를 이들을 따라 평양으로 올라갔다.[71] 평양의 국립영화촬영소엔 여전히 카메라맨, 조명기술자, 녹음기술자 등 영화 인력이 부족했다.

---

69) 정추, 구술회상기, 「알마티의 기둥」.
70) 한상언, 『강홍식 傳』, 한상언영화연구소, 2019, 56쪽.
71) 한상언, 위의 책, 62쪽.

3. 전장의 포화 속에서

전선은 낙동강까지 내려갔다. 대구와 부산이 눈앞에 있었다. 그러나 유엔군이 참전을 결정하고 미군의 전력이 증강되면서 전세를 역전되었다. 9월 15일 맥아더의 인천상륙작전이 성공함으로써 북한군 전력은 순식간에 와해되었다. 9월 28일 서울을 수복한 국군이 평양으로 진격하고 있던 10월 평양국립영화촬영소는 미군 폭격에 의해 잿더미가 되었다. 폭격으로 인해 기술부장 최영수 등 많은 영화인이 전사했다.

1950년 6월 25일 이른 아침. 나는 평양 역전에서 그리 멀지않은 노어대학기숙사에서 대공포소리와 사이렌 소리를 듣고 깜짝 놀라 친구들에게 물어보니 "전쟁이 났다"고 했다. 그때가 오전 9시쯤이었다. 나는 노어대학을 졸업하고 당시 평양음악대학 교수로 발령을 받아 교원생활을 하고 있었다. 당시 작곡부 강좌장으로 정율성이 재직하고 있었고 학장은 최승희의 남편인 안막(安漠)이었다.

추는 평양음악대학 교수 신분이라서 전선으로의 차출을 면할 수 있었으나 당시 노어대학 졸업반에 다니며 상업성에 발령받아 근무하던 동생 권은 학생 신분이어서 전선으로 투입되었다. 특히 권은 남한의 지리를 잘 아는 월북자들을 최전방에 배치시킨다는 방침에 따라 가장 먼저 38선을 넘어 남하하는 부대에 소속되었다.

나는 그때 만해도 38선 근처에서 국지전이 벌어져 몇 달 정도면 전쟁이 끝날 줄 알고 동생을 떠나보냈는데 그것이 그와는 마지막이었다. 공부를 하거나 사색을 시작하면 일주일동안 단 한마디의 말도 안하고 한 곳에 집중하여 노어대학 내에서 가장 우수한 학생으로 외국어구사능력을 평가 받던 권의 소식은 그 후 그 누구로부터도 전해들을 수 없었다.[72]

동생 권을 전선에 떠나보낸 정추는 공습이 심해지자 대동교다리 건 너 서(西) 평양시 사동에 있는 교수요원 지하대피소에서 여러 날을 보 내고 있었다. 일주일쯤 지나자 보위성 총사령부에서 출두하라는 통지 서가 나왔다. 정추를 포함해 모두 5명의 교수요원이 차출됐는데 그들 은 정추에게 노어를 가르친 고려인 출신 노어대학 교수들이었다.

나를 제외한 네 사람은 모두 소련한인 2세로 노어학습을 위해 소련군 정의 배려로 교수요원으로 일했으나 전쟁 이후엔 소련군 고문단과 인민 군대와의 통역을 위해 일을 할 수밖에 없는 처지였다. 이때가 유엔군이 인천상륙작전에 성공해 북진해 오고 있었던 시기로 당시 평양시가지에는 '원산과 인천을 관통해 가위로 짜르는 한반도'가 그려진 유엔군측 선전삐 라가 살포되곤 했었다.

우리 다섯 사람이 불려간 곳은 보위성 총사령부 정치총국이었다. 왕별 한 개를 단 준장 유일(柳一)이라는 간부국장이 우리를 보더니 정치총국 소련인 고문 '지가이'의 노어면담을 거칠 것이라고 했다. 옆방에 있던 지 가이 고문에게 한 사람씩 불려 들어가 면담을 한 결과 나도 소련한인 2세 들인 노어대학교원들과 동등한 자격을 얻게 됐다. 유일은 우리들에게 총 사령부 부부장직인 중좌계급장을 직접 달아주면서 나를 사령부내 조직보 충국 대열부 부부장에 배속시켰다. 이 대열부의 소련인 군사고문은 대위 '꼬진'이라는 사람이었는데 그는 나를 통해서 대열부의 모든 명령을 시달 했다. 대열부에는 나 외에 노어를 할 만한 사람이 없었기 때문이다.[73]

72) 정추, 위의 책.
73) 위와 같음.

전쟁은 모든 것을 쏟아 붓는 총력전으로 전개되었다. 문예봉은 국립 영화촬영소에서 이기영 원작 『땅』의 여주인공 역을 맡아 촬영 중이었다. 촬영은 중지되었고 영화인들도 전쟁에 동원되었다. 문예봉도 인민군이 점령한 서울로 향했다. 서울에 도착한 문예봉은 시공간에서 열린 서울 시민을 위한 공연 무대에 섰다. 해방 후 종적을 감추었던 문예봉이 시공간에 모습을 드러내자 서울 시민들은 반갑게 박수를 보냈다.[74) 문예봉은 용기 있는 목소리로 시를 읽고 노래를 불렀다. 예전의 청순가련형의 문예봉이 아니었다. 문예봉은 전선 위문단 제1대에 소속되어 점령지 주민들을 위문하기 위해 대전 이북의 각 지역을 다녔다. 문예봉이 속한 제1대는 황철, 박학, 한진섭, 리재덕, 태을인, 문정복, 류현, 남궁만, 라웅, 미술가 정순모 등이 포함되었다.[75) 전쟁 중이었음에도 불구, 가는 곳마다 큰 환영을 받으며 위문공연을 펼쳤다. 평택에서 공연을 마무리 짓고 마지막 집결지인 대전으로 향했다.

위문대를 태운 트럭 행렬 위로 미군 비행기가 보였다. 트럭 행렬은 멈춰 섰고 사람들은 차에서 뛰어내려 길 양 옆 도랑으로 숨었다. 미군 비행기는 폭격을 하고 기총소사를 쏟아 부었다. 공습이 지나고 고개를 들었을 때 황철의 오른팔이 떨어져나가 있었다. 문예봉은 얼른 수건을 꺼내 피가 쏟아지는 황철의 팔을 감았다. 그날 폭격으로 제1대 소속 12명 중 문예봉을 포함해 6명만 평양으로 돌아갈 수 있었다.[76) 평양에 도착할 때쯤 전쟁이 끝났을 거라 생각했다. 하지만 전쟁은 고착화되었고 종전 소식은 들리지 않았다.

며칠 후 인천상륙작전으로 전세가 역전되었다는 소식이 들렸다. 인

74) 한상언, 『문예봉 傳-월북 영화인 시리즈1』, 한상언영화연구소, 2019. 86쪽
75) 위와 같음.
76) 위와 같음.

민군은 큰 타격을 입고 후퇴하고 있었다. 촬영소 역시 평양을 떠나 강계로의 소개가 결정되었다.

한편 정추가 배속된 조직보충국대열부 군사고문 '꼬진'은 곧 38선 이북으로 유엔군이 북진하게 되면 전쟁은 불리해지므로 후방에서 인원을 보충하라고 지시했다. 평안남도 박천[77]에 유엔군낙하산부대가 투입돼 후방차단의 위험한 사태가 조성됐을 때 평양을 통과하는 후퇴부대를 모두 박천에 집결시키라는 최고사령관 김일성의 명령에 따른 지시였다. 그러나 야밤을 이용해 후퇴하는 무질서한 부대들이 박천으로 집결하는 것은 거의 불가능하고도 무의미했다. '꼬진'의 이 같은 명령을 받기가 무섭게 인민군은 후퇴를 시작했다. 정추 조직보충국에 배속된 지 며칠 지나지 않아 후퇴명령이 떨어졌던 것이다.

1950년 10월 초였다. 총사령부에서 후퇴준비를 서두르고 있던 중 유엔군의 평양대공습으로 보위성과 총참모부의 수십 개 건물이 폭격당해 건물 전체가 폭삭 주저앉고 말았다.

한 건물 안에는 김일성이 만주에서 항일 빨치산활동을 할 때 함께 참가했다는 이른바 '혁명유가족' 자녀들을 데려와 참모부 기숙사에 투숙시키고 있었다. 혁명유가족들은 40~50명 정도였다. 그런데 이들이 공습으로 전부 사망한 것이다. 김일성은 폭격당한 건물 안에서 유가족들을 단 한사람이라도 살려내도록 직접 구원명령을 내렸다. 김일성은 유가족자녀들을 자신의 친자식처럼 귀하게 여겼다.

김일성은 유엔군의 평양공습이 심해지자 평양에 비밀방공호를 구축,

---

77) 박천군(博川郡). 고려시대에는 박릉 또는 박주로 불렸다. 북쪽은 태천군, 동쪽과 동남쪽은 녕변군, 서쪽은 운전군과 접한다. 남쪽으로는 청천강을 경계로 평안남도의 안주시와 마주 보고 있다. 구릉과 평야가 섞여 있으며, 해발 300미터 이상의 고지대는 드물다. 가장 높은 산은 해발 322미터의 청룡산이다.

그곳에서 전쟁을 지휘하고 있었다. 비밀방공호는 총사령부 근처에 자리를 잡았고 공급이 없을 때는 직접 밖으로 나가 전술회의를 열기도 했다. 그는 전쟁 중에도 자신의 만주 항일빨치산 활동을 증언해줄 혁명유가족 자녀들을 마치 친자식처럼 우대하면서 측근에 두고 있었는데 그들이 모두 폭사하자 노기가 하늘을 찔렀던 것이다.

김일성의 긴급구원명령이 떨어지자 군 지휘관들은 조직보충국 방공호 속에서 구원사업에 필요한 복구요원 5명을 차출해 갔다. 그때 나도 차출돼 모두 5명이 피폭된 건물 쪽으로 다가갔다. 팔다리가 잘려져 진홍색 피를 내뿜으며 죽어 넘어진 유가족들이 즐비했다. 이루 말로 다할수 없는 참상이었다. 그러나 구조사업을 하는 순간에도 유엔군 폭격기가 평양하늘을 가르며 공중사격을 했기 때문에 마음 놓고 피폭건물에 다가갈 수 없었다. 방공호에서 앉아있는 지휘관들은 "생존자가 있을지 모르니 한 사람이라도 살려내야 한다"며 공습위험이 있는 와중에서도 우리를 건물 쪽으로 내몰았다. 구조작업 중 우리는 무너진 건물더미 속에서 20세가 채 못된 청년을 겨우 끄집어냈다. 그 역시 한쪽 다리가 잘려나간 상태로 죽어가고 있었다.

신분이라도 알아내기 위해 이름을 묻자 그는 "김책 동무의 조카"라고만 대답했다. 그를 안전한 곳에 후송시키고 구조사업이 끝나자 지휘관 장군들이 우리 5명에게 다가와 "너희들이 구조해 낸 사람은 혁명 유가족 중 한 사람으로 그 공을 높이 사 승진을 할 것"이라고 알려주었다. 그러나 승진결정서가 사령부에서 도착, 하루 뒤면 훈장과 함께 1계급 승진을 하게 됐을 때 내가 속한 조직보충국도 사령부를 따라 북으로, 북으로 후퇴하지 않을 수 없었다.[78]

1950년 8월 15일을 전후해 전쟁의 주도권은 인민군에서 유엔군으

---

78) 위와 같음.

로 이미 넘어가고 있었으며 인민군은 보충병들을 훈련시킬 겨를도 없이 전선에 투입하는 바람에 야간행군 도중 공습을 만나면 대오에서 이탈해 탈영하는 사례가 점점 많아지는 등 사기가 극히 저조해 갔다.

전선에서 돌아온 인민군의 말을 빌리면 개성 근처부터 내무상 박일우 명의의 포고문이 나붙어 있는데 도망병들이 신속하게 군부대로 자진 복귀해 줄 것을 종용하는 내용의 권유문이 수없이 붙어있었다는 것이다. 더욱이 인민군 내에서도 처음부터 무력통일을 원치 않고 있던 남조선 출신 인민의용군과의 정견 차이가 노출되고 있으면서 대립과 알력이 생기기 시작했다.

9월 28일 서울을 수복한 유엔군은 10월 10일 군사 항구이던 원산을 점령했고 원산 교외의 명사십리 비행장마저 점령했다. 원산은 평양의 배후도시나 마찬가지였기에 원산을 잃은 김일성은 평양을 지켜낼 방도가 없었다. 김일성은 10월 11일 「조국의 위기에 처하여 인민에게 고함」이라는 연설을 라디오로 방송한 뒤 경호부대와 함께 만주 통화로 후퇴하기 시작했다.

김일성이 후퇴 전 라디오방송을 통해 녹음 연설한 내용은 인민군최고사령관 명의였고 다음과 같이 시작했다. "친애하는 동포여러분, 형제자매여러분. 영웅적인 우리 인민장병여러분. 용감한 남녀 빨치산 여러분. 적은 지금까지 심대한 타격을 받아 약 6~7만 명 이상의 병력을 잃었다. 그럼에도 불구하고 강도 놈들은 태평양 지역에 있는 전 병력을 동원하여 총공격을 개시했다. 우리 인민군은 전투를 계속하면서 할 수 없이 후퇴하지 않을 수 없다."

그리고 김일성은 전쟁발발의 책임을 이승만에게 떠넘기는 발언을 계속했다. "서울서 압수한 제 문서와 자료가 증명하듯 이승만 일당은 이미 1949년에 북벌을 기도했다. 그런데 남조선에서의 광범한 빨치산 운동과 신뢰할 수 없는 이승만 군대, 기타의 정세로 인해 미 제국주의

놈들은 조국에서의 동족상잔의 국내전쟁을 1950년까지 연기시킬 수밖에 없었던 것이다. 조선민주주의인민공화국 정부는 1950년 5월초 38선 이북으로 침공할 준비를 하고 있다는 확실한 정보를 얻고 이 침공을 격퇴하기위한 대책을 적시에 강구할 수가 있었다."

김일성은 이 방송을 끝으로 평양에서 만주로 후퇴했고 10월 14일 유엔군은 평양 앞까지 진격해 들어왔다. 황해도 신계·곡산지역을 점령했던 것이다.

10월 17일 평양은 포위당했다. 평양의 인민군수비대는 퇴각을 시작했다. 정추 역시 10월 11일 경 후퇴했는데 조직보충국대열부 부부장이었기 때문에 지프차를 타고 만주 통화로 향했다.

후퇴 노선은 묘향산 근처 '희천'을 통해 자강도의 '강계'를 거쳐 중국 접경지역인 '만포'에 이르는 퇴각코스였다. 김일성은 강계까지 와서 일단 그곳에다 후방사령부를 만들려고 했으나 그 곳에도 유엔군의 폭격이 떨어지자 하는 수 없이 중국 땅인 만주 통화까지 쫓겨간 것이다.

김일성은 자강도 강계시에 중앙당학교를 임시로 차려뒀을 뿐 주요 기관은 50년 10월부터 51년 1월까지 중국 땅에 이전해 왔기 때문에 사실상 망명한 것과 다름없었다. 인민군총사령부와 중앙당은 만주 '통화'에, 외무성연락소는 '심양'과 '목단강'에, 중앙당학교는 '노일령'에, 내각간부학교는 '장춘'에, 공군간부훈련소는 '공주령'에 두고 있었다. 김일성이 사령관으로 있던 인민군총사령부는 만포군 인근 구릉지대인 고산진에 위치해 있었다.

이때 정추는 평양에서 묘향산 근처 회천으로 들어가는 퇴각로의 절벽 위에서 소련제 지프차와 군용트럭이 유엔군의 공습으로 수없이 절벽 아래로 떨어지는 광경을 목격했다. 군수물자와 부상병들을 실어 나르던 말들도 1백m 정도의 간격으로 한 마리 씩 죽어 넘어진 채 불에 타면서 냄새를 피우고 있었고 폭격으로 인해 퇴각길이 한때 막혀 있어서 무질서한 장면이 벌어졌다. 폭격이 잠잠해진 틈을 타 묘향산 절벽 길을 빠져나와 겨우 강계에 도착했을 때는 10월 20일경이었다. 앞서 정추는 희천에서 김창만으로부터 위술사령관에 임명받게 된다.

> 희천 당위원회 명의로 위술사령관직을 나에게 씌운 김창만은 "희천 방 어전투를 조직해야 하니까 피난민들을 수용할 수용소로 마련하고 퇴각하 는 인민군들을 모아 반격에 나설 준비를 하라"고 말하는 것이었다. 그는 또 "만일 명령을 듣지 않고 계속 퇴각만을 고집할 경우 현장 사살하라"고 권한을 주었다. 그러나 희천 역시 공습이 계속되었기에 그의 명령을 수행 할 수 없었다. 가까스로 강계를 지나 북으로 빠지는 도중 처음으로 남으 로 향해가는 중국지원군인 중국인민해방군을 만날수 있었다. 중국을 해 방한 지 1년이 채 안된 인민해방군의 무장은 초라했고 어깨에 걸친 천평 봉(天坪棒)에는 쌀자루, 장작 등이 매달려 있었다.[79]

김일성은 8월 초 전세가 불리해지자 중국에 지원을 요청했고 전쟁 초 김일성을 지원한 소련은 직접 출병할 경우 미·소간의 군사 분쟁으 로 번져 제3차 세계대전으로 확전될 가능성을 우려해 지원군 파병문 제는 중국 측에 넘겨버렸다. 스탈린은 8월 26일 북경으로 특사를 보 내 "만약 평양의 김일성 수상을 구원하기 위해 중국에서 지원군을 보 낸다면 무기원조를 돕겠다"고 제안했다.

소련의 군사원조 요청단이 북경에서 이같은 제안을 하고 있음을 눈 치 챈 김일성은 조선노동당중앙부위원장인 소련파 허가이를 사절단장 으로, 박일우를 부단장으로 한 북조선 군사사절단을 9월 초 북경에 파 견했다. 박일우는 중국공산당 최고당학교를 나온 사람으로 중국공산 당의 고위층을 많이 알고 있었다. 모택동은 이들에게 "군사원조를 검

---

79) 정추, 구술회상기, 「알마티의 기둥」.

토하고 있으니 염려 말고 사력을 다해 싸우라"고 격려했다.

　박일우는 귀로에 장춘에 남아서 중국인민해방군과 인민군의 연합사
령부설치문제를 계속 의논해야 했으므로 허가이만 평양에 돌아왔다.

　이런 과정을 거쳐 중국인민해방군이 압록강을 건넌 것은 10월 20일
이다. 이들은 모택동으로부터 "7억 중국인들이 하루 한 숟갈의 쌀을
절약해 북한주민을 도와준다면 북한인민은 배불리 잘 살 수 있다"는
엄명을 받았고 "북한에 가서는 나무 한그루 풀 한포기도 다치지 말
라."는 명령을 받았기 때문에 노략질 같은 불상사는 일어나지 않았다.
북한주민들은 이질적이고 무례한 소련군을 보다가 이 같은 명령을 준
수하며 동포적인 인종의 중국인민해방군을 만나게 되어 더욱 친근감
을 느낄 수밖에 없었다는 것이 정설이다.

　내가 강계에서 목격한 중국군은 장비 면에서는 소련군보다 뒤졌으나
겉으로 나타난 외모에는 소박한 시골아저씨 같은 느낌을 줄 정도였으니
모택동이 소련으로 넘어갈 뻔한 북조선에 대한 기득권을 되찾기 위해 얼
마나 치밀한 계획을 세웠던가를 쉽게 짐작할 수 있었다.

　강계를 너머 '만포'에 이르렀을 때 준채 형 가족인 형수 임옥순(林玉順)
과 조카 훈(熏)을 피난민수용소에서 만날 수 있었다. 이들은 평양 피습으
로 촬영소가 박살이 난 뒤 퇴각로를 찾고 있었으나 소장인 주인규는 자신
의 가족만을 지프차에 태워 만포로 보내고 형의 가족들은 아랑곳 하지 않
았다. 주인규는 전쟁 직전 남로당파인 이강국(독일서 유학한 인텔리 계급)
의 딸을 자신의 며느리로 삼는 등 족벌을 만들기 위해 주력했고 전쟁이
나자 다른 사람들은 죽거나 말거나 상관 않고 자신의 식구들만 차에 태워
피난 보냈던 것이다.[80] 준채 형과 같이 영화제작소에서 일을 보던 최국인

---

80) 주인규는 1950년 영화 「초소를 지키는 사람들」에 연출로 참여하였으나 영
　　화 개봉을 전후하여 전쟁이 터졌다. 6·25전쟁이 일어나고 3일 만에 서울

의 눈에 띄어 함께 우마차를 빌려타고 만포까지 피난 온 형수와 조카의 차림새는 눈 뜨고 볼 수 없을 정도였다.[81]

정추는 입고 있던 외투와 배낭에 동여맨 모포, 평양음대 교수시절 작곡료로 받아 모아둔 돈을 모두 털어 형수 임옥순의 손에 쥐어주었다. 10월 말이었지만 변방의 국경 부근이어서 눈이 쌓이고 세찬 바람이 부는 날씨였다. 그때 정준채는 중국 장춘의 동북전영제편창에서 시보영화를 편집하느라 가족과 떨어져 있었다.

형수와 헤어진 정추는 고산진으로 퇴각한 조직보충국을 찾아갔다. 뜻밖에도 평양 시절 조직보충국의 소련 한인 2세 출신의 국장이던 김세일 대신에 김창만이 국장직을 맡고 있었다.

내가 김창만에게 인사를 하니까 그는 "희천은 어떻게 하고 퇴각했느냐"며 따져 물었다. 나는 상황을 설명하면서 구사일생 살아남은 것만도 다행이라고 말했다. 희천 방어 전투요원을 조직할 수 없었던 유엔군의 엄청난 피습광경을 그에게 설명해야 했던 것이다. 조직보충국은 이때 초가집 몇 채를 임시로 쓰고 있는 등 형편이 말이 아니었다. 김창만은 성격이

이 북한군에 점령되었다. 주인규와 강홍식은 서울의 영화인들을 소집하고 교육시켜 평양으로 데려가는 역할과 전선에 종군영화인들을 투입하여 전황을 기록으로 남기고 인민군을 위안하는 역할을 맡게 되었다. 서울에서 이러한 사업을 하던 중 전세는 역전되어 후퇴를 하게 되었다. 남로당계로 분류된 그는 1951년 개편된 영화동맹에서 알 수 없는 이유로 아무런 직책도 맡지 못하였다. 1952년 휴전하자 북한에서는 박헌영, 이승엽 등 남로당계에 대한 대대적인 숙청이 시작되었고, 적색노조 활동가에 대한 탄압도 심해지면서 함께 탄압받게 되었다. 1956년 '8월 종파사건'이 발생하자 함흥에서 활동하던 정률, 기석복과 등 소련파로 분류되는 소련출신 한인들과 교분을 쌓았던 것이 원인이 되어 종파분자로 몰렸다. 종파숙청이 한창이던 1956년 9월 주인규는 수감 중 고문을 견디지 못하고 자살하였다.
81) 정추, 구술회상기, 「알마티의 기둥」.

날카로워 '면도칼'이라는 별명으로 유명했으며 만포의 조직보충국 국장 일을 보면서 김일성을 내놓고 욕하는 등 패전의 책임을 그에게 전가했다. 그는 내가 듣는 앞에서 "김일성 그 새끼, 전쟁도 할 줄 모른다"고 불평을 늘어놨다. 만포에서 두 달 가량 머무르면서 나는 고산진 노동당 전원회의 에서 김일성의 연설을 영내 방송으로 들었다. 그 연설에서 김일성은 북한 이 항공전에 대한 대비 없이 전쟁을 시작한 것을 비판한 군사정치위원 김 일(金一)을 부정한 인물로 규정하고 자신은 미국의 참전을 예상치 못한 것이 패전의 원인중 하나라고 자인했다. 나는 이 연설을 듣고 김일성이 일면(一面) 솔직하다고 느꼈으나 그에게 전쟁을 치를만한 전략이 없고 소 견이 퍽 얕은 사람으로 인정할 수밖에 없었다.[82]

정추의 회고에 따르면 조선노동당 제3차 중앙위원회는 1950년 12월 21일 압록강 너머 중국 땅이 바라다 보이는 평북 자강도 고산진에서 열렸다. 이날 부위원장인 허가이가 기초 보고를 통해 전쟁을 총괄한 중간보고형식으로 진행한 뒤 위원장인 김일성이 단계별 전쟁 전개상 황을 보고하면서 이에 대한 비판을 가했다. 김일성은 어깨에 왕별을 단 장성 급들과 대좌, 중좌까지 참석시킨 채 낙동강 전선까지 진격했 던 전쟁초기상황과 인천상륙작전 후의 후퇴상황 그리고 중국인민지원 군의 지원으로 재진격을 하는 3단계로 나눠 전쟁의 결함을 낱낱이 지 적했다.

김일성은 고산진까지 유엔군에게 밀리게 된 이유에 대해 이렇게 해 명했다. 첫째, 유엔군이 참전하리라고는 생각지 못했다. 둘째, 부대의 규율이 엉망인데도 간부급들의 연령이 낮아 통솔 지휘하는데 문제가 있었다. 셋째, 공군과 해군 등의 포화에 대한 사전방비책이 없었다. 넷째, 후방 보급 활동이 잘 조직되지 못해 후방이 교란됐다는 등의 해

---

82) 위와 같음.

명이었다. 김일성이 전황의 불리한 점들을 설명해 나가는 동안 정추는 등짝이 오싹해 옴을 느꼈다. 이미 패전가능성이 역력히 보이는데도 김일성 자신의 잘못은 단 한 가지도 시인하지 않고 자기비판도 없이 유엔군의 화력을 미리 예상치 못한 군 간부들에게 과오의 책임을 돌렸다.

김일성이 후방 지원의 미흡을 지적했을 때 나는 조직보충국대열부 부부장으로써 아무런 한 일이 없었고 또 희천에서 위술사령관으로 즉석임명을 받고도 대오를 이탈하는 인민군들을 전혀 회유하지 못했기 때문에 자칫 책임자를 문책한다면 큰일 나겠구나 하고 생각했다. 이렇게 생각할 즈음 민족보위성문화훈련국장이던 김일이 김일성에게 호된 문책을 받았다. 김일성은 "전쟁을 통해 충성스런 당원과 그렇지 못한 당원이 드러났다. 충성스럽지 못한 당원은 당내지위와 관계없이 엄단해야 한다"고 주장했다. 나중에 안 일이지만 김일은 회의 전날 김일성에게 불려가 패배주의자처럼 언동을 함부로 지껄이고 다니는 점을 지적받았고 김일도 이를 시인했다는 것이었다.

김일은 고산진에 와서도 "미국 양키놈들이 참전할 것도 예상치 못했으면서 어떻게 전쟁을 저질렀는가. 나는 이 전쟁이 실패할 것으로 안다. 또 김일성을 더 이상 신임하지 못하겠다"는 등의 비판을 공공연히 외고 다녔다. 특히 김일은 "김일성은 패전의 이유를 쌕쌕이(비행기)가 없어서 졌다는 식으로 쌕색이 핑계만 대는데 유엔군이 비행기를 들고 나오리라고 생각지 못한 김일성에게 책임이 있다"고 추궁했다.[83]

이로 말미암아 김일은 3차 중앙위 회의석상에서 신랄한 비판을 받고 현직을 박탈당했다. 김일은 물론 빨치산 출신인 최광, 임춘추 등이 직위 해제됐고 무정 등 연안파와 허성택 등 남로당 출신도 책임추궁을

---

83) 위와 같음.

받았다. 무정은 평양 방위에 실패한 점과 후퇴하는 혼란기 중 자신의 군단에 속한 연대장이 탈출하는 것을 현장 총살했다는 점 등이 문제가 되어 이미 제2보조지휘소 사령관직에서 강등돼 있는 상태였기 때문에 이날 회의로 영원히 매장당하고 말았다.

나는 이날 회의를 지켜본 뒤 김일성의 말은 절대로 신임할 수 없음을 알게 됐고 내 스스로 군복을 입고 전쟁에 휩쓸린 나 자신을 돌아다보며 주체할 수 없는 운명의 야속함에 치를 떨어야 했다. 그러나 전쟁은 계속되고 있었고 중국인민지원군과 더불어 남진하는 인민군들이 승전보를 전해오고 있어 어쩔 도리가 없었다. 나는 며칠 후 조직보충국 국장인 김창만에게 불려갔다. 김창만은 3차 중앙위 회의 때 김일성이 읽을 보고서를 직접 작성해 줬기에 매우 의기양양하면서 자신감에 충만해 있었다.

김창만은 나를 보더니 "정추 동무. 잘 왔소. 이제 전쟁은 장기전으로 들어가게 됐소. 그러니 동무는 군에 있지 말고 음악 일터로 가서 일을 보시오"라고 말하는 것이었다. 그러면서 중국 집안현(輯安縣) '통화'로 건너가면 내무성소속 합주단이 있으니 같이 일하라는 명령이었다. 김창만은 내가 조직보충국에 더 이상 적합한 인물이 아니라고 판단해 음악활동을 하라는 것이었다. 군인으로 쓸 수 없으니 전 직장으로의 복귀명령이 떨어진 것이었다. 그러나 나는 전쟁기간에 군복마저 벗고 민간인으로 남아 있을 경우 언제든지 목숨을 잃을 수 있다는 불안감을 느꼈다. 나는 "군복을 벗을 수는 없소. 내가 듣기에 통화에 후방사령부가 생겼다는데 그곳에서 후방지원업무를 보겠다"고 제안했다.

김창만은 "정 그렇다면 군복은 벗지 말고 후방사령부로 가든, 합주단 일을 보든 일단 통화로 가라"고 말했다. 그 순간 보충국내에 있던 중좌, 대좌 등 다른 지휘관들이 "정추 동무! 권총은 풀어놓고 가야지"라고 가로막고 나섰다. 후방사령부로 가는 마당에 권총까지 들려보낼 수는 없다는 것이었다. 나는 권총까지 빼앗기면 절대 살아남을 수 없음을 간파하고

"야, 너희들이 김창만 국장 앞이라고 새똥 큰소리를 치는구나. 누가 전쟁터에서 권총을 풀어놓고 가는 군인이 있겠는가"하고 도리어 큰소리로 대꾸했다. 이를 지켜보던 김창만이 "권총은 차고가게 놔둬라"고 말해 위기를 모면할 수 있었다.

나는 압록강을 건너 중국으로 넘어가는 열차를 타고 통화로 향했다. 중국 국경에서 발급하는 '호조'(일종의 비자)라는 붉은 인주가 찍힌 입국허가증을 받아 통화로 건너가니 후방사령부가 나왔다. 후방사령부 사령관은 최용건이었고 총참모장은 이상조였다.

후방사령부 조직보충국 국장인 김세일은 나에게 총무부장을 맡겼다. 총무부는 후방에서 물자보급을 담당하는 부서로 군복과 식량 등을 총괄해서 전선으로 실어 나르는 임무를 수행하는 부서였다. 약 4개월 동안 일을 보던 중 김세일은 나더러 "직업군인이 아니니까 이제는 전 직장 일을 봐야 한다"며 음악 일을 보라고 했다.

통화에는 당시 내무성합주단이 있었는데 내가 평양 시절에 국립영화제작소 음악부장으로 있을 때 시보음악작곡을 같이 하던 김원균(金元均)도 그곳에서 창작부원으로 일하고 있었다. 또 준채 형을 따르던 작가 이문섭도 가사창작부원으로 일하고 있었다. 내가 김원균에게 "김세일이 나더러 음악대학에 복직하라고 하는데 어떨지 모르겠다"고 하자 그는 "무슨 말이냐, 우리

▶ 정준채와 정추 형제 평양국립영화촬영소에서(1950)ⓒ정철훈

1940년 8월 우
리 공화국에서 처
음 제작된
영화가 바로 기록
영화 《우리의 건
설》이다. 이 영화
의 연출가로 한
사람으로 알카렸
으며 1949년에 제
5차 국제 영화 축
전에서 기록 영
화 상송 수여받은
《녕신의 노래》를
위시하여 《아세아 녀령 대회》 등 기록 영화를
연출한 후 관절상 《알렉산 마녀》를 상송삼다는
소문이 있던 정 춘채는 뜻밖에도 총 원연시 예술
영화 《다도섬의 이야기》란 신송연이 분년 잠을
탈에게 명성을 올리고 있다.
예술 영화를 말아 첫 솜씨부터 인산을 받위
한 이 연출가는 알스트 제수 침년의 영화많
을 선출하려는가? 그예익은 알겠다만… 이분은
알스트로 《알렉산 마녀》 같은 소문은 비지 많도
민추님인 경서가 으프로 우리 신소잔씨 에
숙심과 임송십동 분합을 수 있는 매사적인
자품을 많이 연습네 주기를 갈격않음 소청
함맛.

▶ 북한 예술잡지 조선 예술 1960
년 5호 영화 연출가의 프로필
에 실린 정준 채. "1948년 8월
공화국에서 처음 제작된 기록
영화 우리의 건설 연출가"라
고 소개되어 있다.ⓒ정철훈

합주단에서 같이 일하자"고 나를 붙잡았
다. 김세일도 합주단에서 일할 수 있도록
허락했기 때문에 나는 그들과 합류했
다.[84]

이윽고 내무성합주단은 1951년 6월,
통화를 출발해 평양으로 떠났다. 내무
성합주단은 기차와 트럭을 번갈아 타
고 이동한 끝에 유엔군의 폭격으로 폐
허가 된 평양에 도착했다. 정추는 그
길로 영화촬영소로 달려갔다.

마침 준채 형은 영화촬영소에 있었다.
우리는 폐허가 된 제작소 건물 앞에서
언제 어떻게 될 목숨일지 모르는 까닭에
기념촬영을 했다. 형은 시보영화제작에
몰두해 있었다.
영화촬영소장인 주인규가 온데간데없
이 사라진 채였고 준채 형이 사실상의 총책임자가 되어 영화제작을 지휘
하고 있었다. 얼마 뒤 나는 내무성합주단과 함께 이동하던 중 평양역 건
물 벽에 나붙은 유학생을 선발한다는 공문을 보았다. 나는 이 기회를 놓
칠 수 없었다. 평양 만경대 앞 양각도의 한 건물에서 예술부문 지원학생
들을 위한 콩쿠르가 열렸다. 나는 피아노 연주와 창작곡을 발표해 실기시
험을 통과했고 노어·음악이론·수학이론 등 3개 필기시험을 통과해 최종
합격자로 선발됐다. 양각도 콩쿠르는 교육성에서 주관하는 국비유학생

84) 위와 같음.

시험이었다.[85]

시험에 합격한 정추는 의주에 있는 유학생강습소에 입소하라는 통보를 받았다. 강습소는 이성계가 위화도 회군을 했다는 통군정 근처의 산골짜기에 있는 예전 인민학교 건물이었다. 유학생들은 그곳에서 유학 갈 국가의 언어나 전공과 관련된 기초지식을 배웠다.

유학생 해외파견은 1946년부터 시작되어 전쟁 중에도 이어졌다. 그러나 제1기생(1946년 9월)부터 제5기생(1950년 9월)까지의 유학생들은 소련의 중심도시로 유학가지 못하고 톰스크, 옴스크, 스베르들로프스크(현 예카체린부르크), 로스토브나도누 등과 같은 지역의 공업대학에 배치되었다. 그러던 것이 1951년 제6기생부터 모스크바와 레닌그라드와 같은 중심도시로 배치되는 행운을 차지했다. 예정대로라면 6기생은 9~10월경 모스크바에 도착해 유학생활을 시작해야 했으나 일이 지연되어 그 해 말에야 모스크바에 당도하였다.[86]

유학생으로 선발된 학생들은 두말할 것 없이 인민군에 복무했거나 사회성분과 당성에서 흠결이 없는 사람이어야 했다. 가족이나 친척 중에 월남한 자가 있거나 지주 계급였거나 혹은 전쟁 중 국방군을 도운 자는 아무리 능력이 뛰어나더라도 유학의 기회를 가질 수 없었다. 유학생에 선발되려면 무엇보다도 전쟁에서 뛰어난 공훈을 세워야 했다. 공훈을 세운 자들은 상급부대나 관련기관의 추천을 받아 유학시험을 치렀으며 전쟁에서의 공훈에 따라 시험을 면제받기도 했다. 이렇게 합격한 사람들은 전공과목을 상부에서 정해주었다. 하지만 가장 어려운

---

85) 위와 같음.

86) 6기 유학생인 최국인과 이경진에 따르면 소련은 미군이 생화학무기로 북한지역을 공격해 유학생들도 감염되었을지도 모른다며 유학생들을 바로 받아주지 않고 지연시켜 모스크바 도착에 늦어졌다.

관문은 시험이 아니라 신원조회였다. 의주강습소에서 신원조회 결과를 기다리는 동안 정추 형제는 서신을 주고받으며 근황을 알렸다. 의주강습소는 교육기관이라기보다 사실상 신원을 확인하는 기관이었다. 당시 전쟁으로 인해 신원을 확인하는 행정절차는 매우 더뎠다. 때문에 1차로 신원조회가 끝난 학생들이 입소하더라도 강습소에서 최종 확인을 거쳐 부적격자를 걸러냈다. 그리하여 강습기간에 신분상의 결함이나 당성에 문제가 있어 탈락되어 집으로 돌아가는 이들이 간혹 있었다. 같은 기수로 모집된 유학생이라도 주소지가 강습소에 가까운 곳이거나 평양으로 되어 있으면 신원을 확인하는데 소요되는 시간이 비교적 적게 걸려 유학을 떠났지만 그렇지 않은 이들은 더 늦게까지 아래 기수와 함께 유학을 떠나는 경우도 생겼다. 남한 출신인 정추 역시 신원조회 기간이 길어져 초조한 나날을 보내고 있었다.

나는 하는 수없이 허정숙 문화상을 평양으로 직접 찾아가서 신원보증을 탄원할 수밖에 다른 도리가 없었다. 평양에서 허정숙을 만나 "출신 성분을 알 수 없으니 소련에 보내지 않겠다고 한다"고 사정 얘기를 했더니 허정숙은 "별 것 가지고 생트집이군."하면서 교육성에 보내는 신원 보증서를 써주었다.[87]

허정숙을 만나러 문화선전성에 갔던 정추는 우연히 시인 최석두(崔石斗)[88]와 마주쳤다. 최석두는 문화선전성 문화예술국에서 일하고 있었다.

---

87) 위와 같음.

88) 본명 崔錫斗. 1917년 전남 함평군 함평읍 기각리에서 의붓 형제가 많은 중농의 서자로 태어났다. 당시로서는 드물게 유치원을 거쳐 함평공립보통학교에 입학해서 1930년 졸업했다. 그리고 이듬해 봄에 광주공립농업학교에 입학하여 광주에서 주로 생활했다. 그는 광주농업학교 시절, 정준채와 동기동창으로 학창 시절엔 정추가 태어난 양림동 137번지 집을 찾아와 정준

최석두는 1930년대 내가 광주 양림동에서 소학교를 다닐 때부터 양림동 137번지 우리 집까지 쫓아와 놀던 막역한 사이로 준채 형과는 광주농고 동창생이었다. 내가 문화선전성 건물계단을 오르는 데 그가 "이게 누구야, 추 아니냐?"고 나를 알아보는 것이었다. 그는 내가 소련유학을 간다는 소식을 듣고 대단히 기뻐했다. 나는 그날 저녁 그와 긴 얘기를 했다.[89]

최석두는 해방 후 남한만의 단독정부 수립을 주장한 이승만과 미 군정에 대한 반대투쟁을 전개한 프롤레탈리아 활동가로 일제 강점기부터 저항 시인이자 혁명 시인으로 이름이 알려져 있었다. 그러던 중 그의 시가 문제되어 1949년 8월에 경찰에 체포되어 7년형을 언도받고 서울서대문형무소에서 감옥생활을 하던 중 서울을 점령한 인민군에 의해 자유의 몸이 되었다. 석방 직후 서울시 임시위원회선전부에서 문화과장을 맡았던 그는 인민군이 후퇴할 때 함께 평양으로 왔다.

채와 얘기도 나누며 지내던 막역한 사이였다. 1936년 9월 경성사범학교 단기강습과 6개월 과정을 수료한 후 경기도 여주군 전동소학교에서 교원생활을 하다가 1938년에 교단에서 물러나 해방을 맞기까지 고향에서 농사를 지었다. 농사일은 그의 창작에도 큰 영향을 미쳐 그는 흙의 세계와 문학의 세계를 일치시키는 작품 성향을 보였다. 첫 시집 『새벽길』(1948)을 조선사에서 간행한 그는 1949년에 체포되어 7년 징역형을 언도 받고 서대문 형무소에 갇혔다. 그런 중에 인민군이 남침을 하여 서울을 점령하자 이용악 시인 등과 더불어 풀려났다. 하지만 북으로 올라가던 중에 유엔군의 기총소사에 부상당하여 압록강변의 구호병원에서 치료도 받았다. 북한에서 그는 한동안 문화선전성 일을 맡아보며 열정적인 시 창작을 계속하였다. 월북 이후 평양에서 이전에 남한에서 냈던 시집에다 북한에서 썼던 일부 시를 첨가하여 새로운 시집 『새벽길』(1957)이 출간되었다(『북한문학사전』, 1995, 국학자료원)

89) 정추, 구술회상기, 「알마티의 기둥」.

우리는 짧은 시간이나마 옛 추억에 잠겼고 특히 광주농업학교 재학 중 준채 형과 함께 우리 집에 와서 크라리넷, 만도린, 아코디언을 연주하며 놀던 꿈 많던 소년시절을 회상했다.

그는 내가 작곡공부를 위해 소련유학을 간다는 얘기를 듣고 그동안 자신이 쓴 몇 편의 서정시를 읊어주었다. 그의 시들은 나의 가슴을 울렸고 근 5년 동안 고향에 못간 나에게 고향의 산과 풀내음, 맑은 시냇물소리를 상상할 수 있는 시상(詩象)을 내게 불어넣어 주었다. "산우에 달이 뜬다/ 마구 불질하던 골자귀며/ 산무루에 으슥한 어둠이/ 철갑모양 내리면/ 거칠은 숨소리와 화약냄새도/ 잠깐 쉬고 꺼뭇꺼뭇/ 덤불속 깊이 둘씩/ 셋씩이/ 서로 끌어안고 마음 다시/ 가다듬으며 허리를 편다/ 아무도 말하지 않고 산은 더욱 묵묵해/ 그러나 포근히 사무치는 지열이 있어/조국의 꿈은 서리는가/ 무거운 숨소리/ 횃불처럼 타는 눈 하나/ 산우에 남고/ 찌르릉 벌레는/ 울어예여 황량한 밤/ 산우에 달이 뜬다/ 산우엔 달이 밝다"

나는 그가 들려준 「산우에 달이 뜬다」라는 시를 들으며 그가 프롤레타리아 시인이라는 것을 금방 느꼈다. 그의 시상은 넓고 감성은 풍부해 내 머리 속에는 악상이 굴러가듯 춤추며 음악이 될 수 있다는 것을 알아차렸다. 그는 자신의 시를 주제로 유학기간 동안 작곡을 할 수 있으면 추진해 보라며 다음날 자신의 자필 시집노트를 전달해 주겠다고 제안했다.[90]

다음날 정추는 최석두와 다시 만나기로 한 문화선전성 건물 앞으로 갔다. 현관 계단 앞에 최석두가 서있었다. 그는 정추를 발견하고 빠른 걸음으로 다가왔다. 그 순간 미 공군의 폭격이 시작되었다. 최석두는 가슴에 폭탄의 파편을 맞고 그 자리에 쓰러졌다. 정추가 달려가 품에 안았으나 이미 숨은 끊어진 뒤였다. 정추는 최석두의 품 안에서 자필 시집노트를 꺼낸 뒤 폭격을 피해 몸을 숨겼다.[91]

---

90) 위와 같음.

91) 정추는 소련 유학을 가서 1953년 최석두의 시 「산우에 달이 뜬다」를 가사

최석두는 폭격으로 사망하기 전까지 북한에서 남로당의 거물이며 빨치산 대장인 이승엽과 긴밀한 관계를 맺고 있었고 이승엽에 대한 시를 쓰기도 했다. 이승엽은 전쟁 직후 서울시임시인민위원장을 역임하고 1951년 12월 노동당비서까지 지냈으나 남로당 숙청 시기인 1953년 8월 사형을 언도받았다. 최석두가 전쟁에서 살아남았더라도 이승엽과의 관계가 드러났을 경우를 상정해보면 그의 운명 역시 남로당 숙청의 칼날을 피해가지 못했을 것이다.

이 시기에 정준채는 강홍식·문예봉·박학·최순흥 등 선배 영화인들과 함께 북조선 영화동맹 위원으로 선출되었다. 개편된 영화동맹 위원 명단은 아래와 같다.

문예총 상무위원회
위원장: 한설야
부위원장: 리태준, 조기천
서기장: 박웅걸
위원: 리기영, 신고송, 림화, 김순남, 정관철, 김조규, 박영신, 김남천

영화동맹
위원장: 심영
부위원장: 윤상열
서기장: 윤재영
위원: 강홍식, 문예봉, 리재현, 박학, 장석원, 유경애, 최순흥, 정준채[92]

로 한 독창곡을 작곡해 차이콥스키음악원에서 실시한 젊은 작곡가의 연주회에서 발표한다. 또 최석두의 「새벽길」도 독창곡으로 작곡했다.
92) 《문학예술》, 문학예술사, 1951년 5월호, 35쪽.

눈에 띄는 것은 국립영화촬영소장인 주인규의 이름을 어디에서도 찾아볼 수 없다는 점이다. 1947년 제4차 문예총 중앙위원회 상무위원은 이기영, 한설야, 안막, 정률, 안함광, 최명익, 이동규, 박영호, 이면상, 선우담, 주인규였다. 그러나 1951년 개편된 문예총 상무위원회에서 주인규은 탈락했다. 영화동맹도 재북 영화인이라고 할 수 있는 주인규, 이규설, 박완식 등이 제외된 반면 심영, 윤상열, 문예봉, 리재현, 유경애, 정준채 등 월북 영화인들이 대거 중용되었다.

4. 체코슬로바키아 국제영화축전에서 최고 기록 영화상 수상—1950년

전쟁이 발발하자 평양에 체류하고 있던 소련영화인들은 모스크바로의 귀환을 서둘렀다. 준채는 국립영화촬영소 제작부장의 자격으로 소련영화인들을 위해 환송식을 베풀어 주었을 것이다. 촬영소 건설 때부터 밤을 지새우며 함께 청사진을 그리고 필요한 영화기자재의 목록을 작성하며 깊은 우정을 쌓아왔기에 그들의 귀환 소식은 못내 아쉬웠다.

당시 동구권 최대의 국제영화제는 매년 여름에 열리는 체코슬로바키아 카를로비바리 국제영화축전[93]였다. 국립영화촬영소는 전쟁 발발

---

93) 체코 카를로비바리에서 열리는 국제영화제. 1946년 창설돼 1948년부터 경쟁 영화제가 됐다. 1959년 모스크바국제영화제가 만들어지면서 모스크바와 번갈아 격년제로 열렸다. 낭트 삼대륙 영화제(Nantes Festival of Three Continents)와 런던영화제(London Film Festival)가 제3세계 영화들을 적극적으로 소개하기 전부터 제3세계 영화들을 소개해 수많은 중남미, 아시아, 아프리카 영화들이 세계 영화계에 알려지는 계기를 마련했다. 현재는 동구의 칸 영화제로 불릴 만한 명성을 얻어 이념성이 강하면서도 세계의 영화 예술가들의 진정한 모임의 마당으로 평가받고 있다. 영화

이전부터 체코슬로바키아 카를로비바리 영화제에 출품할 기록영화를 준비하고 있었다. 이 영화제의 참가는 공화국 수립 이후 첫 국제영화제 출품이라는 점에서 매우 뜻 깊은 의미가 있었다. 신생 사회주의 공화국의 건설 모습을 소련을 비롯한 동구권에 알리는 데 영화만한 선전 수단은 없었다. 전쟁이 아니었다면 북조선 대표가 필름을 들고 직접 영화제에 참가했겠지만 전시 상황인지라 직접 참가는 불가능했다. 이에 따라 국립영화촬영소는 모스크바로 귀환하는 소련영화인들을 경유해 체코슬로바키아 프라하에 주재하고 있는 북조선 공사에게 전달해 작품을 출품한 것으로 보인다. 카를로비바리 국제영화축전 홈페이지에 이런 기록이 있다.

Historie5. ročník 15.–30. července 1950
Cena za nejlepší černobílou filmovou reportáž
Píseň družby
Režie: Čeng Čung–čen
KLDR[94]

제는 두 개의 국제 경쟁 부문을 두고 있는데 장편 경쟁과 다큐멘터리 경쟁이다. 비경쟁 섹션에는 초창기에 '자유옹호투쟁상' 등이 수여되었고 이후 세계 각지에서 초청한 신작 영화와 영화제 수상작들로 구성되는 '호라이즌'(Horizons), 새로운 예술적 접근을 시도한 영화인 '또 다른 시선'(Another View) 등이 신설되었다. 1998년 국제영화제작자협회(FIAPE)에 의해 A급 영화제로 분류되었다. 모스크바영화제나 몬트리올영화제가 B급으로 분류된 것과 비교할 때 그 위상을 짐작할 수 있다. 2000년 제35회 때 이창동 감독의 「박하사탕」이 경쟁작으로 선정되어 심사위원특별상 등을 받았다. (네이버 두산백과)
94) 체코슬로바키아 카를로비바리 국제영화축전 홈페이지.

제5차 영화축전. 1950년 7월 15일~30일.
기록영화부문 작품상
친선의 노래
수상자: 정준채
조선인민공화국

1950년 8월 초, 평양으로 낭보가 날아들었다. 「친선의 노래」가 제5차 카를로비바리 국제영화축전에서 기록영화부문 작품상을 수상했다는 소식이었다.

조선영화 「친선의 노래」에 최고기록영화상 수여

【평양 三인반 조선중앙통신】 쁘라-그발 따쓰통신에 의하면 7월 30일 까를로비바리에서 열렸던 국제영화축전은 대성황리에 끝났다. 동일 이 축전에서 수상한 예술작품들에 대한 심사결과가 발표되었다. 그중 조선민주주의인민공화국 작품인 장편기록영화 「친선의 노래」는 최고기록영화상을 수여받았으며 인민중국의 예술영화 「중국의 딸」은 자유옹호투쟁상을 수여받았다.[95]

『로동신문』은 「친선의 노래」의 기록영화부문 작품상 수상 소식과 함께 중화인민공화국에 출품한 「중국의 딸」에 자유옹호투쟁상을 수상한 소식을 전하고 있다. 자유옹호투쟁상은 경쟁 없이 수상작을 결정하는데 비해 기록영화상은 경쟁 부문에 작품을 출품해 우열을 가리는 기때문에 수상 가능성은 그만큼 낮았기에 「친선의 노래」의 수상은 예상치 않은 낭보였다. 국제영화제 출품작은 기술적인 측면이나 주제 면에

---

95) 『로동신문』, 1950.8.4(1면 2단 기사).

서 상당한 강점을 갖추어야 했다. 「친선의 노래」는 이에 적합한 작품이었다. 「친선의 노래」는 북조선과 소련의 친선을 주제로 한 기록영화였기에 동방의 신생 사회주의 공화국인 북조선의 발전상을 궁금해 하는 동구권 영화인들에게 깊은 감동을 주었다.

「친선의 노래」는 한국전쟁 전에 만든 기록영화이다. 이 작품을 전쟁 중인 1950년에 출품한 것은 준채 형의 영화에 대한 열정을 보여준다. 사회주의국가 건설 자체에 대한 영화미학을 보여주는 작품이다.[96]

「친선의 노래」는 1949년 10월 평양에서 열린 「조소친선과 쏘베트 문화 순간」을 기념하는 경축대회와 이와 더불어 개막된 다채로운 경축 연예를 중심으로 한 갖가지 기념행사 들을 수록한 작품이었다.[97]

「친선의 노래」의 구성은 크게 두 부분으로 나뉜다. 먼저 조선민족의 해방자인 위대한 소련군대의 공훈을 상징하는 해방 탑과 해방된 공화국 북반부의 아름다운 산천과 곡식이 무르익은 들판의 평화스럽고 행복한 풍경들을 보여주면서, 남포 판초자 공장, 소련적십자병원, 평양 노어대학 등 중요한 경제 및 사회 문화시설의 성공적 건설, 그리고 민주건설 가운데서 소련 기술자들이 기술상의 적극지도와 협조에 대한 내용을 제시한다. 이를 통해 영화는 "조선인민이 해방 후 4년간 조국의 민주 건설에 막대한 성과를 달성한 것은 위대한 쏘련의 끊임없는 형제적 방조가 있었으므로서만이 가능하였다."[98]라고 설명한다. 이것이야말로 해방 시기와 국가 건설 시기를 막론하고 변함없는 원조를 아끼지 않았던 소련의 공훈에 대한 찬양이자 북조선과 소련 간의 변치

96) 정추, 구술회상기, 「알마티의 기둥」.
97) 유우, 『북한과 중국의 영화교류사』, 박이정, 2018, 149쪽.
98) 유우, 앞의 책. 150쪽.

않는 친선과 우의에 대한 입증이라 할 수 있다.

영화의 제2부분은 바로 경축공연에 대한 상세한 기록이다. 소련예술대표단 일행이 이동 전람회와 이동예술단의 형태로 북한의 산간벽지까지 찾아가 북한 농민들과 함께 즐긴 경축의 연예, 생산 직장에서 북한 연극 서클의 번역극 공연, 그리고 "국립극장의 번역극인 정지수, 리석예 양씨의 발레 무용, 국립 예술 극장 협주단의 고전악, 국립극장 무용단의 춤, 국립합창단의 코러스, 인민군 대협주단의 연주"를 비롯한 북한 예술가들의 다채로운 공연이 영화에 수록되었다.[99] 이러한 경축대회와 공연행사의 실황에 대한 재현은 북한관객들로 하여금 우방 소련 예술가들의 친선 공연이 보여준 이국적인 분위기를 느끼도록 하면서 "해방 후 우리 공화국 북반부로 대중의 문화 수준이 얼마나 급속도로 발전되며 있는가를 다시금 감격리에 바라보게" 했으며, 다른 한 편으로는 영화에 수록된 "조쏘예술가들의 교환연예에서도 해방과 원조로서 굳게 맺아진 조쏘인민의 아릿다운 친선 모습"[100]을 보여주며 북한과 소련 양국 간의 깊은 프롤레타리아 국제주의 친선과 우의를 크게 앙양하였다.

「친선의 노래」는 해방 후 우리 공화국 북반부의 대중문화 수준이 얼마나 급속도로 발전되며 있는가를 다시금 감격리에 바라보게 했으며, 조쏘예술가들의 교환 연예에서도 해방과 원조로서 굳게 맺아진 조쏘인민의 아릿다운 친선 모습을 보여주며 양국 간의 깊은 프롤레타리아 국제주의 친선과 우의를 크게 앙양하였다.[101]

---

99) 유우, 위와 같음.
100) 「조선영화소개-기록영화 '친선의 노래'」, 『영화예술』 5호, 1950.1., 56쪽. 유우, 앞의 책, 149~150쪽 재인용.
101) 「조선영화소개-기록영화 '친선의 노래'」, 『영화예술』 5호, 1950.1.

「친선의 노래」는 1949년 편집 완료되어 이듬해 1월 극장에서 상영되었기에 북조선 주민들도 익히 알고 있는 영화였다. 전쟁의 포화가 불을 뿜는 위중한 상황에서도 낭보는 즉각 김일성과 허정숙을 위시한 상부에 보고되었다. 이로써 사회주의 체제의 수호를 위해 전쟁을 치르고 있는 북조선의 존재감은 소련을 비롯한 동구권에 생생하게 각인되었고 정준채의 이름도 동구권뿐만 아니라 북조선에도 널리 알려지게 되었다.

5. 제6차 체코슬로바키아 국제영화축전 참가 -1951년

북조선은 전쟁 중이었음에도 불구, 이듬해에 열리는 제6차 카를로비바리영화제에 대표를 보내기로 결정하였다. 전쟁은 이미 남북 간의 대결을 넘어 사회주의 진영과 자본주의 진영의 대결로 치닫고 있었고 북조선은 사회주의 진영을 대표해 국제전을 치르고 있다는 의미로 확대되었다. 소련을 비롯한 동구권 국가의 입장에서는 미 제국주의에 맞서 전쟁을 수행하고 있는 북조선의 생생한 현실을 눈으로 보고 싶었을 것이다. 북조선도 카를로비바리영화제가 전쟁의 참상을 널리 알리는 데 얼마나 중요한 기회인지 알고 있기에 대표단을 파견해 사회주의 형제국의 정신적, 물질적 지원을 촉구하는 기폭제로 삼고자 했다.

추 앞.
네 편지 2번 다 받아 보았다. 문제는 6월 초에 출발하려던 것이 딴 문제가 생겨서 즉. 이번 체코슬로바키아에서 개최되는 제6차 국제영화축전에 조선 대표로서 참가하게 되어 작품은 갔다 온 후에 제작케 되어 출발이 늦어지게 되었다.
체코는 6월 말 아니면 7월 1일 출발. 약 2달 반쯤에서 9월 중순쯤에 귀국할 것 같다. 아마 네가 빨리 들어오면 모스크바에서 만나게 될 것이오, 그렇지 않으면 도중에 어긋나게 생겼다. 아무쪼록 몸 건강하길 빈다. (…)

1951년 6월 18일 준채 형.[102]

준채는 동생에게 제6차 카를로비바리 국제영화축전에 조선대표로 참가하게 되었다는 사실을 전하고 있다. 아울러 동생에게 "만약 네가 예정대로 모스크바에 도착하게 되면 체코슬로바키아에서 귀국하는 도중에 모스크바에서 재회할 수 있겠으나 자칫 어긋날 수도 있다"면서 "아무쪼록 좋은 성적으로 강습소 교육을 마치고 유학의 길을 떠나라"는 격려의 말을 아끼지 않았다. 정준채 일행의 카를로비바리 국제영화축전 참가는 『민주조선』을 통해서도 확인된다.

체코슬로바키야 국제영화축전에 조선대표단 참가

오는 7월 14일부터 30일 넘겨 17일간 체코슬로바키야에서 열리는 국제영화축전이 조선대표의 참가를 초청해왔으므로 조선측에서는 정준채 씨와 배우 문예봉 씨, 촬영기사 오웅탁 씨 등이 참가하기로 되었다.[103]

흥미로운 것은 『민주조선』이 같은 날, 같은 지면에 「체코슬로바키야 영화인들에게 감사의 멧세이지」와 「체코슬로바키야 영화일꾼들에게 보내는 멧세이지」를 함께 게재하고 있다는 점이다. 1년 전, 「친선의 노래」의 최고기록영화상 수상에 불구하고 전쟁을 치르느라 미처 체코슬

---

102) 편지는 북한 내무성 원고에 세로쓰기로 적혀 있다. 발신자는 '평양시 국립영화촬영소 정준채', 수신자는 '평북 의주군 의주면 서부리 쏘련유학생 강습소 정추'이다.

103) 『민주조선』, 1951.6.15.(1쪽)

로바키아 측에 감사의 말을 전하지 못한 데 대한 만회성 기사로 보인다. 이 가운데 「체코슬로바키야 영화일꾼들에게 보내는 멧세이지」는 1951년 6월 22일 평양에서 열린 '조선영화인 열성자 대회'의 결의문 성격으로 작성됐다. 준채 역시 이 대회에 참석해 체코슬로비키아 영화인들에게 보내는 애정 어린 동지적 메시지를 낭독하고 영화축전에 참가하는 결의를 다졌던 것이다. 그리고 며칠 뒤 또 한 통의 편지를 추에게 보낸다.

추에게.
나는 7월 4일 평양을 떠나 북경으로 해서 모스크바로 가서 프라하에 가게 된다. 7월 14일 개최해, 약 2개월 여정, 8월 20일에 돌아오려 한다. 거기서 초청받으면 각 국을 돌아다니게 되니 좀 늦겠다. 너를 어디서 만나게 될지![104]

제6차 카를로비바리 국제영화축전은 1951년 7월 14일에 시작되어 2주일 동안 진행되는 긴 일정이었다. 축전이 끝난 뒤에도 동구의 여러 국가를 둘러볼 예정이므로 8월 20일 경이나 평양에 돌아오게 되어 있었다. 준채는 프라하와 카를로비바리는 물론 모스크바와 동구권을 두루 돌아볼 수 있는 여정을 앞에 두고 기대감에 부풀어 있었다. 당시 준채는 평양 국립영화촬영소 공동주택에서 가족과 함께 지내며 시나리오 작업을 하고 있었다. 어떤 시나리오인지, 다음 편지에서 밝혀진다.

추 앞.
그간 몸 건강히 강습 잘 받고 있는지. 네 편지를 받고 곧 답을 쓰려던

---

104) 편지의 작성 일자는 1951년 6월 말로 추정된다. 봉투의 소인은 '신의주 우편국 등기 710'로 찍혀있다.

것이 몇 일 안이면 의주 방면으로 로케 헌팅을 출발케 되어 기다리던 것이 이렇게 늦어졌다. 사실은 시나리오가 결정되어 준비를 하던 중 이번 체코슬로바키아 프라하에서 개최되는 제6차 국제 영화 콩쿨에서 조선 대표를 초청했는데 여러 가지로 인선이 되어오다 오웅탁 동무와 내가 대표로서 가게 결정이 되었다.

그래 나는 사실 작품 제작 관계도 있고 해서 처음엔 문제가 서질 않았는데 「우리는 잊지 않는다」의 후반이 눈 오는 장면이 되어 이걸 겨울로 미루어 제작해 해달라고 상(허정숙 문화선전상: 인용자)께 건의 한 바, 내 요구대로 하게 되었으며 동시에 세트 촬영 후 약 2개월 동안 쉬는 사이를 이용해서 결국 체코에 다녀오라고 결정이 되었다. (…)

가지고 가는 작품은 기록영화 「정의의 전쟁」 제1부 (천상인), 동(同) 제2부 (윤재영–북경서 제작 중에 있다.) 「2·8절」(변동욱), 「1950년 5·1절–천연색」(내가 한 것)과 극영화는 「소년 근위대」(윤용규)를 가지고 가게 되었다.(…)

우리에게는 훌륭한 문화유산이 있다. 나는 이번 작품에 미술 장치에 있어서 우리 건축미의 전통을 살려 새로운 현대적 건축미를 가미한 새로운 형태를 창조해 보려 한다. 거기에 약동하는 인물들도 새로운 세대의 전형적인 영웅적 조선 인민의 아들, 딸들을 형상화하려고 한다. 우리에게는 비록 힘은 미약하나마 우리 조국에 앞날을 걸머진 무거운 짐을 지고 있다.[105]

편지의 수신자는 '평북 의주군 의주면 서부리 소련유학생 강습소 정추'(신의주 등기 우편 제 777)로 되어있고 발신자는 '평양국립영화촬영소 정준채'로 되어 있다. 소련유학생 선발시험에 합격한 동생이 먼저 모스크바에 갈 줄 알았으나 뜻밖에도 체코슬로바키아 국제영화제

---

105) 편지의 작성일자는 1951년 6월 중순으로 추정된다.

에 북한 대표로 선발된 준채가 동생보다 먼저 모스크바를 경유해 체코슬로바키아로 가게 된 것이다. 준채와 함께 북한 대표로 선발된 촬영기사 오웅탁은 해방 직후 '서울키노'에서 함께 활동한 광주 출신이다. 출품 작품은 기록영화부문에 「정의의 전쟁」 제1부(천상인), 「정의의 전쟁」 제2부(윤재영 — 북경서 제작 중), 「2·8절」(변동욱), 「1950년 5·1절 — 천연색」(정준채) 등 4개 작품이었고 극영화 부문엔 「소년 근위대」(윤용규)가 출품되었다.

「정의의 전쟁」은 북조선에서 이른바 '조국해방전쟁'의 성격을 밝히면서 북조선 인민이 승리를 쟁취하기 위해 투쟁하는 모습을 생동하게 수록함으로써 그들의 대중적인 영웅주의를 반영한 작품이다.[106] 2부작인 「정의의 전쟁」 1부의 연출과 시나리오는 천상인이 맡았으며 아마도 2부 연출은 윤재영이 맡은 것으로 보인다. 촬영은 최순흥과 고흥규가 맡았다. 이 영화는 무엇보다도 북한 지역을 침략하려고 획책하는 미국의 야수적 죄상을 폭로하는 동시에 김일성을 수반으로 하는 북한 공산주의 정권의 당위성과 우월성을 선전하는데 초점이 맞춰져 있었다. 인민군이 서울에 입성할 때 서울시민들이 "김일성 만세!"를 외치면서 환호하는 장면, 미군이 북한과 남한에서 강행한 무차별 폭격과 포격의 만행, 그리고 전시 생산과 전선 원호사업에 나선 후방인민들의 적극적인 투쟁 모습까지 모두 수록되었다.[107] 영화의 목표는 한마디로 '조국해방전쟁'의 정의적 성격을 뚜렷하게 천명하는데 있었다.

이때 준채의 아내 임옥순은 자식들을 데리고 중국 동북으로 피난을 가 있었고 인민군으로 남하한 둘째 동생 권의 소식은 알 수 없는 상태였다. 이 와중에 추는 의주 강습소에, 준채는 체코슬로바키아 행을 앞

---

106) 유유, 위의 책, 151쪽.
107) 김룡봉, 『조선영화사』, 사회과학출판사, 2013; 유우, 위의 책에서 재인용.

▶ 체코 수도 프라하(출처: 체코공화국 관광청)ⓒ정철훈

두고 있었다. 남한의 광주엔 부모와 누이, 그리고 막내 동생이 살고 있었다. 이토록 많은 지점들은 분단이 초래한 가족의 해체와 혈연의 해체를 의미한다. 하지만 준채 형제들은 비록 남한과 북한으로 갈려져 있었지만 영원한 적은 될 수 없었다. 적은 가족 내부가 아니라 외부에 있었다. 준채의 무기는 총이 아니라 영화였다. 영화로 무엇을 할 것인가. 그건 준채의 머릿속에서 한 번도 떠나지 않은 질문이었다. 영화로 새로운 국가 만들기. 그것이 준채의 목표이자 영상미학의 궁극적인 목적은 아니었을까.

추에게

그동안 얼마나 수고하는지.

나는 7월 8일 평양을 출발하여 지금 10일 동북 심양에 도착했다.

도중 짬만 있으면 너에게 물론 들리려 했으나 도저히 시간상 여유가 없어 심양까지 와버렸다. 내일(11일) 심양서 비행기로 출발하여 치타로 가게 되었다. 치타에서 모스크바로 가서 거기서 비행기로 프라하에 가게 되었다. 시일이 급해서 이렇게 되었다.

9월 초에는 돌아오게 될 듯한데 네가 빨리 오면은 모스크바에서 만나게 될 것 같다. (…)

1951년 7월 10일 심양 철도호텔

준채 형.

심양에서 동생에게 소식을 전한 정준채는 모스크바와 체코슬로바키아 프라하를 경유해 국제영화제가 열리는 카를로비바리에 도착해 두 달 남짓의 여정에 들어간다. 정준채, 오응탁과 함께 조선 대표로 참가한 문예봉의 글은 국제영화축전의 상세한 모습을 짐작케 한다. 앞선 편지에 언급되지 않았던 문예봉의 참가는 막판에 결정된 것으로 보인다.

우리 일행-연출과 정준채 동무, 촬영자 오웅탁 동무와 나-세 사람이 축전 개최지인 카를로비바리를 향하여 평양을 떠난 것은 지난 7월 8일이었다. 중국 동북 심양에서 비행기를 타고 치타를 거쳐 13일 새벽 5시 모스크바에 도착하였다. 그 이튿날 14일 아침 7시 저명한 소련의 영화일꾼인 치르코프[108] 동무, 세르게이[109] 동무들과 함께 비행기로 폴란드 수도 바르샤바를 거쳐 오후 2시 체코슬로바키아의 프라하-그 비행장에 도착하였다.

카를로비바리는 여기서 150마일 가량 떨어진 피서지로 유명한 곳이다. 그 전 어느 대자본가의 저택이었던 축전장소는 평화의 비둘기와 월계수를 수놓은 화폭들로써 화려하게 장식 되어 있었다. 이 축제는 22개국의 영화 예술가 대표들이 참석하였다. 인민민주주의 제 국가는 물론 불란서,

▶ 문예봉©정철훈

▶ 시나리오 작가 임선규(문예봉의 남편)©정철훈

108) 보리스 치르코프(1901~1982)
109) 세르게이 본다르추크(1920~1994)

영국, 이태리, 인도, 스웨덴, 오스트리아 등 자본주의 국가들도 참가하였다. 축제는 7월 14일에 개막되어 동월 27일까지 계속되었는데 이 기간에 각국에서 출품된 극예술영화를 비롯한 기록영화, 뉴스, 문화영화, 만화는 120여 종이 상영되었다.[110]

김일성의 절대적인 신임을 받고 있는 배우 문예봉은 준채와 1917년생 동갑으로 당시 만 33세였다. 두 사람은 새로운 사회주의 국가 건설을 상징하는 젊음과 열정을 보여줄 수 있다는 측면에서 제6차 체코 국제영화축전에 참가할 북조선 대표로 선발되었던 것이다.

대회 규정에 의하여 어느 영화를 상영할 때 그 나라 대표들은 특별석에 앉게 되어 있었다. 그런데 소련, 조선, 중국 세 나라 대표들은 대

▶ 카를로비바리 대극장(출처: 체코공화국 관광청)©정철훈

110) 문예봉, 「국제영화축전 참관기」, 『로동신문』 1951.10.27. ; 한상언, 『문예봉 傳−월북 영화인 시리즈1』, 한상언영화연구소, 2019.

회 첫날부터 최종일까지 언제나 특별석에 초대되었다는 것이다. 이튿날인 7월 15일 체코슬로바키아 정부는 소련, 조선, 중국 대표들을 특별히 초대하였다. 만찬회가 끝난 후 군중대회가 있었는데 이 석상에서 체코슬로바키아 인민공화국 자포토츠키[111] 수상은 조선 문제에 대하여 연설하였다. 미제 무력침공을 반대하여 영웅적으로 싸우고 있는 조선 인민을 높이 찬양하고 깊은 동정과 전투적 격려를 표시한 그의 연설은 각국 대표와 만장 군중들에게 성실하고도 힘찬 감명을 주었다.[112]

21일 오후 5시부터 우리 조선영화 「정의의 전쟁」 제1부가 상영되었다. 대회 규정은 오전 10시부터 오후 2시까지 기록, 뉴스, 문화, 만화영화 등을 상영하고 오후 5시부터 극영화를 상영키로 되어 있었다. 그런데 우리 기록영화 「정의의 전쟁」이 오후 5시에 상영되었다는 것은 우리 기록영화에 대하여 특별한 배려와 기대를 가졌다는 것을 보여주는 것이다.

이날은 체코슬로바키아 외무상과 체코슬로바키아 주재 조선공사 김응기 동무를 비롯하여 각국 대표와 그외 단체 대표들이 다수 참가하였다. 우리 조선 대표들은 많은 꽃다발을 받았다. 참가자들은 그 어느 나라 영화 상영 시보다 더 열렬히 우리를 환영하여 주었다. 그들은 "김일성! 스탈린! 고트발트[113]!"를 소리높이 부르며 힘찬 박수소리로 회장을 진동시켰다. 영화상영이 시작되자 장내의 통일된 의지와 눈동자들은 일제히 스크린에 집중되었다.

그들은 화면의 진행에 따라 20세기 야만 미제들이 감행한 처참한 장면에 격분하였다. 이와 같은 폭격과 약탈로 인한 폐허 속에서도 굴하지 않

---

111) 안토닌 자포토츠키(1884~1957): 체코슬로바키아 정치인으로 총리 (1948~1953), 대통령(1953~1957)을 역임했다.

112) 문예봉, 위의 글.

113) 고크발트: 체코슬로바키아 공산당 위원장(1945~1953), 총리(1946~ 1948), 대통령(1948~1953)을 역임했다.

고 미제 원수들과 싸우는 조선 인민의 강인하고 용감한 투쟁 모습에 모두 감격의 눈물을 흘렸다. 우리 인민군대가 진격하는 장면이 전개되자 만장은 들끓는 환호와 우뢰 같은 박수로 이를 맞이하였다.

극영화 「소년 빨치산」은 25일 오후 8시부터 상영되었다. 「소년 빨치산」은 우리 일행의 당지 도착이 약간 늦었기 때문에 슈퍼임포즈의 준비를 못했던 관계로 그들이 우리 영화 내용을 충분히 이해 못할 것이라고 우려하였으나 그것은 기우였다.

모든 사람들은 놀랄만치 조선영화를 잘 이해하였다. 특히 용감한 우리 소년 빨치산들이 애국 열성과 대담성을 발휘하여 적에게 치명적 타격을 주는 여러 장면들은 그들에게 커다란 감명을 주었다. 어린 소년들이 놈들의 귀축과 같은 고문에도 굴하지 않고 빨치산의 비밀을 목숨으로써 지키고 마침내 놈들에게 총살당하는 숭고하고 장렬한 최후에는 모두 소리를 내어 흐느껴 울었다.[114]

영화축전의 결과는 만족스러웠다. 7월 27일에 시상식이 있었다. 북조선에서 출품한 영화는 모두 시상 작품에 올랐다. 극영화 「소년 빨치산」는 자유투쟁상, 기록영화 「정의의 전쟁」은 영예상장, 시보영화는 시보영화상장이 각각 수여되었다. 국제영화축전의 공식 일정은 끝났지만 후속 일정은 남아 있었다. 체코슬로바키아 노동자 영화축제가 그것이었다.

8월 1일부터 우리 일행은 전 체코슬로바키아 노동자 영화축전에 참가하여 2주일동안 체코슬로바키아의 농촌과 도시를 순회하였다. 도처에서 우리가 가지고 간 시보영화는 대환영을 받았다. 벽촌 농민에게까지도 미제 침략을 반대하여 싸우는 조선인민의 투쟁 모습을 보여줌으로써 미 제

---

114) 문예봉, 위의 글.

국주의자들에 대한 그들의 투지와 분노를 더욱 격발시키었다.

우리들 일행이 오스트라바라는 곳에 있는 어떤 공장지역에 갔을 때의 일이었다. 우리 시보영화의 상연이 끝났을 때 12살가량 되는 한 소녀가 달려와서 나를 키스하며 "용감하고 훌륭한 조선인민들! 당신네들은 언제나 우리들과 같이 행복해질 수 있을까요! 당신들의 행복을 짓밟은 미제 원수들을 하루 빨리 잡아 없애버려 주세요!"하고 눈물지었다. 나는 뜨거운 감동으로 그 소녀를 껴안고 "고맙소! 당신들의 힘차고 굳센 성원이 우리들에게 곧 승리와 행복을 가져다줄 것입니다."라고 말했다. 회장에 모인 군중들 모두가 이와같이 우리를 격려하여 주었다.

오스트라바공장에는 조선 원조를 위한 부리가다를 조직한 많은 청년 노동자들이 있었다. 그들은 믿음직하고 힘찬 어조로써 자기네들의 창조적 노력이 조선인민의 위대한 투쟁과 결부되어있다는 것을 잘 알고 있기 때문에 세계 평화를 위하여 더욱 힘차게 투쟁할 것이라고 말하였다.[115]

▶ 꽃다발을 안고 기뻐하는 데뷔초기의 문예봉ⓒ정철훈

115) 문예봉, 앞의 글.

한편 1951년 6월 정준채의 「친선의 노래」와 천상인의 「정의의 전쟁」이 중국에서 상영됨으로서 북-중 영화교류의 서막을 열었다. 두 영화는 각각 "소·조 문화교류 속에 드러난 소·조 인민 사이의 위대한 우의(「친선의 노래」)와 "조선인민이 미제를 타격하여 조국을 보위하는 진실상황(「정의의 전쟁」)을 그린 영화로 6월 23일부터 상해의 대광명극장, 북경극장, 금문극장, 금성극장, 국제극장에서 개봉되었다.[116]

북-중 영화교류는 1950년 2월 16일 북조선국립영화촬영소 영화인 대표가 직접 중국 동북에 가서 예술영화 「내 고향」과 기록영화 「수풍댐」, 「민주 건국」, 「1949년 8·15」, 그리고 시보영화인 「조선시보」를 '특보'라는 통칭으로 중앙인민정부 문화부 영화국 동북필름경리 회사('원' 동북필름경리회사로 개칭)에 배급과 상영을 요구했다.[117] 이들 영화는 1차로 중국에 수출된 작품으로써 중국 동북지역에서 상영되었기 때문에 전반적으로 전국 단위의 중국에는 영향을 끼치지는 못했다. 이는 역재(譯製), 즉 중국어로의 번역과 더빙이 이루어지지 않아서 조선어를 능숙하게 알아듣는 동북 조선족 관객에게 흥행이 국한되어 있기 때문이다.

지금까지 알려진 바에 의하면 중국에서 상영된 최초의 북한 영화는 「내 고향」이다. 이 영화는 중국 중앙인민정부 문화부 영화국 동북필름경리회사를 통해 수입된 지 한 달 남짓인 1950년 3월 26일 심양 동부국장과 군락극장에서 동시 상영되었다. "한 항일빨치산에 관한 스토리를 통해 일제 통치부터 소련 홍군 해방까지 조선 인민의 역사를 축사

---

116) 유우, 앞의 책, 148쪽.(이 책은 「友誼之歌, 正義的戰爭」 유인물 사진을 첨부해 실었다.)

117) 유우, 앞의 책, 29쪽.(북한 대표는 북조선국립영화촬영소장인 주인규로 추정됨.)

하는 것"이라는 선전문으로 중국 관객들에게 소개되었다.[118] 1950년 4월 「내 고향」 시사회가 북경에서 거행되었다. 당시 시사회 가운데서 영화 자막이 없으니 중국 관객들이 영화내용을 전반적으로 이해 할 수 없음 에도 불구, 줄거리에 끌리고 감동하는 사람이 많다는 관객의 반응이 신문에 보도되었다.[119] 1950년 6월 20일부터 30일 사이에 이 영화는 장춘의 광화극장 및 인민극장에서도 상영되었다.

약 두 달 후 1950년 8월 말 북경에서 재개봉했을 때 비로소 중국어 자막을 넣게 되었고 "조선인민 항일의 진상, 고생한 대중이 몸을 뒤척 이는 사시(史詩)"를 기록한 북한인민영화 제1부로써 중국 인민대중에 게 선전되었다. 「내 고향」은 이 시기에 전국 범위의 중국 관객에게 알 려졌던 최초이자 유일한 작품이었다. 그 후 북한예술영화나 기록영화 들은 모두 동북 지역에서만 집중적으로 상영되었다.[120]

기록영화 「1949년의 8·15」는 중국어로 더빙된 후에 1950년 4월 1일 부터 4월 3일까지 "특보 8·15(八一五)"라는 제목으로 심양 인민극장 과 신광극장에서 연속 3일간 상영되었다. 1950년 9월 6일 에는 "특보 8·15 4주년 기념(特報 八一五 四週年 紀念)이라는 제목으로 장춘 인 민극장에서 관객과 만나게 되었다. 또한 『길림일보(吉林日報)』에 등재 된 광고에 의하면 다른 두 기록 영화 「민주 건국」과 「수풍댐」이 1950년 5월 18일부터 1950년 5월 20일까지 각각 장춘 광화극장과 인민극장에서 상영되었다.[121]

기록영화 「38선」도 1950년 말 중국 동북 안동에서 등장했다. 한국 전쟁의 발발에 따라 북한 신의주 지역이 미군 비행기의 폭격으로 파괴

---

118) 유우, 앞의 책, 105쪽.
119) 유우, 위와 같음.
120) 유우, 위와 같음.
121) 〈吉林日報〉, 1950.5.18~20., 유우, 앞의 책에서 재인용.

되었으며 중국 안동(安東)을 비롯한 신의주와 가까운 곳에서도 미군 타격의 파급으로 전원이 폭파되어 정전되었다. 때문에 동북 의 일부 지역에서 극장이 정상적으로 운영되지 않았다. 이로 인해 영화 배급 및 상영 활동 이 짧은 기간 안에 끝나게 되고 심지어 일부의 영사기, 필름과 극장직원들은 심양으로 옮겨 갔다. 11월 24일 안동 지역의 정전이 복원되었음에도 불구하고 극장에서의 영화상영은 회복되지 못했다. 따라서 영사대가 긴급히 구성되어 활동했다. '항미원조 라는 정치적·군사적 방침에 따라서 1950년 11월 25일부터 연말까지 북한 영화 「38선」은 중국국산영화 「보가 위국(保家衛國)」과 함께 정치적 선전물로서 영사대를 통해 요녕성 동부지역 성(省)과 시(市) 기관, 부대에서 순환적 상영 되어 총 43회, 20,400명의 관객을 동원했다.[122]

이 시기에 중국으로 유입된 북한 영화 가운데 「수풍댐」(일명 수풍 에프론 공사)는 현실생활을 반영한 기록영화로서 민주건설의 벅찬 모습을 구현하는 작품이다. 과거 일제의 불완전한 설계와 날림식 공사로 말미암아 1946년 홍수로 파괴된 수풍발전소를 보수하고 에프론의 견고성을 보장하기 위해 북한 노동자와 기술자들이 모든 문제를 손으로 해결함으로써 대자연을 정복하는 과정을 기록한 작품이다. 이 영화는 연출 천상인과 촬영 최순홍 등 국립 영화촬영소 영화인들이 일제가 과거 수운을 이용함으로써 북한의 산림자원을 약탈하고 압록강을 가로막아 거대한 수력발전시설을 설치함으로써 북한과 중국에 대한 일제의 침략을 고발하기 위해 벽동(碧潼)과 초산(楚山) 근처에서 한쪽 강변의 절벽을 이용하여 촬영한 작품 이다. 영화는 민주 건설 시기에 북한 수리공사의 복구 및 새로운 건설 사업에서 거둔 대표적인 성과를 보여줌으로써 북한 노동계급의 놀라운 영웅성과 응집력을 칭송했다. 그런

---

122) 유우, 앞의 책, 109쪽.

데 정추의 회고에 따르면 체코에서 귀국한 정준채는 1951년 9월 말 수풍댐 근처에서 영화를 제작하고 있었다.

그때 나는 의주강습소에 입교해 있었다. 형이 수풍댐 근처의 삭주리에 머물고 있다는 소식을 들은 것은 그해 9월 말이었다. 나는 그 길로 의주 강습소에서 북쪽으로 그리 멀지 않은 거리에 있는 삭주리로 달려가 형과 해후했다. 우리는 얼싸안고 서로 살아있다는 그 자체에 경이로움을 느꼈다. 전쟁이 하루빨리 끝나 남한의 부모 형제와 다시 만날 수 있기를 고대하며 각자 맡은 일에 최선을 다하는 것만이 그런 날을 앞당기는 길이라고 다짐을 했다. 형은 나에게 "꼭 소련 유학을 가야 한다. 신문물과 문명을 배워 조국 하늘 밑에서 재능을 발휘하는 인물이 되어야 한다"며 격려해주었다. 촬영소 조원들과 함께 지내던 형의 숙소는 신의주 외곽에 있었다. 이틀이고 사흘이고 계획된 촬영을 마치면 신의주 숙소로 돌아온다는 말을 듣고 나는 신의주로 한 차례 더 형을 찾아갔다.

준채 형은 당시 강천옥[123]이라는 여배우를 주인공으로 영화를 제작하고 있는 중이었는데 마침 숙소에 있었다. 우리는 얼마 후면 소련과 평양으로 떨어져 살아야 할 형편이어서 많은 얘기를 주고받았다. 의주로 열차가 떠날 시간이 얼마 남지 않아 자리에서 일어서는 나를 준채 형은 신의주역까지 바래다주었다. 형은 열차에 오르는 나에게 스위스제 노바(NOVA)시계를 풀어 손목에 채워주었다.[124]

준채가 연출을 맡은 영화는 체코슬로바키아로 떠나기 전, 시나리오

---

123) 강천옥은 무용가 최승희의 제자이다. 최승희는 대동강변에 무용연구소를 설립해 김백봉, 현정숙, 강옥체, 강천옥, 한성숙, 정순희, 장추화, 오영옥, 김창진, 강추월, 홍정화, 김수옥, 김복수, 나숙희, 차예진, 박순덕 등의 여제자를 가르쳤다.

124) 정추, 구술 회상기, 「알마티의 기둥」.

를 써둔 「우리는 잊지 않는다」로 추정된다. 또 배우 강천옥이 출연한 것을 보면 기록영화가 아니라 극예술영화로 보인다. 국제영화축전에 참가하기 전, 허정숙 문화선전상에게 "후반이 눈 오는 장면이 되어 이걸 겨울로 미루어 제작하게 해 달라"고 요청했던 영화이다. 강천옥은 최승희의 제자로 아동무용의 권위자로 알려진 인물이다. 촬영을 마친 준채는 「우리는 잊지 않는다」의 필름을 들고 중국 장춘의 동북전영제편창에 가서 편집 작업을 계속한다.

추 앞

갑자기 출발을 하게 되어 조용히 만나 이야기도 못하고 갈리게 되어 정말 섭섭하였다.

첫째로 무엇보다도 몸 건강히 목적한 음악공부를 할 것을 바란다. 득권 동무에게 편지를 쓰지 못하는 데 어제 말한 바와 같이 예술영화에 전력을 다할 것을 바란다고 전해다오.

출발하게 되면 장춘(長春 동북전영제편창)으로 전보해주면 역에 꼭 나가겠다. 대략 52년 1월 10일까지는 연길 쪽으로 로케 헌팅을 다녀올 예정이다.

나는 이번 작품을 나의 있는 힘을 다하야 훌륭한 작품을 창조하기에 전력을 다하여야 하겠다. 영숙이란 인간이 어떻게 미제 원쑤들과 굴하지 않고 싸웠는가를 생생하게 형상하겠다.

작품을 시작하니까 여러 가지로 별별 말이 생기는데 정말 나를 진정으로 생각하고 나에게 말을, 충고를 해주는 사람은 별로 없다. 문제는 좋은 작품을 창작할 따름이다. 그러면서도 나는 정말 고독감을 느낀다. 어째 다정스러히 심금을 털어놓고 이야기하지 못하는가. 정말 안타까웁다. 어쨌든 네가 그립고 그립든 모스크바 류학을 가니 정말 이 이상 반가움이야 없지만 너와 장시간 헤어지게 됨은 정말 쓸쓸하다. 훌륭한 볼세비키로서 쏘베트적 예술가가 되어 같이 만날 것을 나는 기대한다. 새로운 인간, 앞

길을 지향하는 인간, 서로 참된 사람이 되어 만나자.

　끝으로 요전에 부탁한 「무하트와 영화」의 번역한 것 다해서 이 편지 가져간 향남 동무에게 꼭 틀림없이 보내주기 바란다. 그럼 부디 몸조심하여 장도에 오르기를 바랜다.

1951년 12월 30일
신의주에서 형 준채.

　영화에 대한 준채의 열정과 고뇌가 동시에 읽혀진다. '영숙'을 여주인공으로 한 「우리는 잊지 않는다」의 야외촬영을 마친 준채는 이제 장춘의 동북전영제편창으로 옮겨가 스튜디오 촬영과 편집을 앞두고 있다. 그런데 "52년 1월 10일까지는 연길 쪽으로 로케 헌팅을 다녀올 예정"이지만 이보다 "작품을 시작하니까 여러 가지로 별별 말들이 생기는" 것이 더 난감하다고 썼다. "별별 말들"이란 뒤에서 헐뜯는 험담일 것이다. 그게 시나리오에 대한 험담인지, 혹은 카를로비바리 국제영화축전 참가를 시기하는 시비조의 말인지는 알 수 없다. 어쩌면 위중한 전시 상황에서 극예술영화를 연출하고 있는데 대한 말일 수도 있다. 다만 "나를 진정으로 생각하고 나에게 말을, 충고를 해주는 사람은 별로 없다"는 대목으로 짐작컨대 장춘에 와서 혼자 고립되고 있는 고독감이 느껴진다. 그런데 유일한 이해자인 동생마저 장시간 모스크바로 떠난다니 고독감은 더 몰려온다.

　'득권 동무'는 동생과 함께 소련유학생 6기생으로 선발되어 모스크바행을 앞두고 있는 평양국립영화촬영소 출신의 후배 영화인으로 짐작된다. "득권 동무에게 편지를 쓰지 못하는 데 어제 말한 바와 같이 예술영화에 전력을 다할 것을 바란다고 전해다오."라는 대목에서 준채의 극예술영화에 대한 관심과 열정이 읽혀진다. 줄곧 기록영화와 시보영화 연출을 맡아왔지만 준채의 꿈은 극예술영화 연출에 있었다. 「우리는 잊지 않는다」 시나리오를 직접 완성한 것은 그 때문이었으나 전혀 예상치 못한 전쟁이 발발함으로서 극예술영화 제작에 대한 입장이 모호해졌던 것은 아닐까. 그렇더라도 '득권 동무'에게 "예술영화에 전력을 다할 것을 바란다"고 따로 당부하는 것을 잊지 않았다. 「무하트와 영화」는 어떤 텍스트인지 구체적으로 알 수 없다. 다만 러시아어로 된 영화이론서로 추정된다. 준채는 동생에게 「무하트와 영화」의 번역을 맡겼고 의주강습소로 편지를 가져간 "향남 동무에게 꼭 틀림없이 보내주기 바란다."라고 썼다. 준채에게는 그만큼 중요한 영화이론이었다.

6. 「인민은 승리한다」-중국 장춘 1952년

준채가 장춘에서 영화작업을 계속하는 동안 동생 정추를 비롯한 소련유학생 6기는 1952년 1월 말, 모스크바에 도착했다. 6기생 가운데는 유독 모스크바 국립영화대학에 진학하는 유학생들이 많았다. 이들은 연출과, 촬영과, 시나리오과 등 다양한 분야로 전공을 선택했다. 정추에 따르면 이들은 정준채를 하나의 롤 모델로 삼고 있었다. 모스크바 영화대학에서조차 소련과의 친선을 주제로 한 정준채의 연출의 「친선의 노래」를 2차 세계 대전 후 동구권을 비롯한 사회주의 국가에서 친선을 주제로 첫 장을 연 기록영화로 평가하고 있었다. 이 무렵, 중국 장춘과 평양으로 오가며 영화를 제작하던 준채는 난관에 직면한다.

친애로운 추에게
너의 편지를 받은 지 벌써 5번째나 된다.

장춘으로 혹은 율성[125] 동무를 통해 혹은 의주로, 이렇게 편지를 받을 때마다 얼마나 기쁨과 네가 모스크바에 가 있다는 감격으로서 그 편지를 맞이하였는지 모른다.

장춘 있을 시엔 정말 바빠서 곧 쓴다고 하면서도 못썼고 또 그 후는 작품이 제작중지를 당하니 너무도 가슴이 쓰라려 고통 가운데 또 몇 달이 지나갔다.

지금 와서는 마음도 안정되었으며 행정적으로 이 작품을 지금 「향토를 지키는 사람」(윤용규 연출―리수정 여성영웅 취재한 것)이 끝나면 8월 달에는 착수하게 하라는 지시로 시나리오를 고치고 있는 중이니 8월 중에는 이 작품을 다시 장춘에 들어가서―국내 시설이 아직 설비 되지 못하였기 때문에―다시 제작하게 되었다.

몹시도 괴로운 수개월이었다. 물론 나에게도 잘못이 있었지만 어쨌든 여러 가지 사업상 모순들이 나의 작품에서 터지게 되니, 나로선 치열한 전쟁 시기에 더 참을 수 없는 양심적 가치를 느끼며 괴로웁다. 그러나 이 작품을 계속하여 반드시 좋은 작품을 창조함으로써 조국에 보답하려한다.

그리고 이번 최고인민위원회 상임위원회에서는 공화국 인민배우, 공훈 배우, 공로 예술가 등에 영예증표와 내각결정 108호로써 예술가 급수 문제가 결정되어 예술가들에 대한 국가적인 우대를 조국전쟁 속에서 받게 되었다는 것은 정말 우리 예술 일꾼으로서 감격치 아니 할 수 없다. (하략)

5.1절 편지를 받고.

1952년 6월 22일 평양에서 준채 형.[126]

---

125) 정율성(1914~1974). 광주 출신의 중국 작곡가. 해방 직후 평양음악대학에서 교수로 재직할 때 정준채 형제와 교유했다. 그가 작곡한 「팔로군 행진곡」은 '중국인민해방군가'로 지정되었고 그는 중국공산당의 100대 건국 공신으로 추앙받고 있다.

126) 발신: 평양국립영화촬영소 정준채, 수신: 모스크바 드미트롭스키 뻬레울록 돔 6 크바르치르 50 정추.

준채는 '어떤 일' 때문에 장춘에서 평양으로 소환되었다. '어떤 일'이란 '작품의 제작 중지'로 추측된다. 앞선 편지에서 "영숙이란 인간이 어떻게 미제 원쑤들과 굴하지 않고 싸웠는가를 생생하게 형상하겠다"라고 썼던 「우리는 잊지 않는다」가 제작 중지를 당한 것이다. 그 일로 하여금 "가슴이 쓰라려 고통 가운데 또 몇 달이 지난 후"에야 "마음도 안정"되었으며 "(당으로부터) 시나리오를 고친 뒤 윤용규의 「향토를 지키는 사람」 제작이 끝난 뒤에 촬영에 들어가라"는 허락을 받았다는 것이다.

과연 무슨 일이 있었을까. 우선 짚이는 것은 시나리오 상의 문제이다.

1952년 4월 2일, 김일성 수상은 허정숙 문화선전상과 연명으로, 내각 결정 제32호 「영화예술의 급격한 발전대책에 대하여」를 공표하고, 부흥기 영화사업의 지침을 제시했다.[127] 이 결정에는 허정숙의 의견이 크게 반영되었다.

내각에서는 조선영화의 정치적·예술적수준이 낮고, 양적으로도 부족하여, 그 때문에 외국영화(주로 소련)의 상영이 많다는 점이 문제시되었다. 그 문제해결을 위해서는 영화인의 정치성을 고양할 필요가 있다고 지적하고, 이를 위해 혁명전통을 소재로 한 영화를 만들어, 외국영화를 모방하는 교조주의를 버리고 애국주의 테마를 다룰 것, 사회주의 건설로 생산의 기계화와 농업협동화가 근본과제라는 것을 영화에 반영시킬 것, 아동을 대상으로 한 중편·단편영화를 많이 제작할 것, 새로운 공장건설이나 모범노동자의 활동, 농촌의 집단화를 그린 기록·뉴스영화의 제작 등이 요구되었다.

또 영화의 예술성을 고양하기 위하여 시나리오의 양산과 질적 향상

---

127) 몬마 다카시(門間貴志), 『朝鮮民主主義人民共和國映畫史』, 東京, 現代書館, 2012.

이 요구되었다. 그 구체적인 대책으로서, 문화선전성 산하에 '시나리오창작사'의 설치, 시나리오 전국 콩쿠르의 실시와 출판, 외국의 우수한 시나리오나 '시나리오창작론'의 번역출판, '시나리오 및 영화심사위원회'의 설치 등이 지시되고 실시되었다.[128]

이에 근거할 때, 장춘 동북전영제편창에서 작업하는 동안 영화 제작에 있어서의 새로운 지침이 하달된 평양의 기류를 미처 인지하지 못하고 기존의 시나리오대로 연길 방면에서 촬영에 들어갔다가 제작 중지를 당한 것으로 보인다. 이에 따라 준채의 시나리오는 영화인으로서의 정치성 결여와 혁명 전통성의 결여, 그리고 교조주의적이라는 비판에 직면했던 것이다. 체코슬로바키아에서 돌아와 승승장구하던 준채는 오랜 숙원인 극예술영화를 제작하고 싶었을 테고 또한 전쟁 중인 평양에서 후퇴하여 중국 장춘에서 어떤 낭만성에 심취한 나머지 이런 결과를 초래했던 것이다. 그렇기에 "이 작품을 계속하여 반드시 작품으로 조국에 보답하려 한다."며 각오를 다지고 있다. 전쟁 중에서도 '내각 결정 108호'로 예술가 급수가 결정되어 예술가들이 국가적 우대를 받게 된 소식은 멀리 모스크바에 있는 추에게 뿐만 아니라 준채에게도 매우 고무적인 소식이었다. 전쟁 중에 예술가의 대우를 개선하기는 쉽지 않다. 그러기에 '내각 결정 108호'는 모든 예술 부문 종사자에게 크나큰 활력을 주기에 충분했던 것도 같다. 편지는 이어진다.

음악계는 전시 하에서도 활발하게 주로 모란봉지하극장(예술극장으로 된)을 비롯해 각 단체들이 활발히 공연되고 있다. 새로운 작품들이 탁진작. 리면상 작곡 오페레타 「앞마을 박서방, 뒷마을 김서방」은 그 원작도 그리 높은 예술적인 것이라고 할 수 없지만 그 작곡은 여전히 소위 악극

---

128) 위와 같음.

에서 그렇게 빼어나지 못하는 것이었다. 앞으로 조선 오페라가 난만하게 꽃피려면 아직도 더욱 음악가들에 견결한 노력이 필요할 듯. 거기에 비하면 영화 음악은 일단 비약한 상태에 상승하였다고 볼 수 있다.

특히 김인욱 동무의 기록영화 「싸우는 철도 일꾼」(윤득현 연출)은 그 작곡에 있어서 새로운 경지를 개척했다고 본다. (조선 영화음악에서) 즉 작곡가가 영화의 내용을 자기 것으로 충분히 소화시키고 내용과 알맞게 곡을 쓴 점, 상당히 그 박력성과 함께 높이 평가해야 할 것이라고 본다. 물론 부분적인 결함과 연주들은 말할 수 있지만 다음으로 「또 다시 전선에로」(이번 천상인 동무의 「조국을 위하여」, 대사관에서 볼 것이다.)의 김순남 작곡의 「용광로」보다는 좀 나아졌다는 것이다. 그리고 인욱 동무의 작곡으로는 하연이의 「1951년 8·15」, 민정식의 「식량 전선」 등을 다 했는데 그는 합창이나 독창보다는 관현악이 우수한 편이다.

어쨌든 「싸우는 철도 일꾼」을 보고 보내주기 바란다. 지금 인욱 동무는 강흥식 동무 작품 「사냥꾼」(이 중령을 김기우 모델 영화)의 작곡을 담당하였다. 앞으로 우리들의 기대가 크다고 본다.

미술계에 있어서는 회화부에서 조국전쟁 기록화들을 제작 중인데 앞으로 그 성과가 기대된다.(무려 100여 점이며 전람회가 개막될 것이다.) 문학수 동무의 「조옥희」(여성영웅 황해도 별성군 여맹위원장, 그는 놈들에게 참살당했다) 등은 벌써부터 역작으로 자못 기대가 크다.

연극부문에서는 아직 이렇다 할 창작극(장편)이 발표 못되고 있다. 국립극장에서 번역극 「전선」이란 걸 상영했는데 그리 큰 성공은 못한 듯하다.

소설계에 있어서는 장편소설로 리기영의 「38선」이 나왔는데 조국전쟁 중 이 장편이 나왔다는 게 큰 의의가 있으며 조선에 중진작가로서 기염을 혼자서 토하고 있다. 기타 시에서는 그렇게 심장을 울리는 작품들이 많이 나오지 못하고 있다.

무용부문에서는 안성희 동무가 발레를 소품 창작했는데 그저 그러한 정도이며 앞으로 발레에 있어서 이런 소품 정도로 끝나는 것을 나는 크게 기대 못 하겠다.

지수 동무, 석예 동무 잘들 있다. 홍필선 동무는 이번에 정전담판 기록 영화에서 좋은 수완을 보여주었으며 또 「세균무기」[129] 기록영화는 의주제 작소에서 시설 불완전을 극복하고 음악도 창작곡을 쓰지 못하는 듯 불리 한 조건에서 또 단시일 내에 만들어냈는데 좀 자료 부족인 듯하나 제작과 정을 잘 아는 이만치 그만하면 역시 필선이 다운 작품으로 손색이 없이 기술 처리 등으로 좀 미약하나 이번에 국제축전에 참가 작품으로 가져가 게 되었다.

천명 동무는 의주서 시보 편집을 맡아 공부하고 있으며 천옥 동무는 평북 북진 기계제작소에 무용강습을 지도하기 위하여 출장 중이다. 윤재 영 동무는 촬영소 예술부소장으로 임명되어 지금 의주 제작소에 가 있으 며 오웅탁 동무는 다시 촬영자로 돌아왔으며 김충한 동무는 중앙통신 국 제부에서 일하고 있으며 기호 동무는 1952년 2·8절 특보를 편집 중에 있 으며 기성 동무는 나와 같이 이번 작품 일을 하고 있으며 권의 소식은 아 직도 모르겠다.[130]

준채는 제작 중지를 당한 자신의 처지를 만회하듯 동생에게 평양에

---

129) 「미제의 세균만행(US Germ Warfare in Korea)」(1952) RG 306 3409, 21분 45초, 흑백, 한국어, 16mm MPPC 1권: 조선필림 제공으로 국립영 화촬영소가 1952년에 만든 작품이다. 제작진으로는 촬영 최순흥, 조창 서, 김경하, 김인현, 신응호, 홍일성, 김락수, 편집에 홍필선, 정리 리죽 실, 녹음 계정남, 미술 지성룡, 음악 김영택, 현상 한종을, 김홍섭, 해설 장인수, 제작에 송원준, 허달이다. 전쟁 당시 미군의 세균전을 폭로하는 내용을 담고 있다. 한국어 내레이션에 영어 자막이 첨가되어 있다.(국사 편찬위원회 한국사데이터베이스-'27권 미국 NARA 소장 주한 미국공보 원 영상자료 해제')

130) 앞의 편지.

서 전개되고 있는 예술계의 소식을 망라해 전하고 있다. 마치 북한에서 예술가로 살아가려면 모스크바의 시간을 평양의 시간으로 맞춰야 한다고 강조하는 것도 같다. 이 편지를 받아본 추는 제작 중지소식을 뒤늦게 알린 형에게 섭섭함을 전하면서 자신 역시 얼마나 고독하게 모스크바 유학 생활을 버텨내고 있는지, 가감 없는 답장을 한 것으로 보인다. 추는 6기 유학생 반장을 맡아 사상적인 무장을 강화하고 있던 시기였다.

친애하는 추에게

고국은 어느 듯 북풍이 날려 불어오고 풍작인 벼는 재빨리 추수되어 들엔 볏단이 쌓여 있을 따름이다. 너에게서 편지를 받고 벌써 겨울맞이를 하게 되었다.

그동안 너는 몸 건강히 객지에 배움의 길을 힘차게 걷고 있는지 네 소식은 선전상께서와 관리국장에게서 잘 들었다.

이번 신학기부터서는 본과에 들어가 제대로 수업하게 되는지……궁금하다.

나는 그동안 씨나리오를 수정하고 있는 중. 상께서 좋다는 승낙이 있어서 제작에 착수하게 되었다. 제명은 「인민은 승리한다」로 고치게 되었다.

그런데 우리 촬영소가 장춘으로 이동하게 되어 내일 출발을 앞두고 이번 소련유학을 가는 천상인 동무 편에 이 글월을 쓴다.

그동안 나는 작품이 일시 중단하게 되니 정신적으로 매우 고민 속에 있었다. 그러나 나의 잘못과 부족 점을 뉘우치고 지금은 자신만만하게 작품 제작에 착수하게 되었다. 앞으로 나는 훌륭한 작품으로써 당과 국가 앞에 보답하려 한다.

1952년 11월 3일
평양을 떠나면서
준채 형.

준채는 영화의 시나리오를 수정하고 「인민은 승리한다」라는 제명으로 다시 제작에 들어간다. 추에게 준채의 편지를 전달한 사람은 준채와 함께 장춘에 머물다가 소련유학을 간 천상인 감독이었다.

천상인(1923~1969)은 함경남도 금야군의 노동자 가정에서 출생하였다. 고향에서 보통학교를 나온 후 1939년 서울중등학교를 졸업하였다. 1941년 일본에 건너간 그는 1943년 일본 동경대학 예술과를 졸업하고 송죽영화촬영소 조연출로 들어가 영화창작활동의 첫 걸음마를 내디뎠다. 1945년 광복과 함께 귀국한 그는 강원도 당 학교를 수료하고 당 기관에서 사업하다가 1947년부터 조선예술영화촬영소 연출실장으로 일하였다. 그의 영화창작은 기록영화연출로부터 시작되었다. 1948년 첫 작품으로 기록영화 「남북연석회의」를 내놓은 후 연이어 「민주건국」(1949), 「수풍댐」(1949), 「승리의 5·1절」(1949)과 중국의 베이징 남경, 상해 등지를 순회하면서 「아세아 여성대회」(1950)를 비롯한 여러 편의 기록영화들을 제작하였다. 한국전쟁이 발발하자 그는 문화훈련국 종군 촬영반을 책임지고 전선을 오가면서 기록영화 「세계에 고함」(1950)과 「정의의 전쟁」(1951)을 비롯한 수십 편의 기록영화들을 창작하였으며 「전시시보」들을 담당 편집하였다.

연출가로서의 그의 이름이 세상에 널리 알려지게 된 것은 1952년 제작한 그의 첫 예술영화 「또 다시 전선으로」가 제7차 카를로비바리 국제영화축전에서 '자유를 위한 투쟁상'을 수상한 다음부터였다. 그는 능란한 연출수법으로 전쟁물 영화창작에서 뛰어난 재능을 보인 것으로 평가된다.[131] 정준채가 1950년 제6차 카를로비바리 영화제에서 기

---

131) 천상인은 한국전쟁 후에 제작한 「다시는 그렇게 살수 없다」(1956), 「그가 가는 길」(1958), 「이수복」(1959), 「미래를 사랑하라」(1959) 등에서도 연출적 재능을 유감없이 보여주었다. 1960년대는 천상인이 전성기를 맞이한 시기였다. 이 시기에 그는 「벗들이여 우리와 함께 가자」(1960), 「두만강」

록 부분 작품상을 수상한 이듬해 천상인의 수상이 이어졌으니 두 사람
은 북한영화의 선두주자였다. 하지만 준채가 조연출로 강등되었을 때
천상인은 소련유학길에 올랐으니 준채의 자괴감은 더욱 심했을 것이다.
  정준채와 천상인 등 북한 영화인들이 머물렀던 장춘 동북전영제편
창은 어떤 곳인가. 전쟁 중 촬영소가 파괴되어 영화제작을 계속할 수
없게 된 북한은 중국에 원조를 구했다. 1951년 중국은 북한에서 약 2
백 명에 달하는 영화인(국립촬영소의 직원 대부분)을 받아들여 중국
내에서의 촬영과 마무리 작업을 할 수 있도록 도움을 주기로 결정한
다. 그들이 도착한 곳이 장춘의 동북전영(東北電影)이었다.

  1950년대 미 제국주의가 북한에 침략전쟁을 발동한 후 북한의 모든 영
  화제작소들은 미군의 폭격을 당해 파괴되었다. 북한영화예술인들은 계속
  영화를 제작하기 위하여 우리나라로 이전해 왔다. 중국 국무원의 비준을
  거처 문화부의 구체적 안배에 따라서 동북영화 제작소가 북한을 협조하
  여 영화제작의 책임자가 되었다. 1951년 5월 25일 북조선국립영화촬영소
  소장인 이석진(李夕津)의 인도로 촬영소의 영화예술인들이 동북영화제작
  소에 들어왔다. 그들은 동북영화제작소의 설비와 기자재를 이용하여 「소
  년 빨치산」(1951년 6월 27일 완성), 「조국을 위하여」(1952년 12월 31일 완
  성), 「향토를 지키는 사람들」, 「비행기 사냥꾼 조」(1952년 완성), 「정찰병」
  (1953년 8월 완성), 「해안」(1953년 11월 완성), 「인민의 승리」(1953년 11월

  _____

  (1960), 「꽃피는 시절」(1961), 「불타는 노을」(1962), 「붉은 꽃」(1963, 아시
  아·아프리카 국제영화축전 반둥상·연출상), 「축배」(1963), 「인민교원」
  (1964), 「량반전」(1964), 「폭풍시절」(1965), 「내가 찾은 길」(1968)을 비롯
  한 수많은 작품들을 제작함으로써 일류급 연출가로서의 지위를 확고히 하
  였다.
  조선영화예술발전에 한 기여로 하여 1963년 2월에 공훈배우 칭호를 수훈
  하였다. 1969년 5월 예술영화 「사회주의조국을 찾은 영수와 영옥이」의 창
  작 도중 세상을 떠났다. 향년 46세. 유해는 애국열사릉에 안치되었다.

대부분 완성) 등 극영화 7편, 「식량전선」(1951년), 「8·15」(1951년 12월 완성), 「승리를 향하여」, 「전선을 위하여」, 「조선아동」(1952년 완성), 「땅의 주인들」, 「신천대중 학살사건」, 「조몽우의」, 「스탈린 사망」, 「삼팔절」, 「정전담판」, 「승리를 경축하다」 등 기록영화 12편, 또한 시보영화 48편(1951년 10편, 1952년 17편, 1953년 21편)을 제작했다. 북조선국립영화촬영소 직원들은 최초에 중국에 들어왔을 때 인수가 100여 명이었으며 1952년 12월부터 1953년 2월까지 생산 임무가 가장 긴장되었을 때 북한 방문인원 인수가 400여 명에 달했다. '동영'은 북한 전우의 일상생활을 적절하게 안배했을 뿐만 아니라 인적과 물적 지원까지 힘껏 협조했다. 1953년 11월 북조선국립영화촬영소의 모든 인원들이 일을 마감하고 '동영'을 떠나 귀국했다. 중국과 북한의 영화인들이 협력해 일하는 것은 양국 영화사상 빛나는 장이 되었다.[132]

동북전영제편창에서는 1951년 5월부터 1953년 11월까지 북조선국립영화촬영소 직원 수백 명을 수용하고 그들과 함께 북한의 영화제작에 인적, 물적 지원을 제공하였다

중국에서는 1945년 8월 15일, 일본의 무조건 항복으로 제2차 세계대전이 끝나자 8월 20일 주식회사 만주영화협회(이하 만영) 이사장인 아마카스 마사히코(甘柏正彦)의 자살로 인하여 인력이 뿔뿔이 흩어지게 되었으나 대량의 촬영 설비와 기자재가 남아있었다. 1945년 9월 상순 동북영화기술자연맹과 동북영화배우연맹을 합쳐서 구성된 공산당 소속 조직인 동북영화인연맹이 '만영'을 접수하여 관리하기 시작했다. '만영'의 남은 인원들은 같은 해 10월 1일 장춘(長春)에서 성립된 동북영화회사(東北電影公司)에 배속되었다.

---

132) 胡昶, 『新中国电影的摇篮』, 吉林文史出版社, 1986, 유우, 앞의 책, 142쪽에서 재인용.

항일 전쟁기간에 영화 제작활동을 하고 있었던 연안영화단(延安電影團)은 장비 부족으로 영화제작이 전면 중단되었다. 이러한 곤경에서 벗어나기 위해 연안영화단은 장춘의 동북영화사에 합류했지만 1945년 말부터 1946년 8월까지 차수를 나누어 중국 동북공산당 해방구인 흥산(興山)[133]으로 옮겨갔다. 이는 중국 국민당군이 동북지역을 공격하여 1946년 3월 심양을 점령했고 4월부터 장춘과 하얼빈을 공격하기 시작한 데 따른 후방으로의 이전이었다.

동북영화사는 1946년 10월 1일 동북영화제작소(東北電影製片廠)이라는 이름으로 개칭되어 흥산(興山)에서 영화제작활동을 계속했다.

이와 별도로 1946년 7월 7일 '국민당 중앙선전부 동북특파원사무소'는 심양에 장춘영화 제작소를 설립하였다. 장춘영화제작소는 1948년 10월 19일 중국공산당이 이끄는 동북 영화제작소에 접수되었고 1949년 4월 장춘으로 이전되었다. 국공 내전 시기에 동북영화제작소는 동북 해방구의 실제 사회상을 반영한 민주동북(民主東北)과 모택동, 주은래 등 공산당 지도들이 전투를 지휘하는 모습을 수록한 「연안과 섬감녕 변구를 보위하다」를 비롯한 일련의 기록영화, 「화북신문(華北新聞)」 등

---

133) 흥산시는 1914년 석탄의 발견에 따라 개발된 도시로 본래 명칭은 학립현 이다. 1939년 만주국이 행정개혁을 실시하면서 학립현은 삼강성에 귀속 되었으나 해방 후 시로 승급하면서 흥산시로 되었다. 1951년 다시 흥산시에서 학강시로 변경되어 흑룡강성에 소속되었다. 대흥안령과 가까운 학강은 오후 3시면 어두워지고 온도가 하강하여 활동이 어렵다. 이곳의 동오동강은 동북항일연군 제3군 황우가 일본군에 포로가 되었다가 탈출하자 이를 추격하던 일본군이 집단동사한 격전지였다. 이곳은 소련 홍군의 유품도 많이 발견되는데 2차 세계대전 당시 일본군과 대치하고 한국전쟁 시기 대기하던 소련군의 흔적이다. 소련도 흥산 삼강평원의 식량을 노렸다. 한때 일본군이 소련과의 전쟁을 준비하던 거점도시였던 흥산은 소흥안령과 삼강평원의 과도지대로 농경지가 많았다. 지금은 인구 110만의 석탄 도시지만 소련으로 수출되는 술 산업도 발달되어 있다.

시보영화들을 제작하면서 극영화 제작도 시작했다.

1949년 4월 신 중국영화의 탄생을 의미하는 예술극영화 「다리(橋)」가 동북영화제작소에서 제작되었다. 이어 같은 해 「자기의 대오로 돌아왔다(回到自己隊伍來)」, 「중국의 딸(中華女兒)」, 「백의전사(白衣戰士)」, 「보이지 않는 전선(無形的前線)」, 「광망만장(光芒萬丈)」 등 5편의 예술 영화도 제작되었다.[134]

북경영화제작소(北京電影製片廠)와 상해영화제작소(上海電影製片廠)가 1949년 설립되었음에도 불구하고 인력과 물력의 부족으로 1950년까지 중국예술영화는 모두 동북영화제작소가 제작하였다. 더구나 중국 동북은 다른 지역보다 북한과의 영화교류가 빈번했다. 1949년 3월 1일 동북영화제작소에 소속된 영화배급사 '동북필름경리회사'는 북·중 영화 교류의 가교 역할을 해주었다. 1949년 5월 31일 북한필름관리국은 북한영화를 중국으로 정상수출하는 것을 목적으로 동북필름경리회사 안에 '주(駐) 중국동북조선영화관리소'를 개설했다. 곧이어 같은 해 7월 동북필름경리회사는 북한 평양에 '주 조선대표부'를 설립하여 8월에 북한필름 관리국과 상호영화상영 및 배급계약을 체결하였다. 북한과 중국 공산당 해방구 사이의 영화교류는 이때부터 본격화되었다. 1949년 9월 13일 중국동북필름경리회사가 주 조선대표부를 통해 신중국의 첫 번째 예술 영화인 「다리(橋)」와 2부작인 「자기 대오로 돌아왔다」를 북한으로 수출했다. 두 영화는 북한에서 개봉되어 뜨거운 인기를 얻었다. 평양대중극장과 문화극장에서 일차 개봉된 「다리」는 북한에서 개봉되었을 때, 이미 기사를 통해 노동계급을 주인공으로 한 동북영화제작소의 첫 영화로 북한과 인접한 연변 조선인들에게 소개

---

134) 유우, 앞의 책, 94쪽.

되었다.[135]

그런데 중국공산당에 접수된 장춘의 동북전영은 초창기에 옛 만영 사원이었던 중국인과 일본인에 의해 운영되었다. 일본인 사원들은 본 본으로 귀국할 때까지 중국영화의 부흥을 위해 협력하고 있었다.

창립 직후 동북전영을 이끈 것은 원목지(袁牧之)라는 영화인이었다. 그는 항일전쟁 때 중국공산당의 근거지였던 연안에서 기록영화를 찍었다. 그 때 사용된 것이 네덜란드의 영화감독 요리스 이벤스가 주은래에게 선물한 아이모 카메라였다.

원목지는 팔로군의 항일전을 기록한 「연안과 팔로군」의 현상을 위해 소련으로 갔다. 그러나 전쟁이 악화되면서 중국으로 돌아오지 못하고 1946년까지 소련에 체류할 수밖에 없었다. 귀국 후 동북전영(東北電影)의 초대소장이 된 원목지는 모스크바에서 배운 제작 시스템을 도입했다. 즉 다음과 같이 말할 수 있을 것이다. 동북전영(東北電影)의 작품의 특징은 '중국의 문예' '소련의 제작 시스템' 그리고 '일본의 기술'이 복합된 것이라고 말이다. 물론 사상적인 면에서 일본인이 각본과 연출에 참가하는 것은 꺼렸을 것이다. 기술계통의 스태프 중에는 일본에 돌아가지 않고 그대로 남은 사람도 있다. 좌산 즉, 사사키 유키치는 동북전영에서 녹음기사로 일했으며 그 후 북경전영으로 옮겨 1952년에는 중국국적을 취득했다. 그리고 「임상점(林商店)」이라는 작품을 담당했다.[136]

당시 동시녹음의 필름 편집 기술을 가지고 있었던 것은 동북전영의 일본인 여성 사원인 키시 씨뿐이었다.[137] 1949년 국공내전승리 후 동

---

135) 유우, 앞의 책, 95쪽.
136) 몬마 다카시, 위의 책.
137) 몬마 다카시, 위의 책.

북전영(東北電影)은 다시 본래의 기능을 되찾는다. 본격적인 극영화의 제작이 시작되고 일본인 사원들은 제작 현장에 복귀한다. 동북전영 최초의 작품인 「다리(橋)」는 키시 씨가 담당했다. 완성된 영화에는 일본인 사원의 이름이 중국 명으로 표기됐다. 키시 씨는 안부매(安芙梅)라는 중국이름을 받았다고 한다. 모리가와 카즈는 모림(牟林)이라는 이름으로 「다리」와 「중화아녀」 등의 타이틀백을 썼으며, 오치나가 타다지는 방명(方明)이라는 이름으로 애니메이션을 만들었다. 그들은 중국의 젊은 영화인들의 지도도 맡았다. 키시 씨도 편집기술을 가르쳤다. 그녀가 편집 기술을 가르칠 때 사용한 것은 만영의 창고에 있었던 일본영화였다고 한다.

야마나카 사다오 감독의 「무법송의 일생」 등은 아주 좋은 교재였다. 그들은 일본영화에 의해 몽타주 테크닉을 습득했다. 영화제작이 본궤도에 오르고 일본인 사원의 귀국 일정이 어느 정도 잡혀갈 때 즈음, 한국전쟁이 발발했다. 이때 북한의 영화인들이 동북전영으로 들어왔다.

그들은 북한에서 촬영한 필름을 동북전영(東北電影)에서 현상하여 편집과 녹음을 했다. 또한 중국에서 극영화를 촬영하기도 했다. 즉 이 시기의 북한영화는 일본인의 협력을 받아가며 중국에서 제작된 것이다.

그러나 그러한 사실은 북한의 문헌에는 거의 등장하지 않는다. 미군의 공습으로 초토화되어도 북한인들만의 불굴의 투지로 만들어 냈다고 소개되어 있다. 물론 북한인들의 불굴의 투지도 있었지만 외국인의 협력 또한 있었던 것이다.

키시 씨는 당연히 동북전영(東北電影)에서 만들어진 북한영화의 편집을 담당했다. 동시에 조선 영화인들의 지도도 맡았다. 동시녹음의 필름편집 기술도 가르쳤다. 조선에서 파견된 영화인들 전원이 일본어를 할 수 있었으므로 일본인의 지도는 일본어로 이루어졌다. 사실 키시 씨는 그 이

전에도 북한에 간 적이 있었다.

1948년, 동북전영(東北電影)에서 키시 씨를 비롯해 8명의 일본인이 평양에 파견된 것이다. 장춘에서 철로로 압록강을 건너 평양에 도착했으나 받아들일 준비가 아직 되지 않아 어느 시설에서 1주일 동안이나 대기해야 했다. 외출도 할 수 없었다. 식사는 모두 도시락이었다. 중국에서는 고량이 섞인 식사가 이어졌었는데 북한에서는 흰 쌀밥 도시락을 먹을 수 있어 좋았다고 한다. 때때로 조선인들이 창밖에 1열로 서서 신기한 듯 구경을 했다고 한다.

사실 이때 평양에서는 남북협상이 개최되고 있었다. 남북한은 자주독립을 위해 통일전선을 펴고 외국인에게 의존하지 않기로 의견 일치를 봤다. 서울에서 남측 대표(김구 등)가 평양에 들어 온 것은 이 시기였다. 이런 와중에 예전의 지배자였던 일본인에게 협력을 받는다는 사실이 드러나는 것은 좋지 않다고 생각한 것 같다. 상부의 대처를 위해 남북협상 중에는 연금 상태가 된 것이다. 결국 1주일 후 중국으로 돌아가게 되는데 그것은 소련 측의 지시에 의한 것이었다고 한다.[138]

동북전영에서 키시가 맨 처음 편집을 담당한 북한영화는 윤용규 감독의 「향토를 지키는 사람들」이었다. 6·25전쟁을 그린 영화였다. 다음으로 천상인 감독의 「다시 전선으로」를 담당했다. 이 영화는 전장을 무대로 한 멜로 드라마로 전선에서 부상당한 병사와 야전병원의 간호사와의 사랑을 그리고 있다.

1953년 키시가 맡은 세 번째 작품은 전동민 감독의 「정찰병」이었다. 하지만 편집에 착수하자마자 동북전영의 일본인 사원들은 모두 일본으로 돌아가게 되었다. 하지만 어찌된 일인지 키시의 기억에 장춘에서

---

138) 몬마 다카시, 앞의 책.

「인민은 승리한다」를 제작한 정준채에 대한 기억은 없다.[139] 키시의 증언은 이어진다.

> 키시 씨는 하루야마상, 즉 윤용규로부터 "일본에 돌아가면 일본에서 함께 생활했던 친한 친구에게 내가 북한에 있다는 소식을 전해 달라"는 부탁을 받는다. 그 친구란 조감독을 하던 일본인이었다고 한다. 귀국 후 키시 씨가 그 친구를 찾아 윤용규의 소식을 전한 것은 말할 나위도 없다. 키시 씨가 참가한 「향토를 지키는 사람들」, 「다시 전선으로」, 「정찰병」 이상 3편의 극영화에는 편집자 이름이 '박혜순'이라고 표기되어 있다. 그녀는 키시 씨의 조수를 맡았던 젊은 여성이었다. 그녀는 여기서 철저한 편집 기술, 특히 동시녹음의 편집 기술을 교육 받았다. 그 후 북한영화는 중국, 소련, 체코, 동독 등 동구제국의 원조를 받아가며 발전해 나가게 된다.[140]

간접적이기는 했지만 중국영화에는 키시와 같은 일본인의 지도가 이어져 내려오고 있다는 것이다. 북한영화에 대해서도 같은 말을 적용할 수 있다. 키시의 편집 기술 습득은 나치시대의 독일영화로 거슬러 올라간다.

독일의 아놀드 팽크(Arnold Fank) 감독이 일본의 이타미 만사쿠 감독과 합작으로 촬영한 「새로운 땅」의 편집이 일본의 JO스튜디오에서 이루어졌을 때 편집 조수로 있었던 사람이 당시 17세였던 키시였다. 그녀는 이 때 당시는 일본에서 아무도 알지 못했던 최신의 기술을

---

139) 이는 정준채의 활동 기간이 1960년 즈음에 끝나는 등 비교적 짧은 탓에 기인하는 것으로 보인다. 몬마 다카시는 노후의 키시와 인터뷰를 했기에 키시의 기억이 희미해졌을 수도 있다.

140) 몬마 다카시, 앞의 책.

배울 수 있었다. 유학을 하지 않으면 배우지 못하는 내용들이었다. 흥미로운 것은 키시에게 기술을 가르친 독일인 편집자가 여성이었다는 사실이다. 그리고 키시가 가르친 북한의 영화인 또한 젊은 여성 '박혜순'이었다.[141]

몬마 다카시에 따르면 해방 후 북한 영화계는 소련의 의향을 거스르면서까지 일본인 기술자를 초빙해 영화 제작기술을 배우려 했다. 동북전영도 일본인을 기용했다. 물론 완성된 영화에는 일본인 이름이 중국인 이름으로 표기되었다.[142] 이러한 사실은 영화가 국경이나 이데올로기를 간단히 뛰어 넘을 수 있다는 것을 의미한다. 영화가 상상력과 기술의 영역이라면 상상력에서는 친일을 제거할 수 있을지언정, 기술에서 친일을 제거하기란 불가능했는지도 모른다.

7. 용정 방면에서 로케―연길 1953년

준채는 1953년 동생에게 단 두 통의 편지만 보낸다. 두 통의 편지에도 「인민은 승리한다」의 제작에 대한 구체적인 소식은 없다. 다만 용정 방면으로 로케를 나갔다고 쓰고 있다. 수정한 시나리오에 따라 용정 로케가 필수적이었던 모양이다. 두 통의 편지에서 준채의 예술관을 엿볼 수 있다.

친애하는 추에게
벌써 1953년 정월도 다갔다. 우리가 그리워하고 사랑하는 모스크바! 스

---

141) 위와 같음.
142) 위와 같음.

딸린이 계시는 곳에서 공부하는 너의 행복을 감축하면서 지금 마음을 너에게 보낸다.

귀한 몸, 건강한 지 그리고 학구에 많은 성과가 있는지. 요즘 도무지 네 소식을 몰라 답답하다. 지난번에 보낸 편지는 받았는지. 나는 몸 성히 작품 제작준비에 한참이다.

2월 중순에 현지인 룡정 방면으로 떠날 예정이다. 5월 말경에 가서야 완성될 예정이다. (…)

나는 어쨌든 요전 편지에도 썼지만 네가 반듯이 「조국」을 그리는 심포니를 지금부터 조성하여 기어코 완수해내야 한다. 요즘 라디오에서 들은 우리가 잘 부르는 「진도 아리랑」이나 「천안 삼거리」 같은 구수한 맛이 나는 곡을 찾아볼 수 없다. 나는 참으로 구슬픈 생각에 잠겼었다. 조선 사람이 조선 사람의 감정을 알려주는 악곡이 어째 나오지 않는지. 물론 동요와 같은 곡들 보다는 훨씬 발전해온 것은 사실이지만.

나는 지난 정초에 「그린카」 영화를 보았다. 역시 그의 좋은 점이 로시야를 사랑하였다는 점에 귀일된 듯 싶다. 오인조의 역할이 컸다는 것을 무쏘르그스크 영화를 보고 느낀 것처럼 또 절실히 느꼈다. 조선의 아름다운 멜로디, 독특한 리듬, 훌륭히 완성되어진 민요 등. 어째서 조선의 좋은 음악이 아니 나올 것인가.

음악 그것은 다만 음의 세계를 미적으로 형상한 것으로 그치는 것은 아니라 음이 가진 성격을 포착하여 작곡가의 세계관이, 인간에 대한 지극한 사랑이 심원한 사념이 이를 얽어매어 형상화해야 할 것이다. 나는 음을 가지고 무엇을 말하고 싶다, 라는 자기의 주장이 뚜렷이 나와야 할 것이다.

나는 지난 밤 베토벤 「황제」 피아노 협주곡을 또 들었다. 크로아티아를 생각도 하며 그러나 그 속에서 역시 베토벤의 불굴의 정신, 모든 것을 뚫어 헤치고 앞으로 나아가는 그것을 더욱 강하게 느꼈다. 언제나 들어도 좋은 곡, 언제나 사랑할 수 있는 곡, 소설 영화 연극 등등을 우리는 창조해야 할 것이다. (…)

　지금 연출 대본을 수정하면서 천상인 동무가 내일 장춘을 통과한다기에 몇 마디 적는다.

1953년 1월 31일
장춘서 준채 형 씀.

　모스크바에 대한 동경으로 시작된 편지엔 장춘에 머물고 있는 준채의 고독이 투영되어 있다. 거기엔 「다시 전선으로」의 성공에 힘입어 포상 형태로 1년 단기의 모스크바 유학을 간 천상인에 대한 부러움이 없을 수 없다. 준채 역시 그런 기회가 주어지길 희망하며 「인민은 승리한다」 제작 차 용정 로케를 떠나는 복잡한 심경을 토로하고 있다. 영화는 5월에 완성시킬 심산이지만 동생에게 전하는 한마디 한마디마다 영화제작에 임하는 결의가 묻어난다.

　추에게 조국을 그리는 심포니를 작곡할 것을 권유하면서 "조선 사람이 조선 사람의 감정을 알려주는 악곡이 어째 나오지 않는지" 또한 "조선의 아름다운 멜로디, 독특한 리듬, 훌륭히 완성되어진 민요 등. 어째서 조선의 좋은 음악이 아니 나오는지" 준채는 자문자답하고 있다.

　러시아 국민음악파인 「그린카」 영화를 보면서 "음악 그것은 다만 음의 세계를 미적으로 형상한 것으로 그치는 것은 아니라 음이 가진 성격을 포착하여 작곡가의 세계관이, 인간에 대한 지극한 사랑이 심원한 사념이 이를 얽어매어 형상화해야 할 것"이라고 충고하는 대목에서 준채의 예술관이 얼핏 읽혀진다. "영화. 그것은 영화의 세계를 미적으로 형상한 것으로 그치는 것이 아니라 영화가 가진 성격을 포착하여 영화인의 세계관과 인간에 대한 지극한 사랑을 형상화해야 할 것"이라는 것이다. 그건 "영화로 무엇을 말할 것인가"라는 질문과 상통한다. 준채는 그만큼 절박했다.

"지난 밤 베토벤 「황제」 협주곡을 들으면서 베토벤의 불굴의 정신, 모든 것을 뚫어 헤치고 앞으로 나아가는 그것을 더욱 강하게 느꼈다"고 강조한 것도 이 때문이다. 편지는 모스크바 유학을 가는 천상인이 장춘을 통과한다기에 급하게 쓴 것이다. 하지만 천상인의 출발이 늦어져 장춘에서 편지를 전하지 못한 채 평양 출장길에 직접 천상인에게 전했던 것이다. 이어 준채는 다시 장춘에 와서 한 통의 편지를 더 쓴다.

친애하는 추에게

모스크바에도 백설이 내렸겠지. 추운 겨울에 어떻게 몸 성히 배움의 길이 잘 진전되는지. 벌써 너와 작별한 지도 1년이 지나갔다. 세월이란 유수 같다 하지만 벌써 햇수로 2년이 되어간다.

영화관리국장에게 전한 편지는 잘 받아보았다. 회답을 이번에 소련에 실습 가게 된 천상인 동무에게 평양서 전달하고 왔는데 아직도 출발치 않고 있다하니…….

새해를 맞이하면서 더욱 새로운 유혹과 마음다짐이 굳이 있으라고 믿는다. 나는 그동안 말썽만 많던 작품을 다시 시작하게 되어 지금 장춘에 와 있다.

연출대본이 다 되어 지금 준비 중이다. 2월 초순부터 연길 룡정 방면에 가서 로케를 하게 된다. 이번에 배역들은 전부 갈리게 되어 강천옥 동무 대신 문예봉 동무가 하게 되었다.

우리 촬영소는 작년 11월에 상부 지시로 전부 장춘으로 옮겨 왔다. 금년 봄엔 여기다 스튜디오를 건설하게 될 것이다. 지금 하고 있는 작품들로서는 전동민 동무가 「정찰병」이란 리학문 이중영웅을 그린 것과 민정식 동무의 「바다가 보인다」라는 진두평 영웅을 형상한 제 일차 진격 시 경남 통영 근방 서북산 전투를 묘사한 작품. 그리고 강흥식 동무의 「사냥꾼 조」는 지금 다시 수정 중에 있다.

금년도 작품으로는 역사물로서 해방투쟁을 테마로 한 것, 「춘향전」,

「김 장군 빨치산 투쟁기」, 「조–중 친선 후방 인민투쟁」 등등의 작품이 예정되어 있어 시나리오를 집필들 하고 있다. 이번에 수정된 윤용규 동무의 「향토를 지키는 사람들」은 해방 후 문학 예술가운데 우수한 작품이라고 수상께서 말씀하셨다. 우리 영화가 본격적인 궤도 위에 올라서고 있다. 나도 이번엔 전력을 다해서 5월 중으로 완성하려고 한다. (하략)

1953년 1월 15일
장춘 준채 형 씀.[143]

편지에 등장하는 영화관리국장이 누군지 확인되지 않는다. 하지만 영화관리국장이 모스크바 출장을 간다는 소식을 전해듣고 준채는 동생에게 편지를 써서 그에게 전달해줄 것을 부탁했던 것이다. 편지에 따르면 「인민은 승리한다」는 촬영 도중 배역이 바뀌는 많은 우여곡절을 겪었다. "강천옥 동무 대신 문예봉 동무가 하게 되었다"는 것이다. 준채는 배역 문제로 상부와 협의하기 위해 평양을 다녀온 것으로 보인다. 이는 연출자의 의도가 아니라 상부의 의도에 따라 배역이 결정되었음을 의미한다. 준채는 평양에서 배역이 문예봉으로 정해지자 문예봉과 함께 용정에 가서 로케를 해야 하는 문제를 상의하고 장춘으로 다시 돌아왔던 것이다. 문예봉은 북한영화계의 최고 인기배우였다.

문예봉은 김일성의 신임을 받아 북한 최초의 극영화 「내 고향」(1949)에 출연했고 이후 「빨치산 처녀」, 「성장의 길에서」, 「다시 찾은 이름」 등의 영화에서 주인공을 맡았다. 특히 「빨치산 처녀」는 김일성 우상화의 효시에 해당하는 영화로, 남한 내 빨치산들의 게릴라전을 영웅적으로 묘사한 영화이다. 이 영화로 문예봉은 1952년 북한 최초의

---

143) 발신인:중화인민공화국 동북 장춘시 동북전영 제편창 내 조선 영화제작단 정준채, 봉투는 중앙 전영국 동북전영 제편창 봉투)

공훈배우 칭호를 받았다. 문예봉은 북한에서 가장 정무적인 배역의 배우였다.[144] 「인민은 승리한다」에 문예봉의 출연이 결정된 것은 공훈배우 칭호를 받은 직후의 일이다.

"금년 봄엔 여기다 스튜디오를 건설하게 될 것"이라는 대목도 눈여겨 볼만하다. 북한은 장춘 동북전영에 스튜디오를 건설해 극영화 제작에 총력을 기울였음을 의미하기 때문이다. 전동민의 「정찰병」, 민정식의 「바다가 보인다」, 강홍식의 「사냥꾼 조」 등이 장춘에서 제작되었고 1953년 「춘향전」, 「김 장군 빨치산 투쟁기」, 「조-중 친선 후방 인민투쟁」 등의 작품이 예정되어 있었다.

북한영화에서 오늘날까지 끊이지 않고 이어져온 장르가 있다면 전쟁영화다. 북한은 전쟁을 치르는 동안에도 「소년 빨치산」(1951), 「또다시 전선으로」(1952), 「사냥군 조」(1953) 같은 전쟁영화들을 제작했다. 물론 중국의 지원이 있었다. 당시 남한에서 「정의의 진격」(1951) 등 전시 다큐멘터리가 주종을 이룬 데 비해 북한은 발 빠르게 전쟁 소재를 극영화로 재현했다.

1953년 7월 27일 휴전협정이 체결되자 그해 11월, 동북전영에서 활동하던 대부분의 북한 영화인들은 평양으로 귀환했다. 의주에 있던 국립영화촬영소도 평양으로 이전하였다. 이에 따라 전시에 중단되었

---

144) 문예봉은 1960년대 후반부터 1970년대까지 별다른 활동을 하지 못했다. 이 시기에 숙청되어 안주협동농장으로 쫓겨났다는 설이 있다. 1965년 북한의 영화잡지 『조선영화』에 기고한 수필이 화근이었다고 한다. 이 수필에서 그는 나운규에 대한 존경과 찬사를 표현했는데, 북한에서는 김일성 부자 외의 타인에 대한 인간적인 찬탄 및 찬양이 금기시되어 있어 나운규에게 대한 찬사가 정도를 지나쳤다는 이야기가 있다. 1980년 영화 「춘향전」의 이몽룡 모친 역할로 복귀한 그는 1980년대 남북적십자 회담 때 남측 대표를 환영하기도 했다. 1982년 인민배우 칭호를 받았다. 1991년 남북 고위급 회담차 평양을 방문한 정원식 총리 대표단과도 만났으며 1999년 사망해 평양애국열사릉에 묻혔다.

던 영화제작이 재개되었다. 하지만 이 시기의 북한영화목록에 정준채 연출의 「인민은 승리한다」는 들어있지 않다. 제작이 완료되지 못했거나 혹은 제작을 완료했음에도 목록에서 삭제되었기 때문으로 추정된다.

8. 「전우들이여 잘 가라」-1954년

1954년 정준채의 편지는 한 통도 남아 있지 않다. 동생 추에게 단 한 차례도 편지를 보내지 않은 것인지, 혹은 편지를 보냈지만 추가 유실했는지는 알 수 없다.

준채가 장춘에 머문 것은 1952년 11월부터 1954년 7월까지 1년 9개월이다. 이 기간에도 평양을 오가긴 했지만 1951년부터 장춘 출장을 갔으니 어림잡아도 2년 동안 장춘에 체류했다. 게다가 1953년부터는 동북(송강성 밀산현 흑태)에 피난 가 있던 가족도 장춘으로 와서 준채와 합류했다.

▶ 장춘시절 키가 훌쩍 자란 큰 아들 훈(왼쪽)과 둘째 아들 태양ⓒ정철훈

동북영화제작소에 머물던 다른 북한영화인들은 1953년 말, 평양으로 귀환한 데 비해 정준채의 귀환은 이들보다 1년 정도 늦은 1954년 7월에야 이루어졌다. 다음 편지는 그 이유를 추측케 한다.

우리들은 작년(54년) 7월 달에 동북 장춘서 나와 촬영소에서 여전히 다름없이 살고 있다. 형수는 후퇴하여 동북서 있으면서 교원 양성소를 나와 장춘에 전쟁고아들을 수용한 학원에서 공작하다가 지금 집에 가서 가사를 돌보고 있으며 훈이는 금년 들어 10세가 되었고 인민학교 2학년 재학 중에 있다.[145]

장춘에 북한의 전쟁고아 수용시설이 있었다는 사실은 처음 밝혀진 것이다. 동북 밀산에서 교원양성소를 나온 준채의 부인 임옥순은 장춘의 전쟁고아 수용시설에서 교원으로 근무했다. 이는 한국전쟁 시기 장춘이 북한의 후방 배후지역으로서 기능했음을 의미한다. 중국정부의 정책적 결정이 있었음은 물론이다.

1953년 11월 중국을 방문한 김일성은 마오쩌둥을 만나 중국인민지원군의 참전에 대해 감사를 표하고 향후 복구건설을 위한 중국의 원조를 부탁했다. 이어 저우언라이(周恩來) 총리와 「중조경제 및 문화합작에 관한 협정」을 체결하여 1953년 말 이전에 북한이 중국으로부터 받은 일체의 원조를 무상으로 처리하고, 추가적으로 대규모 경제지원을 약속받았다.

양국 정부는 중국의 전후 북한 지원을 핵심으로 하는 각종 협정을 체결하였다. 이때 맺어진 협정으로는 '북한 기술자의 중국에서의 실습과 북한 내 중국 기술자의 작업 조건에 관한 협정'(關於朝鮮技術人員在中國實習及中國技術人員在朝鮮工作條件的協定), '중국 중고등학교에서 북한 학생의 학습에 관한 협정'(關於朝鮮學生在中國高等學校及中等學校學習的協定), '북한정부가 중국 동북지구에 있는 북한 전쟁고아를 계속 양육해 달라는 요청에 중국정부가 동의한 교환각서'(關於中國政府同意朝鮮政府提議在中國東北地區的朝鮮戰時難童由中國政府繼續

---

145) 정준채의 편지, 1955년 1월 25일자.

撫養的換文), '조소항공회사 민항기의 중국 경내 경유에 관한 교환각서'(關於朝蘇航空公司民抗飛機經過中國境內的換文), '1954년 북한에 대한 물자와 현금 원조에 관한 의정서'(關於1954年以物資和現金援助朝鮮民主主義人民共和國的議定書), '중조무역의정서'(中朝貿易議定書), '정전 후 북한 철로의 복구 및 발전 원조에 관한 의정서'(關於停戰後援助朝鮮鐵路恢復和發展的議定書) 등이다.[146]

준채의 부인 임옥순이 동북에서 교원양성소를 수료하고 장춘에서 교원으로 활동한 것이나 장춘에서 전쟁고아 수용시설이 운용된 것은 '북한정부가 중국 동북지구에 있는 북한 전쟁고아를 계속 양육해 달라는 요청에 중국정부가 동의한 교환각서'에 의한 것으로 추측된다.

중국정부는 북한의 부족한 노동력을 보충하기 위해 1954년에 연변조선족 자치주의 일부 조선족을 전후복구건설에 참가시켰으며, 1958년경에는 조선족 일부를 북한으로 이주시키기도 하였다. 전후복구의 의미는 딱히 북한 내지 뿐만 아니라 장춘의 북한전쟁고아 양육과 교육도 포함되어 있었고 이에 아내 임옥순의 교원 활동이 연장되면서 정준채의 장춘 체류도 연장되었을 것으로 보인다. 1954년 상반기까지 정준채가 장춘에서 어떤 활동을 했는지는 명확하지 않다. 다만 추정컨대 장춘에 옮겨와 있던 북조선국립영화촬영소 기자재의 평양 이전 등의 업무가 맡겨졌을 가능성이 크다. 또 한편으로는 북한영화의 중국 상영에 관한 업무를 보았을 가능성도 있다. 예컨대 「비행기 사냥군 조」, 「정찰병」, 「땅의 주인들」을 비롯, 전후 시기 북한에서 제작한 「우리들의 영웅들(英雄大會)」, 「아름다운 노래」 등 일련의 한국전쟁 주제의 예술영화 및 기록영화들이 중국에서 잇따라 소개되었다.[147] 이런 일련의

---

146) 『抗美援朝战争史(第三卷)』, 军事科学院军事历史研究部, 北京, 军事科学出版社, 2000, 509쪽.(이종석, 앞의 연구에서 재인용)

147) 유우, 앞의 책, 241쪽.

북한영화는 중국에서 큰 인기를 끌었다. 극장을 찾아갔던 관객들이 많아서 영화관 좌석은 수일 전에 예약 완료되었다는 기록도 있다.[148]

1954년 7월 가족과 함께 장춘에서 평양으로 돌아온 준채는 중국인민지원군 철수에 대한 기록영화 「전우들이여 잘 가라」(1954) 제작에 착수한다.

> 친애하는 아우 추에게
> (…)
> 나는 지난번에 하든 중국인민지원군 7개 사단 철수를 수록한 영화 「전우들이여 잘 가라」를 제작 완성했다. 모두들 잘되었다. 평이 좋다. (하략)
> 1955년 3월 6일
> 평양에서 형 준채 씀.

중국인민지원군의 철수를 그린 「전우들이여 잘 가라」의 전모는 알수 없지만 중국인민지원군 철수에 대한 역사적 의미는 어느 정도 짚어볼 수 있다. 중국인민지원군은 한국전쟁에 참전하여 전상자만 36만 6천여 명에 달할 정도로 막대한 대가를 치렀다. 하지만 전쟁이 완전히 끝나지 않고 잠정적 중단을 의미하는 '정전'이라는 형태로 봉합되자, 중국인민지원군의 역할도 완전하게 종료될 수 없었다.[149]

1950년 10월 19일부터 1958년 10월 28일까지 8년 동안 지원군이 한반도 및 휴전선 이북에 주둔했다. 인민지원군은 한국전쟁 당시 최대

---

148) 「중국에서 조선영화 대 인기」, 『노동신문』, 1954.9.22., 유우 앞의 책, 245쪽 재인용.
149) 이종석, 「북한 주둔 중국인민지원군 철수에 관한 연구」, 『세종정책연구』 세종연구소, 2014~19.

135여만 명이 참전했으며, 휴전 이후에도 34개 사단 40여만 명이 잔류했다.

중국 지도부는 한반도에서 힘의 균형을 맞추기 위해 여전히 중공군 주둔이 필요하다고 판단하였다. 다만 전쟁이 끝났기 때문에 주둔군의 규모를 조정하고 주둔군의 역할이 변화될 필요가 있다고 판단하여 그 임무를 전투에서 한반도 평화 상태 유지와 북한재건 지원으로 전환시켰다. 전후 중공당 중앙군사위원회 총정치부는 지원군의 임무를 정전협정의 보장을 위한 실천과 전후 북한 경제의 복구 건설 지원으로 규정하였다.

인민지원군은 전방배치를 통해 휴전선에서 미군을 중심으로 한 유엔군에 대항하여 군사력 균형을 유지하고 정전 관련 업무를 주도하였다. 하지만 정전 관련 업무가 마무리되면서 1954년 말, 인민지원군은 임무의 대부분을 북한에 이관하였다. 인민지원군의 또 다른 임무는 전쟁으로 파괴된 북한경제의 복구건설을 지원하는 것이었다. 중국인민지원군은 본국 정부의 지시에 따라 북한 재건 지원에 나섰다. 1954년 3월 지원군 총사령부는 전군에 '조선인민을 도와 재건활동을 진행할 것에 관한 지시'를 하달하였다. 그 내용은 각 부대가 북한 주민을 도와 수리건설을 진행하고 계절성 농업노동에 참가하며 가옥과 공공건물의 복구를 도와주라는 것이었다. 이를 위해서 중대단위에서는 전체병력의 70%, 기관 단위에서는 20~40%의 인원을 동원하도록 했다. 그 결과 정전 후 1958년까지 중국인민지원군은 북한주민을 도와 881곳의 공공장소와 45,412칸의 민간 가옥을 건설하고 교량 4,263개소를 복구하거나 새로 건설하였으며 4,096개의 제방(430km) 축조 및 2,295개소의 수로보수(1200km)를 하였다. 철도의 경우 10개 사단 규모의 지원군 철도병 병력이 나서서 파괴된 철도 및 관련시설을 복구하였다.

휴전 이후 북한은 안보를 지원군에 의존하면서 전후복구사업에 전력투구할 수 있었다. 전후복구사업의 원활한 진행과 1950년대 고도성장의 배경에는 지원군의 주둔이 매우 중요한 역할을 했다. 따라서 「전우들이여 잘 가라」는 인민지원군의 전후복구사업에 대한 공적과 북한 인민과의 우호 및 친선을 그렸을 것으로 보인다.

중국은 120만 명에 달했던 중국인민지원군 가운데 약 25만 명만 북한에 잔류시키고 나머지는 1955년 말까지 철수시키기로 결정했다. 이에 따라 6개 군단(47·67·50·68·24·46군)에 소속된 18개 사단과 제33사단 등 19개 사단은 1954년 9월부터 1955년 10월까지 3단계에 걸쳐 철수하였다. 이밖에도 보병 6개 군단(60·63·64·65·12·15군)과 포병 4개 사단, 고사포 부대 4개 사단, 철도병 10개 사단, 공안 1개 사단, 기타 특수병과 부대가 1955년 말까지 북한에서 철수하였다.[150] 「전우들이여 잘 가라」는 이 가운데 1954년에 철수한 7개 사단의 철수 과정을 형제애적인 관점으로 그린 기록영화로 보인다. 중국인민지원군은 북한의 전후 복구사업의 가장 큰 원조자였다. 그들은 공공시설 복구와 민간가옥 건설, 교량 건설 및 제방 축조, 그리고 수로와 철도를 복구하는 등 파괴된 북한의 인프라를 건설하는 데 결정적인 역할을 했다. 1955년 말 이후 북한에 잔류한 중국인민지원군은 5개 군단 (1·16·21·23·54군)과 일부 포병, 고사포병, 장갑병, 공정병, 후방 병참부대였다.[151] 「전우들이여 잘 가라」를 제작 완료한 준채는 같은 편지에서 다음 작품에 대해 언급한다.

---

150) 이종석, 위와 같음.
151) 이종석, 위와 같음.

9. 「주르빈 일가」 더빙 편집—평양 1955년

금년엔 「주르빈 일가」를 영화화한 「대가족」의 번역 편—조선말로 대사를 전부 고쳐 넣는다—을 제작 책임 맡았다. 극영화는 금년에 맡지 않았다. 내년에는 시키겠다고 말한다. (…)

우리 조국은 지금 고전 계승문제가 크게 제기되고 있어 구전민요, 속담을 비롯해 고려가사, 춘향전, 홍길동전, 장화홍련전, 놀보흥보, 심청전을 비롯해 박연남 선집, 우리 미술사, 고전 등에 관한 서적이 발간되고 있으며 에스트라다가 조직되어 민요, 무용, 속담 등과 옛 노래들이 불리워지고 있다.

민족오페라로서는 리면상 작인 「콩쥐팥쥐」가 수 차에 걸려 상연되고 있어 많은 인기를 끌고 있으며—나는 아직 한 번도 못보았다—춘향전을 조운, 조열출이 각색하여 민족예술극장에서 매번 상영할 때마다 대단한 인기를 끌고 있다. 지금 「심청전」을 준비 중에 있다.

외국 오페라로서는 지난 번 전쟁 시기에 상연했든 「청년 근위대」를 재상연준비 중이라 한다. 창작으로서는 요전에 문섭 동무 말을 들었더니 이번 8·15 10주년 기념으로 문경옥 작 「백두산」을 자기 연출로 준비 중에 있다고 하더라.

이렇듯 고전계승문제가 대두하고 있으며 또 옳은 길을 찾기 위해 노력들 하고 있다. 그러나 내 생각 같아서 우리 가요곡은 우리 독자성이 미약하고 외국의 모방과 누구 곡이나 유사한 점들을 느끼는 점이 많으며 우리의 풍부한 민요와 아름다운 선율들이 옳게 살려진 게 부족하다. 어떤 건 민요의 편곡해 놓은 것 같은 곡도 있다. 너는 요즘 어떤 창작을 하고 있는지 네 소식도 좀 알려주기 바란다. (하략)

1955년 3월 6일
평양에서 형 준채 씀.

1955년은 '8·15 해방 10주년'이라는 상징성으로 인해 전후복구사업은 더욱 대대적으로 펼쳐졌다. 전후복구사업을 독려하기 위한 한 방안으로 채택된 것이 1954년 소련에서 제작되어 현지에서 대단한 호평을 받은 「주르빈 일가」의 수입 상영이었다. 영화의 원명은 러시아어로 '대가족'을 뜻하는 'Большая семья'였으나 일명 '주르빈 일가'(Журб ины)로 더 알려진 작품이다. 러시아 포털 사이트인 얀덱스(Яндекс)에 따르면 '주르빈 일가'는 3대로 이어지는 조선(造船) 노동자들의 이야기이다. 주인공이 가족을 잃고 사랑하는 여자마저 잃었지만, 3대에 걸쳐 이어받은 조선(造船) 노동자로서의 투철한 직업관으로 고난을 극복하고 행복을 되찾았다는 내용이다. 준채는 「주르빈 일가」의 우리말 더빙작업을 맡았다. 각 배역에 따른 성우들을 배정해 우리 말 녹음을 하고 입 모양을 맞추면서 필름을 재편집하는 일이었다.

장편 『주르빈 일가』는 소련작가 브세월로드 코체토프의 장편소설로, 1953년 레닌그라드 '소베트작가출판사'에서 출간되었고 이듬해인 1954년 평양 조쏘출판사에서 박우천 번역으로 출간되었다.[152] 다음은 도입부.

---

152) 원작자 브세월로드 아니시모비치 코체토브(1912~1979)는 러시아 노브고로드 태생으로 농업기술원을 졸업(1931)한 후 농업경영자로 일했다. 2차 세계대전 당시 레닌그라드 전선의 신문사에서 경력을 쌓은 그는 『문학신문』(1955~59)와 잡지 『옥티아브르』(1961~73) 편집장을 맡았다. 그의 작품은 1934년부터 출판되기 시작했다. 『넵스키 유적지』(1946)와 『교외』(1947)는 2차 세계대전의 사건들에 관한 것이다. 소설 『주르빈 일가』는 1952년 잡지 『별』의 제1호와 2호에 발표되었고 이후 수정과 가필을 거쳐 1953년과 1954년에 각각 1, 2부 단행본으로 출판되었다. 『주르빈 일가』는 노동계급에 대한 소련 문학의 중요한 작품으로 평가된다. 이후 소설 『어쇼프 브라더스』(1958), 『오블라스트 위원회의 장관』(1961; 동명의 영화가 1964년 제작), 『가을의 각도』(1967; 동명의 영화 1970), 『당신이 원하는 것은 무엇인가』(1969)를 발표했다. 코체토브는 2개의 레닌 훈장, 10월 혁명 훈장, 붉은 별 훈장 등을 받았다.

5·1절 저녁. 라디오 확성기들 속에서 모스끄바의 명절 축포 소리가 뚝 끊어지자. 구역 내무서 인스뺵또르 에고로브는 총 쏘는 소리를 들었다. 에고로브는 방금 붙여 물었던 빠삐로쓰를 던지고 그것을 발꿈치로 비벼 버렸다. 그리고는 습관된 손짓으로 권총 케쓰를 바루잡고 골목을 건너 총 소리가 들려오던 쪽으로 걸어갔다. 골목 안의 활짝 열어제낀 유치창들 안에서는 축음기 기-타들의 소리가 들려오고 춤추는 사람들의 바람결에 명주실 레쓰 카텐들이 너훌거리고 명절날답게 깨끗이 닦은 마루에 일제히 부딪는 발꿈치 소리에 조그만 통나무 집 벽들이 푸들푸들 떨렸다.[153]

소설은 주인공인 늙은 직공장 일리야 마트베예비치 주르빈이 5·1절과 손자의 출생을 축하하는 두 발의 축포를 쏘면서 시작된다. 총소리를 듣고 달려온 내무서원에게 일리야 마트베이는 "아무런 위법도 없소. 민간 축포요. 일꾼이 하나 태어난 것이요, 스물한 방의 축포요"하고 말한다.[154]

주르빈 일가는 경축의 식탁에 둘러앉아 축배를 들면서 조선소의 당면한 제반 문제와 관련하여 활기 있는 대화를 진행한다. 소설의 기본적 갈등은 노동형태에 있어서의 기본적인 변화와 조선소 기술직 재건과 결부되어 있다.[155] 과거엔 선박조립을 할 때 철판에 직접 용접을 하는 방식이었으나 이제는 철판 사이에 리베트를 끼워 용접하는 방식으로 바뀌었고 이로 인해 용접 노동자를 포함해 모든 조선소 노동자들은 새로운 시대, 새로운 기술에 적응하는 것이 당면한 생활상의 문제로

153) 브쎼월로드 코체토프, 『주르빈 일가』, 소베트작가출판사, 레닌그라드 1953; 박우천 역, 조쏘출판사, 평양 1954, 1쪽.
154) 아·계멘찌예브, 「로동계급에 대한 소설」, 『주르빈 일가』, 박우천 역, 조쏘출판사, 평양 1954., 365쪽.
155) 손영호, 서적소개 「소설 「주르빈 일가」에 대하여」, 『로동신문』, 1954. 11.16.

제시되었다. 이러한 환경 속에서 주르빈 일가의 생활도 큰 변화를 맞는다.

작품의 중심에는 마뜨베이 할아버지와 그의 아들 일리야 및 바실리를 비롯하여 그의 손자손녀인 빅토르, 안톤, 코스차, 알렉세니, 토냐에 이르기까지 주르빈 일가 출신의 노동자 3세대가 등장한다. 소설의 중심축이라 할 사건은 조선소에서 주르빈의 집으로, 조선소장의 사무실에서 노동자구락부로, 스타하노프 운동자의 주택에서 조선소의 기술 보도국으로 옮겨진다. 이들 노동자들은 풍부하고 다방면적인 정신적 생활과 넓은 범위의 취미들을 가지고 있는 사람들이며 공산당에 의하여 교양된 사람들이다.[156]

특히 직공장 일리야 주르빈은 배를 진수시킬 때만 흥분하는 것이 아니다. 독자들은 그를 통해 가정이라고 하는 한 척의 배를 어떻게 끌고 나가는가를 볼 수 있으며 어떻게 자녀들을 교양하고 오류를 시정하며 그들의 성공을 자랑으로 삼는가를 볼 수 있다. 조선소의 재건은 그 건물과 시설에 국한된 것이 아니며 사람들의 운명과 견해에도 중대한 변화를 일으킨다. 노련한 숙련공이자 독학으로 직공장에 오른 일리야 주르빈은 다소간 과학을 경시하던 태도를 버리고 청년들과 함께 새 기술을 배우기 시작한다. 그것은 자존심이 강한 권위자에게 있어서 용이한 일이 아니다. 하지만 작가는 선량한 유머를 통해 늙은 직공장이 어떤 태도로 학습하는가를 들려준다. 즉, 새로운 기술을 배울 때조차 그는 목욕탕에 가듯, 혹은 고기잡이를 가듯, 아주 산뜻한 일상의 변화처럼 즐거운 마음으로 학습을 시켜줄 사람을 찾아가는 것이다. 이런 기법은 과거 노동계급을 묘사함에 있어 실생활을 등한시한 작가들의 태도와 정반대이다. 소설은 노동과 그것의 아름다움과 그것이 가지고 있는 시

---

156) 아·제멘찌예브, 「로동계급에 대한 소설」, 위의 책, 364쪽.

적 정취를 찬양하고 있으며 어떻게 노동이 한 가정을 결합시켜주고 굳게 단결시켜주는가를 보여주는 동시에 노동하는 사람이 가슴 속 속에 자존심과 동지애와 성실의 감정 및 현실에 대한 창조적 태도와 굳센 의지력과 난관을 극복할 줄 아는 능력을 어떻게 배양하는가를 보여주고 있다.[157)]

「주르빈 일가」는 전후복구사업에 임하는 북한의 입장에서 볼 때 어떻게 새로운 기술을 받아들이고 생산성을 높이는가 하는 문제의식을 사회 전반에 걸쳐 형성하는 데 매우 주효한 작품이었다. 준채의 편지는 이어진다.

친애하는 아우 추에게
네 편지는 잘 받아보았다. 그동안 몸 성히 연구에 더욱 성과를 올리고 있는지……. 우리들은 모두 건강하다. 나는 지금 「주르빈 일가」 번역 편 제작 준비에 있다. 래 주일부터는 본격적인 대사 연습을 시작할 것이다.
남의 작품을 우리 말 화한다는 게 용이한 것 같지 않다. 요전엔 지수를 만났다. 지금 무용극 「심청전」 상연을 하기 위해 안무와 연습에 바쁘다고 하드라. (…)
거기서도 신문을 통해 잘 알겠지. 영웅도시 평양은 금년 8·15 10주년을 계기로 복구 건설사업에 모두가 한참이다.
이 판이한 두 세계. 엘바 강의 비극이나 똑같은 현실에서 살고 있는 우리들이다. 너도 작품을 창작하는데 언제나 이 조국의 현실을 잊지 말아야 한다. 조국의 평화적 통일은 개념에서가 아니라 생활을 통한 현실 위에서 절실히 전체 인민이 갈망하는 사실인 것이다.
음악영화 「그린카」를 나는 몇 번이고 보았다. 그가 진실한 음악을 창조하기 위한 노력, 그는 조국을 떠나서 모든 문제를 생각해본 적이 없고 인

---

157) 아·제멘찌예브, 「로동계급에 대한 소설」, 위의 책, 365쪽.

민들을 떠나서 창조를 하려고 마음먹지도 않는다. 아름다운 선율, 리듬과 템포 이것들이 생활 토대위에서 오선지에 옮겨져 간다.

인민들이 무엇을 갈망하는가에 의하여 자기의 창작이 기강하게 진행된다. 폭군 스타도 어쩔 수 없이 그의 음악은 영원히 빛난다. 물론 너도 잘 알고 또 그러한 위대한 선배들의 뒤를 따르라는 걸 알면서 커다란 포부와 희망을 끝까지 완수하게 전력을 다해 달리길 바래고 또 바랜다. 나도 분투, 노력하여 나의 지난 거대한 뜻을 살리기 위한 백방의 노력을 하겠다. (하략)

1955년 4월 4일
평양 형 준채 씀.

'엘바 강의 비극'이란 제2차 세계대전 당시 독일의 비극을 지칭하는 것으로 보인다. 1941년 6월 22일 히틀러의 기갑부대는 러시아를 침공했다. 파죽지세로 모스크바까지 진군했으나 러시아의 혹한 속에서 레닌그라드 전투, 스탈린그라드 전투 등을 거치며 독일의 세력은 약화되었다. 러시아는 폴란드를 거쳐 베를린에서 독일과 공방전을 벌였고 이때 연합군이 엘바 강에서 합류함으로서 독일 패전의 결정적인 계기를 마련하였다. 엘바 강의 비극이란 연합군의 폭격으로 폐허가 된 엘바 강 유역의 전후 복구를 방불케 하는 긴설사업이 평양에서도 벌어지고 있다는 의미로 해석된다.

한편으로 준채가 동생에게 전한 조언에서 그의 예술적 좌표를 엿볼 수 있다. 그는 음악영화 「그린카」를 보고 "진실한 음악을 창조하기 위한 노력"과 "조국을 떠나서 모든 문제를 생각해본 적이 없고 인민들을 떠나서 창조를 하려고 마음먹지도 않는" 그린카의 선율과 리듬과 템포, "이것들이 생활 토대위에서 오선지에 옮겨져 간다."라고 강조하고 있다. 또 "인민들이 무엇을 갈망하는가에 의하여 창작이 기강하게 진행된다."는 말도 잊지 않았다.

친애하는 추에게

푸르른 동산엔 아지랑이가 끼고 푸릇푸릇 보리가 자라 이삭이 패어났
다. 농민들은 벌써 모내기를 시작했다. 네가 보내주는 편지는 매양 반가
움과 더불어 우리들을 기꺼웁게 해준다. (…)

나는 그동안 「대가족」 번역 편을 대사 녹음을 하였는데 총장이 본 결
과, 재록을 할 건 없게 통과되었다. 이제는 튜밍을 하며 음악과 효과를
합치면 된다. 일은 최종단계 들어섰다. 이 작품은 천연색으로 프린트를
굽게 되어 튜밍이 끝나면 모스크바로 음향을 보내어 거기서 천연색으로
카피를 구워내게 된다. 8·15 10주년 기념으로 전국에 상연이 될 것이
다. (하략)

1955년 6월 5일 형.

『주르빈 일가』는 「대가족」이라는 제목으로 정해지고 "번역 편을 대
사 녹음"하여 총장의 재가를 받았다는 것이다. 여기서 '총장'이란 평양
국립영화촬영소 주인규 소장을 지칭한다. 하지만 주인규는 그로부터
3개월 뒤 종파분자로 체포되어 수감되었고 그해 9월 수감 생활 도중
스스로 목숨을 끊은 것으로 알려지고 있다.

북한영화계의 실세였던 주인규가 어떤 이유로 주도권을 잃게 되었
는지 그 전모는 알 수 없다. 다만 어느 정도 추측은 가능하다. 주인규
는 평양 함락 직전, 후방으로 피난하는 과정에서 영화촬영소장으로서
의 본분을 소홀히 한 책임을 추궁당하면서 급속하게 주도권을 잃은 것
으로 보인다.

평양 피습으로 촬영소가 박살난 뒤 퇴각로를 찾고 있던 주인규는 자신

의 가족만을 지프차에 태워 만포로 보내고 촬영소의 다른 가족들의 안위를 보살피지 않았다. 주인규는 전쟁 직전 남로당파인 이강국(독일서 유학한 인텔리 계급)의 딸을 자신의 며느리로 삼는 등 족벌을 만들기 위해 주력했고 전쟁이 나자 다른 사람들은 죽거나 말거나 상관 않고 후방으로 피난을 갔던 것이다. 그 바람에 촬영소의 영화기자재는 미군의 폭격으로 파괴되고 말았고 전쟁이 끝난 후 주인규는 이에 대한 책임을 추궁 당했다.[158]

「대가족」 번역 편은 우리말 녹음을 마치고 음악과 효과를 합치는 최종 튜밍 단계에 들어갔다. 튜밍이 끝나면 모스크바로 음향을 보내어 천연색 카피 본을 구워낸 뒤 8·15 10주년 기념작으로 전국에 상연될 예정이었다.

소련영화북한의 컬러영화 제작은 전쟁이 장기화되고 영화제작 시설이 파괴되면서 중단되었다. 이후 컬러영화의 제작은 1955년 8·15해방 10주년 기념으로 제작된 윤득춘 연출의 기록영화 「8·15 10주년」을 통해 이루어졌다. 김인현, 한창해, 홍일성이 촬영을 맡았다. 1957년 리영준 연출로 「금강산」도 컬러영화였다. 이는 북한 영화계가 컬러영화 제작에 얼마나 많은 관심을 기울였는지를 보여준다.

북한은 한국전쟁 후 영화계의 복구 및 활성화를 위하여 「영화예술의 급속한 발전 대책에 관하여」라는 결의 사항을 채택하였다. 이에 따라 1956년부터 선진적인 영화 기술을 습득하기 위해 소련을 비롯한 동유럽에 유학생을 파견하였고, 1961년까지 천연색 예술영화 촬영소를 새로 건설하는 것을 목표로 제시하였다. 이러한 여건이 마련되기 전까지 북한은 소련과의 합작으로 부족한 기술을 메울 수밖에 없었다. 특히 컬러영화 제작에 있어서 소련과 밀접한 관계를 유지하고 있었다. 소련의 전폭

---

158) 정추, 구술회상기, 「알마티의 기둥」.

적인 지원을 토대로 북한 영화는 짧은 시간 내에 큰 성장을 이루어냈다.

해방 후 공화국 북반부에는 영화상영기관은 있었으나 영화 제작 시설이라고는 찾아 볼 수도 없었다. 1946년 2월 조선공산당 북조선 조직위원회 선전부에 영화반이 설치되어 영화 제작이 개시될 때 아이모 촬영기 한 대와 몇 백자의 필림이 있었을 뿐이었다. 이 귀중한 필림으로 무엇을 할 것인가? 이 때 상기된 것은 혁명 당시 소베트 영화계의 실정이었다.

레닌의 발기에 의하여 1919년 8월 영화기업 국유화의 실시와 더불어 영화는 인민의 예술로 되었다. 레닌은 루나찰쓰끼와의 담화에서 공산주의 사상으로 충만된 새 영화의 제작은 시보영화부터 시작해야 한다고 말씀하였다. 시보영화에는 혁명 사변들과 프로레타리아와 농민들의 자유와 독립을 위한 투쟁과 국가 생활, 국민전쟁 때의 제 사건들이 수록되었다. 이 시보영화의 제작은 당시 토막 필림들로써 어려운 조건들을 극복하여 진행되었던 것이다. 이 실정은 우리나라의 사정과 비슷하였다. 또한 이 역사적인 사실은 우리를 고무 추동하였다.[159]

준채는 "레닌이 '공산주의 사상으로 충만된 새 영화의 제작은 시보 영화부터 시작해야 한다.'라면서 토막 필름을 통해 어려운 조건들을 극복하며 진행되었던 러시아 혁명 당시의 영화 제작 사정이 북한의 해방 후 상황과 비슷했다"고 진술했다. 뿐만 아니라 북한의 첫 예술영화인 「내 고향」 제작에도 역시 소련의 도움이 있었다고 언급했다.

이렇듯 조선영화 발전에 있어서 중요한 의미를 갖는 「내 고향」이 제작된 1949년 바로 그해에 모스크바 중앙기록영화촬영소의 저명한 녀류 연출가이며 편집자인 쎄뜨끼나 녀사와 로련한 촬영자 벨야꼬브(쏘련 뉴쓰

---

159) 정준채, 「쏘련 영화가 우리 영화에 준 영향」, 『조선예술』, 1957.11.

촬영가로서 원로이며 혁명 후 레닌 선생을 주로 촬영한 저명한 촬영 명수이다)가 내조하여 8·15 해방 4주년 기념 기록영화를 직접 제작 지도하였던 것이다. 벨야꼬브는 당시 북반부의 평화적인 민주건설 모습들을 몸소 촬영 지도하는 동시에 기록영화촬영의 리론과 실제를 전달해 주었으며 쎄뜨끼나 녀사는 기록영화의 연출과 편집 사업을 지도해 주었다.[160]

준채는 "북한 최초의 컬러영화는 보다 '리얼'한 조선의 모습을 부각하기 위해 제작되었다"고 썼다. 기록영화의 강점은 눈에 보이는 그대로의 현실감인데 이를 부각하기 위해서는 '눈에 보이는 색채'가 중요시되었기에 기록영화에서부터 컬러를 도입했던 것이다. 컬러를 통한 스펙터클한 효과를 통해 조선의 자연과 호응하는 민족주의적 자긍심을 불러일으키고자 했던 것이다.[161]

친애하는 추에게

(…)

나는 그동안 「주르빈 일가」 번역 편 제작을 완성하여 천연색을 만들려고 모스크바에 보냈다. 여기서 어려운 시설과 조건하에서 성과를 올렸다고 호평을 받았다. 8·15 10주년 영화축전에 상영될 것이다. 바로 이어서 렌 필름제작인 「단검(短劍)」-아동영화인데-을 맡아하게 되었다. 어린 애들이 주인공인데 처음인 만큼 대단히 곤란한 점들이 있다. 그러나 공부삼아 해보겠다.

정지수 동무와 리석예 동무는 무용극 「심청전」을 창작 상연하였는데 호평을 받고 있다. 8·15 10주년을 맞이하면서 조국의 복구 건설사업은 힘

---

160) 위와 같음.

161) 이후 소련 연출자 그리고리 추흐라이(Григорий Чухрай)의 「마흔한 번째(Сорок первый)」(1956)와 같은 동시대의 많은 주요 작품들이 '우리말 자막판'으로 상영되었다.

차게 진행되고 있다. 중요한 기업소들이 적의 맹폭으로 파괴된 허젓한 일터 위에 원상 혹은 더 발전되어 건설되고 있으며 농촌 경리는 협동농장으로 점차적 발전을 해가고 있으며 우리나라의 사회주의 건설은 눈부시게 건설되어 가고 있다. 이와 더불어 지난 4월 당 전원회의 문헌연구사업으로 사상 교양사업이 치열히 전개되고 있다.

물론 너도 잘 알겠지만 인간의 의식이 경제적 발전보다 뒤떨어진다. 특히나 예술의 당적 사회적 의의로 보아 예술일꾼들에 양성은 곧 예술의 당성인 것이다. 그러기 때문에 너의 학업추진에 있어서 계급적 의식의 확고부동한 입장에의 의식 개변에 중점이 두어져야 할 것이다. (하략)

1955년 6월 26일

형 씀.[162]

「주르빈 일가」 번역 편집을 준채는 "어려운 시설과 조건하에서 성과를 올렸다"는 호평을 받고 새로운 출발을 할 수 있었고 이 성과를 바탕에서 렌 필름 제작의 어린이 영화 「단검」의 번역 편집을 맡게 되었다. 그런데 「주르빈 일가」나 「단검」은 모두 렌필름의 작품이다. '렌필름(Ленфильм)'은 레닌그라드 국영영화사를 말한다. 이에 비해 모스크바의 국영영화사는 '모스필름(Мосфильм)'로 지칭된다. 렌필름은 유럽과 지척이라는 레닌그라드의 지리적 위치로 인해 실험적인 작품 제작에 치중했다면 모스필름은 상대적으로 러시아 특유의 전통적 미학을 담은 대중적인 작품을 제작했다.

러시아는 유럽과 아시아를 아우르는 거대한 영토로 인해 유럽적인 특성과 아시아적인 특성이 공존하지만 한 번도 아시아적 특성이 우위에 놓인 적은 없었다. 특히 영화 제작상의 기술적 우의는 예외 없이 모

---

162) 발신: 평양 조선국립영화촬영소 정준채, 수신: 모스크바 드미트롭스키 빼레울록 돔 6, K 29.

스크바와 레닌그라드(현 페테르부르크)가 구심점 역할을 했다. 한 국가 혹은 한 지역에 대한 이미지 혹은 평가는 불변하는 것이 아니라 시간과 공간에 따라 다양한 변형을 거친다. 이러한 변화는 독자적인 원인에 따른 것이라기보다는 대상을 둘러싼 다양한 원인이 종합적으로 발현된 총체적 현상인 것이다. 이는 암묵적인 위계질서를 반영한 것이기도 하다.

영화는 이미지를 매개체로 하는 예술이다. 영화에 나타나는 이미지의 연속은 기호들의 연속이자 가치관 및 이데올로기의 종합적인 표현 양태라고 할 수 있다. 영화의 이미지는 영화의 제작과 소비가 이루어지는 지역의 인식과 연동된다. 이렇게 보면 준채는 북한이라는 지역성과 국가주의의 그늘에서 단 한 번도 벗어나지 못했고, 벗어날 수도 없었다. 그 그늘이란 인식과 표상이라는 이중성에 의해 더욱 짙어지고 있었다. 김일성을 어떻게 우상화해야 하느냐 라는 인식과 그것을 어떻게 표현해내느냐 하는 표상의 문제를 동시에 만족시키는 영화만이 제작되고, 소비될 수 있었다.

친애하는 아우 추에게
(…)
나는 나의 지나간 과오를 시정하고 나의 사상의식의 개변을 위한 나의 생활을 전개하고 있다. 그러나 지금 나는 조연출이란 강직된 그대로 아직도 머물러 있으며……. 물론 작년 9월부터 기록영화 「전우들이여 잘 가라」를 맡아했고 금년 들어서는 번역 편 영화 「주르빈 일가」, 「해군단검」 등을 맡아하고 있다. 앞으로 더욱 더 노력하면 예술영화를 하게 되겠지. 나의 심정을 너는 알아 줄 것이다.

나의 이러한 환경 속에서의 생활이 실인즉 작년 말까지 고독과 더할 수 없는 괴로움 속에 처박혀 있었던 것이다. 이러한 모든 것이 너에게 절대 소홀히 함은 아니었으나 본의 아닌 그런 결과를 범하고 있었던 것이다. 이러한 모든 행동은 역시 나의 사상적 미약성－소부르주아적 근성과 센티멘탈한 것들이 작용한 것이다. (하략)

1955년 10월 23일

무슨 일 때문인지는 몰라도 준채는 조연출로 강등되어 있다. 그는 이를 만회하기 위해 "지나간 과오를 시정하고 나의 사상의식의 개변을 위한 나의 생활을 전개하고 있다"라고 썼다. 그의 강등은 "사상적 미약성－소부르주아적 근성과 센티멘탈한 것들이 작용한"데 대한 응분의 조치로 짐작될 뿐, 정확한 내용은 알 수 없다. 다만 "앞으로 더욱 더 노력하면 예술영화를 하게 되겠지"라는 문맥으로 짐작할 때 준채는 예술영화에 매진하고 싶은 과도한 욕망으로 인해 당의 신임을 잃은 것으로 보인다. 어쩌면 문예봉으로 주인공이 바뀐 「인민은 승리한다」의 연출과정에서 예술적 영웅주의가 표출되었을 수도 있다. 「인민은 승리한다」는 제작 중단되었다. 좌절의 고배를 마신 준채는 자숙할 수밖에 없었다. 그러다 당에서 맡긴 일이 소련영화 「주르빈 일가」와 「해군단검」의 더빙 작업이었다. 편지는 이어진다.

김상오 동무의 시는 물론 일련의 그 사건에 걸리진 않았으나 그의 영웅주의로 인해 비판받았다. 그는 현재 시단에서 그렇게 활동하고 있진 않다. 점차적으로 교양주고 있는 듯하다. 최석두 동무는 그리 사업 상 관계로 윤 모란 치와 관련되어 있다 하는데 지적은 되어 있지 않지만 그의 시집은 발간되지 않고 있으며 종합시집들에도 수록되지 않는다. 이 두 동무의 시에 작곡은 안하는 게 좋을 것이라고 하더라.[163]

---

163) 정준채 편지, 1955년 10월 23일자.

편지에 따르면 북한은 부르주아 소영웅주의를 당의 차원에서 비판하고 이에 대한 교양사업을 펼치고 있었다. 편지엔 김상오, 최석두 시인의 경우가 언급되어 있다. 그들의 시집은 "발간되지 않고 있으며 종합시집에도 수록되지 않는다. 따라서 그들의 시에 작곡을 하지 않는 게 좋겠다."며 거듭해서 동생에게 주의를 주고 있다.

사랑하는 아우 추에게
(…)
쏘련서 공부하고 온 동무들의 문학 예술일꾼들의 결함이 조선의 현실을 옳게 이해 못하고 깊이 연구함이 부족하고 기술적인 배워온 것을 여기서 답습하려 들기에 작품의 분석이 형식적이고 또 표현도 형식적으로 빠지는 경향이 허다하다. 그런 의미로서 네가 거기서 보았겠지만 롯시니의 「무소르그스키」란 영화를 다시 한 번 이번 기회에 보아라. 민족 예술을 창설하는 그가 어떻게 투쟁해 왔는가. 어떻게 조국을 사랑했는가가 잘 이야기 되고 있다.

물론 우리 사회에 다른 전제 제도의 시기였지만 그러나 지금 우리에겐 그러한 무지몽매한 지배계급은 없으나 그러나 자본주의적, 일제 잔재적, 서구라파적인 것이 우리의 강한 적으로 되는 것이다. 이와의 투쟁이 불꽃처럼 우리 예술계에 일어나고 있다. '우리 민족의 진정한 예술을 창조하자.' 이것이 우리의 임무이며 수령께서도 호소하신 말씀이다.

우리 영화계에서도 김락섭 동무가 돌아와 금년에 처음으로 「어느 한 구석」이란 모리간상배를 그린 영화를 만들었다. 이 영화는 모리간상배의 악독한 행위를 긍정적 면에서 취급되었고 나중엔 뚜드러 없애는 것으로 끝이 난다. 즉 우리 조국의 현 단계에 있어서의 혁명의 성격을 옳게 이해 못하고 있는 데서 소작물을 생산했다.

조국이 통일 못되는—미제와 주구 이승만 때문에—현 조건 하에 우리 조국의 평화적 조국통일이 우리의 당면 과업인 동시에 조국이 당면한 역사적 현실은 반제국주의, 반봉건적 투쟁이 전체적인 혁명의 임무이다. 일방 북반부에서의 사회주의 기초 건설을 해가는 당면 과업이 우리 혁명의 현 단계에 있어서의 임무인 것이다.

그렇다면 여기에 우리는 혁명의 동력으로 노동자 농민 인텔리 소시민, 민족 자본가까지도 동반시켜야 한다. 즉 우리 당의 노선인 '민전'의 정신이 여기에 있다. 우리는 이러한 혁명 성격을 옳게 분석 연구 못한 것으로 이러한 오작이 왔고 수백만 원 들인 영화는 창고에 들어가고 말았다. 예술위원회에서 총회를 했지만 상기한 작가, 연출가들이 우리 혁명의 임무를 옳게 이해하지 못했고 낡은 사회의 관계가 이런 과오를 범하게 되었다. 형식주의적 자연주의적 작품의 대표작으로 국한되었다. 물론 음악이란 추상이기에 그 사상성이 문학이나 다른 예술의 면처럼 가요곡은 빼놓고─시각화되지는 않는다 해도 이 기본 문제들을 옳게 분석하지 않고 자기 걸로 하지 않으면 똑같은 과오를 범하게 된다.

거기서도 학습하겠지만 만약 안하고 있다면 대사관에 가서 로동당 4월 전원회의의 문건─5책으로 된 빨간 레토─을 빌려다 꼭 연구해라. 비밀 문건이 되어 너에게 보내 줄 수 없다─절대적으로 보관하고 있어야 하기에─지금 각 직장 농촌에서는 이 4월 전원회의 문헌연구로 당 학습이 작년 9월부터 전개되고 있다. 꼭 연구하기 바란다. (…)

그럼 오늘은 이만 쓰겠다. 아무쪼록 몸을 돌보며 학업에 너무 무리 말아다오. 그리고 너도 내 편지를 받고 느낀 토론을 보내주기 바란다. 과거의 그런 감정에 너무 시달리지 제발 말아다오. 최순흥[164] 동무에게 자세한

---

164) 최순흥: 1918년생. 이명우 감독의 「사랑에 속고 돈에 울고」(1939)의 촬영을 담당하면서 영화계에 진입했다. 이후 이익의 「국기 아래서 나는 죽으리」(1939), 방한준 감독의 「승리의 뜰」(1940), 안석영 감독의 「지원병」(1941), 「조선에 온 포로」(1943) 등 다수의 선전영화에서 촬영을 맡았다. 1942년 사단법인 조선영화제작주식회사의 촬영과 사원으로 입사했다. 조선 최초의 촬영과 녹음 기사였던 이필우의 동생 이명우의 처남이다. 이명우 역시 촬영기사였다. 해방 후 조선프롤레타리아영화동맹의 집행위원

말 들었다. 내 마음이 괴롭다. 다시 우리의 우정이 회복되길 바라면서 새로운 해 1956년을 명랑한 전망과 희열 속에 맞을 것을 축복한다.

1955년 12월 31일

평양, 형.

준채는 소련에서 공부한 유학파들이 북한에 돌아와 작품을 제작할 때 "조선의 현실을 옳게 이해 못하고 깊이 연구함이 부족하다"고 지적하고 있다. 또 이러한 결함은 "기술적인 배워온 것을 여기서 답습하려 들기에 작품의 분석이 형식적이고 또 표현도 형식적으로 빠지는 경향이 허다하다"고 덧붙이고 있다. 한 예로 그런 결함을 극복하고 있는 롯시니의 「무소르그스키」를 볼 때 "민족 예술을 창설하는 롯시니가 어떻게 투쟁해 왔고 어떻게 조국을 사랑했는지"를 잘 드러내고 있다며 동생에게 이 영화를 면밀히 분석해볼 것을 권유하고 있다. 결론적으로 "자본주의적, 일제 잔재적, 서구라파적인 것이 우리의 강한 적으로 되고" 있으며 "이와의 투쟁이 불꽃처럼 우리 예술계에 일어나고 있다"면서 "우리 민족의 진정한 예술을 창조하라"라는 김일성의 교시를 인용하고 있다.

그러면서 김락섭이 소련 유학에서 돌아와 제작한 「어느 한 구석」이라는 영화에 대해 "조국의 현 단계에 있어서의 혁명의 성격을 옳게 이해 못한 소작물"이라고 비판하고 있다. 그렇다면 현 단계에 있어서의 혁명이란 무엇인가. 준채는 "노동자·농민·인텔리·소시민·민족 자본가까지도 동반시켜야 하는 우리 당의 노선인 '민전' 정신의 반영"을 현 단계의 혁명으로 보았다. '민전의 정신'이란 '민족주의 민주전선의 정

___

을 맡는 등 좌익운동에 참여했다가 월북했다. 북한에서 「용광로」(1950) 등의 영화를 촬영했다. 최순흥 역시 모스크바 유학을 갔다가 1955년 귀국해 평양에서 준채에게 동생 추의 소식을 전한 것으로 보인다.

신'을 지칭한다. 아울러 "예술위원회 총회 결과 이러한 작가, 연출가들이 우리 혁명의 임무를 옳게 이해하지 못한 낡은 사회의 관계가 이런 과오를 범하게 되었다"고 지적했다.

조감독으로 강등당한 준채는 스스로 사상성을 강화해나가고 있었다. 사상성 강화의 핵심은 "로동당 4월 전원회의의 문건"이며 "그건 5책으로 된 빨간 레토(공책)"에 적혀 있었다. 준채는 동생에게 "대사관에서 빌려다 꼭 연구해라"라고 강조하면서 "비밀 문건이 되어 너에게 보내 줄 수 없다―절대적으로 보관하고 있어야 하기에―지금 각 직장 농촌에서는 이 4월 전원회의 문헌연구로 당 학습이 작년 9월부터 전개되고 있다"고 부언하고 있다.

다섯 권으로 된 4월 전원회의 문건의 전모는 알 수 없다. 하지만 "여기에 우리는 혁명의 동력으로 노동자 농민 인텔리 소시민, 민족 자본가까지도 동반시켜야 한다"는 대목은 많은 것을 시사한다. 혁명의 동력은 노동자, 농민뿐만 아니라 인텔리 민족 자본가까지 동반시켜야 한다는 '민전' 정신의 재무장이 강조되고 있는 것이다.

"우리는 이러한 혁명 성격을 옳게 분석 연구 못한 것으로 이러한 오작이 왔고 수백만 원 들인 영화는 창고에 들어가고 말았다"는 대목은 준채가 뼈저리게 느낀 경험담일 수도 있다. 어쩌면 그가 연출을 맡았던 「인민은 승리한다」 역시 "수백만 원 들인 영화"였지만 "창고에 들어가고 만" 영화일지도 모른다. "예술위원회에서 총회를 했지만 상기한 작가, 연출가들이 우리 혁명의 임무를 옳게 이해하지 못했고 낡은 사회의 관계가 이런 과오를 범하게 되었다"고 그나마 제작에 들어간 영화는 "형식주의적 자연주의적 작품의 대표작으로 국한되었"다는 것이다.

준채의 결론은 따라서 "이 기본 문제들을 옳게 분석하지 않고 자기 걸로 하지 않으면 똑같은 과오를 범하게 된"다는 데 있다. 달리 말하면 '조선노동당 4월 전원회의' 문건을 연구하지 않으면 북한에서 예술가로 살아남을 수 없다는 것이다. 준채는 자칫 유학파들이 치우칠 수 있는 소련의 형식주의를 경계하고 민족예술론으로 재무장할 것을 동생에게 재차 당부했던 것이다.

김일성은 "위대한 소련군대는 우리조국을 근반세기 만에 걸친 일본제국주의의 악독한 식민지 통치에서 해방시켜 주었을 뿐만 아니라 우리 조선인민에게 자기 조국을 자기들의 지망대로 재건하며 민주주의적으로 발전시킬 수 있는 온갖 조건들을 지어 주었"[165]다며 한국전쟁 중에는 물론 전후 복구 과정에서도 소련과 중국의 지원과 원조가 절박했다는 것을 솔직히 시인했지만 4월 전원회의를 통해 이러한 대외의존도의 노선에서 점차 벗어나기 시작했다. 한국전쟁을 거치면서 무정, 허가이, 박헌영 등 김일성의 정적들은 제거되었고 1956년 8월 종파사건을 계기로 최창익, 박창옥 등 연안파와 소련파의 잔존 세력들마저 숙청되었다. 특히 전후복구와 건설노선을 둘러싼 사회주의 발전전략 논쟁에서 연안파와 소련파는 중공업 우선과 경공업, 농업의 동시 발전이라는 김일성의 정책에 반대했다.

전쟁 시기에 군대 내에서의 정치사업 방법 문제를 가지고 허가이, 김재욱, 박일우가 쓸데없이 서로 싸운 일이 있습니다. 소련에서 나온 사람들은 소련식으로, 중국에서 나온 사람들은 중국식으로 하자고 하였습니다. 이렇게 소련식이 좋으니, 중국식이 좋으니 하면서 싸웠습니다. 이것은 부질없는 일입니다. 사상사업에서 주체가 똑똑히 서있지 않기 때문에 교조주의와 형식주의의 과오를 범하게 되며 우리 혁명사업에 많은 해를 끼치게 됩니다. 조선혁명을 하기 위해서는 조선역사를 알아야하며 조선의 지

---

165) 내각수상 김일성, 「조쏘량국간의 경제적 및 문화적협조에 관한 협정체결 1주년에 제하여」, 『인민』 4월호, 1950.

리를 알아야 하며 조선인민의 풍속을 알아야 합 니다. 우리나라의 역사, 우리 인민의 투쟁역사를 연구하며 근로자들 속에서 그것을 널리 선전하는 것이 무엇보다도 중요합니다.[166]

　김일성의 연설 이후 북한은 전 사회적 차원에서 사상투쟁이 진행되고 있었다. 4월 전원회의 결정에 따라 국가 및 경제 기관, 그 일꾼들과 전체 당원들, 그리고 관련된 기업가와 상인들까지 사안의 경중에 관계없이 '자아비판과 자백 운동'이 벌어졌다. 이러한 '자아비판과 자백운동'은 1955년 12월 말 '주체'라는 용어의 등장과 더불어 이후 김일성 주체노선을 실현하기 위한 정치적 포석이었던 셈이다. 이런 엄중한 상황에서 준채는 동생에게 평양의 소식을 전하고 있었다.

---

166) 김일성, 「사상사업에서 교조주의와 형식주의를 퇴치하고 주체를 확립할 데 대하여」, 『로동신문』, 1955.12.28.

4장
수령의 초상 아래

1. 「사도성의 이야기」-모스크바 1956년 봄

1950년대 남북한 영화의 대결은 주로 홍콩에서 이루어졌다. 당시 홍콩은 남북한 영화가 직간접적인 형태의 교류를 통해 경쟁하던 거의 유일한 장소였다. 1956년 12월 홍콩의 극장가에서는 세계적인 무용가 최승희의 무용극 「사도성의 이야기」가 상영되고 있었다. 「사도성 이야기」는 준채가 연출을 맡은 북한 최초의 컬러극예술영화였다. 같은 시기 이승만 정권과 밀착해 있던 한국연예주식회사의 임화수를 비롯한 몇몇 남한 영화인들은 홍콩의 영화사와 합작영화를 제작하기 위해 홍콩을 왕래했다. 그들은 홍콩에서 상영된 「사도성의 이야기」에 접했고 무대극을 컬러영화로 제작한 북한영화의 기술적 성과를 뛰어넘고자 했다. 이러한 경쟁의식은 남한영화의 기술적 발전을 촉진시킨 자극제가 되었다. 그렇기에 1956년은 한 준채의 영화여정에서 가장 축복받은 해라고 할 수 있을 것이다. 「사도성의 이야기」 제작 과정은 그해 준채가 동생에게 보낸 여러 통의 편지에서 구체적으로 확인된다.

추 보아라.

새로운 해와 더불어 네가 보내준 축하의 전보는 전 가족이 기쁨으로 받아 보았다. 모스크바는 몹시도 날씨가 추우리라. 새해와 더불어 귀중한 몸, 차도가 어떠한지 그리고 시험은 다 끝났는지 자세한 소식 알고자 한다. 우리들은 새해와 더불어 일가 전원이 건강하며 신년 벽두부터 새로운 희망과 기쁨에 잠겨 있다. (…)

나는 금년 들어 희망의 새해라고 아니 부를 수 없다. 그것은 다름 아니라 전동민 동무 연출로 「아름다운 노래」 라는 키노 콘체르트를 제작하였는데 수상께서 보시고 매우 좋아하시며 키노 콘체르트를 더 만들라는 교시가 있어서 금년에 또 하나를 만들게 되었다.

▶ 최승희 무용극 「사도성 이야기」 중 제5막 '승리의 아침'의 한 장면ⓒ정철훈

　그런데 이 콘체르토를 내가 맡게 되었다. 작품은 최승희무용연구소에서 발표한 「사도성 이야기」라는 신라 때를 배경으로 하나 애국주의를 고무하는 무용극이다. 「로미오와 줄리엣」처럼 만들 것이다. 전체 5막 7장으로 되었는데 순 고전무용에 현대무용을 도입한 것으로 음악은 전부 고전악으로 작곡되어 있다. 약 2시간 정도 걸리는 걸 8권 정도로 약 한 시간 반쯤 되게 할 예정이다. (…)

　미술은 윤상렬 동무. 카메라는 오웅탁 동무이며 연출 대본이 떨어지면 안무와 편곡을 하여 녹음한 뒤 대략 3월 중순부터 세트 촬영을 약 2개월간 할 예정이다.

　최승희 여사는 이 사업에 전적으로 동원케 된다. 무용극인 만큼 심리를 말해주는 언어수단을 못 쓰는지라 어떻게 하면 일반 관중이 알게 하겠는가에 영화적 골머리다. 현재로선 나의 견해로서는 줄거리와 무용의 민족적인 면, 음악 등 약간의 의견이 있다. 잘 연구하여 최승희 여사와 완전한 타협을 보게 하겠다. 영화적으로 난점이 있으나 인민들이 좋아하는 무용극이며(인기가 대단하다.) 또 조선적인 냄새로 풍부하다.

수상께서도 좋아하신다. 이 점. 나의 전 역량을 기울여 창작하려고 한다. 좋은 의견 있으면 방조해 주길 바란다. 무용극으로서는 대극장에서 「청동기사」, 「백조의 호수」를 보았는데 내 욕심으론 그러한 작품에 지지 않게 영화적으로 만들려 한다. (…)

촬영소에서는 금년 들어 천상인 동무의 작년부터 촬영하고 있는 해방 지구 이야기인 「다시는 그렇게 살 수 없다」. 새로운 걸로는 전동민 동무의 「진달래꽃」—림산 노동자를 테마로 한 것. 김락섭 동무의 「유격대 아들」—한설야 작 역사에서 취재한 연극—아동혁명단을 취급한 것. 콘체르트 「사도성 이야기」(내가 한 것)과 조국 통일에 대한(남반부 취재, 연출 미정) 것. 그리고 윤용규 동무의 「춘향전」 그리고 「백두산」—김일성 원수 빨치산 투쟁 묘사한 것—연출미정—이 두 작품은 금년 준비하여 명년에 제작—이런 레퍼토리가 현재 결정되어 있다.

수상께서 극영화를 많이 만들라는 지시를 하셨다. 아직 발표는 안 되었으나 인원도 2백 명 증가하게 된다. 영화에 대한 배려가 당과 국가에서 이처럼 크다.

자. 그럼 오늘은 이만 쓰겠다. 부디 몸 좋아지기를 바란다.

1956년 1월 10일

평양 형.

1956년은 준채에게 새 희망의 한 해였다. 전동민 연출의 키노 콘체르트 「아름다운 노래」를 계기로 김일성 수상의 "키노 콘체르트를 더 만들라"는 교시에 따라 최승희무용연구소 무용극 「사도성의 이야기」를 영화로 만들기로 했고 준채는 연출자로 지목되었다. 여기서 무용가 최승희의 입북 과정과 북한에서의 행적을 살펴보기로 한다.

최승희는 1945년 8월 15일, 무용단을 이끌고 일본군 위문 공연을 하고 있던 상해에서 일본의 패전 소식을 들었다. 그는 일본군 위문 공연을 많이 한 탓에 장개석 군부에게 친일 무용가로 알려져 있어 매우 위태로운 상황이었으니 일단 북경의 자택으로 돌아가 남편 안막의 소식을 기다리고 있었다. 최승희와 함께 북경에서 동방무도연구소를 운영하고 있던 안막은 그해 봄, 자주 드나들던 북경반점에서 조선독립동맹 조직원들과 접촉하는 과정에서 중국 공산당의 본거지인 연안(延安)으로 떠날 결심을 했다. 젊은 시절, 공산주의자로서 조선독립운동의 한 축을 담당했던 안막은 일본 제국의 붕괴를 느끼고 피가 들끓었던 것이다. 그렇지 않아도 안막은 최승희 일행과 함께 화북과 만주에서 위문동연을 할 때 일본군에 징집된 조선인 병사들의 대대적인 환영을 받은 적이 많았다. 안막은 그들과 자연스럽게 접촉하면서 언젠가 조선에서 만나자면서 굳은 악수를 나누었다. 그 즈음부터 안막은 중국의 항일조직과 모종이 연락이 있었던 것으로 보인다.

최승희는 1944년에 북경시 삼좌 대로 이십일호에 집을 마련하고 그곳에 '최승희동방무도연구소'라는 간판을 달았다. 일본 군경에게는 세든 집이라 하기 위해서 집 명의는 중국 목수 이름으로 되어 있었다. 안막은 북경생활을 하는 동안에 날마다 술을 마시고 방황하는 듯했다. 그러다 어떤 연안 독립동맹 사람을 만나게 되었다.[1]

▶ 최승희ⓒ정철훈

안막이 연안 독립동맹에 가입한 경위와 관련하여 두 가지 가설이 있다. 하나는 김두봉 위원장의 참모격인 중국공산당의 최창익을 통해서라는 가설이고 또 하나는 안막과 함께 카프 회원이었던 엄태섭의 증언에 의한 독립동맹의 연락 책임자 이영선을 통했다는 가설이다. 이를

1) 정병호, 『춤추는 최승희』, 뿌리깊은나무, 1995, 245쪽.

눈치 챈 최승희는 안막에게 정치를 하지 말아달라고 애원했지만 안막은 최승희의 간곡한 부탁에도 불구하고 연안 독립동맹의 일을 보았다.[2] 당시 최승희는 돈을 받고 위문공연을 했는데 안막이 밤에 살짝 들어와 그 돈을 어디론가 가져갔다고 한다. 훗날 들리는 말로는 그 돈을 연안에 있는 독립동맹으로 가져갔다는 것이었다.[3]

안막은 8·15 해방이 된지 보름쯤 뒤인 9월 초, 최승희에게 편지 한 통을 띄운 채 연안에 있는 독립동맹 동지들과 함께 평양으로 떠났다.[4] 안막 일행은 전쟁으로 모든 교통편이 끊겨 있었기 때문에 걸어가거나 당나귀를 타기도 하면서 밤낮없이 평양을 향해 갔다. 이렇게 죽을 고비를 넘기면서 일행은 그해 12월 초순에 평양에 도착했다.

그 무렵, 북경의 최승희의 곁에는 제자이자 안막의 동생 안제승과 결혼한 손아래 동서 김백봉 외에는 아무도 없었다. 안제승은 중국 산동반도에 위치한 청도 부근의 일본군 북지 파견대 제5독립여단 19대대 병영에서 해방을 맞았으나 장개석 군대가 중공군을 토벌하는데 일본군을 이용한다는 소문을 듣고 그 길로 도망쳐 나왔다. 한 달반 만에 북경에 도착한 안제승은 최승희동방무도연구소를 찾아가 아내 김백봉과 상봉하였다. 이런 곤란한 상황에서 최승희의 무용에 관심을 가지고 있던 미군의 북경 주둔 화북지역총사령관 쑨 리엔쫑(레전)과 남한을 점령한 미 군정청에서 파견한 칸 티모크가 최승희에게 도움을 주었다. 다음은 칸의 회고이다.

---

2) 조택원, 「가사호접袈裟胡蝶」, 1973, 서문당 243쪽. "북경에서 만났을 때 최승희는 밝히지 않았지만 그의 남편 안막이 이미 연안으로 넘어가 있었음을 나는 직감으로 알아차렸다."

3) 정병호, 앞의 책, 238쪽.

4) 구보 사도루 증언. "안막은 독립동맹의 지장미와 함께 북한으로 귀국했다. 따라서 김일성은 안막을 연안파로 알았다."; 정병호, 앞의 책에서 재인용.

해방이 되지 내가 군정청의 파견관으로 북경에 가서 보니 한국인에 대한 학대가 심했다 내가 귀국할 사람들의 명단을 작성할 때에 최승희를 만났다. 그때에 『한간(漢奸)』이라는 잡지에는 「만주영화사 이향란과 최승희는 일본의 스파이다」라는 기사가 나와 있었으나 쑨 리엔쫑 사령관의 도움으로 최승희에 대한 오해가 풀렸으며 1946년 봄에는 교민 주최로 북경에서 조중친선무용공연을 하게 되었다. 이때에 최승희는 아기를 배서 춤을 추지 못하고 장고를 치면서 김백봉이 '초립동'을 추었다. 그 후 최승희는 미군의 도움으로 프랑스 가톨릭병원에서 제왕절개 수술로 아기를 출산했다. 그 아이가 안병건(安秉健)이다.[5]

안병건을 출산한 최승희는 한동안 산후 조리와 육아에 전념하지만 중국 내전은 더욱 악화되어 조선으로 돌아갈 희망이 보이지 않았다. 그러다 마침내 1946년 5월 조선으로 향하는 귀국선에 승선할 수 있었다.

최승희와 안제승, 김백봉 부부는 비롯한 몇몇 사람들은 한국으로 귀국하려고 북경에서 천진으로 오다가 조선인이라 해서 검문을 받아 파출소에 대기하게 되었다 그래서 나는 쑨 장군에게 연락을 취했다. 그랬더니 즉각 연락 장교가 와서 풀어주도록 했다. 최승희는 쓴 웃음을 지으면서 애기를 보고 "이 원수를 니가 갚아라." 이렇게 말하는 것이었다. 나는 최승희 일행과 같이 천진에 있는 제국반점에서 대기하면서 배가 떠나는 시간을 기다렸다. 그런데 쑨 리엔쫑 사령관은 최승희를 잘 알고 있었으며 더군다나 자기 부인인 최승희 무용공연을 본 사람이었다 그 사람은 군인이지만 예술을 이해하는 사람이어서 많은 무용복을 하나도 빼놓음이 없이 가지고 갈 수 있게 특별히 지시한 것이다. 귀국선은 미군이 제공한 배였다. 배가 세 채가 대기하여 하나는 인천으로, 두 번째는 군산으로, 세

5) 정병호, 앞의 책, 319쪽.

번째 배는 부산으로 가도록 되어 있었다. 나와 최승희 일행은 인천으로 가는 배에 탔고 훗날 대통령을 한 박정희는 부산으로 가는 배에 승선했다. 쑨 장군은 그 뒤에 모택동이 전국을 장악하자 장개석 총통과 같이 대만으로 내려와 정부 일을 보다가 공직을 떠났다고 한다.[6]

1946년 5월 29일, 동포 천오백 명과 함께 인천에 도착한 최승희 앞에는 수많은 기자들이 기다리고 있다가 "위문공연 등의 친일 행위와 반민족적 행위에 대해 어떻게 생각하느냐" 등의 뼈아픈 질문을 퍼부었다. 최승희는 매스컴의 냉대가 못내 섭섭했지만 이렇게 대답했다고 한다.

그동안에 일본에 자의가 되었든 타의가 되었든 변명하지 않겠다. 그렇다면 최승희가 해방된 조국에 와서 속죄할 수 있는 일이 무엇이겠느냐. 그것은 오직 한 가지, 코리안 발레를 창건하는 일으로 이바지하겠다.[7]

이어 기자가 "안막은 평양으로 갔는데 왜 한국으로 왔느냐"고 질문하자 최승희는 "예술은 서울서 해야 하지 않겠느냐"하고 짤막한 대답을 했다고 한다.[8] 최승희는 서울 가회동 11번지 집에 여장을 푼 뒤 곧바로 일본에서 활약하던 제자들과 합동공연을 하기로 했다. 안제승을 시켜 모교인 숙명여고 강당을 빌리기로 했으나 여의치 않자 동숭동에 있던 제자 장추화무용연구소에서 연습에 들어갔다. 그러나 여론의 뭇매를 맞고 공연 계획은 중지되었다. 그러는 가운데 6월 8일, 조선무용예술협회가 조직되고 조택원이 위원장을 맡았으며 최승희는 현대무용

---

6) 칸 티모르의 증언. 정병호, 앞의 책, 253쪽에서 재인용.

7) 엄태섭 증언. 정병호, 앞의 책, 254쪽에서 재인용.

8) 『부산일보』, 1946.6.21.

수석위원이 되었다.[9] 그러나 최승희는 이 단체에 나가지 않았다. 그해 7월, 최승희는『민주일보』에 귀국 성명 비슷한 글을 발표한다.

일제가 우리 민족의 정신과 전통, 그리고 우리 민족이나 민족의 형과 선과 색과 음까지도 빼앗아 가려 했을 때에 나는 조선의 옷을 입고 조선 음악으로 조선의 형과 선과 색을 창조하여 그 속에서 우리 민족의 정신과 한 줄기 영광을 만들려고 애써왔다. 이것이 국내에서나 국외에서나 내가 조선의 딸로서 걸어왔던 유일한 길이었다. (…) 오늘날 일제는 이미 파멸되었고 우리 민족에 빛나는 발전의 대로가 열려졌다. 따라서 우리는 해방된 조선 예술의 기수의 한 사람으로서 세계 예술사에 찬란한 한 페이지를 차지하도록 노력해야 할 것이다. 이것은 우리에게 주어진 엄숙한 사명으로 생각한다.[10]

이 무렵, 안막이 서울로 내려왔다. 최승희를 평양으로 데려가기 위함이었다. 하지만 최승희는 처음엔 "예술을 하려면 서울에서 해야지"라면서 평양 행을 거절했다. 하지만 안막은 "여기 있으면 당신이 가는 곳은 서대문형무소밖에 없다. 그러나 나를 따라가면 저쪽에는 개선여왕처럼 맞들일 것이다. 그러니 고집부리지 말고 북으로 가자"라고 끈질기게 설득했다.[11] 최승희와 안막 부부는 7월 20일 야심한 시간에 안제승, 김백봉 부부와 김시학, 이원조와 함께 마포에서 인천을 거쳐서 8톤짜리 발동선으로 떠났다. 발동기를 끄고 저녁 내내 좁은 배 안에서 여섯 사람이 숨을 죽인 채로 삼팔선을 넘었다[12] 신천을 지날 때

---

9) 안제승(1985), 『한국무용사』, 대한민국 예술원, 482쪽.
10)『민주일보』, 1946.7.(일자 미상); 정병호, 앞의 책에서 재인용.
11) 안제승 증언.
12)「최승희 평양에」, 『대동신문』, 1946.7.25.

에는 무서운 풍랑을 만났으나 어려운 고비를 넘겼고 그 이튿날 고달픈 항로 끝에 평안남도 남포항에 들어설 즈음에는 동이 트고 있었다. 일행은 안막을 따라 평양으로 갔다. 최승희는 평양에서 김일성을 만났다. 김일성은 그때 최승희에게 "최 여사, 여기에 살러 왔어요? 아니면 다니러 왔어요?"하고 물었다. 최승희는 "살러 왔어요"라고 대답했다. 김일성은 생활비를 건네면서 최승희에게 평양 시내에 마음에 맞는 집을 골라 입주하라고 일러주었다. 소련 군대가 모든 짐을 날라주었다. 이렇게 해서 1946년 8월, 대동강변 경재리에 최승희무용연구소가 문을 열었다.[13]

최승희는 서울에 두고 온 딸 안승희와 갓 돌이 지난 아들 안병건, 그리고 오빠 최승일과 최승오를 평양으로 불러올렸다. 그때 안막의 형인 안보승의 딸 안승자도 함께 평양으로 갔다. 무용연구소는 일제 때 요정이었던 동일관 자리였고 대동강변에 위치하고 있어 경치가 빼어났다. 연구소 내부에 백 평쯤 되는 연습실과 최승희의 방을 비롯해 동행 월북자에게도 따로 방이 배정되었다. 총무는 최승일, 회계는 최승오, 무대감독은 안제승이 맡았다.[14] 연구소 교수진은 김백봉, 안성희였고 강사로는 소련에서 온 샤아진과 피아노 반주에 안시온이 있었다.[15] 조교로는 임정옥, 그리고 최정옥, 최옥명 등이 있었고 전임악사로는 박성옥, 전남 장성 출신의 최옥삼, 김일광, 전남 나주 출신의 안기옥 등 전라도 국악인이 있었고 조명은 윤재천, 의상은 최용녀가 각각 담당했다.[16] 안막은 중앙당 문화선전선동부 부부장으로 추대되었고 중국에서 건너온 작곡가 정율성은 조선인민군협주단을 설립하고 단장

<hr/>

13) 장문혜(월남한 최승희의 제자) 증언. 정병호, 앞의 책에서 재인용.
14) 장문혜 증언.
15) 임정옥(월남한 최승희의 제자) 증언.
16) 전황(월남한 최승희의 제자, 전 국악협회 이사장) 증언.

을 맡았다. 안막은 그 직후 문화예술총동맹(문예총) 부위원장이 되어 문화계의 실권을 쥐게 되었다. 최승희무용연구소는 연구생을 석 달마다 모집하였고 심지어 중국, 몽골, 베트남에서도 무용가들이 유학을 왔다.[17] 연구생에게 장학금이 지급되었고 연구소 간부들의 봉급도 지급되었는데 국가의 후원도 있었지만 공연 수입을 모두 연구소 운영비로 썼다. 다른 예술단체는 국가 기관에서 운영하고 있었던 반면 최승희무용연구소는 최승희 개인에 의해 운영되었다. 북한사회에서는 특권이라 할 수 있었다. 이는 김일성의 절대적인 지원 하에서 이루어진 특권이었다.

최승희무용연구소는 1947년 7월 체코슬로바키아에서 열린 제1회 세계청년평화우호축전(이하 세계청년학생축전) 참가를 시작으로 여러 차례 외국 공연에 나섰다. 1948년 4월, 최승희는 평양에서 열린 남북지도자연석회의 때 김일성의 요청으로 공연을 하여 남쪽 대표로 참가한 김구, 김규식 등 20여 단체 대표자들의 큰 갈채를 받았다.[18]

1949년 평양음악대학에 설립되었고 초대학장으로 안막이 부임했다. 음악대학은 성악과·기악과·작곡과·민악과 등의 학과를 개설했다. 안막은 최승희와 함께 일해 온 국악사들 가운데 유능한 사람은 민악과 교수로 임용했고 작곡과에는 중국 연안에서 활동했던 정율성을 작곡부장으로, 정준채의 동생 정추를 지도교수로 임용했다.

1949년 최승희무용연구소는 헝가리 부다페스트에서 열린 제2회 세계청년학생축전에 참가했고 8월 15일에는 해방기념축제가 일제 강점기의 신사(神社) 자리를 허물고 세워진 모란봉 극장에서 김일성이 참

---

17) 장쭈후이(중국 발레 안무자)의 증언.
18) 「북한의 무희 최승희 최신판」, 『아사히신문』, 1948.7.20.; 정병호, 앞의 책에서 재인용.

석한 가운데 성대히 열렸다.[19] 이때 최승희는 무용 시 「해방의 노래」를 안무해 무대에 올렸고 독무 「장고춤」을 추어 김일성으로부터 기립박수를 받았다.[20]

1949년 12월 최승희는 북경에서 개최된 아시아부인대회에 북한 여성대표로 참석했다. 대회는 모택동의 중국 통일 위업을 기리는 행사였다. 최승희는 자신의 무용단을 주축으로 한 조선예술단을 인솔하여 북경, 상해, 천진, 남경 등지에서 공연했다. 이 순회공연을 주선한 이는 정율성의 부인이자 중국 상무대표로 평양에 머물고 있던 딩쉐쑹(丁雪松)이었다. 북경 공연장에는 딩쉐쑹의 양아버지인 주은재 총리도 참석해 최승희가 춘 「노사공(老沙工)」을 관람하고 격찬을 보냈다.[21]

「노사공」은 헤밍웨이의 『노인과 바다』라는 소설에서 소재를 얻은 작품으로, 안제승이 최승희에게 아이디어를 주었고 최승희 안무로 무대로 올려졌다.[22] 노사공의 춤은 노인 가면을 쓰고 추게 되는데 비록 몸은 늙었지만 사공의 정신으로 험한 파도를 헤치고 목적지인 연평도에 도착한다는 내용이다. 이 작품은 훗날 당의 검열 과정에서 제주도 빨치산에게 밀서를 전달하는 노인의 용감한 행동을 표현하는 춤으로 바뀐 것으로 알려져 있다.[23]

중국 순회공연을 마치고 귀국한 최승희는 1950년 6월 7일 백여 명으로 구성된 방소 예술단을 조직해 모스크바로 떠난다. 방소 예술단은 허정숙 문화선전상이 단장을 맡은 대규모 단체였다. 원래는 대규모 구성을 예상하지 않았지만 최승희가 방소 예술단에 더 많은 무용단원이

---

19) 임정옥 증언.

20) 장문혜 증언.

21) 북경 조선족 중견 무용가 최승희 제자 대담회. 1953. 7. 곤륜반점.

22) 안제승 증언.

23) 안제승 증언.

필요하다고 항의하는 바람에 당초보다 훨씬 늘어진 규모가 되었다.[24] 방소 예술단은 모스크바 스타니슬랍스키 극장에서, 그리고 차이콥스키음악원에서 공연한 뒤 레닌그라드와 우크라이나 공연을 마치고 귀국길에 소련 내지에서 두 차례의 공연을 더 하는 것으로 일정이 짜져 있었다. 최승희는 6·25전쟁 발발 소식을 모스크바 공연을 마친 직후, 허정숙 문화선전상으로부터 전해 들었다. 예정대로 공연을 마치고 숙소로 돌아와 저녁식사를 하고 있을 때였다. 허 단장은 단원들에게 조금도 동요하지 말 것을 당부하고 예정대로 공연을 할 것이라고 알려주었다.

방소 예술단이 평양에 돌아왔을 때는 이미 온 시가지가 파괴되어 있었다. 방소 예술단은 즉각 전장을 찾아다니며 위문 공연을 하는 선무공작대로 재편성되었다. 하지만 최승희는 소련 공연에서 돌아와 무슨 병인지는 모르지만 수술을 받았기 때문에 선무공작단으로 남한에 내려오지 못했다.[25] 하지만 안성희와 안제승을 포함한 선무공작단은 1950년 9월 1일 서울로 내려와 지금의 광화문 정부종합청사 뒤에 있던 내자호텔에 머물며 위문공연을 했다.[26]

두 차례의 서울 공연을 마친 선무공작대는 9월 3일 세 개조로 나뉘어 지방 순회공연에 들어가 9월 18일 다시 서울의 내자호텔에서 만나기로 약조를 하고 했다.[27] 제1조는 안제승, 김백봉, 김순희, 김순원 등으로 안동 방면으로 갔고 제2조는 이춘희, 최완용, 김하신, 구정혜 등으로 여수방면으로 갔으며 제3조는 최승오, 안성희, 임정옥, 전황 등

---

24) 임정옥(전 최승희무용연구소 조교) 증언.

25) 임정옥 증언.

26) 송범 증언.

27) 서만일(1956), 「조선을 빛내고저─최승희의 예술과 활동」, 『조선예술』, 73쪽.; 정병호, 앞의 책에서 재인용.

으로 목포 방면으로 갔다.[28]

제1조는 문경새재를 넘어 김천으로 갔을 때 낙동강 전투가 치열한 나머지 서둘러 서울로 돌아오는 과정에서 김순희와 김순원이 희생되었다. 제2조도 지정된 날짜에 서울로 돌아왔으나 제3조는 돌아오지 못했다. 때마침 맥아더의 유엔군이 인천상륙작전을 성공시켜 서울로 진격하고 있었기에 1조와 2조는 3조를 더 이상 기다리지 못하고 평양으로 귀환했다. 3조는 목포와 광주 공연을 마치고 대전까지 왔을 때 유엔군의 인천상륙 소식을 들었고 길이 막혀 더 이상 북진하지 못하고 낙오되었다.[29]

그리하여 3조는 산을 타고 넘으며 38선까지 가야 했다. 인민군 대위의 인솔 하에 최승호와 안성희, 그리고 피리언주자 한기만, 성악가 유선도, 그리고 익명의 바이올린 연주자 등 3조 단원들은 극심한 고통과 공포 속에서 야간행군을 해야 했다. 이 과정에서 유선도가 기총사격으로 죽고 안성희는 학질에 걸린 것은 물론 발이 부르터서 걷기 힘든 상태에 놓였다. 결국 3조는 최승오에게 안성희를 맡기고 인제를 거쳐 삼팔선을 넘었다.[30]

최승오는 안성희를 살리기 위해 밤이면 잠들지 못하도록 때리기도 하고 때로는 업고 가고 하면서 놀라운 의지로 삼팔선을 향해 나아갔다. 이 무렵, 평양의 최승희는 연구소가 폭격으로 무너지는 바람에 그나마 남아 있던 무용기구를 보관하기 위해 석윤영이라는 남자 연구생의 집으로 피난을 갔다.[31]

안성희가 발 하나를 쓰지 못할 만큼 심각한 동상에 걸린 채 평양에

---

28) 정병호, 앞의 책, 288쪽.
29) 정병호, 위와 같음.
30) 전황 증언.
31) 석윤영의 증언.

도착한 것은 그해 초겨울이었다. 평양의 인민일보는 이미 한 달 전에 안성희가 남조선에서 공연하고 돌아오는 길에 전사했다는 보도를 했기에 최승희도 딸의 사망을 기정사실로 받아들이고 있었다.[32] 딸 안성희의 생환 소식을 아직 듣지 못한 최승희는 유엔군과 한국군의 평양 함락이 다가오는 시점에서 자강도 강계로 피난을 갔고 다시 안막으로부터 빨리 중국으로 건너가라는 연락을 받고 급히 압록강을 건넜다.[33] 이때 최승희 일행은 악사와 조교, 그리고 어린 아들 안병건 등 15명이었다. 그들은 북경에 도착하여 중국 희극연구원장 메이란팡의 협조로 거처를 얻었다. 최승희 일행의 북경 행은 김일성이 주은래에게 각별히 부탁한 결과로 알려져 있다.[34]

최승희의 집은 북경시 동성구 향이호동에 있었다.[35] 최승희가 북경에 와서 만든 첫 작품은 「어머니」였다. 최승희는 북경에 도착하자마자 딸 안성희의 생환소식을 들었으나 이미 그 전에 딸을 잃어버린 모성애의 심정으로 이 작품을 구상했고 전속 악사 최옥삼[36]이 음악을 맡아 작곡에 심취해 있었다. 한창 작품을 창작하고 있을 때 남편 안막과 딸 안성희, 그리고 작은 오빠 최승오가 북경 집에 나타났다.[37] 최승희는 상해와 북경을 오가며 공연을 한데 이어 1951년 3월 중앙희극학원에

---

32) 정병호, 앞의 책, 290쪽.

33) 전황 증언.

34) 중국 저명 무용가들의 좌담, 1994.8. 북경 화도(華都)반점.

35) 정병호, 앞의 책, 293쪽.

36) 최옥삼: 가야금 명인이자 대금 명인. 1905년 전남 장성 출신으로 해방되던 해 북한에 머물고 있었다. 예명은 최옥신이지만 북한에서는 본명인 최옥삼으로 활동했다. 최승희무용연구소에 합류해 최승희 안무의 「사도성의 이야기」의 음악을 작곡했으며 1956년 사망했다.

37) 이혜숙(중국 조선족 무용가, 최승희의 제자)의 증언. 이혜숙은 최승희의 집에서 이 장면을 직접 목격했다고 한다(정병호, 앞의 책에서 재인용).

서 무도반을 설치하고 학생들을 가르치는 한편 주은래의 지원을 받아 중국의 희극무용을 이론적으로 정리하고 중국 학생들에게 무용 기초법을 지도했다.[38] 같은 해 최승희는 동베를린에서 개최된 제3차 세계 청년학생축전에 안성희를 참가시켰고 안성희는 「장검무」로 1등상을 수상하고 다시 북경으로 복귀했다.

그해 7월, 최승희는 안성희와 함께 소련 공연에 나서는 한편 동베를린, 바르샤바, 프라하, 소피아 등지를 돌며 순회공연을 한 뒤 북경으로 돌아왔다.[39] 이렇게 보면 김일성이 주은래에게 최승희무용단의 북경에서의 활동을 각별히 부탁한 것은 전쟁 중에도 국위선양을 목적으로 한 대외선전활동에 주력했음을 짐작할 수 있다. 6·25전쟁이 한창이던 1952년에도 최승희는 상해, 남경, 광주, 정주, 황도를 돌며 순회공연을 했고 북경 주재 각 나라의 대사관에서 행한 국경일에 맞추어 순회공연을 했다. 마침내 초청기간이 만료된 최승희는 1952년 11월, 딸 안성희와 일곱 살 아들 안병건을 데리고 기차 편으로 평양으로 돌아왔다. 1953년 봄, 평양의 최승희무용연구소는 국립 최승희무용연구소로 승격되었다.[40] 이 무렵 안성희는 모스크바 유학을 떠났다. 무용연구소의 국립으로의 승격으로 최승희의 지위는 한층 높아졌다. 최승희는 연구소 총장을 맡았고 당에서 나온 부총장이 행정사무를 보았다. 연구소가 공공기관이 됨에 따라 연구소 안에 있던 최승희 일가족의 거처는 연구소 밖에 자리를 잡았다. 연구생 규모는 더욱 커져져 중국인, 조선족, 베트남 학생을 수용했고 가장 많을 때는 8백 명쯤 되었다.[41]

3년 만에 새로운 무용연구소로 복귀한 최승희는 북경에 있을 때부

38) 중국 저명 무용가들의 좌담, 1994.8. 북경 화도(華都)반점.
39) 북경 거주 최승희 제자 조선족 무용가들의 좌담, 1993.8. 북경 곤륜반점.
40) 조선중앙통신사(1954), 「조선중앙년감-1953년 자료」, 139쪽.
41) 『마이니치신문』, 1960.1.10.

터 구상했던 「사도성의 이야기」를 본격적으로 기획하기 시작했다. 그 첫 막은 1954년 11월, 새로 건축된 모란봉극장에서 성대하게 열렸다.[42] 전쟁의 상처가 아물지 않은 시절이어서 이 공연은 북한사회에 활력을 불러일으켰다. 1955년 북경의 최승희무도반 출신의 조선족 무용단은 폴란드에서 열린 세계청년학생축전에서 부채춤을 추어 1등상을 받았고 그때 최승희는 심사위원으로 참석했다.[43] 1955년은 최승희 무용생활 30주년이 되는 해여서 김일성을 비롯한 각국 외교사절이 참석한 가운데 기념 공연이 열렸다. 최승희의 무용인생에서 가장 명예로운 한 해였다.

이듬해인 1956년 소련에 유학 중인 안성희는 국제무용콩쿠르에서 소련의 집시춤을 추어 1등상을 차지했고 평양에서 열린 귀국공연 역시 김일성이 참석해 직접 무대에 올라 안성희에게 꽃다발을 안겼고 소련 문화부 장관 알렉산더까지 참석해 찬사를 보냈다. 당시 이태준 계열의 숙청에 따라 안막은 음악대학 학장에서 단박에 문화선전성 부상으로 올라갔으니 문화예술계에서 차지하는 최승희 부부의 권한과 권력은 허정숙 문화선전상을 능가하는 것이었다.

바로 이 시기, 최승희 안무의 무용극 「사도성의 이야기」를 북한 최초의 극예술영화 부문 천연색 영화로 제작하기로 결정되었다. 북한의 경제적 형편으로 보면 매우 과감한 투자를 했음에 틀림없다. 그만큼 연출을 맡은 정준채의 책임과 능력은 시험대에 오른 것처럼 막중할 수밖에 없었다. 준채가 동생 추에 보낸 편지에 동봉한 「사도성의 이야기」의 줄거리는 다음과 같다.

---

42) 조선중앙통신사(1954~55), 「조선중앙년감-1954년 자료」, 139쪽.
43) 북경 거주 최승희 제자 조선족 무용가들의 좌담, 1993.8. 북경 곤륜반점.

신라 시대 조부 이사금 왕 시절 동해안의 어느 성주가 있는 옛 성이 무대다.

제1막……. 오늘은 성주의 진갑 날이다. 진갑을 축하하여 여 악사들의 춤과 시녀들의 검무 등 춤이 벌어져 끝나자 무예를 다툰다. 성주의 후실에게 총애를 받는 아한이 무사들을 쳐 이기자 노가신은 어부 출신의 순지를 데려와 경쟁케 한다.

그러나 아한은 자기의 무예보다 월등한 순지를 비겁한 술책을 써서 이긴다. 성주 후실은 아한의 승리를 기뻐하며 성주의 외딸, 검도에 능하며 재원인 외딸 금희에게 그를 한 쌍 되게 모략한다. 그러나 금희는 아한이 청하는 춤을 수락치 않고 순지의 부는 피리에 맞추어 춤을 춘다. 활쏘기를 끝낸 성주는 자리를 떠난다. 순지에게 마음 쏠린 금희를 성주 후실은 무례하게 데리고 가버린다.

제2막……. 후원 별당에서 고요한 달밤.

금희는 칠현금을 타며 시녀들과 이 밤을 노래한다. 멀리서 들려오는 단소 소리. 금희는 칠현금을 타 단소에 대답한다.

서로 주고받는 단소와 칠현금의 화답. 단소의 주인공은 순지였다. 유모는 금희에게 그를 데리고 온다. 두 사람은 사랑의 노래를 마음껏 춤춘다. 성주와 성주 후실은 아한을 데리고 금희에게 온다. 후실의 계교로 아한을 금희에게 기약을 맺게 하려 한다. 금희는 이를 싫어한다. 아한은 순지를 떨어뜨릴 단서로 그를 발각하고 계교를 써서 순지를 파면시켜 버린다. 순지와 금희는 애끓는 마음으로 이별하게 된다.

제3막……. 사도포의 바닷가.

해녀들의 춤이 끝나자 어망을 당기는 어부들은 풍월을 노래하며 춤춘다. 홀로 된 순지는 단소를 불며 금희를 생각한다. 이 때 왜적이 침입 해 들어온다. 어부들은 선발대를 세포하여 왜적 전멸을 다짐한다.

제4막……. 사도성 문 앞.

1장. 조정으로부터 내려온 우로장군의 지휘아래 관군은 출전의 결의를 다지고 전선으로 나간다. 아한도 출전한다.

2장. 관군은 용감히 싸웠으나 전선은 불리하였다. 금희는 나라의 조난을 막으려 출전을 다진다. 이 때 의병들을 데리고 순지가 나타난다. 금희의 기쁨. 그는 순지와 함께 출전을 격동적으로 결의하고 다지는 춤을 춘다. 그는 북을 쳐 인민을 불러일으킨다. 인민 봉기의 춤. 최후의 병사까지 모두다 전선으로 나간다.

제5막……. 해안지대.

왜적을 물리쳐 싸우다 거만한 아한은 부상당한다. 이때 순지가 나타나 아한을 구출해 성으로 돌려보내고 용감히 싸운다. 금희도 용감히 왜적과 싸운다. 그러나 힘에 부쳐 위급하게 된다. 순지는 그를 도와 구원하고 왜적에 적장을 물리친다. 전승의 기쁨. 전사들은 개선의 춤을 춘다. 순지와

▶ 영화 「사도성 이야기」 한 장면ⓒ정철훈

더불어 개선을 축복하며 춤을 준다. 성주도 기뻐한다. 금희와 순지는 서로 맺어 진다. 환하게 동이 터온다.[44]

준채는 "줄거리를 가져가는데 무리가 없게 해야 하겠고 무대 장치는 전혀 영화에서는 다르게 해야겠다."면서 "신라 시대의 건축, 의상, 소도구 등 역사적 고증을 해야겠다."고 썼다.

앞서 100명으로 조직된 최승희 무용단은 1956년 9월 20일 불가리아 국경 도시인 루세에서의 첫 공연을 시작으로 1957년 1월 20일까지 소련, 불가리아, 루마니아, 알바니아, 체코슬로바키아 등 32개의 도시에서 83회에 걸친 공연을 하였다.[45] 이 순회공연에서 '제1쁘로(프로그램)'로 편성될 만큼 「사도성의 이야기」는 작품성을 인정받고 있었다. 당 상부가 이 작품에 호평을 한 이유는 공연의 높은 완성도와 더불어 조선의 민족적인 것을 잘 표현해냈기 때문이었다. 이미 완성도 높은 작품이라는 평가가 따르는 무용극을 영화화할 때, 감독은 적지 않은 고민에 빠질 수밖에 없다. 이미 "작가가 말하려는 의도가 민족 음악의 우아성과 완전히 배합되어 훌륭하게 형상된 작품"[46]이기 때문이다.

준채는 처음으로 시도되는 무용극 영화이자 첫 번째 천연색 예술영화인 이 작품을 어떻게 연출하였을까? 우선은 최대한 원작이 의도하는 바를 충실하게 영화에 재현하는 일이다. 하지만 무대를 그대로 촬영하는 것에 그치지 않고 무대에서 해결하지 못하는 장면들을 영화 언어로 풀어나가는 원칙—그의 표현에 따르면 '쓰삑끄딱끌 형태로서' 영

---

44) 정준채 편지, 1956년 1월 10일자.

45) 「최승희무용단의 귀국」, 『조선예술』, 1957.2., 97쪽; 최승희, 「형제 나라들의 방문 공연」, 『조선예술』, 1957.3., 42쪽.(이준엽, 앞의 논문에서 재인용)

46) 정준채, 첫 천연색 예술영화 「사도성의 이야기를 끝내고」, 『조선예술』, 1957.4., 106쪽.

화를 만든다는 원칙—을 세우게 된다. 이 과정에서 영화적 언어를 구사하여 과도하게 형식주의적인 측면으로 나아가는 것은 지양해야 했다. 왜냐하면 그러한 형태는 외국영화들에서 흔히 볼 수 있는 바, 무용의 진미를 상실케 한 무용 영화로서 본의가 아닌 면이 느껴졌기 때문이었다.[47)]

'최초의 천연색 예술영화'라는 타이틀을 달고 있는 만큼 「사도성의 이야기」를 연출하는데 있어서 색깔을 표현하는 것은 대단히 중요한 문제였다. 이 지점에서도 감독은 원작이 불러일으키는 감정을 최대한 유지하면서도 영화만의 연출을 가미하는 방식을 택하였다.[48)]

례를 들면 첫 장면 '잔치'터는 평화로운 생활 분위기를 조성키 위하여 다홍빛을 많이 쓰게 했다. 별당 장면은 달밤이지만 순지와 금이의 사랑이 속삭여지는 내용으로 보아 따사로운 감정이 나야 했다. 때문에 주로 바이오렛트 색으로 주선을 그어 보았다.

사도포 장면은 평화로운 생활 속에 벌어지는 즐거운 로동을 하는 만치 로동의 환희를 나타내기 위하여 연분홍색을 사용했다. 전투장은 억센 맛이 나와야 한다. 금이의 출진 장면은 적에 대한 분노와 조국에 대한 뜨거운 사랑을 붉게 타오르는 화광으로 묘사하기 위하여 붉은 색 일색으로 가져갔으며 왜적의 침입과 인민들을 략탈하는 장면도 어두운 밤이지만 인민들의 분노의 마음을 표시하여 붉은 색을 강하게 주었다.[49)]

이렇듯 "무용극을 영화화함에 있어서 원작의 정신을 충분히 살리기

47) 정준채, 위의 글. 106쪽.
48) 이준엽, 앞의 논문, 126쪽.
49) 정준채, 위의 글, 108쪽.

위하여 각 부문의 력량을 집중"시켰던[50]「사도성의 이야기」는 '쏘련엑쓰폴트 필림' 주최로 1957년 5월 모스크바에서 다른 작품들과 함께 상영되어 호평을 받았다. 아울러「사도성의 이야기」는 민족적 색채를 앞세워 '제6차 세계 청년 학생 축전 영화 콩쿨' 중국 북경에서 1957년 8월 있었던 '아세아 영화 상영 주간' 그리고 1957년 7월 말부터 8월까지 프라하에서 개최된 '제10차 국제 영화 축전'등에 우수한 영화로 선발되어 출품되었다. 작품성뿐만 아니라 흥행에서도「사도성의 이야기」는 적지 않은 성공을 거두어들였다. 또한 월남민주공화국에서 1957년 4월「백두산이 보인다」와 함께 상영되어 호평을 받았고,[51] 홍콩에서는 4일 간 상영만 해도 10,625명의 관중을 동원하였다.[52]

원작이 지니고 있던 '민족적'이고 외세에 대한 '투쟁정신'이 훼손되지 않는 범위 내에서 컬러를 통해 스펙터클을 선보이겠다는 감독의 전략이 동시대 관객들에게 긍정적으로 평가받은 것이라고 할 수 있다.

주영섭은 한 평론[53]을 통해 "무대극 내용을 영화적 수법으로 처리해서 예술성을 보장하였으며, 우리나라 민족 무용의 다양한 율동미와 우아한 품격미를 느낄 수 있고, 그것을 통해 찬란한 우리나라 문화적 전통의 풍부성과 조선 인민의 사상적 전통인 영용성을 찾아볼 수 있다"는 점을 들어「사도성의 이야기」를 높게 평가했다. 그러면서 그는 "이 영화가 국제적으로 널리 소개될 필요가 있다"면서 글을 마무리한다. 그가 아쉬움을 느꼈던 점은 세트 촬영인 탓에 '조선의 하늘' 색깔이 잘 표현되지 못했다는 점이다. 이 지점은 당시 북한의 컬러영화가 불러일

---

50) 정준채, 위와 같음.
51)「형제 국가들에서 호평받는 조선 영화」,『조선영화』, 1957.7., 12~13쪽.
52)『조선영화』, 1958.5., 23쪽.
53) 주영섭,「영화〈사도성의 이야기〉-첫 천연색 예술 영화를 보고-」,『조선예술』, 1957.2., 51쪽

으키는 스펙터클에서 민족적 요소가 굉장히 중요했다는 점을 보여준다.[54]

준채의 다음 편지는 「사도성의 이야기」 제작 과정을 구체적으로 보여준다.

고전악 일색으로 음악을 사용한 것도 첫 시도이며 앞으로 고전 계승 발전 문제와 더불어 시금석을 이루는 것이다. 무용 영화의 특징이 몸짓 언어에 의존한다는 것은 상술하였으나 요는 아름다운 무용을 어떻게 카메라로 포착할 것인가는 영화적 형상에 있어서 중요한 문제의 하나로 제기된다. 즉 조선무용의 우아하고 아름다운 특징을 옳게 살려야 할 것이며 무용이 가지는 리듬과 템포가 영화가 가지는 리듬과 템포와 완전히 동시적으로 결합되어야 한다.

영화예술의 중요한 표현 수단인 카메라의 조정은 연출자가 가지는 작품의 기본 사상을 필름에 옮기는 중요한 모멘트이다. 화면 구도에 있어서 회화적으로 잡는 문제와 리드미칼한 조정은 감상자로 하여금 아름답고 상쾌한 미적 감흥을 주느냐, 역효과를 주느냐의 제기로 되는 중요한 요소이다.[55]

준채는 "무용은 인체 예술인 반면 영화는 카메라 예술"임을 강조하고 있다. 무용이 인체의 리듬과 템포를 담아낸다면 영화도 리듬과 템포가 있다는 것이다. 화면 구도를 어떻게 회화적으로 가져가는지에 대한 문제는 시각적으로 얼마나 감상자(관객)에게 미적 감흥을 주는지의 문제와 결부되어 있었다. 그러므로 「사도성의 이야기」는 무용가 최승

---

54) 이준엽, 앞의 논문, 129쪽.
55) 정준채, 「첫 천연색 예술영화 「사도성의 이야기」를 끝내고」, 『조선영화』, 1957년 2월호.

희의 이야기인 동시에 준채의 이야기이다. 이 영화는 김일성이 '전후 복구시기 민족예술의 계승문제'를 제기한 직후 제작되었다. 준채의 편지에 따르면 「사도성의 이야기」는 북한 최초의 무용극 영화이자 첫 번째 천연색 예술영화로, 서구의 「로미오와 줄리엣」에 버금가는 무대극의 원형을 영화 언어로 옮겨 민족적 영상미학을 추구한" 작품이다. 배경 음악도 가야금, 북, 장구, 바라 등을 배합해 우리 민족의 선율인 5음계를 채택했으며 잔치 춤, 해녀 춤, 풍어 춤, 어망 당기기 춤 등을 통해 민족적 박력과 조국애를 강조했다고 밝히고 있다. 나아가 북한 최초의 천연색 예술영화로 제작되는 바, 조선적인 색깔이 담긴 채색과 인간 심리가 어우러지는 연출을 강조하고 있는 등 전후복구 시기에 민족혼이 담긴 영화를 통해 인민대중의 단결을 각성시키고자한 영화가 「사도성의 이야기」였다.

친애하는 아우 추에게

(…)

나는 내일 황해도 안악과 용강 방면으로 약 2주일 예상하고 고분 연구 차 떠난다. 이번 「사도성 이야기」가 신라 통일 중엽의 이야기인데 역사적 고증을 하기 위함과 우리 선조들의 옛 문화를 더듬기 위하여 행하여지는 여행이다.

신라 3국의 유적은 북방부에 거의 없다. 경주를 찾기 전에 이 고분들은 고구려 시대의 유물들이다. 그러나 비슷한 풍속과 건축, 의상들을 연구하기엔 여기를 찾을 수밖에 없다.

나는 그러면서 너와 같이 신라의 고도 경주를 찾은 기억이 생생하게 떠오른다. 이 기억을 더듬어 창작가에게 나는 많은 것을 요구한다. (…)

오페라 대본 문제인데 나는 「사도성 이야기」를 하면서 이것을 가극과 하면 좋을 듯 생각되더라. 한번 생각해보아라. 다른 것도 생각해 보겠다.

「사도성 이야기」는 조선에서 처음 시도하는 무용영화인 만큼 조선서는 처음으로 개척되는 무용극 영화의 장르이다. 「로미오와 줄리엣」 및 일련의 키노 콘체르트를 보았다.

영화적으로 잘 이끌고 가야할 것이며 결코 무대의 복사로 되어서는 안 되겠다. 민족적 감흥을 불러일으키기 위하여 고전 예술에 대한 충분한 연구 밑에 이를 옳게 계승하여 발전시키는 문제이다. 민족무용, 민족음악, 민족미술 등 다채롭게 연구해야 할 문제들이다. 힘에 벅찬 문제들이다. 그러나 처음으로 개척하는 것인 만큼 전력을 다하여 해 보겠다. 약 8권 정도로 할 예정이다. (하략)

1956년 2월 8일
형.

안악 고분은 황해남도 안악군에 위치한 고구려 고분이다. 이름에서 쉽게 유추할 수 있듯이 도처에 안악 1호분, 2호분 등 다른 고분들도 자리해 있다. 안악 3호분은 이들 고분 중에서도 가장 보존 상태가 좋고 가장 큰 규모이다. 건축 연대는 무덤 안에서 '영화 13년'이라는 명문이 발견되었기에 357년(고국원왕 27)으로 추정된다.

1949년 발견된 이 무덤은 안타깝게도 발견 당시 이미 대부분의 부장품이 도굴된 상태였다. 그러나 안악 3호분을 도굴한 이들은 감히 벽화에까지 손을 댈 생각은 하지 못했다.

안악 3호분은 현무암과 석회암을 비롯한 큼직큼직한 판석들로 쌓아올린 돌방무덤이다. 내부는 남쪽을 바라보는 입구부터 시작해 널길, 연실, 앞방, 널방으로 이루어져있다. 각 방의 천장은 모줄임천장이라고 하는 양식인데, 사각형 천장의 네 귀퉁이에 삼각형 돌을 얹고 이를 두 번 반복한 뒤 천장을 얹어 마무리한 형태를 말한다. 모줄임천장을 통해 안악 3호분의 천장은 위로 갈수록 점점 좁아지는 공간감과 무게

감을 가지고 있다.

한마디로 안악 3호분은 무용총처럼 복도, 방, 천장으로 이루어진 가옥 형태를 띠고 있다. 이는 무덤 주인이 죽은 뒤에도 집에서처럼 편안하게 안식을 가지라는 의미에서 만들어진 것으로 보인다. 고대 선조들은 사후 세계가 생전과 연결되어 있다고 믿었다. 각종 부장품을 묻고 심지어 집안사람을 함께 묻는 '순장' 문화가 있었다는 점도 이를 반증한다. 벽화는 널길 복도와 앞방, 그에 딸린 두 옆방, 그리고 널방에 고루 분포해 있다. 벽화 가운데 백라관을 쓰고 붉은 옷을 입은 무덤 주인이 장막 안에 앉아 있는 모습은 가장 인상적이다. 이 인물이 백라관을 썼다는 점에서 고구려의 왕, 그중에서도 357년이 건축 연대로 추정된다는 점을 감안해 고국원왕이라는 주장이 있다. 고구려 국왕설이 아닌 망명귀족 동수 설을 주장하는 이들은 그 주장대로 귀족 동수의 모습을 묘사했을 것이라고 주장한다. 신원과 별개로 묘주는 편안한 표정과 오른손에 든 털부채, 그에게 시선이 집중되는 구도를 통해 위엄을 드러내고 있다. 그의 곁에는 보고를 드리고 있는 관원과 붓을 쥐고 무언가를 기록하고 있는 관원, 그리고 시중을 드는 시종과 시녀가 있다. 이들은 모두 신분에 따라 크기가 서로 다르게 표현되었다.

앞방 서쪽 곁방 남벽에 그려진 묘주의 부인 또한 높은 신분에 걸맞는 모습을 보인다. 평상 위에 앉아 있는 이 부인은 고리 모양으로 높게 틀어 올린 머리와 화려한 색깔의 옷으로 치장하고 있다. 옆에는 3명의 시녀가 시중을 들고 있으며 이들 또한 가체와 비녀를 이용해 머리를 현란하게 장식하고 있다. 이렇듯 묘주와 묘주의 부인의 형상이 거의 완벽하게 재현되어 있는 점은 준채가 「사도성의 이야기」의 남녀 주인공의 복장과 인물 등을 형상화하는 데 매우 중요한 단서를 제공했을 것이다.

친애하는 아우 추에게

(…)

내 일은 잘 되어 간다. 그동안 원작에 의거하여 내가 직접 씨나리오를 집필하여 촬영소 예술위원회에서 채택되어 상(相)에 제출했으며 연출대본 작성을 현재 최승희무용연구소에서–평양시내–출장하여 집필하고 있다.

조선서 처음 되는 무용극 영화라는 새로운 장르를 개척하느니만치 여러 가지 애로들이 예술적 형상을 위한 기술적 처리문제가 제기된다. 더구나 극영화로 조선서 처음으로 천연색으로 제작하게 되어 시설이 구비 못된 조건하에서 매우 어려운 문제들에 봉착하나 애로를 뚫고 전 스텝들이 행정의 적극적인 원조 밑에 사업들이 추진되고 있다. (…)

그래서 7월 말까지 촬영을 끝내고 후기 작업은 모스크바서 현상을 하여 랏슈를 떠오면 여기서 편집을 하고 최종 촬영한 네가티브를 가지고 녹음작업은 모스크바에 가서 하게 계획을 세웠는데 어떻게 최후 결정이 될지 모르겠다. 만일 가게 되면 너를 거기서 만나게 될 기쁨이 나를 행복케 하고 있다. (하략)

1956년 4월 29일 평양에서.

준채 형 씀.

준채는 원작에 의거해 「사도성의 이야기」 시나리오를 직접 써서 예술위원회에 제출했다. 예술위원회 심사를 통과하여 허정숙 문화선전상에게 전달된 시나리오는 다시 최승희무용연구소에 보내졌다. 이는 무용극으로서의 디테일을 추가하기 위함으로 보인다. 북한 최초로 시도되는 무용극 영화인만큼 기술적인 처리가 요구되었던 것이다. 북한에서 처음으로 시도되는 천연색 예술영화이기에 김일성 수상에게 보고되었을 것은 물론이다. 준채는 북한 자체의 기술로는 천연색 영화의 제작이 불가능했기에 7월 말 촬영이 끝나면 모스크바에 가서 녹음작업과 함께 컬러작업을 수행해야 했다.

친애하는 추에게

(…)

나는 「사도성 이야기」 촬영이 5월 말부터 시작하여 80%는 완성되었고 나머지 세트 하나가 남았다. 7월 10일에 촬영이 끝날 예정이다. 이미 촬영한 건 모스필름에 현상을 보냈다. 조선서 천연색 촬영이 첨인 만큼 여러 애로 조건이 많으나 잘 되어가고 있다.

네 소식은 안성희가 돌아와서 들었다. 그런데 몸이 앓아 입원한 관계로 1년을 더 있게 된다고 한다니 정말이니? 지난번 네가 라디오 방송을 한 것도 들은 동무들을 통해 알았다. 나는 라디오가 없어서 듣지는 못했다. 도무지 조용한 짬이 없어 소식을 전하지 못해 미안하다.

우리 촬영소에선 금년에 천상인 작품인 「다시는 그렇게 살 수 없다」가 제작되어 호평을 받고 있으며 민정식 동무의 「조국의 아들」이 방금 제작 완료되었고 윤재영의 「바다는 부른다」가 재수정 촬영이 끝나 음악 녹음 작업이 남아 있으며 전동민 동무의 「행복의 길」(농촌협동조합 취급한 것)의 모내기 촬영이 끝났고 김락섭의 「유격대의 아들」-한설야 원작 「력사」에서 취재한 김일성 원수 빨치산 투쟁의 〈소년 아동혁명단〉을 취급한 게 곧 촬영이 개시될 것이며 한설야 작 「승냥이」-미제의 위선적 종교전도를 취급한 것이 곧 촬영 시작이 된다.

다른 작품들은 아직 시나리오 집필 중이며 금년 작품으로 5편이 제작되어야 한다. 내각 결정으로 조선영화의 양적 생산이 제기되어 부족한 시설에 방대한 제작 계획이 진행되고 있다. 여기에 조-쏘 합동작이 또 진행되고 있다. 영화에 대한 당과 정부의 과업과 그 제작 실천을 위한 대책이 강력히 추진되고 있다.

스테이지가 하나라 부족하여 가설 스테이지를 하나 지금 짓고 있으며 앞으로 본격적인 스테이지 일동을 건설할 것이다. 1960년도에 가서 천연색촬영소가 건립 완료되어 국내에서 천연색 영화를 제작케 된다. 5개년 계획 가운데 들어있다.

연극계도 다양하다. 건설을 테마로 한 작품들이 풍부히 나오고 있다. 음악계에선 국립예술극장에서 필하모니가 독립되어 새로이 출발했고 빈번한 음악회가 개최된다. 문경옥 작곡, 조기천 작 「백두산」에서 탁진이 각색한 「솔개골」이란 오페라가 지금 상연 중인데 가보지 못했다. 문경옥 작곡에 대해서 의견이 분분하다가 수차례에 걸친 수정을 하여 내놓았다.

서구라파적 요소와 외래적인 것 등 말이 많다. 문제는 민족적 선율과 정상적인 수법이 사용 못한데 기인된다. 그런데 여기서 민족 악곡집, 민요 등이 수차에 걸쳐 출판되었다. 거기서 구했는지, 다른 동무들에게서 구해보는지, 민요곡 등이 필요하면 구해 보내겠으니 속히 회답해주기 바란다.

오페라 대본은 영 힘이 든다. 여기서도 대본이 없어 쩔쩔 매는 형편이다. 네가 말한 인도와 조선과의 관계를 취급한 오페라를 운운한데 고전으로는 좀 더 다른 걸 생각해보면 물론 하자할 수 있겠지만 말이다.

역시 조선고전 것을 해보는 게 좋겠다. 하여튼 나도 생각해 볼 테니 너도 잘 생각해봐라. 요는 대본이 있어야지. 이번 「사도성 이야기」는 전부 고전악으로 최승희무용연구소 악사와 음악대학 고전악단이 협동 연주했다. 대단히 좋다.

앞으로 영화음악에 고전악곡으로만 해볼 생각을 갖고 있다. 고전악을 들으니 견디지 못하게 아름다운 민족적 감흥을 느낀다. 복고주의적 의미로 도취한 게 아니다. (…)

내 생활도 점차적으로 피어난다. 이번에 예술급수가 다시 새로이 제정되어 8급까지 되었는데 나는 3급이 되었다. 우리 연출가들(촬영소)은 윤도국, 천상인만 1급이 되고 우리들은 3급이 모두 되었다. 어쨌든 생활은 괜찮아지게 되었고 중앙공급을 6월부터 받는다. 그러니 내 생활 걱정은 말아라. (하략)

1956년 7월 3일 동틀 무렵

형. 준채.

1956년 북한 영화계의 소식은 역동적이다. 천상인, 민정식, 윤재영, 전동민, 김락섭, 그리고 한설야 등의 이름이 언급되고 있다. 이때 모스크바는 스탈린 시대를 청산하고 새로운 봄을 맞고 있었다. 흐루쇼프에 의해 시작된 '모스크바의 봄'이 그것이다. 그해 2월 24일 모스크바에서 열린 제20차 소련공산당 전당대회에서 흐루쇼프 제1서기는 연설문 '스탈린 시대의 범죄에 관해'를 낭독하고 있었다. 연설은 무려 7시간이나 계속되었다.

흐루쇼프의 연설은 소련 국내에서뿐만 아니라 국제적으로도 큰 충격파를 몰고 왔다. 특히 동유럽 국가들은 자유화에 대한 큰 기대를 갖게 되었고 폴란드와 헝가리에서는 자유화 운동이 격렬하게 진행되었다. 제20차 전당 대회는 모든 역사적 제한성에도 불구하고 20세기의 정치 정세 발전과 사상 발전에 심대한 영향을 끼쳤다.

1956년 모스크바의 봄에 터져 나온 스탈린 격하운동과 개인숭배 청산 물결은 예프투센고, 워즈네센스키 등 청년시인들의 자유사상 물결과 쿨레소프, 가브리로비치, 푸도프킨 등 소련 영화계의 거장들의 리얼리즘 의식, 쇼스타코비치 등 반체제 음악인들의 자유주의 등 신사조를 형성시킨 사실상의 제1차 페레스트로이카라고 할 수 있다. 실제로 소연방을 해체시킨 페레스트로이카의 주역 미하일 고르바초프야말로 1956년도의 그런 흐름을 타고 태동된 이른바 쉬지샤트니키(60년대파)의 일원이었음은 물론이다.[56]

소련공산당 제20차 당 대회가 끝난 후 넉 달이 지난 1956년 6월 30일 소련공산당중앙위원회의 결정 〈개인숭배와 그 후과의 극복에 관하여〉가 발표되었다. 요지는 다음과 같다. 첫째, 스탈린 개인숭배는 자본주

---

56) 정추, 구술회상기, 「알마티의 기둥」.

의국가들에 포위되어 사회주의를 건설해야 할 소련의 역사적으로 구체적인 조건에서 발생하였다는 것. 둘째, 개인숭배의 형성은 스탈린의 개인적인 성격상 결함도 제 역할을 하였다는 것. 셋째, 당은 스탈린의 활동의 긍정적인 면을 높이 평가하는 동시에 부정적인 면을 비판하고 단죄한다는 것. 넷째, 개인숭배의 후과를 극복함으로써 당은 대중의 적극적인 활동과 창발성, 사회주의적 민주주의가 발전할 길을 열어주었다는 것 등이었다. 그것은 위로부터의 대담한 개혁이 아래로부터 광범위한 지지를 받는 변혁의 시작이었다. 모스크바의 공기는 달라지고 있었다. 정추가 달라진 모스크바의 공기를 호흡하고 있을 때 준채는 「사도성의 이야기」 촬영을 마치고 현상을 위해 모스필름으로 필름을 보낸다.

친애하는 아우 추에게

(…)

내 하는 사업은 7월 11일로 세트 촬영을 끝마치고 필름은 모스필름으로 현상을 보냈다. 최종적으로 랏슈가 8월 15일까지 도착하게 해주겠다는 데 아직 하나도 오지 않았으나 랏슈는 보지도 못하고 세트는 다 허물어 놨으니 애가 탄다.

설비도 기구도 채워지지 못한 조건에서 천연색 촬영을 한다는 게 참 엉터리 사업이다. 쏘련 영화인들이 알면 입을 쩍 벌릴 것이다. 그러나 이런 식으로 촬영한 작년 8·15 기록 영화는 천연색으로 되었다는 그것 하나로 대인기를 끌고 있다.

그것은 색조도 전부 NG인 것인데 조선의 산천과 인물들의 생활이 색깔로 나타난 점, 무한이 인민들은 기꺼워한다. 우리가 만든 극 예술영화보담도 더 인기가 있다. 바야흐로 천연색 영화를 얼마나 갈망하는가를 능히 짐작하고도 남음이 있다. 우리 영화도 5개년 계획 가운데 천연색 촬영

소 건립이 제기되었으니 1960년도에 가서는 우리 손으로 천연색 영화를
제작케 될 것이다. (…)

1956년 7월 24일
준채.

극예술영화 최초의 컬러 작업을 맡은 준재는 애가 탄다. "7월 11일
로 세트 촬영을 끝마치고 필름은 모스필름으로 현상을 보냈"으나 "최
종적으로 랏슈가 8월 15일까지 도착하게 해주겠다는 데 아직 하나도
오지 않았으나 랏슈는 보지도 못하고 세트는 다 허물어 났으니" 애가
탈 수밖에 없었을 것이다.[57] 그것도 "설비도 기구도 채워지지 못한 조
건에서 천연색 촬영을 했"으니 "쏘련 영화인들이 알면 입을 쩍 벌릴
것"이라고 한탄조의 심정을 토로하고 있다.

1953년 전쟁이 끝나자 북한은 영화산업의 토대를 재구축하기 시작
했다. 영화분야에 있어서 전후복구 사업은 소련을 비롯한 동유럽 사회
주의 국가들의 방조를 통해 이루어졌다.

평양 대동면 남형제산 구역 북조선국립영화촬영소는 파괴된 시설을
복구하는 재건 사업을 착수하였다. 우선 영화부문 3개년 계획에 기초
하여 파괴되었던 스테이지를 위시하여 현상실 등 일체 필요한 시설들
이 1954년 말까지 재건되었다. 1955년에 들어서면서 기본 건설 및 기
자재 확보 설치 사업에 박차를 가하여 1,160평방미터의 제1무대와
500평방미터의 가설무대, 장치실, 분장실을 설치했다. 1956년 당시에

---

57) '랏슈(rush)'는 필름 현상 작업을 지칭하는 말로 일본어 발음이다. 촬영을
통해 감광된 음화를 현상한 후 편집에 사용하기 위해 인화시킨 양화가 '랏
슈'이다. 당시 북한엔 컬러필름은 인화할 현상 시스템이 없어서 모스크바
로 필름을 보내 현상 작업을 했다.

는 1,400평방미터 크기의 제2무대를 건설 중에 있었다. 또한 3대의 자동현상기와 천연색용을 포함한 6대의 프린터기, 광학 기계 및 화학 실험용 정밀기구, 필름 실험실, 화학실험실, 기술 감정실을 설치했으며 월평균 40만 미터의 네거필름을 생산하고 있었다. 녹음설비로는 2조의 현대식 합성 녹음기, 5대의 고정녹음기, 2대의 테이블 녹음기와 이동녹음기 구비하고 있었다.

또한 180평방미터의 녹음실과 60평방미터의 소녹음실, 4개소의 영사실을 운영했다. 이외에도 합성촬영부, 스크린프로세스와 자막촬영대, 만화촬영대, 회화 합성대를 갖추었으며 조명 역시 전쟁 전의 5배인 1,300킬로와트의 광량과 소련에서 보내준 이동 직류 발전기와 발전차 그리고 소련 녹음사가 녹음기술을 방조하고 자동현상기 설치를 위해서는 동독의 기사들이 평양에 와 일을 돕고 있었다.[58]

북한의 컬러영화 제작기술은 비록 낮은 수준이었지만 이들 소련과 동독 기술자들을 통해 점차적으로 제작기술을 이전받고 있었다. 북한 최초의 컬러영화는 기록영화부문에서는 1955년 8·15 10주년 행사를 기록한 「8·15 10주년」(연출 윤두춘, 촬영 김인현, 한창해, 홍일성), 그리고 극예술영화 부문에서 「사도성의 이야기」이었다. 이처럼 북한의 컬러영화제작이 전후 복구사업의 일환으로 진행된 것은 무엇보다도 인민들이 기꺼워했기 때문이다.

"작년 8·15 기록 영화는 천연색으로 되었다는 그것 하나로 대인기를 끌고 있다"면서 "그것은 색조도 전부 NG인 것인데 조선의 산천과 인물들의 생활이 색깔로 나타난 점, 무한이 인민들은 기꺼워한다."는 대목이 그 것이다. "바야흐로 천연색 영화를 얼마나 갈망하는가를 능히 짐작하고도

---

58) 「국립영화촬영소가 걸어온 길」, 『조선예술』, 1956.9, 78쪽. 한상언, 위의 글, 575쪽 재인용.

남음이 있다"면서 "우리 영화도 5개년 계획 가운데 천연색 촬영소 건립이 제기되었으니 1960년도에 가서는 우리 손으로 천연색 영화를 제작케 될 것"이라고 준채는 썼다. 예술영화로는 「사도성 이야기」에 이어 창극 「심청전」(연출 김락섭, 촬영 박병수)이 칼라영화로 제작되었으며 1957년에는 러시아혁명 40주년 기념을 맞아 조쏘합작영화 형태로 「형제」(연출 천상인, 촬영 고형규)가 제작되었다. 원 제목은 「동방의 아침」이었으나 개봉을 앞두고 제목을 「형제」로 바꾸었다.

우리나라 영화 일군들과 쏘련 영화일군들 간의 공동제작으로 될 예술영화 「동방의 아침」(씨나리오 아·뻬르웨죠브, 김승구, 서만일 합작) 제작 준비사업이 활발히 진척되고 있다. 지난 8월 중순 이 작품의 연출을 담당한 모스크바 고리끼 영화촬영소 성원들인 루겐스끼를 비롯하여 제작자 즈·원꼬브, 촬영자 긴·즈베르그, 미술사 바쉬끼위츠, 분장사 고르멜리찌나 동무들이 래조하여 우리나라 영화일꾼들과 제작 스태프를 구성한 다음 현지답사 사업을 개시하여 개성, 수풍 등 많은 지역들을 이미 답사하였다. 이 작품은 금년 10월 초부터 촬영사업을 시작할 예정이며 첫 촬영은 모스크바에서 세트 촬영부터 시작할 것이 예견되고 있다.[59]

이에 따르면 「형제」를 제작하기 위해 1956년 8월 중순 모스크바 고리키 영화촬영소 성원들이 북한을 방문하여 현지답사를 했으며 촬영은 10월 초 모스크바에서 세트촬영부터 시작되었다.[60]

극영화 「동방의 아침」 제작 스태프 모스크바로 출발
조선과 소련간의 문화교류협정에 의하여 우리나라 영화일군들과 소련

59) 「조쏘 합작예술영화 「동방의 아침」 제작 소식」, 「조선예술」, 1956.10, 99쪽.
60) 한상언, 「칼라영화의 제작과 남북한의 「춘향전」」, 2019, 구보학회 22집, 578쪽.

영화일군들 간의 공동제작으로 되는 천연색 극예술영화 「동방의 아침」의 제작 준비 사업은 활발히 진행되고 있다. 우리나라 제작단 성원들을 본다면 연출에 천상인, 촬영에 고형규, 미술에 윤상렬, 녹음에 리재식, 작곡에 김린욱, 제작에 송원준 등으로 되어 있다.

또한 연기진에서는 공훈배우 박학을 비롯해서 노련한 배우들인 주인규, 강홍식 등과 신인 배우로서는 신세민, 김현숙 등이 참가하게 되었다. 특히 제작단 성원으로 공화국 인민배우 황철, 국립최승희무용연구소 안성희도 이 앙상블에 망라 되었다. 제작단 성원들은 12월 15일에 소련으로 향하여 평양을 출발하였는바 이 작품의 크랑크 개시는 내년 초에 소련 고리키 영화촬영소 스테지에서부터 시작될 것이다.[61]

1956년 12월 북한의 촬영팀은 모스크바로 출발했고 촬영은 1957년 1월 중순에 시작되어 3월 중순까지 2개월 간 진행되었다. 세트촬영을 끝내고 다시 북한으로 돌아와 5월 말부터는 원산에서 영화의 도입 장면을 찍고 6월 중순부터는 수풍과 신의주, 평양 등에서 로케이션 촬영이 진행되었다.[62] 북한 측 촬영팀은 연출 천상인, 촬영 고형규, 미술

---

61) 「국내 문화예술 단신」, 『조선예술』, 1956.12., 140쪽. 한상언, 위의 글, 578쪽 재인용.

62) 「사도성의 이야기」 이후 창극을 영화로 만든 「심청전」(1957)과 조쏘합작 영화 「형제」(1957), 그리고 「춘향전」(1959)이 북한에서 컬러영화로 제작될 무렵, 남한에서는 1957년 임화수의 한국연예주식회사가 홍콩의 쇼브라더스 영화회사와 함께 합작영화 「이국정원」를 컬러로 제작했다. 이어 원로영화감독 안종화 연출한 「춘향전」(1958)이 컬러로 제작되었으며 1961년 설 극장가에서 홍성기의 「춘향전」과 신상옥의 「성춘향」의 대결은 한국영화사의 중요한 이벤트였다. 동일한 텍스트가 컬러시네마스코프라는 최신의 영화기술로 만들어져 맞붙었다는 면에서 화제일 수밖에 없었다. 신상옥이 「춘향전」을 컬러로 제작한 이유 중의 하나는 북한에서 제작한 컬러 「춘향전」에 자극받았기 때문이다. 북한의 「춘향전」은 1959년 8월 개최된 제1회 모스크바영화제에서 촬영상을 수여했고 이 소식은 남한의 신문에도 보도되었다. 이처럼

윤상렬, 녹음 리재식, 작곡 김린욱이었고 출연진은 박학, 주인규,[63] 강홍식, 신세민, 김현식 그리고 인민배우 황철과 안성희 등이었다.

그런데 「형제」의 모스크바 촬영에 앞서 「사도성의 이야기」의 랏슈가 평양에 도착한다.

친애하는 아우 추에게

(…)

내 하는 일 「사도성의 이야기」는 전 촬영이 7월 10일 완료하고 모스크바로 보낸 랏슈를 대기하던 중 약 절반 좀 못되게 랏슈가 지난 8월 14일에 도착했다. 우선 최승희 여사, 안막 부장 동지들이 보고 대 호평이다. 안막 동무는 로미오와 줄리엣에 못지않고 더 낫다고까지 평가했으며 소련 전문가들도 처음으로 천연색 예술영화를 한 보람이 있다고 떠들어댄다. 조선의 풍습, 건축, 의상, 소도구 등이 천연색으로 나오게 됨에 조선의 색깔을 맛본 감흥에 못 견디어 하는 말이겠지. 어쨌든 나쁘다는 말보다는 이러저러한 이유이든 간에 좋긴 하다.

연출상의 문제는 한 마디도 안 나왔으니―아직 전부의 랏슈가 아니지만―시끄러운 이곳에서 다행이랄까…… 나로선 창작 생활에서 자신을 얻었다. 나 자신 연출 의도로 보면 불만스러운 점도 있으나 첫 숟갈에 배부를 리 없고 차차 연구해가면 될 수 있다는 자신을 얻었다. 과히 나쁘진 않다. 지금 NG, OK를 골라 음악과 동시성을 맞추어 편집해 가는데 나 자신도 랏슈를 보며 흥분시키는 곳이 허다하다. 자신만만함이 지나친 자기과대일지…….

이번 창작을 통해 영화음악에 있어서 민족음악을 가지고 민족 악기 연

남과 북의 체제 대결에서 컬러영화 제작은 냉전 시대의 한반도에서 영화기술의 대결과 경쟁을 보여주는 사건이었다.(한상언, 위의 논문 참고.)

63) 완성된 영화에 주인규가 빠져 있는 것으로 보아 영화제작이 시작되기 전 숙청된 것으로 보인다.

주로서 능히 해낼 수 있다는 자신을 얻었다. 다음 작품에는 전수 민족음 악으로 민족악기 연주로서 해볼까 한다. 배타주의는 아니다. 너에게서 쏘련의 예술계 소식과 각 민주주의 국가와 중국에서의 창조에 대한 문제들이 ㅡ지금 그렇게 들끓을 때 이번 체코 영화페스티발에서 조선 영화가 극영화 「다시는 그렇게 살 수 없다」는 출품도 못하고ㅡ평화 정책에 싸우는 영화가 알맞지 않어ㅡ기록 영화도 상영은 했으나 전연 문제도 되지 않았다ㅡ이 현실이 무엇을 말하는가ㅡ조선의 혁명 현 단계가 우리에겐 아직 그러한 때마다 필요한 것이다.[64]

컬러를 입힌 「사도성의 이야기」의 랏슈는 "우선 최승희 여사, 안막 부장 동지들이 보고 대 호평"이다. "안막 동무는 로미오와 줄리엣에 못지않고 더 낫다고까지 평가했으며 소련 전문가들도 처음으로 천연색 예술영화를 한 보람이 있다"라고 높은 평가를 해주었다. 준채가 듣기에 이런 호평은 "조선의 풍습, 건축, 의상, 소도구 등이 천연색으로 나오게 됨에 조선의 색깔을 맛본 감흥에 못 견디어 하는 말"로 들린다. 더구나 "연출상의 문제는 한 마디도 안 나왔"기에 준채는 "창작 생활에서 자신(감)을 얻"고 있다. "나 자신도 랏슈를 보며 흥분시키는 곳이 허다하다. 자신만만함이 지나친 자기과대일지….."라고 스스로를 타이르면서. 또한 "첫 숟갈에 배부를 리 없"지만 "영화음악에 있어서 민족음악을 가지고 민족 악기 연주로서 능히 해낼 수 있다"라고 포부를 밝히고 있다. "다음 작품에는 전수 민족음악으로 민족악기 연주로서 해볼까 한다"면서도 "배타주의는 아니다"라고 쓴 것은 그해 체코슬로바키아 영화축전에 어떤 작품도 출품하지 못한 북한 영화계의 침체를 염두에 둔 말이다. 출품하기로 한 극영화 「다시는 그렇게 살 수 없다」가 상영되었을 때의 반응은 국제적으로 평화 정책이 자리를 잡고 있는

____

64) 정준채의 편지.(1956년 8월 27일자)

정세에서 "싸우는 영화가 알맞지 않"다는 이유 때문이었다. 한국전쟁 중인 1951년엔 극영화 「소년 빨치산」과 기록영화 「정의의 전쟁」이 출품되어 각각 자유투쟁상과 영예상장을 수상했으나 이제 평화시기로 접어들었기에 전쟁을 다룬 영화는 식상할 수 있어서 출품을 포기했던 것이다.

"이 현실이 무엇을 말하는가─조선의 혁명 현 단계가 우리에겐 아직 그러한 때마다 필요한 것이다"라는 대목에서 시대의 흐름과 민족 정서에 맞는 영화의 제작이 현실적 문제로 제기되고 있음을 알 수 있다.

친애하는 추에게

「사도성의 이야기」는 모스크바로 현상을 보낸 랏슈가 다 도착되어 편집을 끝내고 대호평을 받고 있다. 조선서 첨하는 천연색인지라 불만족한 곳도 있지만(색깔로서) 수상 동지를 비롯해 안막 부장, 한설야 선생 등이 보시고 좋다고 하드라. 그래 지금 튜밍(합성록음)을 해가지고 내가 직접 모스크바에 가기로 결정되었다.

10월 10일경에는 출발하게 될 것이다. 모스크바엔 20~30일 간 체류하게 될 듯하다. 자세한 이야기는 너를 만나면 하자.

그리고 나의 다음 작품인데, 안철해 동무는 내년 초에 「심청전」을 창극으로 무대형식으로(스펙타클한 영화로)─역시 천연색인데─하라고 한다. 그리고 음악영화를 하나 제작하자고 한다. 우선 급한 건 시나리오 문젠데 내년도 레파토리가 썩 시원한 게 없다.

나로선 고전극을 하고도 싶다. 「춘향전」은 정극으로 할 계획이 있는데 나로선 창극으로 하면 해보고 싶다. 창극 계획은 「심청전」으로 되어 있다. 레파토리 문제도 나의 생각하는 게 있는데 너와 만나면 상의하겠다. 내가 모스크바 가는 것은 「사도성의 이야기」의 색조가 전체 톤이 통일되지 못하여 직접 가서 통일시키며 내가 편집을 거기서 하여 되어서 가게 된다.

1956년 10월 4일.[65]

---

65) 봉투에 '평양 영화촬영소 정준채'라고 적혀 있다.

준채는 김일성 수상을 비롯해 내각의 고위직을 맡고 있는 안막과 한설야 등이 참석한 가운데 열린 「사도성의 이야기」 랏슈 상영회에서 호평을 받았다. 이에 따라 당으로부터 "직접 모스크바에 가기로 결정되었던 것"이다. 그러면서 다음 작품에 대한 의욕을 표출하고 있다. "내년 초에 「심청전」을 역시 천연색 영화"로 연출하는 게 어떻겠느냐는 권유도 있었지만 썩 내켜하지 않고 있다. "급한 건 시나리오 문젠데 레파토리가 썩 시원한 게 없다"는 것이 이유이다. 「심청전」은 너무나 잘 알려진 내용이라서 영화로 찍는데 그리 매력적인 작품이 아니었다. 말하자면 「사도성의 이야기」처럼 잘 알려지지 않은 레퍼토리를 발굴해 감동적인 줄거리로 시나리오를 써야 하는데 마땅한 것이 없다는 것이다. 한마디로 마음에 드는 시나리오가 없었다. 이런 고민을 안은 채 준채가 모스크바에 도착한 것은 10월 중순이다. 항공편으로 평양을 떠나 치타를 경유한 모스크바행으로 짐작된다.

2. 형제의 재회-모스크바 1956년 가을

준채의 모스크바 방문은 모스크바 국립영화대학에 재학 중인 북한 유학생들의 큰 관심을 끌었다. 그는 「친선의 노래」(1950)로 체코슬로바키아 국제영화축전에서 최고기록영화상을 수상한 이래 영화 전공의 북한유학생들에게는 선망의 대상이었다. 게다가 소련영화의 본산이라 할 '모스필름'에서 천연색 필름을 완성하기 위한 방문이라는 점은 그들의 호기심과 공명심을 자극하기에 충분했다. 다음은 영화대학 유학생 김종훈의 증언이다.

정준채 감독은 모스크바 영화대학을 방문해 우리 유학생들에게 둘러싸여 대화도 나누기도 했어요. 그는 「친선의 노래」로 1950년 체코슬로바키아 영화제에서 최고기록영화상을 받았으니 소련영화계에도 알려진 인물이었고 영화대학 교수와도 친분이 있었지요. 모스필름을 비롯해 그가 일을 보는 곳이라면 행정기관이든 영화관이든 아니면 소련 영화인과의 만나는 자리마다 내가 따라다니면 통역을 했지요. 나는 당시 소련여성과 열애 중이었는데 통역으로 차출되어 연애 시간을 줄여야 해서 약간 불만이었어요. 지금 생각하면 정준채 감독이 누굴 만나고 어떤 기관을 방문했는지 기록했어야 하는데, 단순히 한 달 내내 통역을 했다는 것 외에는 기억나는 것이 없어 아쉽습니다. 그러나 그의 통역을 맡았다는 것만으로도 내겐 큰 자부심이었지요.[66]

김종훈은 당시 영화대학 2학년에 재학 중이어서 선배들로부터 하급생이 통역을 맡으라고 하는 떠미는 바람에 이를 거역할 수 없었다. 준채는 모스크바 체류 중 마침 붉은 광장에서 열린 시월혁명 39주기 기념행사에 초청되어 소련의 거물급 정치인들과 함께 연단에서 행사를 관람하기도 했다. 그의 모스크바 체류는 당초 예정된 20~30일을 넘겨 1956년 12월 초까지 연장되었다. 누가 알 수 있었을까. 이 기간이야말로 정준채 형제에게 가장 극적인 순간들로 채워졌으며 두 번 다시 만날 수 없는 이별의 시간이었음을……. 준채가 모스크바를 방문했을 때 동생 추는 김일성 개인숭배가 강화되고 있는 북한의 정치적 현실에 비판적인 시각을 갖고 있었다. 북한에서 정치와 예술은 분리될 수 없다. 예술과 정치에 대한 번민은 번민 그 자체로 분리되지 않는다. 준채가 김일성 수상의 신임을 받아 예술에 복무하고 있을 때 동생은 그 엄숙주의에 균열을 내는 위험천만한 폭로를 준비하고 있었다. 준채 형제가 모스크바에서 함께 지내는 동안 어떤 대화가 오갔는지는 알 수

66) 2018년 5월 카자흐스탄 알마티에서 김종훈의 증언.

없다. 하지만 「사도성의 이야기」의 합성녹음과 컬러필름 현상을 완성하고 귀국길에 오르면서부터 준채의 머릿속은 동생이 제기한 문제로 새까맣게 타들어가고 있었다.

(엽서)

밤사이 잘 지냈는지. 나는 어제 무사히 스베르들로프스크에 와서 하룻밤을 지내고 지금 또 떠나는 길이다. 인상적인 모스크바 생활. 나에게 많은 자극을 주었다. 자세한 감상은 집에 가 쓰기로 하고 너는 부디 몸조심하여 학업에 충실할 것을 기대한다. 진지한 연구가 필요하다. 우리의 현실을 옳게 찾아야 할 것이다. 자 그럼 잘 있거라. 또 쓰겠다.

　　　　　　　　　　1956년 12월 9일 스베르들로프스크에서 형.

평양으로 귀환하는 준채는 중간 기착지인 스베르들로프스크에서 하룻밤을 머문다. 비행기에 기름을 넣고 정비를 하는 그 시간에 준채는 동생 생각에 골몰했던 것이다. "인상적인 모스크바 생활"이란 무슨 뜻일까. '생활'이라는 단어로 미뤄 짐작컨대 준채는 모스크바에 잠깐 들른 단순한 방문객이 아니었다. 그건 '생활'이라고 말할 정도의 긴 시간이었다.

그렇다면 "나에게 많은 자극을 주었다"는 무슨 뜻일까. 사회주의 종주국 소련의 수도 모스크바에서는 그해 2월 흐루쇼프의 스탈린 일당독재를 폭로하는 제20차 소련공산당 전당대회가 열렸고 그 여파로 '모스크바의 봄'이 시작되었으니 과거 스탈린 시대에 비해 상당히 자유롭고 개방적인 분위기로 변하고 있었다. '자극'이란 흐루쇼프가 몰고 온 정치적 봄과 관련이 있다. "진지한 연구가 필요하다"라는 것은 변화하는 흐루쇼프 시대의 정치 체제에 관한 면밀한 분석이 필요하다는 의미일 것이다.

"우리의 현실을 옳게 찾아야 한다"라는 말은 동생과 모스크바에서 나눈 대화의 긴박성을 짐작케 한다. 형제는 모스크바에서 어떤 변화를 감지했을 것이다. 변화에 반응할 것인가, 혹은 저항할 것인가. 다름 아닌 예술가 형제가 아니던가. 예술가는 정치체제에 가장 예민한 생물이 아니던가. 형제는 변화냐 고수냐, 라는 심각한 화두를 꺼내들고 머리를 맞댔을지도 모른다. 흐루쇼프가 개방과 개혁으로 방향을 선회했으니 북한도 그 변화의 길로 나서야 한다는 거대담론의 화두. 그러나 누가 알 수 있었단 말인가. 흐루쇼프가 몰고 온 모스크바의 봄도 이내 막을 내리고 브레즈네프와 안드로포프를 거쳐 고르바초프 시대에 와서 현실 사회주의가 막을 내렸다는 것을. 그러니 형제가 붙들었던 화두를 깨칠 대답은 흐루쇼프 시대엔 주어지지 않았던 것이다. 그렇더라도 한 나절 머문 공항에서 엽서를 써 보낸 준채의 동생에 대한 배려와 자상함이 느껴진다.

(엽서)
스베르들롭스크를 오전 8시 30분 출발하여 하루 종일 옴스크에서 잠깐 쉬고 방금 노보시비리스크에 도착했다. 오늘밤은 쉬지 않고 나는 모양이다. 도중 이 씨와 재미나는 이야기를 하며 고독치 않게 지내고 있다. 우리가 어떻게 살아야 하며 어떤 작품을 해야 할지 많은 생각을 가지게 된다. 오늘은 일기가 좋다. 여행 하긴 아주 좋다. 어제는 약간 기분이 나빴으나 오늘은 컨디션이 좋다. 하늘 위로 훨훨 나는 몸. 산천도 구름도 굽어보며. 참된 사람들이 생활을 영위하는 모스크바는 점점 멀어만 가며. 그리운 조국은 점점 가까워만 온다. 그러나 너와 떨어지는 이 거리는 가슴 답답하고 아프구나. 다시 만나는 날만을 고대하는 마음으로 다만 위안이 된다. 자, 또 쓰겠다.

1956년 12월 9일. 노보시비리스크에서 형.

모스크바는 점점 멀어지고 평양은 점점 가까워지는 노보시비리스크. 시베리아 중앙에 있는 노보시비르스크에 기착한 준채는 모스크바의 동생에게 다시 엽서를 보낸다. 공중을 나는 자유. 산천도 구름도 굽어볼 때 준채는 지상에서의 삶이 난쟁이들의 장난처럼 보였을지도 모른다.

동행자가 있어 그리 지루하지 않은 여행이지만 동생과의 거리가 멀어지면서 가슴은 답답기만 하다. 그건 모스크바에서 나눈 동생과의 대화 때문이다. 준채도 대사관을 통해 혹은 동생 자신을 통해 유학생 동향회 사건을 인지하고 있었을 것이다. 그건 무서운 꿈이었다. 그 꿈속엔 국가와 개인, 자유와 예술, 가상과 현실이라는 이항대립의 단어들을 움켜쥐고 으스러뜨리는 보이지 않는 손이 존재하고 있다는 것을 준채는 누구보다 잘 알고 있었을 것이다. 준채는 견딜 수 없는 괴로움으로 동생에게 엽서를 보냈지만 그 괴로움을 엽서에 구구절절 늘어놓을 겨를이 없었다.

멀고 먼 길이었다. 너와 이별한 지 벌써 3일 째 된다. 여기 시간으로 오전 5시 55분. 방금 도착하여 식사를 끝냈다. 이젠 소련 땅을 마지막으로 등지고 조국으로 돌아가게 된다. 2일간을 달려 무사히 이곳까지 도달했다.

이곳은 그렇게 눈이 많이 쌓이지 않았다. 추위도 모스크바 같지 않은 것 같다. 언제 떠나 보내주려는지 아무런 말이 없다. 아마 너는 지금 곤히 잠들었을 것이다. 잊지 말고 사진기에서 잃어버린 조그만 나사는 거기서 구해 편지 봉투에 넣어 보내 달라. 평양엔 있을 것 같지 않다.

치타에서 떠나면서 너를 다시 만나기에 아직도 수 삼년이 걸려야겠구나, 생각하니 아득하다. 그날 밤 네 방에서 네가 작곡한 곡이 퍽이나 인상적이었다. 너는 심원한 인생을 탐구하는 인간이더구나. 조선적이고 조용하고 커다란 격파와 같은—이것이 너무도 높은 소질이다. 이걸 잘 살려가야 한다. 운명적인 것. 앞으로 열어주는 힘을 주는 아름다움이 추구되어야 한다. 거대한 힘을 인간의 운명을 노래하는 힘을 축적하면 좋겠다.

자, 그럼 다시 만나는 그날까지 몸 건강히 잘 있어라. 아마 숙소를 잡지 않는 걸 보니 얼마 안 있어 떠날 모양이다.

치타에서 1956년 12월 10일 준채 형.

새벽 5시 55분. 이제 치타를 이륙하면 곧장 평양까지 가는 비행기를 기다리며 준채는 엽서를 쓰고 있다. 동생은 곤히 잠들었을 시간. 새벽이 오고 있었다. 사진기에서 잃어버린 나사를 구해달라는 부탁. 동생의 공부는 아직 3년 여가 남아 있지만 동생의 방에서 동생이 작곡한 곡을 들었을 때의 커다란 격파. 인간의 운명을 노래하는 힘, 힘의 선율적 축적. 준채는 동생에게 찬사를 보내고 있다.

수신자 주소는 모스크바 K-31. 드미트롭스키 뻬레울록 돔 6, 크바르찌르 29이다. 동생의 하숙집 주소이다. 그 방에서 형제는 "조선적이고 조용하고 커다란 격파"의 음악을 들었던 것이다. 모스크바에서 평양까지 나흘이 걸리는 여행 동안 준채는 동생이 작곡한 선율이 내내 귀에 맴돌았던 것이다. 이윽고 평양에 도착한 준채는 「사도성의 이야기」 시사회를 준비하느라 여념이 없었다. 그가 평양에 도착한 것은 그해 12월 11일이다.

친애하는 아우 추에게

그동안 몸 건강히 잘 지내는지. 나는 12월 11일 평양에 도착했다. 와보니 작품이 대 호평이다. 그렇지 않은 것보다야 좋다. (…)

나의 내년도 작품은 음악희극인데 대본도 안 나왔다. 적당한 걸 이제부터 생각해 올려야겠다. 네 이야기를 절대 잊지 않는다. 그런데 문제는 윤재영 동무와 공동연출이란 것이다. 윤용규, 공석휴, 오웅탁 동무들도 혼자

하라고 한다. 나도 둘이서 연출한다는 건 생각해보지도 않았고 또 곤란할 것 같다. 재영이는 얼핏 이야기에 나만 좋으면 같이 하자고 말을 비치더라. 아무 대답도 않았다. 혼자 하도록 잘 처리하겠다.

사진기 네가[67]는 구해 보내 달라. 이곳은 없다. 인화지는 조금씩 구해 보내 달라. 그리고 사진 원판 필름—조립식 사진기에 쓰는 것, 키이비네 정도—거기서 한 9P(루블) 쯤 할 꺼다. 말을 들으니 4000원 정도 여기선 한다고 한다. 이걸 몇 개씩 구해 보내다오. 자세한 건 후에 쓰겠다. 네 부탁한 건 노력하겠다.

그런데 「사도성」 A 꼬삐[68] 보낸다는 건 그 여자가 보냈는지 아직도 도착이 안 되었다. 알아보아 독촉해 달라. 그럼 오늘은 이만 쓴다. (…)

1956년 12월 19일

형.[69]

▶ 모스크바 차이콥스키 음악원에서 작곡에 몰두하고 있는 동생 추(1955년)
ⓒ정철훈

---

67) 네가티브 필름.

68) 카피: 복사본.

69) 정준채의 편지.(1956년 12월 19일자)

1956년 모스크바와 평양의 시간은 절대적으로 달랐다. 모스크바가 흐루쇼프의 수정주의에 의해 사회주의 재건에 돌입한 반면 평양은 김일성 일인 체제를 견고히 하는 총력전이 펼쳐지고 있었다. 그 어느 쪽이든 혼돈과 광기 쪽으로 기울어져 있었다. 국가도 개인도 마찬가지였다. 국가가 광기에 빠지면 개인도 광기에 빠진다. 흐루쇼프가 스탈린의 개인숭배라는 광기를 지우고 있을 때, 김일성은 스탈린의 개인숭배를 벤치마킹하고 있었다. 그렇다고 해도 형제에게 있어 타자는 늘 형제 자신이다. 동생 추가 흐루쇼프의 수정주의를 호흡하고 있을 때 준채는 김일성의 초상 아래에서 영화를 만들고 있었다.

영화는 자본 없이는 불가능한 종합예술이다. 북한에서 영화의 자본주는 국가였다. 준채 역시 영화제작 자본을 국가에서 전적으로 지원받고 있었다. 이와 반대로 준채의 동생 추는 아직 미몽 상태에 있었다. 그 미몽은 예술에의 복무 이전에 예술을 주무르는 정치 체제를 바꿔야 한다는 자기 내부의 목소리였다. 그 정치 체제란 다름 아닌 김일성 개인숭배였다.

준채가 숙명주의자였다면 동생은 이상주의자였다. 이상주의자는 우상을 파괴하면서 태어난다. 동생이 김일성 개인숭배를 받아들이기엔 너무나 많은 내일이 남아있었다. 그게 동생 추의 내부 목소리였다. 내부의 목소리가 밖으로 발화되지 않는다고 해서 내러티브가 발생하지 않는 건 아니다. 준채가 보낸 많은 편지로 미뤄볼 때, 형제는 심층의 내러티브를 무한히 주고받았을 것으로 짐작된다.

준채는 1957년도 작품으로 음악희극 제작을 배정받았다. 아마도 「춘향전」이었을 것이다. 그런데 문제가 생겼다. "윤재영 동무와 공동연출이란 것"이다. 주변 사람들도 "혼자 해보라"고 권유한다. 준채는 "둘이서 연출한다는 건 생각해보지도 않았고 또 곤란할 것 같다"며 부정적인 입장을 비치고 있다. 「사도성의 이야기」는 상영을 위한 A카피가 아직 도착하지 않고 있다. 그래서 독촉해 달라고 동생에게 부탁하는 말도 잊지 않았다.

사랑하는 아우 추에게

(…)

「사도성의 이야기」는 그동안 여기 와서 12월 30일에 대동문영화관에서 초대시사를 하여 호평을 받았다. 내 생전 작품 초대시사에서 처음으로 꽃다발을 받았다. 각계 지도층과 각층의 영화 관객들에게서 대단한 호평을 받고 있다. 무대보다 훨씬 잘 되었다는 평들이며 아주 높은 수준에서 작품이 이루어 졌다고 찬사는 보내온다. 하여튼 흥미 있게 봐주는 것만은 사실이다. 12월 31일부터 평양에서 봉절을 하였다. 지금도 상영하고 있는데 표들이 없어 야매표를 사는 등 상당히 번잡한 모양이다. (…)

그럼 오늘은 이만 쓰겠다. 준채 형.[70]

편지는 인편으로 보낸 듯 봉투도 없고 발송한 날짜도 적혀 있지 않지만 1957년 1월 초로 짐작된다. 「사도성의 이야기」는 대호평을 받았다. 대동문영화관에서 시사회가 열리고 난생 처음 꽃다발까지 받았다. 대중성에 작품성까지 갖췄으니 야매표까지 생겨났다. 바야흐로 준채는 「친선의 노래」 이후 두 번째 전성기를 맞고 있었다. 평양시 중구역 승리거리에 있는 대동문영화관은 1955년 12월에 문을 열었고 개관 1년 기념 작품으로 「사도성의 이야기」가 상영되었다. 대동문영화관은 전후복구시기에 지어진 평양의 상징적인 건축물이었다. 이 시기에 지어진 평양의 공공건축물은 전후복구사업을 지원한 동구권의 영향을 받았고 주요 건물들은 거의 예외 없이 신고전주의 건축 양식으로 지어졌다. 대동문영화관 역시 신고전주의의 양식으로 건축되었으나 건물을 떠받

---

70) 1957년 1월경으로 추정.(인편으로 보낸 듯 봉투는 있으나 주소는 없음.)

치는 기둥만큼은 서양에서 잘 사용하지 않는 8각형 모양이었다. 8각형 기둥은 서양에 없는 북한의 전통적인 양식이었다. 외양은 서양식 건물이었지만 부분적으로 전통 양식을 채택한 점은 향후 문화예술분야의 지침이 민족적 양식의 추구로 변화하는 것과 맞물려 많은 것을 시사한다.[71]

「사도성의 이야기」를 전후해 북한의 컬러 예술영화는 지속적으로 제작되었다. 1956년 10월 소련과 북한의 합작 영화 「형제」의 제작이 결정되었고 1957년 4월 창극 「심청전」의 영화화가 발표되었다.[72] 이 가운데 「형제」는 소련에선 이반 루킨스키 감독이, 북한에선 천상인 감독이 연출을 맡았다. 주인공인 두 형제 역은 박학과 신세민이 맡았으며 무용가 안성희가 여주인공이자 무용 감독으로, 안성희의 어머니인 무용가가 주인공 형제의 모친 역으로, 강홍식은 간첩 역할로 출연했다. 「형제」는 평양에서는 1957년 8월 23일에 개봉하였고, 모스크바에선 1958년 4월에 개봉하였다.

러시아혁명 40주년 기념작으로 제작된 「형제」는 『조선영화』 1957년 10월호에 크게 보도되었으나 이후 이에 관한 내용은 거의 보도되지 않았다.[73] 이는 영화 제작의 문제점 때문이 아니라 종파분쟁이라는 정치

---

71) 대동문영화관은 2008년 4월 현대화 사업에 따라 연건축면적이 2배로 늘었다. 1층에 관람실 2개와 도서판매대를, 2층에 사진 전시홀·영사실·컴퓨터 조종실 등을, 3층에 미술작품 전시홀 등을 갖추었다. 1층 관람실 2개는 각기 500석 규모였으나 김정일 국방위원장의 현지지도에 따라 스크린과 가까운 1, 2열이 제거되고 458석 규모로 줄었다. 1987년부터 시작된 평양 국제영화축전의 주요 영화가 이곳에서 상영되었다.

72) 「조쏘 합작 예술 영화 〈동방의 아침〉 제작 소식」, 『조선예술』, 1956.10., 99쪽.

73) 한상언, 「칼라영화의 제작과 남북한의 「춘향전」」, 구보학보 22집, 2019,

적 스캔들이 이 영화의 평가에 영향을 주었던 것으로 보인다.

소련의 감독 루킨스키(Иван Владимирович Лукинский)가 『조선예술』에 투고한 글에 따르면 「형제」는 모스크바 고리키 영화 촬영소에서 세트 촬영을 모두 마치고 나머지 원산 지구 및 수풍 등지에서 촬영을 진행하였다.[74] 연출가, 촬영가, 분장사, 연기자, 녹음 조수에 이르기까지 이 영화에는 상대적으로 대규모의 소련인력이 투입되었다. 이 영화가 '조·소친선'의 분위기에서 제작된 여러 배경들 중 하나는 영화의 배경이 되는 수풍댐이 실제로 '조·소·중'친선이 상징이었기 때문이다. 「형제」의 줄거리는 다음과 같다.

정전협정이 달성된 날. 수력발전소 지배인 만성은 벅찬 기쁨을 안고 고사포 진지에서 발전소로 내려온다. 봉길은 유 기사장에게 인사를 한다. 그는 전시에 유 기사장에 의해 구출되었는데 그의 부모는 그때 모두 희생당했다. 이것을 본 어머니는 해방 때 공부를 하러 서울에 간 막내아들 만철을 생각한다. 만철은 남한에서 미국인과 리가(李家) 탓에 정신이 흐려져 그만 간첩이 되고 만다.

다시 복구가 한창인 발전소. 고향을 찾은 만철은 봉길로부터 동리 형편을 대략 전해 듣는다. 이윽고 폭음과 함께 불발탄을 해체하던 유 기사장이 희생된다. 만철은 공포에 휩싸인다. 만철은 형의 권고로 마지못해 발전소 복구사업에 동참한다. 만철은 일은 하지 않고 목욕만 하는데 이로 인해 형과 마찰을 빚는다. 만성은 완성된 잠수통에 동생을 태워 내려 보내고 그 곳에서 만철은 불발탄을 찾은 뒤 기절한다.

이윽고 소련 기술자들이 마을을 찾는다. 소련으로 무용 유학을 갔던 옥

579쪽.
74) 이.웨.루낀쓰끼, 〈친애하는 조선의 영화 일군들에게〉, 『조선예술』, 1957.8., 70쪽.

림(안성희 분)도 함께 온다. 리가 역시 간첩으로 잠입한다. 소련의 협조 아래 발전소는 눈부시게 발전한다. 만철은 점점 진실을 깨닫고 조업식 날 옥림에게 미래를 약속한다. 만철은 자신의 과오를 어머니께 고백한다. 최가는 만철을 암습하려 하는데 그 순간 봉길이 대신 희생된다. 만철은 봉길의 모자를 쥐고 자신의 과오를 뉘우치며 걸어간다.[75]

수풍댐은 아시아 최대 규모를 자랑하는 구조물이었지만 한국전쟁 시기에 미군의 공습으로 인해 일부가 폭파되었다. 이에 북한과 소련, 중국이 힘을 모아 복구 작업에 나섰다. 수풍댐복구는 그 자체만으로 사회주의 국가 간 친선의 상징이었다. 뿐만 아니라 스펙터클을 표현하기에도 적합한 구조물이었다. '친선'과 관련된 부분을 짚어보자면 이 영화는 북한 사람과 소련 사람의 감정 공유가 부각된다. 이를테면 기차 안에서 아코디언 연주와 함께 소련 기술자가 노래를 부르는데, 이에 따라 옥림(안성희 분)의 표정 또한 밝아진다. 「형제」에서 색채 표현에 가장 신경 써야 할 부분은 다름 아닌 '피부색'이었다. 『조선예술』에 게재된 소련촬영가 킨즈브르그의 일문일답은 다음과 같다.

문- 천연색 영화인 이번 작품에 등장하는 인물들 즉 쏘련 사람들과 조선사람들의 피부의 색조를 선별하기 위해 어떤 기술적 방법을 적용하는가.
답- 그런 어려운 기술적인 면을 질문하는가? 나는 천연색 영화를 많이 해왔다. 그러나 구라파 사람들만이 등장하는 작품을 촬영했다. 이번 작품은 쏘련 사람들과 조선 사람들이 같이 등장하는 장면이 많기 때문에 이 문제를 해결하기 위해 사전에 오랜 연구가 있었다. 멀리 모스크바 고리끼 영화 촬영소에서 19년 간 수많은 배우들을

---

75) 이준엽, 앞의 논문., 129쪽.

분장시킨 모스크바 처녀 아냐는 이 새벽에도 웃음을 지으며 조선의 배우들을 분장시키노라고 그 단정하고 능숙한 손길을 재빨리 움직이고 있다. 그는 지난 날 파란(폴란드:인용자)에 가서 6년간 분장술에 대한 실습을 지도했다. 그러나 천연색 영화에서 동양 사람과 서양 사람을 피부색으로써 선별할 수 있는 분장을 처음 해 본다고 한다.[76]

「형제」는 소련인과 조선인의 다른 피부 색깔을 어떻게 컬러 화면으로 표현해낼지에 더 큰 관심을 표한 작품이다. 또한 이 영화는 만철의 방탕한 남한 생활을 묘사하기 위해 댄서들의 각선미와 육체를 부각한다. 이 과정에서 무희로 등장하는 안성희는 붉은 옷과 붉은 머리를 한 채 등장해 관객과 극중 만철 모두에게 강렬한 인상을 남긴다. 무희는 만철의 상상 속에서 붉은 부채를 든 옥립으로 전환되었다가 이윽고 다시 무희로 돌아온다. 다분히 성적인 표현이 담긴 것이다.

「형제」의 시나리오 작가인 서만일은 인도를 방문하고 나서 쓴 기행문에서 천연색 영화를 통해 묘사된 성적인 장면들을 비판했다.

이 천연색 영화는 타락한 사람이 상상하여 낼 수 있는 부화한 장면이란 모두 생각하여 냈다고 할 만큼 온갖 파렴치한 화면들을 속출시켰다. 라체보다도 얼굴을 뜨뜻하게 할 만한 괴상스런 의상 고안과 야릇한 암시적인 동작들로서 레뷰껄들이 춤을 추었고……[77]

---

76) 「친선의 화폭 한치마다에 심혈을 담겠다-촬영가 킨즈브르그와의 일문 일답」, 『조선예술』, 1957.8., 71쪽.

77) 서만일, 「씨네마스코프의 매력-〈인도기행〉 중에서-」, 『조선예술』, 1956.12., 130쪽.

"온갖 파렴치한 화면"들과 "괴상스런 의상과 야릇한 암시적 동작들"
은 만철의 눈에 비친 타락한 남한의 '색정'과 '란륜'을 비판하기 위해서
였고 이를 부각하기 위해 1956년 모스크바 유학 생활 도중 '집시 춤'으
로 모스크바 국제무용콩쿠르에서 1등상을 수상하는 등 당시 국내외를
오가며 최고의 인기를 누리고 있었던 최승희의 딸 안성희를 무희로 분
장시켜 등장시키고 있다. 한 연구에 따르면「형제」의 이런 시각적 스펙
터클이 앞서「춘향전」이나「심청전」등의 컬러 영화들과는 달리 민족적
이고 애국적인 차원에만 머물러 있는 것이 아님을 보여주는 것이라 할
수 있다.[78] 과거의 '친선' 일방적인 차원에서 다소 '교조적'이라고 할
표현 기법이 채택된 것인데 이와 같은 균열점이 촉발된 것은 모스크바
에 체류하고 있던 북한 유학생들의 집단 망명 사건이었다. 그 사건은
'친선'만으로 치부될 수 없는 소련과 북한 관계에 균열을 만들었다.

이른바 소련파와 연안파가 손을 잡고 제기한 '8월 종파 사건'이 김일
성의 철퇴를 맞고 실패로 돌아가면서 소련에 유학중인 북한유학생들
에 대한 귀국조치가 내려졌다. 이때 모스크바에서 유학중이던 북한유
학생들 중 영화전공자들이 대거 귀국을 거부하고 소련에 집단 망명했
다. 이는 스탈린 사후 소련에 찾아온 해빙기와도 관련된다. 북한 내부
에서 여러 계파들이 숙청되며 점차 사회 분위기가 경직되어 갔는데,
이는 사회주의 종주국인 소련의 상황과는 너무나 큰 괴리가 있었다.

1951년부터 1958년까지 북한의 국비 유학생으로 소련국립영화대학
에 다녔던 한대용, 김종훈, 리경진, 허웅배, 정린구, 최국인, 양원식,
리진황은 이와 같은 상황에 불만을 품고 1958년 8월 북한국적을 포기
했다. 선진 기술을 배우기 위해 유학을 가 있던 10명의 영화학도 중 8명
이 망명해버린 것이다. 준채의 동생 추는 영화대학의 허웅배와 함께

---

78) 이준엽, 앞의 논문., 134쪽.

소련망명을 주도했으니 모스크바 음악원 졸업반 시절의 일이다. 민주적 공산사회에 대한 열망을 품었던 이들은 모스크바, 시베리아, 우크라이나, 카자흐스탄 등지로 흩어져 살다가 조국의 땅을 밟지 못한 채 평생을 살아야만 했다. 이 사건으로 말미암아 북한내부에서는 소련과 중국이라는 외부의 영향력에 대한 경각심으로 나타났고 기술협조를 얻기 위해 이루어지고 있던 합작 사업에 대한 축소 혹은 중단이라는 결과를 불러 일으켰다.[79]

소련유학생 망명사건 직후 완성된 「형제」는 그 영화의 완성도보다는 소련유학생 망명사건이 가져온 정치적 문제들이 영화 판단의 근거가 되었다. 2013년에 북한에서 출판된 『조선영화사』는 「형제」에 대해 다음과 같이 평가했다.

> 교조주의에 물젖은 일부 창작가들이 남의 나라 영화에 대한 환상을 가지고 그것을 무턱대고 모방하려고 한 예술영화 「형제」(「동방의 아침」)가 나왔다. 이것은 전적으로 영화의 사상적내용, 형상적 형식, 개별적인 형상수단과 수법의 리용 지어는 등장인물의 설정과 그들의 극적관계의 조성에 이르기까지 남의 영화를 그대로 본따려는 창작가들의 교조주의적이며 사대주의적인 미학관과 창작태도에서 출발한 것이다. 이러한 교조주의적인 창작태도는 영화예술작품에 우리 인민이 좋아하는 민족적 정서와 감정을 반영할 수 없게 하였으며 생활의 객관적 진실을 외곡반영하는 결과를 낳게 하였다.[80]

「사도성의 이야기」를 시작으로 「심청전」, 「형제」, 「춘향전」으로 이어지는 컬러예술영화의 제작은 영화예술 분야에서 선진적인 소련과 동

---

79) 이준엽, 앞의 논문, 135쪽.
80) 김룡봉, 『조선영화사』, 사회과학출판사, 2013., 102쪽.

유럽의 영화기술을 북한영화가 습득하기 위해 필요한 과정이자 한국 전쟁에서부터 계속된 프롤레타리아 국제주의의 친선을 상징하는 것이었다. 북한은 컬러라는 새로운 기술에 대한 고민을 안은 채 영화를 제작하였다. 우선 기록영화를 통하여 민족적인 아름다움과 자긍심을 컬러로 그려낸 데 이어 화려한 의상과 세트를 통해 민족적인 아름다움을 강조할 수 있는 고전을 바탕으로 한 무용극, 창극 등을 영화로 만들었고, 이러한 경험을 바탕으로 본격적인 극영화가 제작되었다.

3. 「산매(山梅)」―주을 1957년

친애하는 아우 추에게

(…)

나는 그 후 「사도성의 이야기」를 평양에서 봉절했는데 과거 국내외 영화 봉절의 어떤 영화보다 대 호평을 받고 있다. 대중들에게서 많은 관심을 가지신 데 대해 기쁘게 생각된다. 정월부터는 여러 가지 사업으로 회의를 하느라고 3월 초순까지 계속했다. 작품을 하기엔 시나리오 기근이다.

그래 지금 나는 작가 주동인 동무와 같이 시나리오 집필 방조차 평양을 떠났다. 작품은 석탄 부문 로동자들을 형상하려고 한다. 5개년 계획에 석탄부문은 중요한 의미를 차지하고 있다. 우리 영화에서 석탄부문 로동자를 그려진 게 없으며 쏘련은 더러 영화화되었지만 각 민주 국가에서는 그런 영화화되지 않았다. 물론 왜 그랬을까 하는 생각이 요모저모 난다.

탄광 안을 들어가 보고 지하 수천 척 아래서 태양을 보지 못하고 증산에 온 몸을 가빠지고 있는 탄부들의 로동하는 걸 볼 때 신선한 공기와 따스한 태양빛을 맞으며 일하고 있는 다른 부문과 대비해 생각이 깊이 드는 게 있다.

태양을 못 보는 그들의 진실한 로동과 생활, 일제 억압 하에 인간의 대우를 받지 못하고 살던 과거를 회상해 볼 때 오늘의 그들은 인간으로서 대우를 받는 경제 건설의 선두에서 당당히 일익을 담당한 투쟁 모습은 성스러운 것이 아니고 무엇인가. 나는 이들의 생활을 노래 부르고 싶다.

석탄 한 덩이를 다루고 쓰는 사람들이–직장에서나 가정에서나 막론하고–태양 없는 지하 수천 적의 갱도의 탄부들을. 그들의 노력에 대비해 그 얼마나 깊이 인식을 하고 있으며 감사를 드리고 있을 것인가. 우리의 시가에서나 산문에서도 탄부들에 대한 노래가 작품들이 찾아보기 힘들 정도로 창작됨이 부족하다. 물론 사람들은 말한다. 대상이 새캄하다느니, 촬영이 곤란하다느니.

나도 그런 건 생각 든다. 그렇지만 그걸 그렇게만 생각으로 그칠 수는 없다. 앞서 말한 바와 같이 그들의 피투성이의 노력을 생각할 때 그들을 진심으로 노래 부르고 싶다. 인간의 노래는 어느 곳이고 있다고 생각한다.
(하략)

아오지로 떠나면서.

1957년 3월 22일

형.

「사도성의 이야기」의 성공에 이어 준채는 창작 극예술영화인 「산매」 제작에 들어간다. 「산매」는 탄부의 이야기이다. 태양을 못 보는 탄부들. 지하 갱도에 내려가 삽질을 해야 하는 그들. 까만 그들. 까만 그들이기에 지하로 내려가 카메라를 들이대고 찍기가 힘들다며 주위에서 말리는데도 정준채는 고집을 꺾지 않는다. "대상이 새까맣다느니, 촬영이 곤란하다느니……." 준채는 자신의 결심을 동생에게 털어놓는다. "그들의 피투성이의 노력을 생각할 때 그들을 진심으로 노래 부르고 싶다."라고. "인간의 노래는 어느 곳이고 있다고 생각한다."라고. 이제 준채는 「산매」를 로케 현장을 찾아 탄광촌으로 떠난다.

친애하는 추에게

(…)

금년 작품으로 이것저것 물색하다 탄광을 주제한 영화를 만들기로 했다. 그래 2월 중순부터 안주 탄광에 갔다가 바로 함북 산중 국경지대인 아오지 탄전(阿吾地 炭田)에 가서 지난 5월 20일에야 돌아왔다.

씨나리오는 「신혼부부」를 쓴 주동인이라고. 전동민 동무가 작년에 제작한 「행복의 길」을 쓴 작가이다. 둘이서 현지 체험을 하고 거기서 줄거리를 만들어 씨나리오를 써가지고 돌아왔는데 지금 수정 중이어서 아마 더 손질을 해야겠다. 작품 시작은 8월 중순 경이나 촬영이 시작될 것 같다.

내용을 대략 말하면, 인간이란 참되게 진실하게 일하고 살아야 한다는 거다. 한 제대 군인이 탄광에 돌아와─자기가 어려서부터 자란 고향이 탄광이다. 5개년 인민경제의 보람찬 경제건설에서 석탄을 더 많이 캐기 위해 고속도 굴진 100m 굴진 운동을 전개하는 고난의 길이다.

여기에 의전을 졸업한 여의사와─그는 도시로 나가려는, 고향을 등지려는 늙은 공훈탄부의 딸이다. 사랑이 맺어지기까지 파란곡절이 있게 된다.─이 편지를 가지고 가는 윤재영 동무에게 자세한 내용은 들어다오.

석탄 부문의 건설과 생산은 우선 조국 부흥발전의 고리로 된다. 이는 우리 당이 내놓은 중요한 과업이다. 그러기 위해 채탄(採炭)을 하기 위해 굴진을 해야 하며 굴진을 보장하기 위해선 지금 아오지 탄광의 로동영웅 김직현 동무가 창의한 100m(한 달 동안에 암석굴 100m 뚫는 난공사이다) 굴진 운동은 우리 탄광계에서 혁신운동으로 되고 있다. 현재 160m까지 밀고 있는데 우리와 같은 조건 하의 쏘련에서는 80m가 최고로 밀어낸 기록이다. 지난 번 소베트 대표로 온 탄광의 로력영웅도 이 사실에 대해서 무한이 놀랐다고 한다.

황무지로 되다시피 한 우리 공화국 북반구에 눈부시게 일어선 사회주의 경제건설은 어느 하나고 갈등 없이는 대하지 못할 사실들이다.

현지 체험을 하면서 느껴 진 것은─어느 직장이고 가 보면 외면상으로는 우리들이 일하는 직장이나 별 다름 없는─다만 직종이 다른 면이 있을 따름. 사업과 생활들이 전개되고 있다. 이 현실 속에서 어떻게 인간들을 보며……그들이 적은 인식을 하는 현실에서 우리는 이를 확대하고 거기서 참된 것을 찾아내야 하며 흔히 있는 생활 가운데서 이를 어떻게 극적으로 분석하고 이를 드라마적으로 엮는가가 가장 중요한 것이란 걸 절실히 느꼈다.

하여튼 조선의 혁명 현 단계에서 알맞은 작품을 만들기에 전력을 다할 것이다.

촬영은 「사도성의 이야기」 촬영자인 박병수 동무. 미술은 오진환 동무가 하게 된다. 음악은 김전욱 동무가 하기로 나와 내정이 되었다. 스텝은 아주 강팀이다. 배우는 아직 미정.

잡지 『조선예술』을 보았는지. 5호에 모스크바 유학생을 소개해 너와 김원균 동무가 같이 찍은 사진이 났더라. 모두 사진을 보고. 네 머리가 더 벗어졌다고들 하더라. 4호에는 나의 「사도성」 연출 수기도 게재되었다. 이번 윤재영 동무가 체코 영화축제에 「사도성」을 가지고 참가한다. 만나면 이야기하는데 주의하여라. 조선의 실정을 알려야 한다. 이 편지는 너만 읽어라. 자세한 건 후에 쓰겠다. (하략)

1957년 6월 30일
평양 준채 형.

편지는 「사도성의 이야기」를 들고 체코슬로바키아 영화축전에 참가하기 위해 모스크바를 경유한 윤재영에 의해 동생 추에게 전달되었다. 준채는 우선 새 작품인 「산매」의 제작진과 자세한 줄거리를 소개하고 있다.

소련에서조차 지하 굴착의 최고기록이 80m인데 비해 북한의 "로력영웅 김직현 동무가 창의한 100m(한 달 동안에 암석굴 100m 뚫는 난공사이다) 굴진 운동은 우리 탄광계에서 혁신운동으로 되고 있다"면서

"현재 160m까지 밀고" 있는데 "소베트 대표로 온 탄광의 로력영웅도 이 사실에 대해서 무한이 놀랐다"는 것이다. 이는 전후복구 사업의 개가일 뿐 아니라 "황무지로 되다시피 한 우리 공화국 북반구에 눈부시게 일어선 사회주의 경제건설"로서 북한의 자긍심이자 자랑이 아닐 수 없다고 단호하게 선언하고 있다.

동생 추 역시 소련 유학을 간 작곡가 김원균과 함께 『조선예술』 1957년 제5호에 사진과 함께 게재되는 등 새롭고 젊은 예술가의 등장을 예고하며 승승장구하고 있었지만 그 내면은 무수한 균열이 생기고 있었다. 1956년 2월 모스크바에서 열린 소련공산당 제20차 전당대회에서 흐루쇼프가 스탈린 개인숭배를 비판한 이래 일단의 북한 유학생 그룹은 이 정치적 변혁을 면밀히 주시하고 있었다. 그들은 스탈린 개인숭배가 흐루쇼프에 의해 낱낱이 공개된 마당에 북한의 김일성 개인숭배 역시 간과할 수 없다는 데 의견을 모으고 반 김일성 운동에 나섰던 것이다.

나는 모스크바 음악원의 김원균(훗날 북한 피바다가극단 단장)등과 함께 예술세포동향회에 속했다. 모스크바 음악원이나 국립영화대학에서 예술을 전공하던 학생들은 대부분 진보적인 사상에 접하고 있었기에 스탈린 사후 소련에서 개인숭배가 여지없이 비판당하는 것을 지켜보면서 '예술도 독재자 개인을 위한 것이 되서는 예술이 아니다'라는 사실을 분명히 깨닫고 있었다. 나는 국립영화대학의 허웅배와 최국인 등과 가깝게 지냈다.

1957년 10월 중순 '북한공민동향회'가 모스크바대학 대강당에서 소집된다는 전갈을 받았다. 나는 허웅배와 단 둘이 만나 소련공산당 20차 대회의 결론에 따라 북한에서도 개인독재가 존재할 수 없으니 우리가 아는 범위 내에서나마 김일성 개인독재 문제를 폭로하기로 계획을 세웠다. 명

목상으로는 동향회였으나 실은 소련에 체류하는 북조선노동당 당원대회 성격이었기에 유학생 사이엔 사회안전성에서 파견한 프락치들이 학생들을 감시하고 있었다. 공개석상에서 김일성을 비판하는 것은 곧 북한으로의 소환을 의미했고 숙청을 당할 것이 뻔했기 때문에 동향회에서 한 치의 실수도 없이 폭로발언을 하기 위해 우리는 녹음기를 이용해 여러 차례 발언내용을 녹음해 틀어보는 리허설까지 마쳤다.[81]

준채가 평양에서 「산매」 제작에 들어갔을 때 추는 영화대학 유학생 허웅배와 함께 김일성 개인숭배 폭로계획을 진행시키고 있었다. 편지에서 "(윤재영과) 만나면 이야기하는데 주의하여라. 조선의 실정을 알려야 한다. 이 편지는 너만 읽어라. 자세한 건 후에 쓰겠다."라는 대목은 매우 의미심장하다. "네 속마음을 (윤재영에게) 다 털어놓지 말고 다만 (흐루쇼프의 수정주의에 입각해) 북한의 실정(失政)을 알리는 정도에 그쳐야 한다"고 주의를 주고 있는 것이다. 준채에게 동생 추는 바람 앞의 등불처럼 위태롭게 보였을 것이다. 바람 앞에서 언제 꺼질지 모르게 껌벅거리며 나부끼는 촛불이 추의 모습이었다. 이런 노심초사의 나날은 흘러 1957년 10월 17일 모스크바대학 강당에서 동향회가 개최되었다. 연단에는 주소 북한대사관 간부들이 앉아 있었고 평양에서 회의를 주재하기위해 온 조선노동당 선전선동부장 김도만이 특별사회를 보았다.

김도만은 "북조선에는 김일성수상동지의 개인숭배는 없다. 만약 있다면 부수상 (박헌영)에게 있다"고 발언하고 "우리 수상님에게 무슨 개인숭배가 있다는 말인가"하고 유도하기 시작했다. 강당에는 당시 소련에 체류 중인 학생, 취업자 연구원등 5백여 명이 모였기 때문에 강당이 진동하는

---

81) 정추, 구술회상기, 「알마티의 기둥」.

웅성거림이 일었다.

허웅배와 나는 사전에 언권을 신청해 놓았고 순서대로 허웅배가 언권을 얻어 연단에 나갔다. 허웅배는 "소련공산당이 개인숭배를 청산하는 이때에 북한에서는 어떻게 김일성 아래에 2인자로 있는 박헌영에게 개인숭배가 있는가"고 말하면서 "사실을 왜곡치 말고 우리도 개인숭배를 청산해야 한다"고 주장했다.

김도만은 크게 당황했다. 이 때 "저 새끼를 당장 끌어내, 저 놈도 이상조의 졸도다"라는 고함소리가 온 회의장에 들끓었고 허웅배를 저주하기 시작했다. 이 분위기를 간파한 김도만이 그만 공개발언을 마치자고 제안했다. 허웅배는 참석자들의 협박을 받으며 연단에서 황급히 내려와 밖으로 피신했다. 다음은 내가 연설할 차례였다.

그러나 김도만은 "이것으로 언권은 끝났다"고 말했다. 나는 "나에게 언권을 줄 차례인데 왜 주지 않는가"라고 손을 높이 들고 외쳤다. 김도만은 "네게 발언권을 주면 무슨 발언을 할지 내가 아는데 그렇게 할 수 없다"고 했다. 일부 참석자들은 어떤 의미에서 호기심이 발동했는지, 나에게 발언권을 주자고 웅성대기 시작했다. 한편으로는 나의 입을 빌어서 자신들이 말 못하는 의사를 대신 발언해 주기를 기대했기 때문인데 여기저기서 "언권을 줘라"는 외침소리가 들려왔다. 특히 연단 앞좌석에 앉은 고급 당학교 연구생들은 "무슨 말인지 들어보자"고 큰 목소리로 제의했다. 나이가 30~40세 가량으로 30명 쯤이 그룹을 지어 앉은 그들은 대부분 6·25전쟁에 참전한 뒤 단기유학을 온 군 간부나 시·당 간부들로 이 전쟁이 동족살육의 비극이며 김일성 개인을 위한 전쟁이 되고 말았음을 깨닫고 있었던 것이다. 이들의 모험에 찬 지지를 받아 나는 연단에 오를 수 있었다.

나는 연단에 오르자마자 "허웅배의 말이 하나도 틀린 데서 없다"고 지지를 표한 뒤 "소련에서조차 비판을 받고 있는 개인숭배를 북조선에서도 없애치우고 당내 민주화를 이룩해야 한다"고 주장했다. 그러자 큰 소요가 일었다.

"저 놈도 같은 놈이다. 잡아 내려서 죽여라"는 야유와 고함. 협박소리
가 들끓었다.

참석자들은 흥분이 격해지면서 "내 손에 만약 총이 들려져 있다며 저
놈을 당장 쏴 죽이겠는데 총이 없는 것이 한이다"라는 소리도 들려왔다.
회의를 지켜보던 간부들은 당황한 기색이 역력했다. 나와 같은 예술세포
에 들어있는 홍수표(당시 차이콥스키음악원 학생) 패거리는 "당장 끌어내
라"고 학생들을 선동했다. 나는 협박의 아우성을 뒤로 하고 회의장을 빠
져나온 후 지하철을 이용해 하숙집으로 돌아왔다. 나는 '반 김 운동'을 계
획한 직후 만일의 사태에 대비해 음악원 기숙사에서 개인 하숙방으로 몰
래 이사를 했다.[82]

'동향회'는 이미 벌집 쑤신 듯 시끄러웠고 김도만은 허겁지겁 회의
를 끝냈다. 허웅배와 정추가 공개석상에서 김일성의 개인숭배를 노골
적으로 폭로하리라곤 꿈에도 몰랐던 것이다. 회안전성 요원들도 미리
이에 대처하지 못하고 진상파악에만 열을 올렸다.

그로부터 한 달 뒤 모스크바 주재 북한대사관은 유학생사회에 반김
운동이 확산될 수 있음을 파악하고 허웅배를 대사관에 소환했다. 북한
유학생 중에는 대사관이나 노동당 선전선동부의 지시에 따라 동료 유
학생들의 동태를 살피고 다니는 프락치가 상당수 끼어 있었기 때문에
허웅배의 소재는 금방 드러났다.

허웅배가 북한대사관에 출두하자 대사관에서는 수면제라도 먹여서
쥐도 새도 모르게 북한으로 데려가려고 달래기 시작했다.[83] 정추는 허

---

82) 정추, 구술회상기, 「알마티의 기둥」.

83) 허웅배 회고록 『오로라의 고려인』에 따르면 허웅배가 모스크바 주재 북한
대사관에 출두한 것은 1957년 11월 26일이다.

웅배가 대사관에 붙잡혀 있음을 알았으나 손을 써볼 방도가 없었다. 밤샘조사를 받던 허웅배는 대사관을 탈출하지 못하고 북한으로 강제소환되면 죽음을 당할 수밖에 없다는 사실을 너무도 잘 알고 있었다.

그는 배탈이 나 화장실에 가야겠다고 일부러 꾀병을 낸 뒤 화장실에 들락거릴 때마다 바깥으로 통하는 창문을 조금씩 열어 두었다. 한꺼번에 문을 열 경우 문밖에서 감시하는 대사관직원에게 발각될까 두려웠기 때문이다. 드디어 허웅배는 대사관 2층 화장실 창문으로 빠져나와 정추의 하숙집으로 피신했다.

모스크바대학 강당에서 북한유학생 동향회가 열린 1957년 10월 17일, 공교롭게도 평양의 준채는 동생에게 편지를 쓴다. 때는 '10월 혁명 40주년'을 앞두고 북한의 각급 단위 직장과 농촌에서 증산운동이 한창인 시기였다. 전후 복구사업에 총 매진하고 있는 이 때, 여러 경로로 모스크바 유학생들의 동향에 접한 준채의 속은 타들어가고 있었다.

친애하는 추에게
머지않아 인류의 력사적 기념일인 10월 혁명 40주년이 닥쳐오게 되었다. 우리들은 이날을 기념하기 위하여 직장에서 농촌에서 증산운동이 치열히 전개되고 있다. 우리들 「산매」 영화제작단도 이 경사스러운 날을 기념하여 영화 촬영사업에 총 궐기하고 있다. (…)
그전에 우선 너에게 형으로서 동지로서 너에게 이 글을 쓰니 잘 냉정하게 당적 입장에서 접수해야 할 것이다. 문제는 너의 사상적 문제이다. 물론 네가 조선의 현실을 잘 모르고 우리 조국의 혁명에 대한 인식 부족인데도 있겠지만 너는 선진 쏘련서 학업을 연마하고 있는 학도로서 너는 커다란 오류를 범하고 있다.
다름 아니라 너는 지난 번 내가 갔을 때 나에게 조선 현실을 물으면서 이러저러한 8, 9월 전원회의와 관련하여 또한 조선 형편을 많이 말했다.

나는 너에게 조선 현실을 말해주고 너희들 학생들이 옳지 않게 생각하고 있는 점을 이야기 해주었다. 너는 그런 말을 하지 않겠다고 내가 떠나올 때 말했다. 그런데 우리 촬영소 동무들이 동방제작사업으로 이 사람 저 사람에게 또 말을 했다. 그것은 너의 사상이 옳지 않다는 걸 자체 폭로하는 거다. 조선의 현실을 알고자 하고 이리저리 하게 묻고 말 것이지 왜 쓸데없는 말을 하는가 말이다. 이번 우리 당에서는 반종파, 반혁명분자들과의 치열한 사상 투쟁―그 영향의 뿌리를 뽑기 위하여―전개되고 있다.

우리 촬영소에서는 지난 4월부터 시작되었다. 그런데 나의 당성 검토에서 나는 네 문제 때문에 여간 애를 먹은 게 아니고 다른 사람들 앞에서도 네 말이 많이 나왔다. 결국 리상조의 영향을 받은 사람으로서 말이다. 이 얼마나 엄중한 사실인가 말이다. 나는 가슴이 터질 노릇이다. 글쎄 조선 현실을 물으면 참되게 우리 조국의 현실을 요해하려 연구하고 우리 당 노선을 당적으로 접수하고 학업에서 이를 집행하면 되는 게 아니냐. 그런데 경솔하게 이 사람 저 사람에게다 쓸 데 없는, 정말이지 옳지 않은 발언을 하는가 말이다.

네가 한 말이 우리 당에 이익을 줄 것인가. 인민으로서 공민으로서 조국의 혁명에 이바지할 말인가. 삼사 하고 해봐서 너는 너무도 경솔하다. 학도로서 불건실하다. 세상 흐름을 똑바로 봐야 한다. 특히 네가 외국에 가 있느니만치 조국의 정세를 전연 잘 모른다. 우리가 지금 처하고 있는 혁명적 현실을 모르는 네가 아니지 않은가. 남북이 갈라져 있는 이 현실. 미제가 우리 조국 남반부를 식민지화하고 있는 이 어리석은 자들의 악독한 행위. 너도 모를 애가 아니다. 너의 해당적 행위를. 중앙당 지도 구르빠가 직접 지도 사업을 나와서 지금 현재까지 하고 있으니만치 아마 모스크바 학생들에게도 신호가 갈 것이다.

그때 너는 솔직히 자기 잘못을 털어 내놓고 자백해야 한다. 강상오, 김최원 동무들도 귀국하자 사상검토를 받고 리상조나 혹은 다른 분자에게 가담했거나 그 영향을 받았기에 더 조선의 현실을 연구하고 안 연후에라야 인민을 위한 창조 사업을 하라는 조치인 것 같다.

나는 네가 그대로 모스크바에 남아서 공부하게 되려는지 소환되려는지 도무지 모르겠다. 근심이 되어 못 견디겠다. 어쨌든 나는 네가 진정으로 당적 입장에서 조국의 이 현실을 옳게 요해하고 자기 반성하여 자기의 사상적 결함을 시정하여야 할 것이다. 나는 충심으로 너에게 권고한다. 나의 입장이 곤란하여 말한다고만 생각지 말아다오. 나는 다른 문제는 하나도 없다. (⋯)

나는 아오지로 가서 10월 말까지 끝나고 11월 2, 3일 경에 평양으로 돌아가겠다. 석탄부문을 취급한 우리 탄부들을 노래 부르는 작품이다. 9월 23일 경부터 아오지 로케슌부터 시작하여 지금 작품의 10분지 3 이상 촬영되었다. 아직 랏슈는 못 보았으나 좋은 성과로서 진행하고 있다. 음악은 조선악으로 정남이 씨가 담당했다. 우리 영화에서 처음 시도하느니만큼 기대들이 크며 정남이 씨는 대단한 열정이다.

촬영은 박병수, 미술은 오진환 동무들이다. 시나리오는 주동인 동무가 집필했다. 전 스텝이 금년에로 완성하기 위하여 대단한 기세를 올리고 있다. 촬영은 11월 말까지 하게 된다. 평양촬영소로 가면 11월 말까지는 세트 촬영을 하게 된다.

아무튼 우리들은 몸 건강히 잘 있으며 나는 지금 창작사업에 여념이 없어 분망하다. 너에 대하여 적극적인 방조를 못 주는 게 가슴 아프다. 대본에 대해선 평양 가면 다시 구해 보겠다. 그리고 네 문제는 네가 당적 입장을 고수하는 사상성에서 해결하여야 한다. 솔직하고 대담하게 자백하여라. 더 말하지 않겠다.

이 편지를 받으면 즉시로 회답을 비행기 편으로 주기 바란다.

그럼 부디 몸 건강하여라.

1957년 10월 17일
주을에서 형.

편지는 무서운 사실을 전하고 있다. 준채가 동생 추의 사상문제로 인해 당의 혹독한 비판을 받았다는 것이다. 모스크바를 떠나올 때 동생으로부터 "그런 말을 하지 않겠다"고 다짐을 받았는데, 이후 모스크바에서 평양으로 돌아온 북한대사관 직원이나 유학생들로부터 여전히 정추가 김일성 개인숭배를 비판하며 이런저런 말을 옮기고 있다는 전언을 들었을 때 정준채는 억장이 무너져 내렸을 것이다.

1956년은 1차 전후복구에 대대적인 성공을 이루고, 조선노동당 제3차 대회와 제2차 조선작가회의를 성대히 치러낸 해였다. 급기야 1958년 말에는 사회주의적 개조의 완결 및 공산주의 사회로의 진입을 예고하기에 이른다. 동생 추를 포함한 모스크바의 북한유학생 사이에서 반김 운동이 고개를 들 무렵, 북한 내부의 자신감은 최고조에 달해 있었다. 그렇기에 준채는 동생의 사상성 문제를 지적하면서 이는 이상조의 영향을 받은 탓이라고 단호하게 지적한다.

당시 이상조 전 소련주재 북한대사는 1956년 8월 종파사건에 연루된 혐의로 1956년 12월 대사직에서 직위 해제된 상태에서 평양 귀환을 거부하고 소련 당국의 신변보호 하에 있었다. 일제 강점기 당시 만주에서 조선의용군 제3지대장으로 활동하는 등 연안파의 핵심인물인 이상조는 연안파와 소련파가 반 김일성 연합을 형성하여 8월 종파사건을 모의하고 준비하는 데 중심적인 역할을 한 인물이다. 그는 북한유학생 잔류파인 '10진'의 소련 망명에 직접적인 영향을 미친 정신적인 지주나 마찬가지였다.

사실 이상조는 1956년 4월 23~29일 개최된 조선노동당 제3차 대회에 큰 기대를 걸고 있었다. 왜냐하면 조선노동당 제3차 대회는 흐루쇼프가 스탈린 개인숭배 비판과 레닌주의적 집단지도 체제의 회복을 선언한 소련공산당 제20차 대회 이후에 개최되는 첫 당 대회였기 때문이다. 그러나 제3차 당 대회 결과는 그에게 커다란 실망과 좌절을 안겨줬다. 이에 소련파와 연안파는 김일성 개인숭배 반대와 레닌주의 적 집체 영도의 회복을 대의명분으로 삼아 본격적인 반 김일성 연합을 형성하기 시작했다.

정추가 이상조를 언제부터 알게 되었는지는 명확하지 않지만 이상 조가 소련주재 북한대사로 모스크바에 부임한 1955년으로 추측된다. 1955년은 정추가 북한유학생 7기생 학생대표를 내려놓고 1년 동안 휴학한 후 다시 차이콥스키 음악원에 복학했을 때다. 이상조는 모스크바 국립영화대학 유학생인 최국인과 만주 시절부터 안면이 있었다.

나는 최국인과 함께 1957년 봄 이상조를 호텔로 찾아갔다. 그는 유학생 들의 반 김일성 운동 사건을 상세히 전해 듣고 우리에게 깊은 동지애를 표시했다. 우리 둘은 기왕에 조국 땅에 돌아가지 못할 바에야 이상조 대 사 등과 터놓고 지내며 앞으로의 일을 모색하자는 생각으로 그를 찾았고 서로 신변 변화나 거주지 이동이 있을 경우 이를 즉각 알리고 앞으로 기 회를 봐서 반 김일성 폭로전을 계속 펼쳐나기로 하고 헤어졌다.

우리 10진의 반김운동 사건 직후 1957년도에만 여름방학을 틈타 소련 유학생 500여 명이 평양으로 강제소환되어 사상검토를 받거나 이를 통과 하지 못한 인재들은 무참히 숙청되고 말았다. 우리 10진은 이에 즉각 북 조선 공민권을 공개적으로 포기하기로 하고 소련 당국에 정치적 망명을 신청할 것을 결정했지만 당시 소련에는 외국인의 정치활동을 금지하고 있었기 때문에 수많은 난제들이 기다리고 있었다.[84]

정추가 말하는 수많은 난제 가운데 하나는 졸업 작품 발표회였다. 모스크바 주재 북한대사관은 유학생 동향회 사건 이후 모스크바 음악 원에 정추의 제적을 요청했다. 하지만 요청은 수용되지 않았다. 유학

84) 정추, 구술회상기, 「알마티의 기둥」.

생에 대한 신분보장은 대사관에 있지 않고 재학 중인 해당학교에 있다는 게 모스크바 음악원의 입장이었다.

나는 지도교수인 알렉산드로프 박사를 찾아가 반김 운동의 진상을 알리지 않을 수 없었다. 그는 "김일성 개인숭배 문제 때문에 북한의 인민들이 큰 고통과 함께 정치적 숙청을 당하고 있으며 이에 반대운동을 전개하는 것은 진리를 쫓는 예술인의 양심에서 출발한 것"이라는 대답했다. 그는 내심 우리들의 정치적 입장을 지지하고 있었던 것이다.[85]

추의 입장에서는 형 준채를 평양이라는 우물 안의 개구리로 보았을지 모른다. 모스크바에서 이상조와 접촉하는 한편 모스크바 음악원의 신분 보장을 약속받은 추로서는 김일성 개인숭배가 없어지고 당내 민주화가 실현되면 새로운 사회주의 수정노선이 북한에서도 채택될 것임을 내심 기대하고 있었을 것이다. 그런 확신 없이는 동향회에서의 발언도 불가능했을 터. 그러나 우물 안 개구리는 과연 준채였던가, 추였던가.

형님은 1956년에 평양에서 최승희 무용극을 영화로 찍었습니다. 그런데 녹음장치 같은 것이 제대로 준비가 안 됐던 모양이에요. 그래서 북한 당국이 형님을 모스크바에 보냈습니다. 모스크바에서 필름을 현상하고 편집하느라 2~3개월 머무른 뒤 평양으로 돌아갔어요. 형이 모스크바에 왔을 때 소련은 들떠 있었습니다. 또 다른 혁명의 시기였죠. 선생들이 스탈린의 잘못을 하나둘씩 폭로했습니다. 학생들도 그것에 호응해 별의별 이야기를 다 했고요. 우리 음대만 해도 미학 선생인 완슬라브 교수가 스탈린 탓에 무고한 시민 수천만 명이 죽었다는 얘기를 해줬습니다. 그런데

---

85) 위와 같음.

스탈린이 한 짓이 김일성이랑 비슷한 거 아닙니까. 형이 그런 분위기를 지켜본 후 평양으로 돌아갈 때 내가 비행장까지 나가 전송을 했습니다. 북한에서는 아무도 모르는 소식을 형은 모스크바에서 다 알고 간 것 아닙니까. 그 뒤로 형과 연락이 닿지 않았습니다.[86]

준채는 1956년 10월 말 모스크바에서 재회한 동생과 함께 2달 가량 함께 지냈고 이 때 흐루쇼프의 사회주의 수정노선에 대해 많은 대화를 나눴을 것이다. 준채는 김일성 개인숭배를 반대하는 동생 추의 논지를 충분히 이해했을지언정, 김일성 체제가 굳혀져 가는 북한의 현실사회로 복귀해야 하는 자신의 입장에서는 김일성에 대한 비판을 자제하고 학업에 충실할 것을 동생에게 다짐받았던 것이다. 준채에게 추의 반김 운동은 찻잔 속의 태풍으로 비춰졌을지 모른다. 모스크바 현지에서 준채가 느낀 반김 운동의 실체는 극소수에 불과한 북한 유학생 신분이었을 뿐, 시간이 지나면 이런 기세가 자연스럽게 꺾일 것으로 예상했을 것이다. 하지만 형에게 그런 행동을 자제하겠다고 다짐한 동생의 전송을 받으며 평양에 복귀한 준채에게 모스크바에서 들려오는 소식은 암울했다.

그건 추가 모스크바에서 김일성 개인숭배를 비판하고 다닌다는 것이었다. 이로 인해 평양의 준채는 당성 검토에서 여간 애를 먹은 게 아니었고 많은 사람들 앞에서 공개비판을 받았다. 그럼에도 불구, 준채는 이를 동생 탓으로 돌리기는커녕 오히려 동생의 안위를 먼저 묻고 있다. "그대로 모스크바에 남아서 공부하게 되려는지 소환되려는지 도무지 모르겠다. 근심이 되어 못 견디겠다." "어쨌든 나는 네가 진정으로 당적 입장에서 조국의 이 현실을 옳게 요해하고 자기 반성하여 자

---

86) 송홍근, 「인물연구 정추-나를 윤이상 같은 변절자와 비교하지 말라」, 『신동아』, 2013. 9월호.

기의 사상적 결함을 시정하여야 할 것이다. 나는 충심으로 너에게 권고한다." 준채는 동생을 비난하는 대신 "사상적 결함을 시정해야 한다"고 권고했던 것이다.

친애하는 동생 추에게

네가 보낸 편지는 잘 받았다. 우리들은 너를 소식 없어 걱정하든 차 나는 마침 당 총회가 있어서 지난 10월 27일 평양에 갔다가 다시 11월 2일 아오지로 오는 아침에 네 편지를 받았다. (…)

3월 중순부터 아오지에 가서 시나리오 집필을 도와 협조하여 5월 말경에나 평양에 돌아와서 그동안 사상 검토사업이 전개되어 치열한 반종파 분자들의 흉책. 그 해독을 그들을 들추어내는 데 전 촬영소가 동원되어 중앙당 지도 구루빠들의 지도 검열사업이 진행되었다. (…)

너에게 물론 뜻하지 않던 시련이라고 생각되나 네가 리상조 같은 종파분자의 영향을 안 받았으면 그 이상 좋은 건 없다. 그러나 네가 어째서 8, 9월 전원회의를 그때 당시 당 결정을 못 믿고 종파분자들의 인민경제생활문제를 제의한 게 옳다고 말했으며 조선에서의 중공업을 우선적으로 발전시키는 건 쏘련 경제정책의 교조적인 도입이며 인민생활을 위한 경공업을 우선적으로 발전시켜야 하며-또 수상이 당과 사령관을 겸임 안 해도 되지 않는가 하는 말. 박정애[87] 여사에게 조선 교육부분 질문했을 때

---

87) 박정애(1907~?): 1945년 초대 북조선 여성동맹 위원장, 조선노동당 중앙위원회 부위원장 등을 역임한 정치인. 소련 태생으로 1931년 모스크바 동방노력자공산대학 속성과를 졸업한 국내파 공산주의자 김용범의 내연의 처. 코민테른의 지시를 받아 입국하여 1935년 3월경까지 주영하(朱寧河) 등과 더불어 적색노동조합 조직을 위한 활동을 하다가 체포되었다. 장기간 수감되다 해방 후 출감하여 북한정권 출범시 남편 김용범과 함께 중요한 역할을 하였다. 북한의 국내파 가운데서도 김일성단일지도체계 확립에 동조했다. 1959년 조선노동당 중앙위원회 부위원장(권력서열 5위)을 지냈다.

인민학교서 도화 교육을 알리게 되었다는 말. 또 다른 민주국가는 그렇지 않는데 우리는 부수상들이 많이 갈린다는 말. 유고의 공장 관리가 잘되었느니, 소련에 류학 온 동무들이 20차 당 대회 이후 변천을 모르고 간 건 섭섭하느니, 기타 음악 예술 각 분야에 대한 이러저러한 말 등. 그때 당시 한 말을 잘 상기하여 당적 비판을 해야 한다.

나와 만났을 때 너는 나에게 이런 말들을 여러 가지로 했다. 나와 논쟁까지도 했다. 나는 너를 그저 가족으로서 동생으로서 가족적 분위기 속에서 이런 말을 하고 너에게 당적 비판을 주지 못했다. 그것이 약했다.

그러나 너는 날더러 그런 말을 해선 안 된다고 네가 안막 부장과 만난후 조선 정세를 어느 정도 인식하고 한 말이었다. 그런데 어째서 촬영소에 들어갔던 사람들에게 쓸 데 없는 말을 했는가 말이다. 우리들 당성 검토—특히 반종파 투쟁이 치열하게 전개되는 이 마당에서 이 사람 저 사람이 너희들 유학생들 말이 좋지 않게 나오니 나는 맨 처음부터 네 문제로 사상검토가 시작되었다. 너나 최국인에 대해 상인이가 좋지 않게 말했고 그 영향을 받았다고 했다. 나도 여기 와서 다만 모스크바 소식을 말해 달라 해서 재영이에게 한 말이 역시 너의 말을 받았다는 것이다. 이상의 말은 내 입으로 다 말했다.

가족주의적인데서 당의 통일과 순결성을 보장하기 위한 투쟁을 전개 못한 것. 이것이 나의 옳지 않은 사상이었고 정치적인 문제로 되었다. 지도 구루빠도 네 교양문제에 대하여 날더러 잘 생각해보라 하더라. 네가 이 사람 저 사람에게 쓸 데 없이 그런 말들을 할 필요가 없는 것이다. 리상조의 영향을 받았기에 그렇다고 추측하고 있다. 이걸 명백히 하여 자기비판을 해야 할 것이다. 강상오 동무와 리미란 동무들이 여기 와서 종파관계로 치열한 비판을 받고 자기 전문 일을 못하고 딴 생산 직장으로 갔다는 말 들었다.

나는 네가 모스크바에서 있으면서 조선 소식을 실정을 잘 모르고 우리보다 모든 문제를 더 넓게 알고 있다는 데서 이러저러한 말들이 나왔겠지. 그러나 그거 생활 분위기로서 해명될 말로만 안 되게 되었다. 사상적인 반성이 요구된다. 우리 당의 순결성과 단결을 위해 철저한 반종파 투쟁을 하고 있다는 걸 너는 인식해야 한다.

네가 한 말들을. 내가 말한 걸 섭섭하게 생각할 것도 없다. 이러한 점에서 너의 당성을 발휘하고 계급적 입장에서 자아반성을 하여야 할 것이다. 그래야만 앞으로 당원으로서 공민으로서 정당한 일을 할 수 있는 것이다. 나도 이번 당의 관대 정책에 의해 관대 처분을 받았다. 역시 나의 사상적 미약성. 자유주의적 경향이 이런 과오를 범했다. (하략)

1957년 11월 17일
아오지에서 준채 형.

준채가 동생의 편지를 받은 것은 1957년 11월 2일, 당 대회 참석차 평양에 갔다가 「산매」 시나리오 집필을 위해 아오지에 돌아왔을 때다. 8월 종파 사건으로 촬영소에서도 반종파 운동이 전개되었는데 준채도 사상검토사업에 걸쳐 치열한 '자아비판'을 하지 않을 수 없었다. 준채의 '자아비판' 내용은 종파분자로 낙인찍힌 동생 추에 대한 과오의 폭로였다.

내용인 즉 "조선에서의 중공업을 우선적으로 발전시키는 건 쏘련 경제정책의 교조적인 도입이며 인민생활을 위한 경공업을 우선적으로 발전시켜야 하며 또 수상이 당과 사령관을 겸임 안 해도 되지 않는가 하는 말. 박정애 여사에게 조선 교육부분 질문했을 때 인민학교서 도화 교육을 알리게 되었다는 말. 또 다른 민주국가는 그렇지 않는데 우리는 부수상들이 많이 갈린다는 말. 유고의 공장 관리가 잘되었느니, 소련에 류학 온 동무들이 20차 당 대회 이후 변천을 모르고 간 건 섭섭하느니, 기타 음악 예술 각 분야에 대한 이러저러한 말" 등이었다.

이런 사실은 이미 촬영소 사람도 다 알고 있는 내용으로, "동생으로서 가족적 분위기 속에서 이런 말을 하는 너에게 당적 비판을 주지 못했다. 그것이 약했다."는 것이 준채의 자아비판이었던 것이다. 이는 추가 모스크바에서 안막 부장과 만나 북한의 정세를 어느 정도 파악했거니 했는데, 그게 아니었으면 당장 당적 비판을 해주어야 함에도, 비판하지 못한 죗가가 준채에게 들씌워진 것이다. 체코영화제에 참석하고 돌아온 주상인이 "너나 최국인에 대해 좋지 않게 말"했고 "리상조의 영향을 받았다"고 지적한 점, 윤재영 역시 모스크바에서 돌아와 같은 지적을 한 점, 이런 모든 것을 준채 자신의 입으로 폭로하지 않을 수 없었다고 한 쓰고 있다. "강상오 동무와 리미란 동무들이 여기 와서 종파관계로 치열한 비판을 받고 자기 전문 일을 못하고 딴 생산 직장으로 갔다"는 말을 전해들은 준채로서는 동생의 안위를 걱정할 수밖에 없었을 것이다. 준채는 이런 혐의에서 벗어나려면 "사상적인 반성이 요구"되며 "당의 순결성과 단결을 위해 철저한 반종파 투쟁을 하고 있다는 걸 너는 인식해야 한다"라고 추에게 강력하게 권고하고 있다. 이어 "계급적 입장에서의 자아반성만이 관대한 처분을 받을 수 있으니 꼭 그렇게 하라"는 말도 잊지 않았다. 준채 역시 동생의 문제로 '지도 구루빠'에 출석해 동생에게 교양을 주지 못한 점을 지적받았지만 "당의 관대 정책에 의해 관대 처분을 받았"던 것이다.

4. 당 학교 입교―평양 1958년 봄

1958년 2월 준채는 동생 추에게 기나긴 편지를 쓴다. 편지가 길어진 것은 동생 추가 모스크바에서 러시아 여성과 결혼을 하고 평양으로의 귀환을 준비 중이라는 소식을 전해왔기 때문이다.

친애하는 아우 추에게

희망에 찬 새해 1958년을 축복한다. 마야 동무에게도 뜨거운 친선과 축복을 보낸다. 지난해는 너에게 가장 기꺼운 잊을 수 없는 해였다. 인생에 있어서 잊을 수 없는 너의 화촉의전을 축전한다. 네 편지를 받고 이 위에 더함 없는 안도와 희열을 진정으로 느꼈다. 그것은 일련의 이러저러한 문제가 무사하게 너의 원칙적인 데서 해명된 데 대하여서다. 우리는 당을 떠나서는 살 수 없고 너에게 앞으로 더욱 당과 조국을 위한 혁명 전선에서 고귀한 레닌적 원칙을 고수하여 투쟁할 것을 더욱 바란다.

우리가 지극히 사랑하는 우리 조국에선 인민 경제 5개년 첫 해를 승리적으로 초과 완수하여 모든 기업소 공장을 폐허에서 일떠섰고 전야에는 오곡이 무르익어 대풍년을 이루었다.

우리의 월급은 오르고 인민생활은 무한이 향상되었다. 평북 한 협동조합에서는 한 농가에 480가마니를 분배받았다. 농촌에 문화적인 주택 건설이 실시되고 있다. 이처럼 우리 생활은 나날이 향상되어 가고 있다. 평양시가는 조립식 건축으로 일변되어가며 다층 주택이 일떠서고 있다. 스탈린 거리는 폐허의 자취는 찾아볼 자취도 없으려니와 동평양에는 근대적 다층 주택이 작년에 우뚝우뚝 솟아났다. 모스크바도 많이 건설되었겠지.

역사적인 제6차 축전에 참가한 너는 정말 행복이다. 안기옥씨에게서 네 말을 많이 들었다. 너에게 축하를 보낸다. 네 작곡들이 출판되었다니…… 너의 창작이 모스크바에서. 우리가 그렇게 동경하는 모스크바. 산근은(山根銀)—소련 음악사를 읽고 그렇게 흥분하던 소련에서 말이다. 아무튼 우리의 인민 정권이 이 영광을 주었다. 앞으로의 너의 활동을 기대한다. 조국에서는 무한이 너를 고대하고 있다. 비단 음악계뿐만이 아니다. (…)

내가 맡아하던 영화 「산매」는 57년부터 성과 작으로서 완성되어 호평을 받고 있다. 멀지 않아 일반에 공개될 것이다. 아마 모스크바에도 가겠지. 그때 많은 의견을 다오. 눈물을 흘리며—부모님 생각이 나서—연출을 한 장면도 있다.

음악은 안기옥 씨 작곡으로 전부 조선악으로 했다. 음악에 대해서 많은 의견을 달라 조선영화에서 처음으로 시도된 작품이다. 대담하게 해보았는데 시일이 급해서 충분한 소기의 목적을 달성은 못했으나 앞으로 연구 발전시킬 수 있다고 생각한다. 촬영소에서는 연출자의 스틸이 나왔다고 한다. 하여튼 나의 심혈을 기울인 작품이다. 만들어놓고 나니 불만족스러운 장면도 많다. 그러나 이번 경험을 살려 앞으로 작품에선 더 잘 해보겠다.

다음 금년 작품은 조—중인민의 친선을 주제로 한 작품인데 요 며칠 전에 갑자기 중앙당 학교 6개월 반에 공부를 하러 가라해서 2월 9일부터 개학이고 7월 30일에 졸업인데 아마 대작은 금년에 힘들 것 같고 조—중 친선은 더구나 힘들 것 같다. 다녀와서 좋은 테마를 쓴 시나리오를 잡아 제작해보겠다. (…)

편지는 후에 또 쓰겠다. 편지를 쓰다 하도 오래 걸려 써서 미안하다. 나는 내일부터 중앙당학교 6개월 반에 재직간부로서 학습하러 간다. 편지는 촬영소로 해라. 우리 촬영소는 기록영화촬영소와 예술영화촬영소로 분리되었다. 아직은 하당리 촬영소에서 같이 일하고 있으나 후에 기록영화촬영소는 평양으로 가게 된다.

지난 1월 17일에는 수상 동지와 영화예술 일꾼들과 친히 만나 좌담을 가졌으며 나도 이 영광의 자리에 참석했다. 우리 영화계가 획기적인 발전을 가져올 것이다. 천연색영화, 광폭영화에 대한 준비도 갖추게 된다.

우리도 1961년도에 가서는 광폭영화를 제작하게 될 것이다. 앞으로 나의 금년 작품은 7월30일에 학교를 졸업하고 나와서 구체화될 것 같다. 지금은 조—중 친선의 테마를 하려고 한다만 시나리오는 아직 준비되지 안되었다. 내년에는 1920~1930년대의 조선의 노동운동을 테마로 한 걸 할 작정이다.

우리 영화는 작년에 극영화 9편을 제작했고 금년엔 14편을 제작한다. 59년에는 18편을 제작하게 된다. 음악가들이 무한히 요구된다. 네가 나오면 같이 일하게 될 기쁨과 희망이 너를 무한이 고대하게 된다. (…) 6월 언제쯤 나오게 되는지. 곧 회답해주기 바란다.

1958년 2월 8일
평양에서 형.

준채는 우선 마야를 새로운 식구로 받아들이면서 동생 추의 결혼을 축복한다. "네 편지를 받고 이 위에 다함없는 안도와 희열을 진정으로 느꼈다. 그것은 일련의 이러저러한 문제가 무사하게 너의 원칙적인 데서 해명된 데 대하여서다."라는 대목은 정추가 모스크바에 급파된 지도그룹의 사상검토를 어지간히 통과했다는 의미로 보인다. 그래서 "안도와 희열을 진정으로 느꼈다"고 썼을 것이다.

그 결정적인 계기가 있었다. 1957년 8월 모스크바에서 열린 제6차 세계청년학생축전에 추는 북한 대표단의 일원으로 참가했다. 정추가 남긴 세계청년학생축전 팸플릿엔 북한 대표로 참가한 가야금 연주자 리병하 등의 이름과 함께 곡명이 수록되어 있고 악기에 대한 짧은 메모가 곁들여 있다.[88]

---

88) '세계청년학생축전'은 세계민주청년연맹(WFDY)이 주최하는 세계청년학생들의 축전이다. 세계민주청년연맹(WFDY)은 1945년 63개국이 참가한 가운데 영국 런던에서 열린 세계청년회의(World Youth Conference)을 통해 조직되었고 1946년 이사회를 통해 세계청년학생축전의 개최가 결정되었다. 1947년 7월 체코슬로바키아의 프라하에서 제1회 세계청년학생축전이 개최된 이래 2년 간격으로 헝가리(1949년·제2회), 구(舊) 동독(1951년·제3회), 루마니아(1953년·제4회), 폴란드(1955년·제5회), 소련(1957년·제6회), 오스트리아(1959년·제7회)를 거쳐, 핀란드(1962년·제8회), 불가리아(1968년·제9회), 동독(1973년·제10회), 쿠바(1978년·제11회) 등에서 열렸다. 1985년 구소련에서 제12회 모스크바축전이 개최되었고 제13회 세계청년학생축전은 1989년 7월 평양에서 177개국 2만2천여 명이 참가한 가운데 열렸다. 평양학생축전은 1988년 서울올림픽에 대항하기 위해 북한에서 유치했다고 알려져 있다. 평양축전엔 전국대학생대표자협의회

북한은 세계청년학생축전 참가를 통해 국가적 건재함을 과시하고 전후복구사업에 대한 원조와 교류의 기대감을 구가하고자 했다. 이를 위해 모스크바에 유학중인 문화예술가들의 참여를 독려하고 권장했다. 이 축전에서 정추는 오케스트라 심포니 「조선적 주제의 교향조곡」을 발표한 데 이어 북한작곡가로서는 처음으로 모스크바에서 작품집까지 출간했다. 반김 운동의 주동자로 종파분자로 몰렸던 추의 이러한 변신은 준채의 끈질긴 설득에 기인한 것이다. 추는 평양의 형과 그 가족을 생각할 때 이들의 안위를 위해서라도 귀국하는 것으로 마음이 기울고 있었다. 더구나 세계청년학생축전에 북한대표로 참가해 기대 이상의 성과를 올렸기에 사상검토에서도 어느 정도 유리한 입장에 있었다.

준채는 편지에 "인민경제 5개년 첫 해를 승리적으로 초과 완수하여 모든 기업소 공장을 폐허에서 일떠섰고 전야에는 오곡이 무르익어 대풍년을 이루었다"고 썼다. 평양 인민들의 생활이 그만큼 윤택해졌으니 아무 걱정 말고 귀국하라는 말이었다. "월급은 오르고 인민생활은 무한이 향상되었"으며 "농촌에 문화적인 주택 건설이 실시되고 있"으며 "평양시가는 조립식 건축으로 일변되어가며 다층 주택이 일떠서고 있"으며 "스탈린 거리는 폐허의 자취는 찾아볼 자취도 없으려니와 동평양에는 근대적 다층 주택이 작년에 우뚝우뚝 솟아났"다는 것이다.

준채는 이제 동생이 평양에 돌아오면 동생과 더불어 새로운 영화음악을 시도하려는 기대감에 부풀어 있다. "지난 1월 17일에는 수상 동지와 영화예술 일꾼들과 친히 만나 좌담을 가졌으며 나도 이 영광의 자리에 참석했다"면서 "우리 영화계가 획기적인 발전을 가져올 것"이고 "천연색영화, 광폭영화에 대한 준비도 갖추게 된다"고 말한 대목이

_____

(전대협)의 임수경이 참가하면서 국내외의 많은 관심을 끌었다.

그것이다. 또 "1961년도에 가서는 광폭영화를 제작하게 될 것"이고 "금년엔 14편을 제작"하고 "1959년에는 18편을 제작하게 된다"면서 "음악가들이 무한히 요구된다"고 썼다. "네가 나오면 같이 일하게 될 기쁨과 희망이 너를 무한이 고대하게 된다."라는 대목에서는 새로운 희망을 설계하는 준채의 설렘이 느껴진다. 하지만 추의 답장은 그런 기대감을 여지없이 깨버린 마른하늘의 날벼락이었다.

친애하는 형님에게

(…)

맑스레닌주의의 나라 쏘련에서 기나긴 세월을 보낸 것은 저로 해서는 마지막 진리까지 도달하자는데 있었습니다. 한 장의 졸업장이란 한 형식에 지나지 않습니다.

물론 기뻐할 만큼 졸업 작품은 5점으로 통과시키고 여러 대가들이 저의 그간의 비약적 발전과 작곡의 진지성, 풍부한 시적 감흥 등을 소지한다고 칭찬을 해주었습니다.

국가시험 위원장은 스비리도만(이는 1948년 2월 위대한 친선에 대한 결정의 희생자였을 뿐만 아니라 그의 작품들은 쇼스타코비치와 같은 센세이션을 일으키고 있습니다.)이며, 하차투리안, 샤뽀린, 알렉산드로프 기타 어마어마한 심사위원들이 들었으며 특히 하차투리안이 가장 저의 옹호자였다고 합니다. 이렇게 무사히 졸업을 하고 졸업증을 든 그 마음은 한쪽으로 심장을 짜매드는 감정을 참을 수 없었습니다. 저는 56년 이후 옳지 못한 것과는 무자비한 투쟁을 했었고 오늘 조국에 나가게 된 마당에서 그를 결산해야 할 필요가 있었습니다.

맑스레닌주의자란 끝없이 공상할 줄 알 뿐만 아니라 정의와 진리를 위해서는 물불도 두려움 없이 자기희생을 감히 할 줄 아는 자입니다. 물론 환경과 자기의 진리 해득 정도로써 제약을 받을 수 있습니다.

저는 소련이 저를 교양 준 그 길에서 옳지 못한 그 모든 것과 투쟁하기로 결심했습니다. 당분간의 모든 곤란은 앞으로의 큰 성과의 요람입니다. 다만 하루속히 모든 죄책들을 벗어 팽개치고 그가 인민 앞에 사과할 날이 올 것입니다. 저는 이 투쟁을 쏘련에서 전개하고 있다는 것만 짐작하십시오. 그 어떠한 음모나 뒷생각은 조금도 없습니다. 다만 인민을 속이는 비양심적인 아첨분자들이 관료주의자들이 그대로 박혀나갈 수는 없습니다. 이것은 소련 자신이 잘 알고 있기 때문에 길게는 못 갈 것입니다. 모든 과오도 죄악도 있을 수 있으나 이제 인민을 속일 수 있겠습니까. 시커먼 까마귀 한 마리가 태양을 덮을 수 없으며 하늘을 덮을 수 있겠습니까.

저는 당분간 여기 남아서 그 거짓장이들이 인민 앞에 사죄하도록 가진 힘을 다할 것입니다. 다만 걱정되는 것은 부모 형제를 또 다시 오랜 기간 볼 수 없는 것만이 불경입니다. 저는 이러한 편지가 형의 신변을 위태하게 할 수도 있기 때문에 일절 쓸 필요도 느끼지 않았습니다. 아무튼 쏘련의 큰 가정에서 들여다보고 있는 것만 상상 하십시오. (…)

1958년 3월 12일 모스크바.[89]

동생은 형 준채의 바람을 저버리고 모스크바 잔류의 의지를 밝히고 있다. 그가 지향한 목표가 편지에 드러나 있다. 그것은 "마지막 진리까지 도달하자"는데 있었고 그렇기에 "한 장의 졸업장이란 한 형식에 지나지 않는다."라고 썼다. 졸업의 감격을 누릴 새도 없이 그는 정의와 진리를 위한 자기희생의 싸움을 선언하고 있다. 그것도 부모나 다름없는 형에게 선언하고 있는 것이다. 이로서 평양의 시간과 모스크바의 시간은 엄중하게 분리되었다. "1956년 이후 옳지 못한 것과는 무자비한 투쟁을 했었고 오늘 조국에 나가게 된 마당에서 그를 결산해야할 필요가 있"다는 것이다. 김일성 개인숭배를 어떻게든 결산할 필요는 "소련이 저를 교양 준 그 길에서 옳지 못한 그 모든 것과 투쟁하기로

---

89) 정추 편지.(정추는 편지 사본을 하나 더 작성해 보관하고 있었다.)

결심"했다는 말과 상통한다. 그 결심은 다름 아닌 소련 망명이었다. 그는 소련 망명을 형에게 통보하고 있다. 그의 상정한 적은 김일성과 김일성에게 아첨하는 관료주의자들이다. 그러면서 "저는 이러한 편지가 형의 신변을 위태하게 할 수도 있기 때문에 일절 쓸 필요도 느끼지 않"으며 다만 "쏘련의 큰 가정에서 들여다보고 있는 것만 상상하십시오"라고 끝을 맺었다. 그에게 있어 소련은 '큰 가정'이고 북한은 '작은 가정'이었다. 소련은 변하고 있었다. 모스크바의 봄은 오래도록 이어질 기세였다. 동생의 편지를 받고 하늘이 무너져 내리는 심정을 억누르며 준채는 답장을 보낸다.

친애하는 아우 추에게

(…)

이번 편지에 내가 당 학교엔 온 걸 너는 퍽 걱정했는데 그럴 필요는 하나도 없다. 당 학교는 본인들이 희망해도 도저히 오기 힘든 곳이며 설사 직장에서 추천되어도 당 중앙에서 다 희망대로 못되고 떨궈진다. 그전엔 입학시험도 치렀는데 지금은 그전 제도는 없어졌다. 내사 잘 왔는데 연출에서는 나 혼자고, 기록촬영소에서 김운몽 동무가 왔고 배우는 문예봉, 그리고 제작 측에서 한 사람이 왔다. 6개월 반엔 예술가들로선 김완우, 박광우, 김기적, 정남히, 심영, 구경일, 미술가 길진섭, 시인 작가들로선 리호남, 마우룡, 남궁만 등. 기타 대학 교원, 군당 부위원장들 정치일꾼들과 기타 150여 명 중 문학예술부문만 30여 명이 된다.

3월에 열린 1차 대표회의 전달보고를 받았다니 알겠지만 지금 우리 혁명 수행을 위해서는 당의 통일 강화를 위한 투쟁과 특히는 반 종파투쟁과 제1차 5개년 계획 수행을 위한 투쟁은 우리 앞에 제기된 긴급하고 절실한 문제들이다. 반당 반혁명분자들이 1920년대부터 조선노동운동과 공산당의 파괴를 위한 비열한 역사는 치가 떨릴 지경이다.

이번 회의를 통해서 우리는 그 뿌리를 완전히 뽑아냈으나 그 여독을 씻으려면 계속 우리의 투쟁을 전개해야 할 것이다. 조국의 평화적 통일을 염원하는 우리들은 적대계급들과의 투쟁을 사상적으로 또 물질적으로 더욱 견결하게 강한 투쟁을 전개해야 할 것이다.

학교에서는 ML주의(쏘련공산당사), 조선로동당투쟁사, 철학, 정치경제학, 당 건설 등 학과를 배우고 있다. 나도 이 모든 학과들에 대해서 체계적으로 배우긴 처음이다. 모든 것이 새로운 면에서 우리 현실에 근거하여 배워두는 건 나의 앞으로의 창작사업에 당의 선전자로서 인민예술을 창조하는데 아주 큰 도움이 될 것 같다.

모든 것은 당성 단련을 위하여 나의 사상체계를 확립하고 자유주의적 경향을 뿌리 뽑아야 하는데 있다. 나도 그렇게 하기 위해 계속 노력하고 있다. 진정한 볼셰비키가 되기 위하여. (…) 나는 학교 졸업은 8월 초순에 하게 되며 나가서 작품을 맡아하게 될 것이다. 시나리오 난이다. 금년엔 14개 작품을 제작해야 하는데 인제 겨우 두 작품 완성했다. 시나리오가 없어 그렇다. 김원균 동무는 지난번 4월 음악회에서 그의 교향시를 연주한 걸 라디오 방송하더라. 네 곡은 안 보내오니? 마야 동무와 그 어머니께 안부 전해다오. 그럼 각설하고 또 쓰겠다.

1958년 4월 13일 준채 형.

준채는 8월 종파사건을 계기로 실시된 사상 강화를 위해 당 학교에 입교해 있다. 6개월 과정으로, 일주일에 6일 합숙, 1일 귀가의 엄격한 교육이다. 1급 배우인 문예봉도, 성악가 김완우도, 화가인 길진섭도 입교했다는 것이다. 전체 150명 가운데 문화예술인만 30명이다. 준채는 당 학교 입교의 목적을 "당의 통일 강화를 위한 투쟁과 특히는 반종파투쟁과 제1차 5개년 계획 수행을 위한 투쟁"이라고 쓰고 있다. 학과목도 당성 강화를 위한 'ML주의', '조선노동당 투쟁사', '철학', '정치경제학', '당 건설' 등이다. 교육의 목적은 "반당 반혁명분자들이 1920년대부터 (행한) 조선노동운동과 공산당의 파괴를 위한 비열한 역사를 뿌리 뽑겠다"는 것이다.

북한 체제 안에서 살아가는 준채의 이런 목소리는 모스크바의 봄을 맞아 새로운 정치 체제의 역동성을 피부로 느끼고 있던 동생 추를 감동시키지 못했다. 감동은 커녕 추는 오히려 준채가 당 학교에 입교한 것을 두고 만약 자신이 귀국한다면 한층 더 강화된 재교육이 기다리고 있다고 느꼈을 것이다. 동생의 답장을 기다리던 준채는 마침 모스크바에서 돌아온 김원균[90]을 만나 동생에 대한 자세한 이야기를 듣고 다시 펜을 든다.

친애하는 아우 추에게
(…)
네 생활과 기타 문제는 원균 동무에게 장시간 들었다. 그러나 나로선 좀 유감스럽게 느낀 점이 있다. 졸업 작품 준비로 조선에 실습 나오게 된 걸 너는 확고히 나오지 못하고 칸타타-교향시로서 대치한다하니 물론 여기 나와서도 대본 구하기는 힘드나 그것보다도 조국에 돌아오면 6개월

---

90) 김원균(金元均, 1925~2002):원산 출신. 8·15 광복 직후 북조선공산당 평안남도 선전부 미술계장을 거쳐 「김일성 장군의 노래」(1946), 「애국가」 등을 작곡했다. 1952년 모스크바음악원으로 유학을 떠나 1959년에 귀국. 유학 기간 동안 「바이올린 소나타」, 「현악 4중주」, 교향시 「향토」(졸업 작품) 등 기악 작품, 성악 작품들을 창작 발표. 1959년 유학을 마치고 귀국한 김원균은 1961~1965년 평양음악무용대학(지금의 김원균명칭음악대학) 학장을 거쳐 1977년 피바다가극단 단장, 1989년 조선음악가동맹 중앙위원회 위원장을 역임했다. 1972년 김일성상, 1992년 김일성훈장을 받았고, 1972년 인민예술가, 1986년 노력영웅 칭호를 받았다. 국제음악이사회 명예위원, 조선민족음악위원회 위원장, 최고인민회의 대의원을 역임했으며 「피바다」를 비롯한 여러 편의 혁명가극을 만들었다. 1987년 정초, 진갑을 맞았을 때 김일성이 직접 진갑상을 내리기도 했다. 2002년 4월 5일 심부전으로 인해 85세를 일기로 사망했다. 김정일 국방위원장은 다음 날 빈소에 조화를 보냈다.

쯤 학업을 더 연장시켜 준다고 했다는데 대사관에서. 어째 그 좋은 기회에 안 나오는가 말이다.

이 좋은 기회에 조선에 나와서 살지. 눈부신 건설, 고난과 싸워가며 조국의 평화적 조국통일을 위한 우리 혁명의 투쟁 모습을 살지 체험하고 보고 돌아가면 그 얼마나 좋겠는가. 그러나 사정이 여의치 못하다고 안 나온 건 나로선 좀 유감으로 생각한다.

다음은 영화대학 학생들의 이야기도 간단히 들었다. 그건 그들의 정신이 온전한 자들이 아니다. 지금 세상이 어떻게 돌아가는 데 그러는가. 요즘 와서는 좀 좋아져 간다하니 듣기 반가우나 문제는 그들과의 투쟁에서 네가 어느 정도 우리 당의 입장에서 열렬이 투쟁하고 있는가가 문제다. 물론 너를 비롯해 음대학생들이 좋은 경향이라는 걸 말로 좋게 응당 그래야 할 거라고 생각되나 네 자신이 그저 가벼움에 말을 잘못해서 그렇다는 정도로 생각해서는 안될 것이다. 언어는 사유의 결과이며 의식의 표현이 아닌가. 오늘 내가 이런 편지를 쓴다고 노여워 말고 재삼 읽어보기 바란다.

문제는 이 귀중한 역사적 시기에 인재는 무한이 요구되는 이 시기에 류학생 한 사람에게 총비용, 큰 공장 하나 세울 정도의 비용을 써가면서 당과 국가에서는 너희들을 쏘련에 파견한 게 아닌가. 또 네 자신 생각해 봐라. (…)

우리의 임무는 중대하다. 그런데 그걸 이래 비웃듯 영화대학생은 정신이 돈 친구들이며 우리의 력사적 사명을 잊은 자들이다. 너는 그들과 어떻게 계급적으로, 당적으로 투쟁해야 하며 그 선두에 서야 한다. 그러기 위해서는 네 자신의 이데올로기를 조선의 현실로 옮겨 인식하고 조선 공민으로서 당원으로, 조국의 아들로서 똑바로 걸어가야 한다. 예술 좋다. 그러나 이도 인민을 떠나서는 있을 수 없고 민족적 형식이 토대가 아닌가. (…)

또한 너에게는 그때 모스크바에서 만나 이야기 할 때도 그러한 걸 느꼈지만 영웅주의가 농후하다. 이걸 버려야 한다. 우리는 자기를 믿지 못해도 과오지만 자기를 너무 과신한 것도 결국은 과오인 것이다. 협력, 대중과의 관계 이것이 중요한 문제다. 대중 가운데의 나를 찾아야 하며 나도 대중 가운데의 한 사람이란 걸 알아야 한다. 잘 알면서도 등한시 되는 경우가 많다.

또 하나는 너에게 있는 자유주의를 송두리째 빼서 없애야 한다. 물론 거기서 5, 6년 있어 노니 데모크라시한 문제가 우리들과 생각하는 게 같다 하겠지만 그렇지 않다. 조선의 학생, 조국의 요구하는 인재, 우리 혁명 대오의 동지로 기대되는 아이들을 자각해야한다.

시간이 없어 간단히 쓰기에 무슨 말인지 영문을 모를지도 모르며 혹은 원균 동무에게 무슨 말을 쓰겠나 하겠지만 김원균 동무는 너를 해치는 말은 아무 말도 안했다. 그도 당원으로써 그 뒷면을 찾아볼 때 또 요전에 온 편지 등을 생각하며 쓴다. 어물쩍하게 그작저작 넘겨서도 안 되는 과정이었으며 또 앞으로 견결한 투쟁이 현재도 벌어지며 벌어지고 있다.

당, 국가, 인민의 아들이란 걸 잊지 말라. 온 가족, 너의 친우들이 너를 고대하고 있다는 걸 잊지 말아다오. 사상개조, 계급적 의식의 전장에 선다는 것이 중요한 문제이다. 부정한 것, 비원칙적인 것과 견결한 투쟁을 전개해야한다.

잿더미의 평양에는 조립식 건물, 주택이, 학교와 병원이, 기업소가 일떠서고 있고 전국의 온도시가 그렇고 농촌이 그렇고 근면한 조선인민들의 고상한 투쟁 모습이다. 1차 5개년 계획은 착착 계획대로 초과 실천되고 있다. 조선의 공기, 호흡을 잊지 말라. 그럼 또 쓰겠다. (…)

1958년 4월 19일.

집에서 형.

김원균이 준채에게 전달한 추의 소식은 매우 실망스러운 것이었다. "졸업 작품 준비로 조선에 실습 나오게 된 걸 너는 확고히 나오지 못하고 칸타타−교향시로서 대치한다하니"가 그 한 가지요, "조국에 돌아오면 6개월 쯤 학업을 더 연장시켜 준다고 했다는데 대사관에서. 어째 그 좋은 기회에 안 나오는가"가 또 한 가지이다. 준채는 "눈부신 건설, 고난과 싸워가며 조국의 평화적 조국통일을 위한 우리 혁명의 투쟁 모습을 실지 체험하고 보고 돌아가면 그 얼마나 좋겠는가"며 "사정이 여의치 못하다고 안 나온 건 나로선 좀 유감으로 생각한다"고 썼다. 준채는 동생이 소련 잔류로 마음을 바꾼 건 영화대학 잔류파 때문이라고 진단했다.

"그들은 정신이 온전한 자들이 아니다. 지금 세상이 어떻게 돌아가는 데 그러는가."라는 대목이 그것이다. 애초에 유학생 사건은 영화대학 중심의 반김 운동이었는데 추가 잠시 그 여파에 휩쓸려 간 것일 뿐, 왜 그들과 절연하지 못한 채 전전긍긍하고 있느냐, 라는 게 준채의 질책이자 지적이었다.

또 "류학생 한 사람에게 총비용, 큰 공장 하나 세울 정도의 비용을 써가면서 당과 국가에서는 너희들을 쏘련에 파견한 게 아닌가"라면서 "그런데 그걸 이래 비웃듯 영화대학생은 정신이 돈 친구들이며 우리의 력사적 사명을 잊은 자들"이라면서 영화대학 잔류파에게 더 이상 휩쓸리지 말라고 권고하고 있다. 준채는 동생에게 6년 동안의 모스크바 생활에서 자연스럽게 배어든 자유주의 사상을 떨쳐내야 한다며 이렇게 꾸짖고 있다. "거기서 5, 6년 있어 노니 데모크라시한 문제가 우리들과 생각하는 게 같다 하겠지만 그렇지 않다. 조선의 학생, 조국의 요구하는 인재, 우리 혁명 대오의 동지로 기대되는 아이들을 자각해야한다."

그러면서 "잿더미의 평양에는 조립식 건물, 주택이, 학교와 병원이, 기업소가 일떠서고 있고 전국의 온도시가 그렇고 농촌이 그렇고 근면한 조선인민들의 고상한 투쟁 모습이다"라며 "조선의 공기, 호흡을 잊지 말라"고 썼다. 준채가 이토록 강경한 어조로 평양으로의 귀환을 설득하고 있다. 하지만 추는 이미 건너오지 못할 강을 건너가고 있었다.

5. 동생 정추의 소련망명-모스크바 1958년 가을

1958년 초여름이 다가왔다. 5월 하순부터 6월 초 사이에 국가시험 (졸업시험)을 치른 영화대학 잔류파들은 기숙사도 더 이상 안전하지 않다고 판단하고 비밀리에 은거 장소를 물색했다. 그들은 모스크바에서 40킬로미터 떨어진 '모니노'라는 숲으로 가서 천막을 치고 생활하기 시작했다.

낮에는 견딜 만 했지만 밤에는 추웠고 모기의 공격에 시달렸다. 그들은 생존을 위해 인근 집단농장에 찾아가 일을 도와주고 양배추, 토마토, 감자 같은 야채를 얻어왔다. 낚시질을 좋아하는 이경진은 인근 호수에서 날마다 물고기를 잡아왔다. 최국인은 그걸로 국을 끓였다. 밤이면 최국인이 낮에 근처 휴지통에서 주워온『프라우다』나『이즈베스치야』같은 신문을 함께 읽으며 정세를 토론했다. 그들은 소련 당국에 망명을 요청하고 허가가 나길 기다렸다. 만약의 경우 북한대사관에 붙들려 평양 행 열차를 타게 된다면 열차가 북한에 당도하기 전에 뛰어내려 목숨을 버리겠다는 비상한 각오를 다졌다.

'모니노'에서의 생활은 8월 3일까지 계속되었다. 고통스런 나날이었다. 그들은 모두 북한에 가족이 있을 뿐만 아니라 가족들의 무한한 신뢰와 기대를 한 몸에 받고 유학을 떠나왔다. 모스크바 국립영화대학 졸업을 앞두고 있던 그들은 최국인, 허웅배, 이경진, 한대용, 정인구, 김종훈, 양원식, 이진황 등 모두 8명이었다. 그들은 모니노 숲에서 "이제부터 우리의 이름을 진(眞)으로 통일하자"고 결의했다. 사실 소련망명을 가장 먼저 결행한 것은 준채의 동생 추였다. 영화대학 잔류파와 별도로 차이콥스키 명칭 모스크바 음악원에 고립되어 있던 추는 1958년 3월 단독으로 흐루쇼프 소련공산당 서기장에서 망명 요청서를 보냈다.

존경하는 니키타 세르게예비치 흐루쇼프!

조선노동당원인 저로써는 북조선에서의 개인숭배와 그 후과에 대한 비판을 하지 않을 수 없습니다. 개인숭배가 존재하는 조건하에서 이에 대하여 말함을 꺼리지 않는 사람들을 위하여 그러한 비판이 무엇이며 또 그것이 무얼로써 종결을 맺을 것인가에 대해서는 당신이 잘 아실 겁니다.

나는 1952년 차이콥스키 명칭 모스크바 음악원에서 공부하기 위해 소련에 들어왔습니다. 나는 여기서 다만 작곡가로서 전문을 받았을 뿐만 아니라 또한 맑스주의자로서도 교육을 받았습니다. 공산주의자로서의 저를 위하여 전소연방 공산당 제20차 당 대회는 가장 고귀한 교훈으로 됩니다. 그 결정서는 실지에서 당의 집단적 지도와 당 주의에 인민을 집결시키면서 레닌적 원칙이 어떠한 것으로 될 것인가에 대하여 나의 눈을 열어주었습니다.

조선노동당 평당원으로서의 우리는 우리나라에서 개인숭배가 역사적으로 형성되었다고 인증합니다. 그러나 전소연방 공산당 제20차 당 대회 이후에도 우리나라에서는 이 현상이 계속되고 있을 뿐만 아니라 다음의 증거들에 의하여 더욱 격렬해가며 있다는 것입니다. 즉 만약 전소연방 공산당 제20차 당 대회 이후 우리 당이 김일성 개인숭배의 존재를 인증치 않았다면 장차 인민의 비판의 압력 하에서 그를 인증하지 않을 수 없게 되었습니다. 그러나 이 현상의 공개적 인증에도 불구하고, 그를 비판한 조선노동당원들은 반당분자라는 누명 하에서 용서 없이 처단을 받았습니다. (…)

때문에 나는 소련에 체류함을 다행으로 생각하며 자기 당 조직에서 이 과오를 누차 지적하였습니다. 나는 전 세계 형제 당들이 우리 당내에서 레닌적 원칙을 유린하는 이 사실들을 묵과치 않을 것으로 생각합니다. 이에 조선인민공화국에서의 개인숭배의 후과를 시정하기 위하여 우리를 도와줄 것으로 생각합니다.

나는 개인숭배가 존재하는 한에서 레닌적 원칙의 순수성을 위한 투쟁이 불가능하다는 것을 결론지을 수밖에 없습니다. 때문에 나는 음악학교를 졸업함에 있어서 소련에 남아 가능한 한 이 투쟁을 계속하기로 결심했습니다. 나는 소련공산당이 이 투쟁에서 내가 옳은 방법을 찾도록 방조해주기를 확신성 있게 요청하는 바입니다. (…)

정추 1958년 3월 7일.

동생이 흐루쇼프 서기장에게 소련 망명을 요청하는 편지를 보냈다는 사실을 까마득히 몰랐던 준채는 평양의 시간 속에서 평양의 하늘을 우러르고 있었다. 평양의 시간과 모스크바의 시간을 철저히 분리되었다.

친애하는 아우 추에게

무더운 6월의 하늘은 맑고 푸르러 하얀 구름이 뜬가 하면 다홍빛 노을은 짙어지는 여름을 더 곱게만 감촉케 한다. 모스크바도 나무들이 푸르렀고 시원한 훈풍이 있으리라. (…)

나는 8월 7일 경 학교를 졸업한다. 졸업하면 인차 작품을 시작해야 할 것 같다. 너는 졸업을 언제 하는지, 그리고 고대하는 귀국은 언제 하는지. 5·1절 때 보낸 편지는 잘 받아봤다. 6월이 되었는데 졸업은 어찌되었는지. 하여튼 졸업했겠지. (…)

얼마나 갈망하던 이날인가. 우리가 언제나 꿈꾸던 진정한 인민을 위한 예술을 창조하고 조국에 대한 사랑을 노래 부르려는 작품을 이제부터서는 오직 창작의 길, 당과 국가의 배려로 좋은 환경에서 학습한 보람 있는 답례를 이제부터 해야 할 것이며 또 너는 그것을 충분히 거행할 줄로 안다. 그리고 나의 만드는 영화에 조선적인 선율, 리듬이 풍부한 네 음악이 씌워질 것을 나는 무한이 고대한다. 같이 힘을 합해 좋은 작품을 창작하자꾸나. (…)

　일설에는 연출가들은 평양으로 나간다는 말이 있는데-배우 극단은 평
양으로 독점되어 국립극장이 제1, 제2로 두 개 되었다는데 국립과 촬영소
극단, 개성 시립극장 등이 합하여 다시 시내로 나갔다. 우리들도 그래 지
금 시내로 나가야겠다고 제의한 게 실현될 듯하다. (…)

　편지로 대개 언제쯤 나오려는지 대략의 날짜를 알려주기 바란다. 나는
학교에 와서 많은 것을 배웠다. 앞으로의 창작 사업에 커다란 힘이 될 것
같다. 지금 생각엔 앞으로 「조선의 어머니」, 고리키의 「어머니」 같은 그런
작품과 1930년대의 조선의 노동운동의 면모를 그려보고 싶다. 기타 의사
들의 세계, 제2세들을 위한 교원들의 세계도 그려보고 싶다. 이젠 우리도
작품을 많이 창작해야 하기에 일 년에 아마 한 두 작품은 해야 할 것이다.
나 자신도 5개년 계획을 수립하여 창작계획에 의한 창작활동을 해야겠다.
네가 오면 있을 방을 네 형수는 꾸민다고 야단이다. 지금 산상에까지 수
도를 끄는 공사에 한창이다. (…)

1958년 6월 24일.

평양 당 학교 숙사에서.

준채 형 씀.[91]

　당 학교 졸업을 2개월 정도 앞두고 쓴 준채의 편지는 구절구절마다
희망과 의욕으로 넘치고 있다. 하지만 "맑고 푸르러 하얀 구름이 뜬가
하면 다홍빛 노을은 짙어지는" 6월도 모스크바와 평양의 6월로 찢어
지고 있었다. 동생의 동향을 짐작조차 할 수 없었던 준채는 동생에서
귀국 날짜를 물으며 안부를 전하고 있다.

　"얼마나 갈망하던 이날인가. 우리가 언제나 꿈꾸던 진정한 인민을

---

91) 수신인 주소는 전과 마찬가지로 모스크바 드미트롭스크 뻬레울록 돔 6 크
　바르찌르 29.

위한 예술을 창조하고 조국에 대한 사랑을 노래 부르려는 작품을 이제부터서는 오직 창작의 길, 당과 국가의 배려로 좋은 환경에서 학습한 보람 있는 답례를 이제부터 해야 할 것이며 또 너는 그것을 충분히 거행할 줄로 안다. 그리고 나의 만드는 영화에 조선적인 선율, 리듬이 풍부한 네 음악이 씌워질 것을 나는 무한이 고대한다. 같이 힘을 합해 좋은 작품을 창작하자꾸나."

6월은 이렇게 찢어지고 있었다. 준채가 "네가 오면 있을 방을 네 형수는 꾸민다고 야단이다. 지금 산상에까지 수도를 끄는 공사에 한창이다."라고 쓰고 있을 때 동생 추는 이미 평양으로의 귀환을 포기하고 망명 허가가 나길 기다리고 있었다. 그런 줄도 모르고 준채는 동생을 맞이하는 새로운 각오와 포부를 밝히고 있다. 「조선의 어머니」, 고리키의 「어머니」 같은 그런 작품과 1930년대의 조선의 노동운동의 면모를 그려보고 싶다. 기타 의사들의 세계, 제2세들을 위한 교원들의 세계도 그려보고 싶다."라고. 이 즈음, 추는 하숙집에서 전보를 받았다.

1958년 8월 말 하숙집으로 전보가 왔다. "당신의 편지를 받고 장기체류, 즉 정치적 망명이 허가되었으니 인차 오비르(외국인 등록부)로 출두하라"는 내용이었다. 나는 편지가 흐루쇼프 서기장과 보로실로프 위원장에게 전달됐음을 직감했다.

지정된 날짜에 외무성 오비르 사무실에 갔더니 사무관인 카피차가 "무국적 공민권을 주는 대신에 모스크바에서의 거주를 금하므로 소연방 어디든 망명지를 선택하라"고 말했다.

나는 카자흐스탄 수도 알마티를 선택했다. 알마티는 1937년 스탈린의 강제이주 명령에 의해 연해주나 원동 지역으로부터 강제로 실려 온 수많은 한인들이 살고 있는 집단거주지였다.[92]

---

92) 정추, 구술회상기, 「알마티의 기둥」.

정추를 비롯한 모스크바 잔류파들은 비슷한 시기에 모두 무국적 공민증을 받았다. 이들은 소련외무성 외국인등록부에 출두해 담당관을 개별적으로 만나 망명지를 결정했다. 소련외무성은 북한과의 외교 관계를 고려할 때 이들에게 모스크바를 제외한 다른 지역으로 해산해 정착하도록 조치했다. 그로부터 한 달 후 준채는 동생의 답장을 받았다.

존경하는 형님에게

그동안 소식을 전하지 못하여 대단히 걱정하시고 계실 줄 압니다. 형님은 물론 건강히 계시며 또 사업에서도 많은 성과를 거두시고 계시리라 믿습니다. (…)

오늘날 쏘련은 모든 흉악한 침략세력도 조금도 거리낌 없이 이니찌아찌보[93]를 확보하고 있습니다. 특히 20차 당 대회 이후의 정책은 전 인민의 환영을 받고 새 세기를 이루며 나가고 있습니다. 요즈음은 21차 당 대회를 앞두고 인민들의 앙양된 기세가 대단합니다. 이렇게 어데서나 영명한 공산당의 정책은 인민들을 승리에로 끌고 갑니다. 저는 6년 이상 쏘련의 모든 면을 배우고 또 배웠습니다. 오늘날 진정한 데모크라찌가 꽃 피고 있는 쏘련은 자유로운 인민의 나라라는 걸 또 다시 느낄 수 있습니다. (…)

저는 여기서 창작의 절대적 자유를 보장받고 활동하고 있습니다. 여기 있는 한 하나라도 더 많은 창작품을 쓰고 가지고 돌아갈 결심입니다. 저의 거의 대부분의 작품이 출판되었으며 연주되고 있습니다. (…)

유감스러운 것은 우리 조국에서 울려보지 못한 것입니다. 반드시 머지 않은 장래에 평양에서 들을 수 있을 겁니다. 여기 이 도시의 자연 풍경은 어데서도 아직 그 웅장성을 찾아보지 못했습니다. 알마아타는 고원 지대

---

93) 이니셔티브: 기득권.

에 놓여 있으며 한 여름에도 영원한 흰 눈을 머리 위에 쓴 알라따우 산맥이 웅장한 그 어깻죽지로서 이 도시를 둘러싸고 있습니다. 도시는 바둑판처럼 정리된 근대적 도시이며 거리엔 백 년이 넘을 만한 참나무, 포플러 등이 즐비하여 집들이 숲 속에 감춰져 보이지 않습니다. (…)

여기서 반드시 알라따우 심포니가 창조될 것입니다. 모든 것은 건강입니다. 형과 가족들이 첫째 건강하셔야 합니다. (…)

1958년 9월 6일.

아우 추 올림.

답신을 받은 준채의 심정이 어떠했는지는 정확히 알 수 없다. 다만 발신지가 모스크바가 아니라 뜻밖에도 카자흐스탄 알마티인 것을 확인한 순간, 놀란 가슴을 쓸어내렸을 것임은 짐작이 가고도 남는다.

알마티는 아시아와 유럽을 잇는 실크로드의 한 거점 도시이자 초원의 도시였다. 노천시장에 과일이며 싱싱한 채소가 넘쳐나고, 좌판엔 쇠고기와 양고기, 그리고 후각을 자극하는 향신료들이 즐비한 이국적 정취의 도시였다. 모스크바가 이념과 투쟁으로 수놓은 흑백의 도시라면 중앙아시아 알마티는 색채의 도시라고 말할 수 있을 것이다. 추는 알마티의 첫 감흥을 준채에게 가감 없이 전하고 있다.

"여기 이 도시의 자연 풍경은 어데서도 아직 그 웅장성을 찾아보지 못했다"라든지 "알마아타는 고원 지대에 놓여 있으며 한 여름에도 영원한 흰 눈을 머리 위에 쓴 알라따우 산맥이 웅장한 그 어깻죽지로서 이 도시를 둘러싸고 있다"라든지 "도시는 바둑판처럼 정리된 근대적 도시이며 거리엔 백 년이 넘을 만한 참나무, 포플러 등이 즐비하여 집들이 숲 속에 감춰져 보이지 않습니다"라든지 처음 접한 중앙아시아의 고도(古都) 알마티에 대한 예찬을 동생은 늘어놓고 있다. '알라타우'는 터키어로 여러 가지 빛깔을 의미하며 카자흐스탄을 동서로 분할하는 거대한 산맥이다. 길이 450km. 최고봉은 베스마칸산(해발 4464m). 서쪽은 일리 강의 동쪽에서 시작하여 차차 고도를 높이다가 나란히 뻗은 3~4개의 산맥을 이루며 동쪽 끝은 중국과의 경계에 맞닿아 있다. "여기서 반드시 알라따우 심포니가 창조될 것"이라는 대목에서 준채는 만감이 교차했을 것이다.

그건 민족을 떠난 예술가가 어떻게 좋은 작품을 창작할 수 있느냐는 질문과 상통한다. 평양은 강화된 민족예술론을 토대로 모든 문화예술사업이 펼쳐지고 있었다. 준채 역시 동생에게 민족을 떠나서는 예술을 할 수 없다고 누누이 강조해왔다. 그런데 '알라따우 심포니'라니. 준채의 가슴은 알라따우 산맥이 짓누르는 고통을 진정시키느라 많은 시간이 필요했다. 모스크바 주재 북한대사관도 추의 망명을 모를 리 없었다. 하지만 추는 망명 직전에 자신의 북한공민증을 대사관에 반납했고 이에 따라 북한대사관도 북한공민이 아닌 사람을 소환하거나 다른 조처를 가할 수 없는 입장이었다.

6. 「밀림아 이야기하라」─평양 1959년

동생이 알마티에 정착한 지 거의 1년이 되도록 준채는 답장을 보내지 않았다. 추에게 있어 준채의 무소식은 희소식이 아니었다. 오랫동안 답장이 없다면 그건 숙청을 당했음을 의미할 터다. 그런 불길한 생각이 들 무렵, 준채에게서 답장이 왔다.

추에게
네 편지를 반가이 잘 받아보았다. 소련 유학생 당 조직원 동무의 친절한 배려로 너를 만난 듯 너에 대한 이야기를 잘 들었고 편지도 받아보았다. 건강하다니 반가웁다. 우리들도 다 건강하니 안심해라. 너는 거기서 내 걱정을 많이 하는 모양인데 내 걱정은 할 필요도 없다. 너 때문에 내가 여기서 무슨 고통을 받을 리가 있겠니. 그런 쓸데 없는 걱정은 말아라. 그런 걱정을 하는 것 보니 형을 잊지는 않은 모양이구나. 소식을 몰라 답답해한다니 앞으로는 자조 하겠다.

나는 다만 너를 생각하기만 하면 가슴이 답답하다. 작년에 네 편지가 그렇게 올 줄은 꿈에도 몰랐다. 그 편지 사연은 사람의 가슴에 못을 박아 놓은 듯 했다. 너는 이 편지에 진정한 당원으로서 조국에 이바지하겠다고 썼다. 매우 듣기 반가웁다. 진정으로 네가 그렇게 생각든다면 조국으로 돌아와서 일을 해야 할 게 아닌가. 너와 나의 의견이 다르다니. 같은 어머니 뱃속에서 나온 사람이 같은 목적을 지향하여 우리 조국을 사회주의 국가로 건설하는데 나아가는 우리가 당원으로 당의 부름에 따라 계속 전진. 계속 헌신하여 나가는 당의 붉은 전사로서 무슨 의견차이가 있는가 말이다.

너는 지금 창작을 하며 교편생활을 한다지. 너의 창작이 누구를 위한 창작이며 무엇을 바탕으로 그 창작이 이루어져 가고 있는가 말이다. 너는 우리 당과 국가에서 공부를 시켜 준 사람이다.

너는 조선 사람이란 말이다. 조선이란 아름다운 조국이 없이 네가 무엇에 근거한 창작활동인가 말이다. 나는 여기서 네 곡을 듣지 못한 게 한이다. 우리 가족은 물론 동무들도 만나면 네 말이다. 사실 듣기 바쁘다. 나로선 무어라 말할 재간이 없다.

우리의 강토가 어떻게 변하고 있는지 너는 지금 상상치도 못하리라. 평양은 민주 수도로서 지난날의 면모는 찾을 길도 없다. 현대적인 대도시로서 그 면모가 일신되었다. 아마 옛날의 평양을 안 사람은 오늘의 평양을 보면 그 변모된 모습을 보고 우리 당의 위대한 위력을 느낄 것이다.

공화국 북반부의 각 도시는 지금 이렇게 변하고 있다. 도시만이 아니라 농촌도 산간벽지까지도 그 면모가 변해가고 있다. 우리는 지금 지상의 락원을 건설하고 있다. 왜 너는 이 위대한 건설에 참가하지 않고 뭘 하겠다는 말이냐.

네가 돌아오면 얼마나 귀중한 존재로 되는지 아느냐. 너는 반드시 돌아와야 가치 있는 인간이 될 수 있다. 당원으로서 네가 말한 진정한 당원으로서 위대한 조국 건설에 꼭 참가해야 한다.

당과 국가의 배려를 그만치 받았으면 떳떳하게 너도 보답해야 할 것이 아니냐. 무슨 의견이 있다고 그러는지 나는 도모지 모르겠다. 좋은 일을 하고 싶다고 너는 말했지. 당과 조국을 위하여 우리의 투쟁이 있을 뿐이다. 이 편지를 받으면 곧 돌아올 것을 바란다. 그리고 돌아와서 나의 연출하는 작품에 좋은 곡을 써서 훌륭한 작품을 만들어 보자구나.

너도 그 말을 잊지 않고 하더라고 당 조직원 동무가 말하더라. 나는 체육에 대한 예술영화 시나리오를 합작으로 집필하여 천연색으로 촬영 중에 있다.[94] 3월 달엔 송영 작 「밀림아 이야기하라」 가극을, 오페라 영화를 제작하였다. 우리의 혁명 전통을 형상한 아주 좋은 작품이다.

체육영화가 이달 중으로 끝나면서 여자 굴진공을 주인공으로 한 광산 노동자의 생활을 그린 영화 「참나무」를 촬영하게 된다. 시나리오도 준비되어 있다. 너 때문에 나는 아무런 고통을 받음이 없이 이렇게 작품들을 창작하고 있으니 아무 걱정 말고 돌아와서 같이 일하기 바란다. (…) 네가 돌아올 데 대한 만반의 준비를 다하겠다.

1959년 8월 21일.

형 준채.

정준채는 과거에 동생을 호명하면서 '존경하는' 또는 '친애하는' 등의 수사를 썼던 데 비해 이 편지는 '추에게'라고 단순하게 시작하고 있다. 그만큼 편지의 문체는 이전과 사뭇 다르다. '편지검열'을 의식한

---

94) 이 편지와 함께 동봉된 정준채의 부인 임옥순의 편지에 따르면 체육에 대한 영화는 「우리 공장 선구들」이란 집체 창작 시나리오로 보인다.

▶ 정준채(아랫줄 중앙)를 중심으로 시계방향으로 외동딸 현순, 1남 훈, 훈의 아내 추정(성명 미상), 3남 대하, 2남 태양, 4남 현, 5남 철ⓒ정철훈

문체가 엿보인다. "소련유학생 당 조직원 동무의 친절한 배려"는 평양에서 소련유학생을 전담하는 당 조직원을 면담했는데 뜻밖에도 "너를 만난 듯 너에 대한 이야기를 잘 들었고 편지도 받아보았다"는 것이다. 이는 모스크바 주재 북한대사관이 정추의 행적을 파악하고 있었고, 그 내용은 즉각적으로 '소련유학생 당 조직원'에게 전달되었음을 의미한다. 추는 요주의의 인물이었고 그의 동향은 어떤 방식으로든 감시를 받았다. 어쩌면 추의 편지 역시 소련과 북한의 경계를 넘어 북한의 국제우편국에 도착하는 순간부터 내부검열을 받았을 가능성이 높다. 검열을 거친 뒤에야 편지는 형 준채에게 전달되었을 것이고 그 내용은 당 조직원에게도 공유되었을 것이다. 준채가 답장을 쓰는 데 1년이라는 긴 시간이 걸린 것은 소련유학생에서 탈북 유학생이자 정치적 망명

자로 신분이 바뀐 추를 포함한 10명의 소련잔류파들에 대한 당 차원의 대책을 세우는데 그만한 시간이 걸렸기 때문으로 짐작할 수 있다. 편지 검열을 거쳐 내부 논의를 하는데 상당한 시간이 걸렸을 터이다.

준채의 편지는 예전에 비해 매우 냉정하고 사무적으로 변해있다. "내 걱정은 할 필요도 없다.", "편지 사연은 사람의 가슴에 못을 박아놓은 듯 했다.", "당의 붉은 전사로서 무슨 의견차이가 있는가 말이다.", "너는 우리 당과 국가에서 공부를 시켜 준 사람이다.", "떳떳하게 너도 보답해야 할 것이 아니냐.", "곧 돌아올 것을 바란다." 등의 문장은 송곳이 되어 정추를 깊이 찌르고 있다. 아니, 먼저 송곳으로 찌른 쪽은 동생일지 모른다. "작년에 네 편지가 그렇게 올 줄은 꿈에도 몰랐다. 그 편지 사연은 사람의 가슴에 못을 박아놓은 듯 했다."가 그것이다.

준채는 동생의 귀국을 다시 한 번 종용하고 있다. "당과 국가의 배려를 그만치 받았으면 떳떳하게 너도 보답해야 할 것이 아니냐. 무슨 의견이 있다고 그러는지 나는 도모지 모르겠다. 좋은 일을 하고 싶다고 너는 말했지. 당과 조국을 위하여 우리의 투쟁이 있을 뿐이다. 이 편지를 받으면 곧 돌아올 것을 바란다."고 동생의 귀환을 촉구하고 있다.

편지에 따르면 1959년 8월 준채의 영화 활동은 "체육에 대한 예술영화 시나리오를 합작으로 집필하여 천연색으로 촬영 중에 있"으며 "3월 달엔 송영 작 「밀림아 이야기하라」 가극을 오페라 영화로 제작하였으며 여자 굴진공을 주인공으로 한 광산노동자의 생활을 그린 영화 「참나무」를 촬영할 예정이다.

동생의 망명에도 불구, 평양의 준채는 여전히 현역에서 영화 제작에 한창이었다. 이 가운데 「밀림아 이야기하라」는 「꽃 파는 처녀」·「피바다」·「당의 참된 딸」·「금강산의 노래」와 함께 북한의 5대 혁명가극 중

하나로 꼽힌다. 이 작품은 극작가 송영[95] 원작 「애국자」(1956, 원제 「백두산은 어데서나 보인다」)가 무대에서 공연되어 좋은 반응을 얻자, 「밀림아 이야기하라」(1958)라는 제목의 가극으로 각색되었다. 그런 만큼 준채가 「밀림아 이야기하라」의 연출을 맡은 것은 동생의 망명에도 불구, 여전히 당의 신임을 받았음을 의미한다.[96]

「밀림아 이야기하라」의 줄거리는 일제강점기 때 구장(區長)인 주인공 최병훈이 겉으로는 일제에 개(狗)처럼 충성하지만 속으로는 일제의 토벌대를 교란하고 항일무장투쟁을 하는 김일성(金日成) 부대에 협조하여 일제의 토벌대를 격파한다는 내용이다.

북한에서는 이 작품을 "수령에 의하여 육성된 공산주의 혁명가들의 투철한 혁명정신과 영웅적 투쟁에 대한 영웅 서사시적 화폭을 통하여 수령이 밝혀준 정치적 생명에 관한 위대한 사상의 진리를 예술적으로 심오하게 일반화하고 있다"라고 평가한다. 주제가인 「설레이는 밀림아 이야기하라」와 삽입곡 「혁명하는 길에서는 살아도 죽어도 영광이라

---

95) 송영(1903~1978): 본명 무현(武鉉). 서울 출생. 배재고보 중퇴. 1922년 무산문화운동 단체 염군사에 참여했으며 1922년 일본으로 건너가 공장 노동자로 전전하면서 현장 경험을 쌓았다. 귀국 후인 1925년 7월 『개벽』 현상문예에 송동량(宋東兩)이란 이름으로 응모한 「늘어가는 무리」가 3등으로 입선하면서 본격적인 창작활동을 시작했다. 1925년 조선프롤레타리아예술동맹에 참여했고 1931년 카프 1차 검거사건과 1934년 2차 검거사건 때 검거되었다. 광복 후 조선프롤레타리아연극동맹에 잠시 관여하였다가 1946년 월북하였다. 월북 후 북조선연극동맹 위원장을 맡았고 노동 계급의 새로운 정신도덕적 풍모를 형상한 희곡 「자매」(1949), 「나란히 선 두 집」(1949) 등을 썼다. 한국전쟁시기에 종군작가로 활동했고 1950년대 후반 대외문화연락위원회 위원장, 최고인민회의 상임위원회 위원, 조선작가동맹중앙위원회 상무위원 등을 역임했다.(권영민 편, 『한국현대문학대사전』 2004. 네이버 지식백과 참고)

96) 「밀림아 이야기하라」는 1972년 혁명가극 제작 붐을 타고 김정일의 지도 아래 다시 각색되었고 집체작으로 무대에 올려졌다.

네」, 「홀로 핀 진달래」등이 유명하다.

「밀림아 이야기하라」는 제목은 북한에서 널리 불리는 「김일성 장군의 노래」2절에 나오는 "만주벌 눈바람아, 이야기하라/ 밀림의 긴긴밤아, 이야기하라"에서 따온 것이다.[97] 주인공은 조선인민혁명군 지하공작원인 최병훈이다. 적 통치구역에 파견된 최병훈을 통해 외형상으로는 '구장' 노릇을 하면서 혁명임무를 수행하는 과정을 극적 정황 속에서 보여준다.

최병훈과 최병훈의 진심을 모르는 딸을 포함한 마을 사람들, 그리고 일본군들의 삼각 갈등을 축으로 하여 이야기가 전개되고 있지만, 결말부분에서 일본인 부대를 파괴한 마을 사람들이 최병훈의 진심을 알게 되어 해결된다. 작품의 대단원은 마을 청년들이 김일성 장군이 이끄는 조선혁명군에 입대하는 장면으로 끝이 난다. 다만 작품 결말에서 최병훈이 마을 청년들을 김일성 장군이 이끄는 조선혁명군에 입대시키는 장면은 1956년 이후 김일성 개인숭배를 강화하기 위한 다른 작품과의 차별성이 거의 보이지 않는다.[98]

김일성은 1958년 10월 14일 행한 연설 「작가, 예술인들 속에서 낡은 사상 잔재를 반대하는 투쟁을 힘있게 벌릴데 대하여」에서 "낡은 사상인 자본주의 사상의 잔재를 청산하고 공산주의 사상으로 무장시키는 것을 기본적 임무"라고 밝히며 "당과 당파 혁명을 위하여, 인민을 위하여 복무하는 영화인"을 칭찬하며 모범으로 규정하였다.[99] 또한 예술인은 무조건 철저하게 반성하고 최대한 빠르게 자신에게 남아 있는 자본주의 사상의 잔재를 없애버려야 될 뿐만 아니라 공산주의 사상 교육

97) 권영민 편, 『한국현대문학대사전』, 2004. 네이버 지식백과.
98) 유우, 『북한과 중국의 영화교류사』, 박이정, 2018, 51~52쪽.
99) 유우, 위의 책, 52쪽.

을 제대로 받으면서 당의 정책을 관철하고 사회주의 건설을 위해 몸 바치는 투사이자 근로자가 되는 과업을 강조하였다.[100]

준채가 동생에게 보낸 편지 내용에 이러한 김일성의 교시를 연상할 수 있는 발언들이 반복되고 있음은 주목할 부분이다. 이 때는 1959년 4월 '조선작가동맹중앙위원회 제4차 전원회의'에서 「공산주의 교양과 우리 문학의 당면 과업」이라는 결정서가 채택된 직후이다.[101] 이 결정서를 통해 위원회는 서만일을 비롯해 윤두헌, 안막 등을 겨냥해 부르주아 작가라고 집중적으로 비판했다. 김일성은 제4차 조선작가대회를 통해 자신의 정치적 적대세력이 누군가를 명확하게 구분하고 그의 유일지배체제를 강화했다. 일본 유학 동창인 서만일과 전 문화부상 안막에 대한 비판을 지켜본 준채로서는 동생에게 당성, 계급성, 인민성이라는 북한 문화예술 창작의 핵심을 강조한 것으로 보인다.

이는 김일성이 1958년 1월 17일 영화예술인 앞에서 행한 「영화는 호소성이 높아야 하며 현실보다 앞서 나가야 한다」라는 연설 중 "당성은 곧 로동계급성, 인민성이며 당성을 떠난 로동계급, 인민성이란 있을 수 없습니다. 따라서 당성이 부족하면 로동계급과 인민을 위하여 몸 바쳐 싸울 수 없습니다."[102]라고 당성, 계급성, 인민성의 관계를 천명한 것과 맥락을 같이 한다.

편지는 "네가 돌아올 데 대한 만반의 준비를 다하겠다."로 맺는다. 이것이 마지막 편지가 될 줄은 아무도 상상하지 못했을 것이다. 그런데 마지막 편지가 되고 말았다.

---

100) 유우, 위와 같음.

101) 유우, 위와 같음.

102) 유우, 위의 책, 53쪽.

7. 「황해의 노래」-평양 1960년

준채는 1960년 「황해의 노래」의 연출을 맡았다. 『황해의 노래』는 박
팔양[103] 원작의 서정시집으로, 1957년 11월 탈고되었고 1958년 2월 1일
조선작가동맹출판사에서 1만부를 발행하였다. 표지 장정은 황해가 바
라다 보이는 해주 룡당포 구녕바위 고지를 수채화로 그려 넣었다. 『황
해의 노래』는 1958년 창극으로 각색되어 공연되었고 호평을 받았다.
호평에 힘입어 영화 제작이 결정되었던 것이다.[104] 박팔양은 서정시집
『황해의 노래』 서문에 이렇게 썼다.

나는 1957년 4월 어느 날 조옥희 동지가 조국에 몸을 바친 현장인 해
주 룡당포 구녕바위 고지 우에 서있었다. 이 고지 앞바다에는 서해의 물

---

103) 박팔양(1905~1988):경기도 수원 출생. 1923년 『동아일보』 신춘문예에
시 「신의 주(酒)」가 당선되어 문단에 등단. 경성법학전문학교 재학 시절
정지용·박제찬 등과 함께 동인지 『요람』 간행. 1924년 『조선일보』 사회부
기자를 거쳐 1928년 『중외일보』·『조선중앙일보』의 사회부장을 지냈으며,
1934년 '구인회'에 참여했다. 이어 만주로 건너가 『만선일보』 학예부장을
지내다 해방을 맞아 귀국했다. 1946년 조선공산당에 입당했고, 조선문학
가동맹에 가입했다. 평안북도 당위원회 기관지 『바른말』 신문사 편집국
장, 북조선문학예술총동맹 중앙위원을 지냈다. 1946~49년 당중앙위원
회 기관지인 『정로』의 편집국장 및 그 후신인 『노동신문』의 편집국장과 부
주필 등을 지냈다. 1949년 김일성종합대학 어문학부 신문학과 강좌장이
되었으며, 1950년 6·25전쟁 초 종군작가로 활약한 공을 인정받아 국기
훈장 3급을 받았으며, 1951년 김일성종합대학에 복직했다. 1956년 조선
작가동맹 부위원장, 1957년 최고인민회의 대의원, 1958년 조소친선협회
중앙위원을 역임했다. 1966년 반당종파분자로 숙청되어, 이후의 행적은
알려지지 않는다.(한국민족문화대백과, 한국학중앙연구원)
104) 김은정, 「북한의 영웅서사, 60년의 간극-조옥희를 중심으로」, 『민족문학
사연구』 2016, 60호. 475쪽.

결이 설레이고 파도는 쉬임없이 고지의 기슭을 치면서 흰 거품을 밀어 올리고 있었다. 물결은 그 무엇인가를 노래하면서 고지 기슭에 몸부림치듯 부딪치고 있었다. 노래는 장엄하나 그러나 어딘지 모르게 슬픈 여운을 감추지 못 하는 듯하였다. 나는 룡당포구로 밀려오는 황해의 물길이 조옥희 동지를 비롯한 황해도 애국 빨치산들의 고귀한 희생을 노래하고 있는 것만 같았다. 여기에서 나는 다시 마음을 가다듬고 나의 부족한 재질에 채찍질하면서 또 나의 무딘 붓끝을 갈아가면서 좀 더 폭넓게 조옥희 동지를 비롯한 황해도 빨치산들의 투쟁을 노래하여 보려고 결심하였다. 이리하여 약 반년 가까이 틈틈이 시간을 내어 써서 이루어 놓은 것이 이 서정서사시 『황해의 노래』이다.[105]

『황해의 노래』는 서곡에 이어 모두 15장으로 이루어진 시집이다. 1장-지남산, 2장-빨치산, 3장-광야의 이리떼, 4장-안나그네 길을 간다, 5장-눈물 대신 붉은 피가, 6장-지주의 땅은 없다, 7장-고난의 정찰 길에서, 8장-습격의 밤, 9장 부서지는 창고간, 10장-대응 없는 진지, 11장-숲속의 혈전, 12장-조국의 딸들, 13장-악형 속에서, 14장-어머니 땅 우에 그가 쓰러짐, 15장-승리의 날에,

▶ 박팔양 서정 서사시 『황해의 노래』
표지ⓒ정철훈

그리고 저자 약력이다. 이 가운데 '13장-악형 속에서'는 황해도 지남산 빨치산 정찰대원인 조옥희가 미군의 포로가 되어 고문을 받고 쓰러

---

105) 박팔양, 서성 서사시 『황해의 노래』, 조선작가동맹출판사, 1957., 3~4쪽.

진 장면에 대한 묘사이다.

"해주시 미군 사령부 간판 붙은 집/ 어두운 지하실 세멘트 바닥에/ 피로 얼룩진 군복을 벗기운 조옥희 알몸으로 누워있다// 전신에 악형 당한 상처 드러나고/ 열 손끝 열 발끝에 붉은 피 흐른다/ 목숨 끊었는가 살아는 있는가/ 조옥희 숨 진듯 누워있다// (중략)// 이때 검은 안경 뒤집어 쓴 양키/ 통역놈 데리고 지하실 문 연다/ 마치 도살장 드나드는 백정처럼/ 서슴도 없이 성큼성큼 들어온다// 두 놈이 수군수군 귓속말 하더니/ 양키 장교놈 무지한 구두발길로// 옷 벗고 피 흐르는 조옥희 몸을/ 걷어차며 "일어나라!" 소리 친다"('13장–악형 속에서')[106]

미군이 사진기를 들이대며 조옥희를 찍으려 하지만 조옥희는 별안간 미군의 몸을 밀치며 사진기를 머리로 받아넘기고 저항하는 장면으로 이어진다. 미군은 다시 그를 지하실로 끌고 가 두 눈동자를 뽑아내는 악형을 가한다. 그는 고지 위의 형장에 서서 최후를 맞이한다.

"두 눈 안보이건만 그의 앞에/ 해보다 더 찬란한 광명 보이며/ 조국 강산이 그림처럼 떠오른다/ 五각별 공화국 깃발이 휘날린다"('14장–어머니 땅 우에 그가 쓰러짐')[107]

박팔양은 조옥희를 미군의 고문에도 굴하지 않은 빨치산 영웅으로 형상화했다. 1950년 6월 30일에 제정된 북한 최고의 칭호이자 최고 훈장의 명칭은 '조선민주주의인민공화국 영웅'이다. '공화국 영웅'의 경우 동상건립은 물론이고 출신 학교명도 공화국 영웅의 이름으로 변

---

106) 박팔양, 앞의 책, 85~90쪽.
107) 박팔양, 앞의 책, 95쪽.

경된다.[108] 조옥희는 정규군이 아닌 유격대원이었에도 불구하고 혁명열사릉에 안치되었다. 조옥희는 1950년 하반기 황해남도 지남산 인민유격대로 활동하다 정찰 임무 중 미군에게 체포되어 고문을 당하다가 사망한 것으로 알려져 있다. 그는 1951년 3월 7일 최고인민회의 상임위원회의 정령으로 첫 여성 '공화국 영웅'이 되었다.

▶ 박팔양©정철훈

조옥희의 영웅적 죽음은 그의 사망 5개월 만에 임순득에 의해「조옥희」(1951)라는 단편소설로 창작되어『문학예술』에 실린다. 그리고 1년 후에는 리북명에 의해「조선의 딸」(1952)이라는 중편소설로 창작되었다. 시집으로의 형상화는 박팔양의『황해의 노래』(1958)가 최초였다. 하지만 조옥희의 영웅서사가 영화로 제작된 것은 휴전 직후인 1954년 문예봉 주연의「빨치산 처녀」가 처음이었다.「빨치산 처녀」는 1952년 6월 김일성의 전쟁영웅을 형상화한 문학예술작품을 만들라는 교시에 따라 제작되었다. 연출은「소년 빨치산」과「향토를 지키는 사람들」을 연출한 윤용규가 담당했으며 시나리오는 김승구가 집필했다.[109] 이 영화는 1953년 장춘 동북영화제편창에서 제작이 시작되었으나 1953년 7월 휴전협정의 체결과 1953년 11월 북한국립영화촬영소의 모든 영화인들이 귀국함으로 인해 제작이 일시 중단되었다. 전후 국립영화촬영소가 다시 평양으로 옮겨옴에 따라 제작이 재개되었다. 1954년 8월 김일성은 완성된 필름을 감상하고 "지난 조국해방전쟁 시기 고향땅에 기어든 미제 침략자들을 반대하여 용감히 싸운 조옥희 영웅을 원형으

---

108) 김은정, 위의 글, 476쪽.

109) 유우, 앞의 책, 265쪽.

로 하여 만들었는데 영화의 주제와 사상이 좋습니다."라는 말로 높이 평가했다.[110] 그럼에도 불구하고 이 영화는 다른 나라의 영화와 비슷한 장면이 있다는 김일성의 또 다른 지적을 받았다. 그래서 몇 몇 장면들은 다시 촬영하였고 새롭게 형상화되었다.

1954년 12월 28일 김일성은 수정된 새 작품을 다시 감상한 후에 "우리는 앞으로 어떤 영화를 만들든지 절대로 남의 영화의 본을 따려고 하지 말고 우리 인민의 요구와 지향에 맞게 만들어야 하겠습니다. 그래야 인민들이 우리 영화를 보고 좋아합니다."라며 이전의 문제들이 개선되었다는 긍정적인 평가를 내렸다.[111] 「빨치산 처녀」가 북한에서 상영되었을 때는 전후복구 시기였다. 영화가 상징하는 것은 북한인민들로 하여금 승리의 열매가 쉽게 이루어진 것이 아닌 당의 열사들이 선혈을 흘려 얻은 대가라는 사실을 상기시키며 어떤 난관에도 굴하지 않고 적극적으로 극복하여 아름다운 조국과 새 생활 건설에 매진하도록 고무하는 것이었다.

그런데 준채가 연출을 맡은 「황해의 노래」는 「빨치산 처녀」(1954)의 뒤를 이어 6년 만에 제작하는 조옥희 영웅서사의 재현이었다. 이미 호평을 받은 전작이 있는 영웅서사가 다시 영화로 제작된 것은 박팔양의 원작이 그만큼 높은 평가를 받았기 때문으로 짐작된다. 하지만 영화를 연출하는 준채의 입장에서는 한번 재현된 표상에 대한 재현이기에 심적 압박이 그만큼 컸을 것이라고 짐작될 뿐, 「황해의 노래」의 구체적인 정보는 알려지지 않고 있다.

다만 이런 일화가 있다. 휴전 직후 장춘에서 촬영 중이던 「빨치산 처녀」의 제작 중단을 맞은 문예봉은 1951년 준채와 함께 체코슬로바키

---

110) 유우, 위와 같음.
111) 유우, 앞의 책, 266쪽.

아를 다녀오는 길에 소련을 경유하였다. 소련에서 귀환한 문예봉은 "소련에는 자살하는 사람이 많아 경비들이 막고 서 있더라"고 말한 것이 화근이 되어 반소분자로 몰렸다. 정작 문예봉 자신은 기억에도 없는 사소한 말 한마디가 문제가 됐던 것이다.

촬영소에 돌아온 나는 촬영소에 같이 있던 한 녀성으로부터 쏘련에 자살하는 사람이 있느냐는 질문을 받은 적이 있었다. 너무도 생뚱같은 물음이였기에 잠시 어정쩡해있던 나는 그런 것은 잘 모르겠는데 쏘련에서는 사람들의 생명안전을 매우 중심한다고 말하면서 내가 고리끼공원에서 보고들은 것을 이야기해주었다.

그 이야기인즉 공원의 한 옆으로 강이 흐르고 있어 그 강을 구경하기 위해 가까이 다가서려고 하였더니 한 안전원이 나의 안전을 위해 만류하더라는 것이였다. 그런데 어떻게 된 감투끈인지 이 말이 완전히 와전되여 내가 쏘련에서는 자살하는 사람이 너무 많아 안전원들이 사람들이 강가에 다가서는 것을 막더라는 것으로 반쏘선전을 했다는 것이였다.

너무도 허황하고 억이 막히는 사실 앞에서는 나는 아연실색하지 않을 수 없었다. 그렇다고 버선목이라고 뒤집어 보일수도 없는 노릇이였다. 그때의 억울했던 심정을 지금도 잊을 수가 없다. 그러던 어느 날 당중앙위원회에서 한 일꾼이 촬영소에 내려와 나를 만난 자리에서 당중앙은 동무에 대하여 그렇게 생각하지 않는다고, 무엇 때문에 동무가 반쏘를 하겠는가고 하면서 다른 걱정을 하지 말고 일을 잘하

▶ 평양혁명열사묘지의 최승희 묘비
©NEWSIS

라고 고무해주는 것이었다. 후에 판명되었지만 이것은 나를 모함하기 위한 비렬한자들의 작간이었다.[112]

이 일화는 북한에서 영화예술에 종사한다는 것이 얼마나 어려운지를 여실히 보여준다. 평양국립영화촬영소는 영화를 제작하는 공간이자 인간의 영화(榮華)가 하루아침에 뒤바뀔 수 있는 가공할 위력의 언도도단이 도사리고 있는 위험천만한 공간이었다. 이에 비유하자면 동생의 소련 망명에도 불구하고 준채가 「황해의 노래」를 연출했다는 것은 숱한 모함과 비방이 난무하는 영화계의 혼란상에도 불구하고 적어도 1960년까지는 김일성의 신임을 받았다는 것을 말해준다.

『조선중앙연감』에 따르면 준채가 연출한 마지막 작품은 「영광스런 우리 조국」(1960)이다. 하지만 단독 연출이 아니라 민정식 등과 함께 연출한 집체작이었다. 「영광스런 우리 조국」은 남편 안막의 숙청과 함께 활동을 정지당한 무용가 최승희가 1년 간 자숙하면서 창작한 가극이다. 이 가극으로 최승희는 조선무용가동맹위원장으로 복귀해 1967년까지 활동했으나 1968년 사망한 것으로 알려져 있다.

최승희의 숙청은 이른바 '주체무용'을 확립하는 과정에서 최승희 식 무용극을 몰아내고 '피바다' 식 가극무용 시대로 옮겨가는 예술운동의 전환과 맞물려 있다. 주체무용은 김일성을 받들고 혁명을 완수하자는 이념 예술이기 때문에 최승희가 평소에 말한 "예술과 정치를 분리해야 한다."는 주장과는 상반된 것이다. 피바다 식 예술운동은 1958년 9월 중순, 평양에서 열린 각 도당 선전부장 회의에서 당 선전선동부장 이일경이 행한 최승희의 죄상 고발이 그 단초였다.[113]

---

112) 한상언, 『문예봉 傳－월북 영화인 시리즈1』, 한상언영화연구소, 2019, 94쪽.
113) 이철주, 『북의 예술인』, 계몽사, 1966, 205쪽.

일제의 잔재 사상과 자본주의 예술의 잔재가 있다.

당 조직 원칙을 경멸하고 무용학교 초급당을 무시하였다.

인민의 지지를 받을 수 없는 무용을 하였다.

최승희가 이와 같은 과오를 저지른 것은 안막의 영향이다.

이러한 성토가 있고 난 다음, 당과 행정부는 국립최승희무용연구소를 폐쇄하고 국립대학 무용학부로 개편해버렸다.[114] 이어 김일성은 스스로 교시를 통해 최승희의 반당 행위를 노골적으로 비판했다.

일부 작가 예술인들은 잘한다고 칭찬이나 하고 상이나 주어야 좋아하지 그렇지 않으면 좋아하지 않는다. 무용대가(최승희를 지칭:인용자)라고 자처하는 한 예술인은 당과 인민을 위해 일을 더 잘하라고 당에서 지도와 방조를 주었으나 그는 돈을 많이 받고 칭찬을 듣고 상을 타면 좋아하고 그렇지 않으면 불평을 부리고 시지질을 하고 자기 작품에 대한 논평을 신문에 내지 않는다고 노골적으로 불평을 부리는 데까지 이르렀다. 그는 자기만 잘난 체하면서 내세우던 나머지 마치 자기가 없으면 조선의 무용예술이 발전할 수 없는 것처럼 교만하게 행동하고 있다.[115]

김일성의 교시에서 개인을 지칭해서 비판한 것은 처음 나온 것으로, 이미 1958년부터 최승희 숙청의 단초를 엿볼 수 있는 대목이다. 또한 1959년 『노동신문』에 최승희가 대본을 쓰고 안무한 무용극 「사도성의 이야기」가 막대한 경비를 들여 최초의 천연색 영화를 만들었는데 사회주의 건설을 위한 혁명성은 약하고 복고주의와 수정주의 그리고 자본

---

114) 조선중앙통신사(1959), 『조선중앙년감-1958년 자료』, 223쪽.

115) 「위대한 수령 김일성 동지 문학예술 령도사」, 1958, 222~224쪽.

주의적 수법의 작품이라고 비꼬는 기사가 나왔다.[116]

이렇게 볼 때 정준채의 영화 여정은 최승희와 운명적으로 겹치는 부분이 많다. 고교시절, 광주에서 최승희의 무용을 처음 관람한 이래 동경을 거쳐 평양에서 다시 만나 최승희 주연의 「사도성의 이야기」를 연출했으니 최승희에 대한 비판은 곧 정준채에 대한 비판으로 이어졌을 것은 물론이다. 그럼에도 불구, 정준채는 한국적 미학이라 할 우리 춤에 대한 깊은 이해와 더불어 무대극을 영화언어로 해체하고 이를 컬러화한 시각예술의 한 사조를 이끈 선구자라 해도 과언은 아닐 것이다.

8. 정준채의 숙청과 그 후과後果

정준채는 김일성 우상화가 본격화되기 직전인 1960년을 전후해 활동을 정지당했고 1980년경 타계한 것으로 알려졌다. 하지만 동생 추가 형 준채의 숙청을 확인한 것은 알마티 정착 9년째인 1967년 봄이었다. 준채의 숙청은 추에게 말할 수 없는 충격을 주었을 것임은 물론이다. 준채는 추에게 있어 예술관 형성의 기반이었고 그를 키워낸 토양이자 또 다른 의미의 우상이었다. 준채의 숙청은 추로 하여금 북한으로의 귀환을 영영 포기하게 만들었고 '살아있는 우상'인 김일성 일인독재의 북한체제에 평생을 두고 저항하는 직접적인 계기가 되었다. 물론 동생의 망명이 먼저이고 형의 숙청은 나중이지만 추에게 있어 북한 내부의 동향과 정치적 건전성을 측정하는 바로미터는 준채였다.

내가 살고 있는 알마티 국립도서관에는 북한에서 발간되는 잡지 『조선

---

116) 정병호, 『춤추는 최승희』, 뿌리깊은나무, 1995, 344쪽.

유유히 흐르는 대동강 물 속애 모란봉의 아 □운 용자가 드러나기 시작하자 창문으로 □푸레한 새벽빛이 짙어 갔다. 밤 동안 책상 □는 설계도며 설면서들이 무더기로 쌓여 □새벽리쓰끼 동무, 그만하고 쉽시다.》

머 빙그레 웃으면서 한 두마디 배우기 시작한 조선 말로 《고맙습니다》라고 하며 일음 계속 하군 하였다. 그래도 자주 쉬라고 하린 《동무 들에게 질실하게 요구되는 촬영소가 하루라도 빨리 완성되여야 합니다. 그래야 당신들의 훌 룡한 영화를 많이 만들 수 있지요!》하면서

▶『조선영화』 1960년 8월호에 게재된 정준채 기고문 「잊을 수 없는 사람들」
©정철훈

영화』가 들어오는데 1967년 2월호에 '조선예술영화제작소 제작 주요 작품 목록'이 게재돼 있었다. 하지만 형의 이름은 한 군데도 보이지 않았다. 1957년 작 「산매」는 시나리오 작가인 한상운, 주동인과 촬영자인 박병수 만 기재되어 있을 뿐 감독인 정준채의 이름은 삭제되고 없었다. 1960년 박팔양 작 「황해의 노래」도 시나리오 작가 김승구, 촬영자 백린기로 기재 되어 있을 뿐 감독인 정준채의 이름은 삭제되어 보이지 않았다.

준채 형 뿐 아니라 형과 함께 일한 오웅탁, 고형규, 윤재영, 김기호, 리 기성, 최순흥, 최천복, 송인호(조명과장) 등의 이름도 삭제되어 있었다.[117]

『조선영화』 1967년 2월호 수록된 「조선예술영화제작소 제작 주요작 품목록」엔 '정준채'라는 이름은 눈에 띄지 않는다. 그가 연출한 적지

117) 정추, 구술 회상기, 「알마티의 기둥」.

않은 기록영화조차 '영화 반 창조성원' 제작이라고만 적혀 있을 뿐이다. 뿐만 아니라 그와 함께 일한 스태프들의 이름도 전혀 보이지 않는다. 준채의 1957년 연출작 「산매」는 시나리오에 한상운·주동인, 촬영에 박병수로 소개되어 있을 뿐이다. 1960년 작 「황해의 노래」 역시 시나리오 김승구, 촬영 백린기로 기록되어 있을 뿐 정준채의 이름은 찾아볼 수 없다. 준채 뿐 아니라 준채와 함께 입북해 초창기 북한영화 발전에 큰 공헌을 한 오웅탁·고형규·윤재영·김기호·이기성·홍필선·최순홍·송인호(조명과장) 등의 이름도 삭제되어 있다.

조선예술영화촬영소 제작 주요작품 목록[118]

No	영화명	제작 년도	시나리오	연출	촬영
1	내고향	1949	김승구	강홍식	고형규
2	용광로	1950	김영근	민정식	최순홍
3	또다시 전선으로	1952	한원래· 강호	천상인	정규완
4	정찰병	1953	한상운	전동민	
5	빨치산 처녀	1954	김승구	윤룡규	
6	아름다운 노래	1955	주동인	전동민	한창해
7	신혼부부	〃	주동인		
8	다시는 그렇게 살 수 없다	1956	리종순	천상인	박경원
9	바다는 부른다	〃	한상운		
10	행복의 길	〃	주동인	전동민	
11	어랑천	1957	한 성	윤룡규	한창해
12	잊지 말라 파주를!	〃	시나리오 창작사 집체작	최남선	
13	청춘	〃	박태홍	리석진	

118) 『조선영화』, 1967.2.(부록)

No	영화명	제작년도	시나리오	연출	촬영
14	이렇게 떨어져 살 수 있으랴	〃	한상운·양재춘	오병초	정규완
15	산매	〃	한상운·주동인		박병수
16	끝나지 않은 전투	〃	리지용	민정식	한창해
17	심청전	〃	김락섭	김락섭	박병수
18	위험한 순간	1958	한상운	손무표	백린기·정규완
19	우리 사위, 우리 며느리	〃	지재룡·리득홍	최남성	한창해·백은영
20	꼬마선장	〃	박응호·지재룡	리기성	한창해
21	어머니의 품	〃	전동민·강효순	전동민·신태욱	고형규
22	달려라 소년호	〃	박태홍	주영섭	고형규
23	전우	〃	리지용	민정식	박병수
24	그가 가는 길	〃	한상운	천상인	정규완
25	마을의 건설자	1959	김명남		하경
26	그의 소원	〃	주동인	오병초	한창해
27	애국자	〃	송영·주동인	전동민	박병수
28	밀림아 이야기하라	〃	송영	리문섭	정규완·송인호
29	북두칠성은 보이건만	〃	류기호·한상운	민정식·류호손	고형규
30	정각 9시	〃	박태홍	최남선	정규완
31	광명을 찾아서	〃	한상운	한희철	백린기
32	춘향전	〃	김승구	윤룡규	
33	준령을 넘어서	〃	리종순	최남선·손무표	한창해

No	영화명	제작 년도	시나리오	연출	촬영
34	미래를 사랑하라	〃	박승수	최남선· 천상인	박경원
35	기적이 울린다	〃	박춘택	리기성	고형규
36	빨간 댕기	〃	변희근· 신태욱	신태욱	박병수
37	행복한 거리	〃	박영희· 김재호	김기호· 강홍식	하경
38	진실한 사람들	〃	한 성	오병초	백린기
39	애정	〃	박태홍	강홍식· 손무표	박경원
40	붉은 넥타이	〃		주영섭	고형규
41	새로운 나날	〃	한상운	신태욱· 리기성	박경수
42	땅(1부 1편, 2편)	〃	리득홍	전동민	박경원
43	금산강 처녀	〃		주영섭	정규완
44	단결의 노래(1부)	〃	리북명	윤룡규	정규완
45	우리 공장선수들	〃	김명남		정규완· 하경
46	벗들이여, 우리와 함께 가자	1960	리종순	천상인	박경원
47	붉은 신호탄	〃	장병기	강홍식	송인호
48	불사조	〃	한상운	한희철	정규완
49	여성영웅광부	〃	주동인	윤룡규	
50	수정골 사람들	〃	신고송	신태욱	백은영
51	황해의 노래	〃	박팔양		백린기
52	동이 튼다	〃		전동민	하 경
53	붉은 꽃봉오리	〃	박응호	최남선	박정원
54	항쟁의 서곡	〃	주동인	강홍식	정규완
55	한 부녀회원의 이야기	〃	리득홍	손무표	박병수· 김련학
56	두만강	〃	리종순	천상인	박병수
57	대동강반에서	〃		리기성	백린기

준채의 숙청은 북한이 영화제작사업을 강화하기 위해 도입한 집체작 시대의 개막과 맞물린다. 집체작은 예술영화의 제작에 차질이 빚어짐에 따라 취해진 조치였다. 전후복구시기 북한의 예술영화의 제작은 전쟁 시기보다도 현저히 줄어든 상황이었다.

이 문제를 타개하기 위해 북한은 조선로동당 3차 대회를 앞둔 1956년 4월 2일, 「영화예술의 급속한 발전 대책에 관하여」라는 제목의 내각 결정 제32호를 발표한다.[119] 결정문은 영화의 중요성에 대한 언급을 시작으로 예술적 수준이 낮고, 양도 부족한 상황으로 인해 문화적, 미학적 욕구를 충족치 못하는 북한 영화계의 현 상태를 진단하고 영화예술을 급속히 발전시키기 위한 8개 결정사항을 제시했다.

▶ 조선예술영화촬영소 전경(1967년 2월호 뒤표지)ⓒ정철훈

119) 위의 책, 37~38쪽.

첫 번째, 조직사업의 기본방향을 밝히는 것. 두 번째, 영화제작사업에 대한 조직적 지도 대책에 관한 것. 세 번째, 시나리오의 창작 대책에 관한 것. 네 번째, 영화제작인력에 관한 것. 다섯 번째, 영화촬영소의 생산 능력 제고에 관한 것. 여섯 번째, 영화제작품물에 관한 것. 일곱 번째, 영화제작인력의 대우와 포상에 관한 것. 여덟 번째, 영화관리국을 강화하고 기구 정원을 개편 증원할 것 등이었다.[120] 이 가운데 문화선전상에게 지시한 영화부면의 조직사업에 관한 6가지의 원칙은 북한영화의 발전방향을 다음과 같이 제시했다.

1. 영화는 정치 사상성을 고도로 제고하고 정부 정책을 매 시기 중점적으로 민첩히 선전하는 수단으로 애국주의 사상과 사회주의 정신을 교양하며 인민들의 문화적 생활을 소유하도록 향도하는 예리한 무기가 되어야 함을 역설하면서 창작방법으로 사회주의적 사실주의에 바탕한 박력 있는 구상력과 다채로운 수법으로 선명하고 완전하게 형상하여야 한다.

2. 남의 것을 형식적으로 모방하거나 자기 고유한 인민적 전통과 문화유산을 계승 발전시킬 줄 모르는 교조주의적 경향을 시정하고 역사적, 애국적 혁명 전통을 광범히 선전 교양하기 위해 조국의 아름다운 산천과 선조들의 문화유산 소개하여 인민들에게 애국심과 민족적 자부심을 제고하여야 함.

3. 생산의 기계화와 농업협동화 과업을 반영해야 함.

4. 아동들에게 고상한 애국주의 사상과 풍부한 과학지식과 고상한 정서교양을 주입시키는 아동 영화를 제작하도록 지시함.

5. 국가 정책에 철저히 복무하며 인민대중 교양에 가치 있는 기록, 시

---

120) 『조선중앙연감』(1957년판), 조선중앙통신사, 37~39쪽. 한상언, 위의 글, 98쪽 재인용.

보영화를 제작하기 위한 계획을 예견성 있게 수립할 것을 주문함.

6. 영화보급사업을 정치적 요구에 근거하여 세밀한 계획과 대상으로
구체적 연구하여 영화를 배정하고 외국영화의 해설에 신경을 쓸 것
과 영화관을 확충하고 이동영사의 활동을 제고 함.[121]

이 원칙들은 1956년 4월 23일 조선로동당 3차 대회에서 김일성이
"문화부면에 있어서는 영화 제작사업을 강화하기 위하여 국립영화촬
영소 능력을 더욱 확장하며 五개년 계획기간에는 국내에서 천연색 영
화 촬영을 조직하여야 할 것"[122]이라고 언급하면서 다시금 강조된다.
'천연색 영화' 제작에 대한 언급이 특히 눈에 띈다. 내각 결정 32호엔
"1961년부터 조업할 수 있는 천연색예술영화촬영소를 건설할 것"이
'영화촬영소 생산능력 제고'를 다룬 다섯 번째 항목에 포함되어 있었
다. 천연색영화의 제작은 영화부문의 기술적 진보를 의미했다. 이는
남북 모두 경쟁적으로 천연색영화의 국산화를 위해 노력하고 있었던
상황들이 고려된 조치였다.[123] 이와 같은 당의 정책은 '8월 종파사건'
으로 뒤숭숭한 가운데서 진행된 1956년 12월 당중앙위원회 전원회의
에서 재차 확인되었다. "천리마를 탄 기세로 달리자!"라는 전투적인
구호가 등장한 12월 전원회의에서는 앞서 결정된 사항들을 보다 빠르
게 실현하기 위해 영화촬영소는 현존 시설과 자금, 인원으로 더 많은
예술영화를 창작하기 위한 방안들을 고안하게 되었다. 그 방안이란
1956년 내각 결정 34호에 따라 설립된 '씨나리오 창작사'였다. 이것은

---

121) 위의 책, 37~38쪽.

122) 김일성, 『조선로동당 제3차 대회에서 진술한 중앙위원회 사업 총결 보
고』, 조선로동당출판사, 1956, 93쪽.

123) 한상언, 「칼라영화의 제작과 남북한의 「춘향전」」, 구보학보 22집, 2019,
594쪽.

해방 직후 만들어졌던 씨나리오위원회를 대신한 조직이었다.

문화선전성 산하, 20명의 창작사로 구성된 '씨나리오 창작사'의 설립 후 시나리오 생산은 이전보다 훨씬 늘어나게 된다. 이에 따라 1957년 한 해 창작된 편수만 장편 25편, 단편 6편, 도합 31편으로 과거 10년 간 창작된 편수의 3배에 달했다.[124] 시나리오 창작에 속도전을 내기 위해서는 "씨나리오의 내용상 불비로 인하여 빈번한 수정을 가하게 되는 결함들을 시정"할 필요가 있었다. 시나리오의 잦은 수정에 관해 시나리오 작가 안철해는 구체적인 사례를 들어 지적했다.

「조국의 아들」, 「빨찌산 처녀」, 「바다는 부른다」 등은 수차에 걸쳐 수정을 가하였는바 그 원인은 연출가의 연기 형상에서 부족점도 있었지만 주로는 씨나리오의 구성상 결함에 있었다. 이로 인하여 영화가 일단 완성된 후에 또다시 씨나리오를 집필하고 이에 근거하여 수차의 재촬영을 진행하였기 때문에 완성 기일이 지연되었다. 뿐만 아니라 금년도에 착수한 영화들의 씨나리오에 있어서도 준비 계단을 4~5개월 연장하였으나 아직 지적된 결함들을 시정하지 못함으로써 준비 사업을 계속 연장하고 있는 사실이다.[125]

안철해는 「조국의 아들」, 「빨치산 처녀」 등 전후 제작된 영화들의 경우, 시나리오 단계에서 수차의 수정이 가해지면서 영화제작 기간이 4~5개월씩 연장되었다고 진단했다. 그러면서 한설야 장편소설 『력사』를 원작으로 만든 「장백산 줄기 줄기」[126]의 경우에서처럼 시나리오 수정

124) 「1957년도 씨나리오 창작 사업의 성과」, 『조선영화』, 1958.1., 5쪽.

125) 안철해, 「예술영화의 량적 증대를 위하여」, 『조선예술』, 1956.10., 8~9쪽., 한상언, 위의 글, 101쪽.

126) 「장백산 줄기 줄기」라는 제목으로 제작되던 이 영화는 「백두산이 보인다」

기간에도 시나리오 작가와 제작진과의 긴밀한 연락을 통해 영화제작 준비단계의 사업들을 수행하여 제작 시간 단축할 수 있다고 말하고 있다.

국립영화촬영소는 잦은 시나리오 수정 문제도 해결하고 영화제작 기간도 단축하기 위한 방안으로 고정 제작단 제도를 도입한다. 이 제도는 "연출가 2명, 촬영, 미술, 제작, 부연출, 제1조촬영 각 1명, 합계 7명의 제작단 성원들을 고정시키고 책임자에게 독자적인 권한을 부여하여"[127] 영화제작을 보다 효과적으로 이루어지도록 조치한 것이다.

고정 제작단 제도는 한편의 영화가 마무리 될 때 다른 연출가가 새로운 작품의 준비를 진행함으로써 제작시일을 단축하는 것이 주된 목적이었다. 이 제도는 동일한 제작단이 반복적으로 손발을 맞춤으로써 영화제작의 효율성은 물론 각각의 제작단이 지닌 고유의 예술적 특성들이 발휘될 수 있도록 조치한 것이었다. 당시 소련의 고리키 영화촬영소의 연출가 빅토르 에이쓰이몬뜨(Viktor Eysymont)[128]가 고정 제작단을 활용하여 3편의 영화를 제작하면서 2회 작품은 계획보다 50일, 3회 작품은 57일을 단축하는 성과를 냈던 것을 참조했던 것으로 보인다. 이 같은 창작 방식은 외국의 대형 스튜디오에서 보편적으로 실시하고 있던 스튜디오 시스템과 비슷했다. 고정 제작단 제도는 이러한 방법을 북한실정에 맞게 적용한 것이다.

1957년 북한은 고정제작단을 활용해 9편의 예술영화가 제작했다. 1958년 1월 4일부터 18일까지 조선예술영화촬영소(국립영화촬영소의

로 제목이 바뀌어 상영되었다. 한상언, 위와 같음.

127) 「국립영화촬영소에서 고정제작단 제도 실시」, 『조선영화』, 1957.10., 50쪽.

128) 빅토르 에이쓰몬뜨(Viktor Eysymont, 1904~1964)는 소련의 영화감독으로 1942년 「The Girl from Leningrad」, 1947년 「Cruiser 'Varyag'」, 1951년 「Alexander Popov」로 3차례에 걸쳐 스탈린상을 수상했다.

후신)는 1957년 제작된 영화들 중 7편에 대한 평가회의를 진행했다. '예술총화사업'이라 이름 붙은 이 회의에서 5편의 영화―「끝나지 않은 전투」, 「어랑천」, 「산매」, 「잊지 말자 파주를!」, 「어떻게 떨어져 살 수 있으랴!」가 성과작으로 평가되었다.[129] 반면 「청춘」과 「진달래」는 결함이 있는 영화로 비판받았다.

회의의 막바지인 1월 17일 김일성은 조선로동당 중앙위원회 김창만 부위원장, 하앙천 과학 및 학교교육부장, 안막 교육문화부상과 함께 직접 조선예술영화촬영소를 방문해 영화인들과 담화했다.[130] 김일성은 영화인들 앞에서 「영화는 호소성이 높아야 하며 현실보다 앞서나가야 한다」라고 연설을 했다. 이 연설은 영화인들의 사상을 개조하라는 명령과 같았다.

김일성은 연설에서 "영화는 당보의 사설과 같이 호소성이 높아야 하며 현실보다 앞서나가야 하며 혁명투쟁의 매 단계에서 동원적 역할을 하여야"한다고 주장했다.[131] 그러면서 "당성은 곧 로동계급성, 인민성이며 당성을 떠난 로동계급성, 인민성이란 있을 수 없"으며 "당성이 부족하면 로동계급과 인민을 위하여 몸바쳐 싸울 수 없"다는 말로 사회주의적 사실주의의 3대 원칙인 당성, 인민성, 노동계급성 중 무엇보다 당성이 우선임을 강조했다.[132]

김일성이 당성을 강조한 것은 '8월 종파사건'으로 시작된 일련의 과정에서 영화부문 해당 행위들을 바로잡기 위한 조치였다. 김일성의 연설에서 드러난 것처럼 종파사건에 연루된 해방 전 카프에서 활동하던 영화인들이 보인 우월감과 몇 편의 영화들에서 당 정책이 잘 반영되지

---

129) 「1957년도 예술영화창조사업을 총화」, 『조선영화』, 1958.3., 20쪽.
130) 「김일성 수상 영화예술인들과 담화」, 『조선영화』, 1958.3., 25쪽.
131) 한상언, 위의 논문, 104쪽.
132) 위와 같음.

않는 점도 당성을 강조한 이유였다. 또 소련의 영화대학에 유학중인 영화인들의 집단 망명 사건처럼 공식 기록에 조차 담을 수 없는 문제들도 김일성이 직접적으로 영화인들에게 비판을 가한 보이지 않는 이유였다.[133]

김일성은 "지난 시기 영화촬영소일꾼들은 촬영소에 은밀히 기여들어 해독행위를 한 반당종파분자들을 적발폭로하는 투쟁을 잘하지 못하였습니다. 영화에 출연할 때에는 그처럼 시선과 감촉이 예리하고 민감한 예술인들이 촬영소 안에서 나쁜 놈들이 몇 해 동안이나 나쁜 장난을 하는 것을 모르고 있었다는 것이 잘 리해되지 않습니다."라며 노골적으로 불쾌함을 드러냈다. 김일성의 이러한 연설은 1958년 2월 7일 조선로동당 중앙위원회 상무위원회 결정인 「영화사업을 가일층 발전시킬 데 대하여」로 공식화 되었다. 상무위원회의 결정의 주된 내용은 "사회주의적 사실주의 영화를 발전시키기 위하여 영화의 제작 및 보급사업, 영화촬영소의 건설 확장과 관리운영사업, 영화예술인 간부의 양성과 재교육 등을 개선, 강화하는 것" 등이었다. 김일성의 연설에 이은 조선로동당 중앙위원회 상무위원회 결정은 천리마 시대 북한영화의 중요한 지침이 되었다.[134]

또한 영화를 보다 전문적으로 제작하기 위해 1957년 말 국립영화촬영소는 조선예술영화촬영소와 기록영화촬영소로 분리되었다. 이렇게 분리된 조선예술영화촬영소에서는 인형 및 그림영화창작 기능을 추가하여 1959년부터 그 시험편들이 제작되기 시작했고 기록영화촬영소에서는 기존의 시보영화와 기록영화 외에 1955년부터 본격적으로 제작되기 시작한 과학영화를 전문적으로 창작하게 되었다. 더불어 천연색

---

133) 위의 같음.
134) 위와 같음.

영화도 자체로 제작할 수 있는 능력을 갖추기 시작했다. 또한 군사물 영화를 전문적으로 제작하는 조선인민군2·8예술영화촬영소가 1959년 5월 16일에 설립되었다.

이 시기에 두드러진 또 하나의 현상 중 하나는 집체작의 제작이었다. '집체작'은 스크린에 영화 제작자 및 출연배우들의 이름이 등장하지 않는다. 다음은 신상옥의[135] 증언이다.

북한영화에는 출연 배우나 제작진을 소개하는 자막이 없었다. 영화 앞 부분에 아무런 소개 자막도 없이 불쑥 첫 장면이 튀어나온다. 김일성, 김 정일 부자 이외에는 국민에게 인기를 끌거나 유명해져서는 안 된다는 생 각 때문이다. 그래서 배우는 얼굴은 있지만 이름은 없다. 유명한 배우들 도 영화 속의 역할 이름으로만 알려져 있었다.

예를 들어 「꽃 파는 처녀」로 최고의 인기를 누리던 인민 배우 홍영희도 영화 속의 이름인 '꽃분이'로만 알려져 있다. 그러던 것이 내가 만든 「돌 아오지 않은 밀사」부터는 배우와 제작진의 이름이 자막으로 들어가기 시 작했다. "영화에 출연진과 제작진의 이름을 넣어야만 합니다. 그것은 개 인에 대한 선전이 아니라 그 영화에 대한 각자의 책임을 지우는 것입니 다." 다행히 내 설명을 납득해 주었다. 자유세계의 사업가에게는 상호가 생명이고, 작가에게는 이름이 자존심이고 정체성인데 이름이 없다니! 북 한 영화계에서 한 일 중에 이름을 찾아 준 이 일이 여러 의미에서 아주

---

135) 신상옥은 1978년 납북되어 1986년까지 북한에서 활동했다. 1980년 북한 에서 '신필름'을 재건해 「돌아오지 않는 밀사」(1984), 「소금」(1985), 「탈출 기」(1984) 등을 제작·연출했다. 1986년 오스트리아 빈의 미 대사관을 통 해 북한을 탈출했다. 1990년 헐리우드에서 「닌자키드(3Ninjas)」(1992)를 제작했으며 한국에서는 「마유미」(1990), 「증발」(1994) 등을 연출했다. 1994년 칸 영화제 심사위원을 지냈으며, 2000년에 한국으로 영구 귀국 했다. 2006년 지병으로 사망했다.

잘한 일 같다.[136)

정준채는 동생에게 아버지와 같은 존재였다. 준채는 아버지의 품으로 동생을 품을 수밖에 없었다. 게다가 사랑하는 아내와 6명의 자식이 평양에 살고 있었다. 그들의 안위를 생각할 때, 비록 동생의 정치적 입장이 역사발전의 법칙에서 옳은 선택이었다고 할지언정, 정준채는 달리 방법이 없었을 것이다.

수년 후에 『조선영화』라는 잡지를 보니 남쪽에서 형이 데리고 올라간 사람들의 이름이 다 빠져 있더군요. 물론 정준채라는 이름도 없었고요. 그렇게 해서 형이 숙청됐다는 것을 알게 됐죠. 형은 물론이고 형수와 5~6명 되던 조카들마저 모두 검덕수용소로 갔다는 얘기를 전해 들었는데, 확실한 행방은 몰라요.[137)

정준채의 예술성과 사상성의 근간은 '민족'에 있었던 데 비해 정추의 그것은 '민주'에 있었다고 말할 수 있을 것이다. 알마티에 망명한 정추가 스스로 선택한 길을 "진리를 좇는 삶"이라고 말했을 때 그 '진리'는 김일성 유일체제 반대와 북한민주화를 의미한다. 그렇다면 정준채가 추구한 '진리'는 '민족성과 인간성의 회복'에 있지 않았을까. '진리'는 평양의 준채게도, 모스크바의 추에게도 있었다. 이쯤 되면 역사도 관점의 산물일 뿐, 진리에 도달하는 교과서는 아니다. 그래서 정준채의 이야기는 끝나도 끝난 것이 아니다.

---

136) 신상옥, 『난, 영화였다』, 랜덤하우스, 2007.
137) 송홍근, 위와 같음.

맺는 말

모쓰크바 음악 대학에서
공부하고 있는 우리 류학생들

설명 : 우 로부터

느쁘·아노쏘브 교수의 지도를
받고 있는   랑 상 우 동무

모·게·웰제리 꾜사의 지도를
받고 있는   허 선 욱 동무

김 원균 동무는 자기의 작품을
연주하고 작곡가들인 정 추 와
홍 수표는 듣고 있다

▶ 북한예술잡지 『조선예술』 1960년-5호에 실린 모스크바 유학생 소식 "김원균
  동무는 자기의 작품을 연주하고 작곡가들인 정추와 홍수표는 듣고 있다"고 써
  있다. (각각 피아노치는 김원균, 정추, 홍수표)ⓒ정철훈

    북한의 컬러영화제작은 한국전쟁 이전으로 거슬러 올라간다. 정준채가 연출한 「1950년 5·1절」은 북한 최초의 기록영화 부문의 컬러영화였다. 여기엔 소련에서 온 영화인들의 도움이 있었다. 소련중앙기록영화촬영소의 연출자이자 편집자인 이리나 쎄뜨끼나(Irina Setkina, 1900~1990)가 그 중 한 사람이다. 쎄뜨끼나는 카메라맨 벨리야노프와 함께 1949년 컬러기록영화 「새 조선」을 제작하기 위해 북한에 왔다. 정준채를 비롯한 젊은 영화인들은 이들과 함께 도시와 농촌, 그리고 아름다운 산천의 모습을 필름에 담았다. 평양에 진출한 소련 영화인은 연출가 후로 롬을 비롯, 보브로브, 할류샤꼬브, 쏘꼬리고브, 까쓰뻬 등의 카메라맨들도 있었다. 하지만 한국전쟁의 발발로 「새 조선」 제작은 중단되었다.

    전쟁으로 인해 북한의 영화제작 인프라는 모두 파괴되었다. 북한의 국립영화촬영소는 중국 장춘의 동북전영으로 이전되었다. 1953년 휴전이 되자 북한은 영화산업의 토대를 재구축했다. 영화시설의 전후복구사업 역시 소련을 비롯한 동구권 국가의 방조를 통해 이루어졌다.

    정준채가 1956년 연출한 북한 최초의 극예술영화부문 컬러영화 「사도성의 이야기」는 같은 해 12월 홍콩남방영업공사에서 수입해 중국어 자막을 넣은 뒤 신화(新華), 국태(國泰) 2개 영화관에서 1956년 12월 14일부터 4일 간에 걸쳐 연 32회를 상영되었고 1만1천여 명이 관람하였다. 홍콩에서 발행된 많은 신문들은 「사도성의 이야기」가 관중들의 대호평을 받았다고 보도했다. 이러한 국제적인 호응은 1920~30년대부터 세계 무용계에 '동양의 이사도라 던컨'으로 알려진 최승희의 한국전쟁 이후의 건재함을 확인하고 싶었던 홍콩 관객들의 열기를 반영한다.

    남한에서는 1957년 임화수의 한국연예주식회사가 홍콩의 쇼브라더스 영화회사와 합작하여 영화 「이국정원」를 컬러로 제작했다. 이어 원로영화감독 안종화 연출의 「춘향전」(1958)이 컬러로 제작되었으며 1961년 설 극장가에서 맞붙은 홍성기의 「춘향전」과 신상옥의 「성춘향」의 대결은 한국영화사의 중요한 이벤트로 기억되고 있다.

신상옥이 「춘향전」을 컬러로 제작한 이유는 북한에서 제작한 컬러 「춘향전」에 자극받았기 때문이다. 북한의 「춘향전」은 1959년 8월 개최된 제1회 모스크바영화제에서 촬영상을 수상했고 이 소식은 남한의 신문에도 보도되었다. 이처럼 컬러영화 제작은 냉전 시대의 한반도에서 영화기술의 대결과 경쟁을 보여주는 사건이었다.

북한 문화계나 예술계에서 개별자의 이름은 존재하지 않는다. 한 예술가가 공산주의 체제에 갇혀 있다면 그는 자신에게 강요된 역할, 예컨대 예술가에게 부과되는 고통스럽고 우스꽝스러운 역할을 환상 없이 해내야 한다. 1g의 환상이라도 부르주아 사상으로 치부하는 북한 체제 하에서 정준채의 영화 여정은 많은 난관에 부딪힐 수밖에 없었다. 예술의 주체는 국가인가. 개인적 자아인가. 이 질문 앞에서 북한은 개인적 자아의 손을 들어준 적이 없다.

정준채는 색채에 섞여 들어온 교조주의와 사대주의라는 북한의 정치·문화적 과도기의 한 가운데에서 숙청되었다. 말하자면 영화 내적인 문제보다는 영화 외적인 정치적 문제로 인해 비판의 중심에 서게 된 것이다. 그러한 문제의 중심에 소련으로 유학을 간 북한 영화인들의 집단망명사건이 자리한다. 정준채의 숙청은 이러한 정치적 사건에 휘말린 결과였다.

1956년 '8월 종파사건' 이후 북한 사회에서 김일성에 대항하거나 견제할 만한 정치 분파나 사회세력은 제거되었다. 이로써 권력분배나 권력교체를 위한 당내 경쟁 가능성은 완전히 사라졌다. 북한 정치에서의 역동성은 약화된 반면, 김일성 유일지배체제는 더욱 강화되었다.

다시 장춘으로 돌아오면 필자는 무슬림이 운영하는 향신료 가게 앞

에서 한 눈을 팔고 있다. 무슬림의 향신료는 한눈으로 봐도 겨잣가루·
계핏가루·레몬 가루·카레 가루·카르다몸·커민·파프리카·후춧가루
등 이국종이 즐비했다. 대외무역이 성행했던 당나라 때 중앙아시아나
인도양을 거쳐 들어온 아랍계 무슬림 가운데 한족과 결혼한 중국 무슬
림 후이족의 가게 앞이었다. 장춘엔 예언자 무함마드의 이름에서 따온
마(馬)씨 성이 흔했다. 수 세기에 걸쳐 대대손손 긴 족보를 이루며 살
아온 후이족의 향신료 가게 앞에서 문득 북으로 간 영화인 정준채가
떠올랐다.

정준채도 식솔과 함께 향신료 가게 앞에서 그 현란한 색채의 마술을
감상하고 있었을 것이다. 호박씨가 깔린 장춘의 거리에서 정준채의 모
습이 중국인 인파 사이로 얼핏 보이는 것 같았다. 내가 본 것은 무엇이
었을까. 색채였을까, 환상이었을까, 아니면 남과 북을 갈라놓은 냉전
의 한 파편이었을까. 영화를 보면서 침묵하게 되는 것은 이 때문이다.

자료편

1. 정준채 기고문

『군중 문화 총서 4』

영화 써-클원 수첩(북조선직업총동맹군중문화부, 1949)

영화 예술의 본질은 무엇이냐

정준채

一, 서론

우리의 문화생활 가운데 가장 대중적으로 접촉되고 있으며 또 인민적 교양의 위력을 발휘하고 있는 영화는 50년 전 19세기 말기에 발명된 것으로서 기존 예술에서 전통을 가져온 것이 아니라 근대과학기술을 산모로 하고 탄생하였던 것이다.

움직이는 그림(사진)을 인류는 대망하였기 때문에 전 세계 과학자들은 이를 연구하였으며 발명에 열중하였으나 1889년으로부터 시작되어 과학문명의 여명기라 할 수 있는 19세기 말의 분위기가 초래된 이십세기의 과학기술의 총화로 등장될 영화의 운명을 만들었다 할 수 있을 것이다.

그러므로 활동사진의 발명은 한 시대가 하는 것으로서 한 개인이 하는 것은 아니라하겠다. 이렇게 탄생된 활동사진은 이십세기에 있어 영화라는 이름을 띄우고 문화적 체제를 가추어 기술적으로 또는 예술적으로 고도의 발전을 향하여 급속한 속도를 가졌음은 물론이다. 이 또한 발성영화로 색채영화로 립체 영화로 테레비죤으로 무한한 발전 과정을 시간적으로 단축시키고 있으니 무엇보다도 오늘의 소련영화가 짧은 역사를 가졌음에도 불구하고 세계영화계의 압도적 지위에서 기술적 부면만 하드라도 색채영화의 정확성과 립체영화 실현화의 경이적 사실들이 자본주의 국가에서는 도저히 볼 수 없는 영화를 인민의 소유로 한 쏘베트 제도의 우수성과 소련 문화발전의 특수성을 웅변으로 증명하고 있다 .

　그렇게 때문에 이 블몰리 샤꼬브는 말하기를…… "소련영화는 저하되는 부르죠아 예술영화와 대립한다. 우리 영화는 우리 쏘베트 사람들이 가장 진보적이며 인도적인 사상 때문에 전 세계 평화를 위하여 싸우는 그들의 투쟁에 대한 진상을 이야기하는 것이다"라고…….

二, 영화 예술의 본질을 대하여

　다음 영화예술의 본질을 이야기하여 보기로 하자.

　활동사진 시대에 있어 과학기술에만 의존되어있던 영화(활동사진)은 이십세기에 이르러 예술적 전통을 가지지 못한 고민 속에서 문학·연극·미술·음악 등 고전 예술을 소재로서 섭취하여 예술적 형태를 가추게 었으니 그런 의미에서 영화예술을 종합예술이라 칭함이 가하겠다.

　그러나 예술이 아닌 즉 예술 이전의(예술의 형태를 가추기 전에 영화의 본질을 보통 일종의 예술형태로만 인식하고 규정하는 례가 많은데 이는 전혀 옳지못한 인식이며 규정이라 하겠다.

가령 문예가 예술이면서 문자나 언어 그것이 예술이 아닌 것과 마찬가지로 영화에 있어서도 예술영화는 예술일 수 있으나 영화의 본질 그것은 예술 이전에 동작·언어·문자·조형 등과 마찬가지로 일종의 의사전달 양식인 것이다.

예술 이후 즉 예술에 있어서는 전달내용인 주체에 반영된 세계상으로 취급함에 있어 그것을 모의화(模擬化)·상징화(象徵化)·부호화(符號化)·추상화(抽象化)하여 일면적인 특정된 약속 밑에서 번역하는데 반하여 영화의 본질 즉 영화는 직접적이며 구상적이며 전면적 현상을 시(視)·청(廳)각의 대상으로 제공하면서 여지없이 의사를 전달하는 양식이다. 시청각의 대상이기 때문에 이것들도 전달되는 현실 사이의 일부분으로서 내포되어진다는 이러한 점에서 영화는 의사를 정확하게 또 편리하게 전달할 수 있는 가장 강력하고 우월한 의사전달 양식인 것이다.

영화가 고도로 발달된 근대과학기술과 협동적 조직 밑에서만 생산될 수 있고 수용될 수 있는 것이며 동시에 그 내용에 있어서 도리어 예술이나 예술 이전인 원시적인 감각적인 직접적인 것이며 후진적인 양식으로 문자·조형·음악 등을 원형 그대로 지급할 수 있고 또 이것이 위에서 말한 바와 같이 천연색화되고 립체화되고 테레비죤화되는 발달과정 우에 놓여 있다는 이것이 영화의 본질이 갖는 특수성인 것이다.

영화는 이렇듯 그 기본적 형성에 있어서 최초부터 근대과학에 의하여 그 존립의 기초를 가진 것으로서 우에서 말한 바와 같이 특유한 예술적 전통의 있었던 것은 아니다. 그렇게 때문에 영화 창조라는 것은 전혀 현대적 환경 속에서 스스로 형성된 것으로서 그것은 창조의 개발성을 가질 수 있으나 반드시 계통 발생을 가진 것은 아니라하겠다.

물론 영화가 표현예술의 한 형태로서 자립한 그 순간부터 회화·연극 또는 문학이란 고전적인 예술분야와 엄연히 비교되어왔다. 또 암만 비교하려고 하여도 영화가 그러한 기본적 모−든 예술과는 력사적인 때의 차를 포함한 성격의 결정적 상이가 있고 결국 비교하는 근거조차 의심하지 않으면 안 되게 되었다.

예술에 있어서 영화는 근대적 예술 창조에 있어 놀랄만한 표적이라 하겠으니…….

첫째, 영화 자신이 고전(古典)과의 전통을 아무것도 갖지 않고 또한 그것을 가리지 않고, 둘째, 철두철미 새로운 의도를 신열의 조직된 근대과학기술에 의하여 대중을 널리 또 뿌리 깊게 잡았던 것이다. 따라서 이 영화는 이것을 고전적 전통을 가진 기본적 예술로서 보면 과학적인 조직된 기술에 의하여 무장하고 있으나 그 창조적 내실에 있어서는 분별하기 어려운 미숙한 것이었음은 틀림없다 하겠다.

즉 기술이 먼저이고 예술적 창조가 나중에 온 까닭으로 표현의 형식적 가능성이 약속되고 여기에 적당한 내용을 탐구하는 창조가 환기되었던 것이다. 다시 말하면 영화의 기술은 발생적으로 말하면 예술 밖에서 온 것으로 따라서 예술에 대한 대항 내지 육박에 의하여 생성된 것이다.

환등(幻燈)으로부터 활동사진으로 움직이는 화면−그림이 움직이는 것으로부터 움직이는 가운데 그림으로의 발전을 '키네마'라 함은 '키네애틱스란 희랍의 운동학의 어원으로부터 온 것이며 현세적이란 의미를 그 자신이 아니고 움직임에 중점이 놓여있을 때에 흐르고 류동하는 시간적 구조가 생기고 독특한 구성을 가지게 되니 화면은 그 류동 속에 화면으로 전화된다'.

다시 말하면 영화의 독특한 촬영 대본의 구성이 처음으로 만들어진 순간부터 회화적 제약을 탈각한 것이다. 이 영화는 광화(光畵)이며 사진으로부터 출발하고 인간의 육안이 아니고 촬영기의 눈(렌즈)에 의한 세계파악으로서 처음으로 이러한 제약을 받고 있음은 말할 것도 없다.

즉 촬영기구가 본원적(本源的) 요소이며 '필림'을 통하여 영화기구에 재생되는 영상(映像)이다. 그러므로 이 본원적 체계에서는 먼저 특수한 그림으로써 시각에 통하는 표현으로서 회화의 친근성을 가짐과 같이 보였다.

그러나 결정적인 것은 영화는 회화와 틀린 시간 구조를 갖는 것이니 공간적(空間的) 예술이란 회화의 표현형식이 육안적인 성격에 비하여 빠른 속도로서 기록되고 촬영기의 성능이 순간성이란 데 있으니 즉 그 순간적인 사진이 영화적으로 련속하느냐 않느냐 그것은 회화와는 다른 회화의 시간성을 시간성으로 하지않는 시간적 구조를 만드는 것이다.

옛날 화첩(畵帖)에서 볼 수 있는 그림과 그림의 '흐름'과 영화의 '흐름'을 비교할 때는 시간적인 '흐름'이 무엇이고 이 흐르는 대상적 과정의 표현이 어떤 것이 적당하다는 것은 저절로 명확해질 것이다. 또한 만화영화가 한 장 한 장을 수공적으로 그린 이상 결코 본격적인 영화로 될 수 없다는 것을 생각하면 알 수 있을 것이다. 그러기 때문에 우수한 회화작가라 하더라도 결코 우수한 영화작가가 될 수 없다는 비밀은 벌써 이러한 표현양식에 기술적 기초에 있어 만들어졌던 것이다.

영화 예술은 '흐름'의 예술이며 말하자면 과정(過程)의 예술이니 촬영대본을 '콘틔유틔'라 부르고 '련속'이라는 의미에서 온 것은 또한 화면을 먼저 생각하는 중요성이 남아있으나 이것이 생명이며 여기서 독특한 구성이 만들어지고 그것 때문에 편집(몽타-쥬)의 중요성을 갖게 되는 것이다.

다음 영화적인 구성을 만들기 시작해 보자면 연극과의 대결이 문제

됨은 당연한 일이다. 그림과는 달라서 시간적 구조를 가진 영화의 기술적 가능성이 설명이나 기록뿐이 아니고 줄거리의 내용을 표현함에 적합함은 말할 것도 없는 것이다.

그 구성적 '흐름'에 앙양이나 완급에 있어서도 극적인 요소를 취재함은 용이하고 때로서는 불가능한 묘사도 모형적(模型的) 조작 즉 '트리크'를 사용하여 해결 할 수 있다.

연극을 구성하는 모든 요소를 영화적인데다 인입시킬 때 처음으로 영화예술은 본격적으로 성립함과 동시에 그 창조적 예술성을 말하게 된다. 영화제작에 있어 각본을 담당한 씨나리오 작가와 연출가가 있고 연기집단이 있으며 배경(세트) 장치가 있는 가운데 미국을 위시한 자본주의국가에서 나타나는 현상으로써 배우 제일주의적인 소위 「스타-씨스템」이 있으나 이는 원칙적으로 옳지 않은 상품적인 경향에서 배출된 것으로서 영화예술창작에 조직적 정상성을 무시하는 것이라 아니할 수 없는 것이다.

씨나리오 작가의 중요성이 인식되고서 제작 담당자인 제작자(푸로듀사)가 출현하였고 제작기구가 발달하여 왔다. 그러나 영화의 제작현상을 책임지고 있음은 물론 연출자이며 그것이 협소한 의미의 제작기구의 조직적 지도자이며 작가이며 무대감독이다. 연극에서 극작가에 해당하는 씨나리오 작가는 순서로 보아서는 제일차적 지위를 가지고 있을 것이다. 영화의 있어서는 반드시 제일차적 결정성을 가지고 있지 않다.

작곡가 극작가에 대하여 연주자나 연극 연출가가 가진 것과 같은 재생 예술적인 성격은 영화에 있어서는 그대로 타당하지 않아지고 연출가가 오이려 일차적인 결정성을 가지고 있고 씨나리오 작가의 상대적 독립성을 약하게 보이고 있으나 그러나 영화예술작품의 결정적 완성의 책임적 결정이 없다하여 피상적 해석은 금물이 될 것이다.

영화의 표현형식은 현재도 가장 연극과 인연이 가까운 것으로 생각케 되었음은 영화의 가장 지배적 형태를 극적인 요소를 가진 예술영화라고 말하는 것으로 보아서도 알 수 있겠다.

영화의 한 독특한 방법으로 생각하고 있는 원사(遠寫) 대사(大寫) 용명(溶明) 용암(溶暗) 등의 촬영의 기술적 구사 등은 많거나 적거나 직접이거나 간접이거나 극적묘사에서 암시를 받은 것일 것이다. 그렇기 때문에 원사 대사를 많이 쓰는 작가를 너무나 연극적인 작가라고 할 수 있을 것이다.

그러나 영화는 연극이 아니고 연극과는 다른 길로 달리지 않으면 안 될 운명을 가지고 있다. 첫째 연극은 직접적인 인간적 연기의 련속이며 영화는 화면에 재생된 연기의 련속이며 직접으로 육안에 보이는 것과 촬영기의 '렌즈'를 매개하지 않으면 안 되는 것 사이에 본질적인 차이가 있다. 영사막을 귀정점으로 하고 있는 영화는 연극에 비하여 확실히 재생적이며 관객에 대하여 간접적이다. 이 점에서는 연주자가 보이지 않는 '레코-드' 음악이나 연기가 보이지 않는 또는 없는 방송극 같이 극히 재생적이고 일차적은 아닐 것이다.

그런데 영화에 있어서도 무대적 효과를 영사효과로 높이기 위하여 제일차적 연극을 '필림'에 객관화한 후 다시 이것을 해석하고 종합하고 편집하여 가는 제이단의 창조적 과정이 가하여진다.

영화편집의 완성적 단계로부터 보면 전 계단으로서의 연극연출은 대개 소재에 지나지 않는 것으로서 이러한 소재로서 세국(細局)의 구성을 위하여 연극적 요소는 촌단되고 분해되고 해체되어서 절사(切捨)되고 다시 촬영되는 것이다.

이렇게 그림으로써 반성을 경유하는 점으로서는 연극의 그림과 같은 시각미라 하드라도 따르지 못할 높이에 달할 수 있을 것이다. 영화로 만들어 가지고 나서 비로소 연극적 요소에 대결시킬 수 있는 까닭이다. 이럼으로 하여 영화는 그 생명으로 하는 류동과 편집 속에 회화와 같으면서 회화를 떠나고 연극과 같으면서 연극과 다르고 희곡 같으면서 다시 그 독립성을 제약하고 연출에 결부시킬 문학적 요소를 준비하게 되었다.

이러한 기초는 대개 발성영화 이전의 즉 무성영화 시대에 대략 완성된 것으로서 소위 '몬타-쥬'의 리론이 그 개제를 나타내었다. 그런데 참고로서 말하여 둘 것은 불란서의 '아방칼트'의 절대 영화라든가 순수 영화들은 예술지상주의적 경향이 생겼음은 이러한 대략의 완성에 무화과적(無花果的) 표현이라 하겠다.

발성영화의 발명이 설명적 자막(字幕)을 조절시키고 따라서 귀찬은 반주라든가 변사 해설을 일소한 것인데 음(音)의 세계를 지양(止揚)시킴은 그림 이상의 곤난성을 가져왔다. 그러기 때문에 영화는 기계적 녹음(錄音)에 합치시킴은 일보나 이보를 후퇴하여 가지고 출발하지 않으면 안 되게 되었다. 음(音)의 '흐름'과 그림의 '흐름'—음조(音調)와 화조(畵調)를 조화시켜서 한 줄기의 '흐름'으로서 통일하여 가는 용이치 않은 새로운 경험이었다.

연극에 있어서는 처음부터 대사(臺詞)와 소작(所作)의 통일이 생명이며 무대 상의 음향적 효과에 따라 이목(耳目)과 통일적으로 움직임은 물론이겠다. 그러나 영화에서는 대사에 관한 연기자의 소양이 없는 곳에 기계에 의한 음질(音質)이나 고조강약(强弱)의 변화를 위한 심히 자연스럼이 없는 사후녹음(事後錄音)은 동작에 맞지 않고 현실음의 동시녹음(同時錄音)에서는 잡음에 귀찬음을 느끼고 통트러 화면의 '흐름'을 심히 상하게 한다.

영화녹음기술자 등장의 제일보가 잘 되었다 치더라도 다시 중요한 의미를 가져오게 되는 것은 음악의 '흐름'의 반입(伴入)이다. 이것은 발성영화 이전의 반주음악의 발전으로도 볼 수 있을 것인데 여기서 영화적 구성과 음악적 구성과의 대결의 문제가 일어나게 된다. 그러기 때문에 영화에 있어서 음치(音痴)의 작가는 여기서 심히 당황하지 않을 수 없었고 음악적 소양을 자랑하는 작가는 즉시 '음악영화'적 경향으로 들어가게 되었다.

어쨌든 음악이 가장 강력한 구성에 반성하고 이것을 영화적 구성으로 집어넣어 말하자면 음(音)을 그림에 대결시켜서 그림 측으로 통일하는 데는 용이치 않은 능역을 요하게 될 것이다. 대체 음악적 구성을 이해하고 그것을 자체(그림)의 전개에 쓰게 함은 연극적 구성 때에 벌써 생각한 것으로서 현대영화에 있어서도 그것이 전혀 직접적인 문제로 되어있는 것이다.

이상과 같이 영화는 이것을 예술적 법규로써 그 표현 양식을 가지고 있는 기술적 기초부터 보아나가자면 문학·회화·연극·음악 같은 모든 기본 예술적 요소를 요소로서 가지고 있는 종합예술이라 하겠다.

그것은 인간적 시각의 조상작용(造像作用), 즉 망막(網膜)에 있어서의 잔상(殘像)과 그 광학적 모—든 조건의 연구에 립각한 기계학적 처리로써 된 것이다.

촬영 연출과 편집 그러한 작품 필림이며 원소사진화학적(元素寫眞化學的)인 것이며 또 달리 록음 '필림'이 만들어지고 이렇게 고도의 참으로 현대적인 기계적 회화적 및 전기적 기술에 의하여 매개(媒介)될 것을 필수의 조건으로 하여 산출된 표현 형식 이것이 곧 영화이다. 그리고 이렇게 고도한 기계적 동력(動力)에 매개되어 성립하는 표현형식인 이상 이것을 기술적 측면으로부터 볼 때에는 전통적인 예술의 기술적 모든 요소는 마치 현미경 하에 놓인 것과 같이 해석되고 요소화되며 변경을 가하여 촬영하는 것을 피할 수는 없다.

문학은 벌써 종속적인 '씨나리오'에 한정되고 극장은 새로 구성되는 영화흐름 때문에 촌단되고 생략 된다. 자연 그대로의 무대를 셋트(裝

置)화함과 표정을 대사(大寫)화 하는 것은 문제도 아니며 나락(奈落)의 암전장치(暗轉裝置) 같은 것 화면의 전환기술로서 보면 아희(兒戲)에 지나지 않는 정도이다.

음악에 '흐름'도 자신의 '흐름'을 위하여 리용하는 가능성도 얻었다. 이러한 다른 것을 해설하고 요소화하여 이것으로 자신을 위하여 결합하여가는 종합적인 표현 양식이라는 것은 영화 이전에는 없었던 것이다.

따라서 이러한 표현 양식의 출현이 역작용하여 연극이나 회화나 문학에까지 불식영향을 미치게 하는 것이 다대하였다함은 우연한 일이 아니다. 그러나 이 최고도로 풍부한 넓고 깊은 가능적인 표현양식을 준비한 영화가 과연 표현될 예술적 내용에 있어서 무엇을 만들었겠는가?

밖에서 온 기술이 기술에 지탱되고 있는 표현양식이 안으로 생겨날 예술로서의 내용을 어떻게 환기시킬 수가 있었겠는가. 이 형식과 내용의 배치(背馳) 기술과 예술 또는 예술적 창조와의 상극(相剋)은 벌써 영화에 있어서는 운명적인 것이었다.

여기에 내가 말하고자 하는 심각한 주제가 있다고 하겠다. 대체 영화 예술의 창조란 무엇인가 또한 있는 것인가 있어야만 할 것인가. 영화는 사물에 류동 속에 있는 영상(映像)을 파악하고 이것을 움직이는 시각을 중심으로 하는 감각에 가져오는 형상화의 창조이며 그러한 파악에 표현을 주는 예술의 창조인가. 우리들은 오랫동안 영화는 예술일 수 있는 가하는 즉 예술적 전통이 없는 영화를 예술로서 창조할 수 있겠는가 하는 의혹과 싸워서 영화예술의 자기 형성의 길을 밟아왔다.

그런데 이제까지 영화의 예술적 작품으로 문학이나 연극이나 음악의 고전적 걸작 앞에 제출한 것이 또 제출하여 손색없었던 것이 얼마나 있었던가. 영화의 창조는 예술적 영상의 창조를 생명으로 하는 현

실의 현상적 파악과 표현의 창조이며 그 한도에서는 연극의 창조와 상
이한 것으로서는 생각되지 않는다. 그러나 그것이 영화적 영상 말하자
면 영상의 창조에서 다르다할 것 같으면 이 영상의 본질이란 무엇인가
를 찾지 않으면 안 될 것이다.

　　우리는 그것을 류동(流動)의 창조 과정의 창조 그리고 '몬타-쥬'의
창조에서 찾으려 한다. 다시 말하자면 그림을 련속시켜서 류동시킴이
아니고 련속과 류동을 본질로 하는 그림의 창조, 류동하고 과정(過程)
하는 형상의 창조 이것이 영화에 있어서 정수(精粹)로 되는 새로운 예
술적 창조의 실체가 아니겠는가. 일체의 사물, 일체의 현상, 일체의
현실들을 류동 속에 류동으로서의 포착(捕捉)하는 창조는 가장 고도한
표현 양식에 있어 그 가능성을 보증하는 영화가 가장 높은 류동적 형
상에 창조를 가질 수 있을 것이요 또한 가져야만 할 것이다.

쏘련 영화가 우리 영화에 준 영향

(『조선예술』 1957년 11월호)

정준채

"영화가 범속한 투기자들의 수중에 있는 그때까지는 그것은 추악한 내용으로써 대중을 타락의 길로 유혹하여 리익을 주는 것보다 해독을 주는 것이 더 많다.

그러나 대중이 영화를 장악하게 될 때 영화가 사회주의 문화와 진정한 일꾼들의 수중에 있게 될 때 그것은 대중을 계몽하는 가장 위력이 있는 수단들 중의 하나로 될 것이다."이 레닌의 말씀과 같이 우리 공화국에서 영화가 진정으로 인민에게 복무하게 된 것은 위대한 소베트 군대에 의한 8·15 해방과 더불어 시작되었다.

주지하는 바와 같이 일제하의 조선영화는 진정한 민족 영화로서의 자기 역할을 놓지 못했다. 물론 카프의 영향 하에 조선영화가 인민에게 복무할 것을 목적하고 실천 행동에까지 나왔으나 일제의 야만적 폭압과 영화가 가지는 특수성으로 말미암아 그 뜻을 시련하지 못하였다. 그리하여 영화가 인민에게 진정으로 복무하게 된 것은 해방 후 인민정권이 수립된 연후였다.

김일성 원수께서는 20개조 정강에서 우리 문화건설의 기본방향을 명철하게 제시하시었다. 즉 "문화와 예술은 인민를 위한 것으로 되어야 한다"고 명시하시였고 조선의 문학예술을 발전시키기 위하여 소련을 위시한 세계의 진보적인 민주주의 문화를 섭취하여 조선인민에게 알맞는 문화로 발전시켜야 한다고 교시하시었다.

1947년 9월에 채택된 조선로동당 중앙위원회 제43차 상무위원의 결정에서 우리 문학예술의 창작 방향이 더 구체적으로 제기되었다. 청소한 우리 영화인들은 당의 문예노선을 받들고 카프의 전통과 그 영향하에서 창작된 진보적 영화들의 전통을 계승 발전시키는 동시에 위대한 쏘련의 선진영화가 달성한 찬란한 성과들을 모범으로 삼고 사회주의적 레알리즘 창작 방법에 의거하여 창조 활동을 전개한 결과 우리 민족영화는 오늘날과 같은 장성을 보게 되었다.

x x x

해방 후 공화국 북반부에는 영화상영기관은 있었으나 영화 제작 시설이라고는 찾아 볼 수도 없었다. 1946년 2월 조선공산당 북조선 조직위원회 선전부에 영화반이 설치되어 영화 제작이 개시될 때 아이모 촬영기 한 대와 몇 백자의 필림이 있었을 뿐이었다. 이 귀중한 필림으로 무엇을 할 것인가? 이 때 상기된 것은 혁명 당시 소베트 영화계의 실정이었다.

레닌의 발기에 의하여 1919년 8월 영화기업 국유화의 실시와 더불어 영화는 인민의 예술로 되었다. 레닌은 루나찰쓰끼와의 담화에서 공산주의 사상으로 충만된 새 영화의 제작은 시보영화부터 시작해야 한다고 말씀하였다. 시보영화에는 혁명 사변들과 프로레타리아와 농민들의 자유와 독립을 위한 투쟁과 국가 생활, 국민전쟁 때의 제 사건들이 수록되었다. 이 시보영화의 제작은 당시 토막 필림들로써 어려운 조건들을 극복하여 진행되었던 것이다. 이 실정은 우리나라의 사정과 비슷하였다. 또한 이 역사적인 사실은 우리를 고무 추동 하였다.

기록영화「우리의 건설」,「민주선거」등은 비록 무성영화로 제작되었으나 토막 필림으로 인민이 자기 수중에 정권을 장악한 이후 그 벅찬 역사적 사실들이 수록된 영화로써 뜻 깊은 영화이며 또한 공화국 북반부에서 최초로 제작된 영화로서 역사적 의미를 가지는 작품인 것이다. 또한 해방이 된 후 수다한 소련의 시보, 기록영화, 극예술영화들이 우리나라에서 상영되었는 바 1945년 5월 9일 대독 전승절을 기념하여 진행된 력사적 관병식을 수록한 기록영화「승리의 관병식」을 비롯한 일련의 우수한 쏘련 기록영화들은 당시 설비가 불충분한 우리 영화계의 크게 자극을 주었다.

쏘련영화의 걸어온 길과 그 성과작들은 인민을 위한 영화란 어떻게 만들어야 하는가에 대한 교본으로 되었으며 쏘련의 실정을 손쉽게 리해할 수 있는 수단으로서도 거대한 역할을 놀게 되었던 것이다. 그리하여 역사적인 1947년 2월 6일 북조선인민위원회 결정에 의하여 국립영화촬영소가 창건되게 되었으며「북조선」이라는 기록 영화를 촬영 연출하기 위하여 쏘련의 촬영자이며 연출가인 네부리쓰끼가 내조하였다. 그는 촬영소 건립에 대한 설계와 기술적 시설에 대한 방조를 주었다. 촬영소의 건축 기지가 설정되자 거센 건설사업이 추진되었다. 쏘련의 절대한 원조에 의하여 고정 촬영기, 뉴스용 촬영기, 록음기, 조명기, 프린트기, 필림, 현상약품 등 일련의 시설들이 갖추어지게 되었다.

영화 제작 사업은 본격적으로 개시되었다. 그 해 제작된 북조선인민위원회 창건과 북조선인민위원회 수립의 면모를 수록한 기록영화「인민위원회」는 초기에 발성 영화로서 제작되었다. 이 작품은 정치적으로 극히 중요한 의미를 가질 뿐만 아니라 촬영소가 건립된 이후 쏘련 영화일꾼들의 직접적인 방조로 제작된 점에서 뜻 깊은 작품인 것이다.

1948년에는「인민군대」,「남북련석회의」,「영원한 친선」등 9개의 기록영화와 조선시보가 1호부터 9호까지 제작되었다. 우리의 영화사업은 힘차게 전진하게 되었다.

이 영화들은 쏘련의 우수한 기록영화들의 영향을 받아 영화가 인민에게 복무하는 지향을 찾았으며 창조 형식을 옳게 받아들여 우리의 자라나는 영화를 일보 전진시킨 작품들이다. 제1회 작품 「내 고향」(씨나리오 김승구, 연출 강홍식)은 우리 민족의 장기간에 걸친 해방 투쟁을 그리면서 김일성 원수를 수반으로 하는 항일 유격대의 애국적 전통을 형상화한 작품이다. 이 작품에서 긍정적 주인공에 관한 당의 교시를 자기 창작에서 정당히 반영하였으며 우리 민족의 불굴의 투지로 자유와 독립을 얻으려는 로동자, 농민, 진보적 인텔리들의 영웅적 투쟁과 일제 억압하의 심각한 모든 모순들을 높은 예술성으로 형상화하였다.

해방 후 예술영화로서 첫 작품이었던 「내 고향」에서부터 우리 영화는 당의 문예 노선을 정확히 실천했으며 사회주의적 레알리즘의 창작 방법에 의거하여 애국주의적 전통을 형상하였다. 이것은 우리 영화가 영화 예술의 유산을 계승 발전시켜온 찬란한 전통으로 되는 것이다.

이렇듯 조선영화 발전에 있어서 중요한 의미를 갖는 「내 고향」이 제작된 1949년 바로 그해에 모스크바 중앙기록영화촬영소의 저명한 녀류 연출가이며 편집자인 쎄뜨끼나 녀사와 로련한 촬영자 벨야꼬브(쏘련 뉴쓰 촬영가로서 원로이며 혁명 후 레닌 선생을 주로 촬영한 저명한 촬영 명수이다)가 내조하여 8·15 해방 4주년 기념 기록영화를 직접 제작 지도하였던 것이다. 벨야꼬브는 당시 북반부의 평화적인 민주건설 모습들을 몸소 촬영 지도하는 동시에 기록영화촬영의 리론과 실제를 전달해 주었으며 쎄뜨끼나 녀사는 기록영화의 연출과 편집 사업을 지도해 주었다.

기록영화 「1949년 8·15」(연출 천상인)는 소련 영화일꾼들의 기술-리론적 지도하에 제작되었으며 조선영화 발전의 한 발판으로도 되었다. 이를 계승 발전시키는 기록영화 「친선의 노래」(연출 정준채)는 제5차 국제영화축전에서 최고 기록영화상을 수여받았다. 우리 영화가 국제적 무대에서 시위된 면에서 이 영화는 그 의의가 크다.

그 후 쏘련 영화계와의 연계는 더욱 강화되었으며 조선영화의 질적 제고 문제는 우리 앞에 커다란 과업으로 나섰다. 이러한 실정에서 쏘 련으로부터 녹음 현상 편집 등을 방조하기 위하여 기술일꾼들이 우리 촬영소로 왔으며 조쏘 합작 기록영화를 제작하기 위하여 연출가이며 촬영자인 보브로브, 연출가 후로롬, 촬영자 하투샤꼬브, 까쓰뻬, 쑈꼬 리꼬브 등 소련의 저명한 기록영화 일꾼들이 내조하였다.

이렇듯 쏘련 인민들의 직접적인 방조에 의하여 청소한 조선영화는 날로 발전하게되었다.

한편 쏘련의 선진 영화 리론을 도입 연구하는 데서 우리 민족영화의 지향은 뚜렷하게 되었다. 즉 사회주의적 레알리즘 창작 방법을 적용 및 쓰따니쓸랍스끼 연기 체계의 연구 실천은 우리 영화예술의 개화 발 전의 토대로 되었다.

또한 당과 정부에서는 우리의 젊은 영화학도들을 쏘련에 파견하여 선진 영화 리론과 실제적 기술을 연구 습득케 함으로써 조선영화는 일 층 튼튼한 지반을 이루게 되었다. 쏘련으로 파견한 우리 학도들이 귀 국한 뒤를 이어 제작된 「용광로」(씨나리오 김영근, 연출 민정식)는 악 독한 일제 기반 하에서 해방된 우리 조국에 노동자들이 산업 건설의 원동력인 용광로를 복구 건설함에 있어서 이를 파괴하려는 반동들의 흉악한 음모를 분쇄하고 창발성과 헌신성을 발휘하여 승리의 개가를 올리는 로동계급의 고상한 애국적 투쟁 모습을 형상하였다. 이미 「초 소를 지키는 사람들」을 비롯하여 수다한 기록영화, 시보영화들을 제작 하였다. 여기서 특기해야 할 것은 쏘련의 방조로 조선 영화계에서 처 음인 천연색 기록 영화로 「1950년 5·1절」(연출 정준채)를 제작하게 된 사실이다.

조선의 아름다운 자연과 공장, 기업소, 5·1절의 시위 등 조선의 색채를 그대로 눈앞에 보게 된 감격은 지금도 잊을 수 없다. 이 작업에 있어서도 세뜨끼나 녀사는 편집 사업에서 많은 방조를 주었던 것이다.

이와 같이 조선 영화가 자기 발전에 길을 걷게 된 1950년, 미제 침략자들의 불의에 침공에 의하여 정의의 조국 해방 전쟁이 발발되였다. 이때 리기영 작 『땅』(씨나리오 김승구, 연출 강홍식)을 제작 중이였다. 영화 일꾼들은 혹은 전선 촬영반으로 종군했고 혹은 전선 위문 공작대로 출동하였다.

미제 날강도들의 무차별 폭격에 의하여 촬영소와 방대한 시설은 여지없이 파괴 되였다. 스테이지 현상실, 편집실 등이 파괴되어 『땅』은 촬영 불가능케 되였다. 많은 영화 일꾼들이 전선을 탄원하여 싸움터로 떠나갔다.

영화 일꾼들은 전선에서 촬영해 온 재료와 후방 인민들의 투쟁 모습을 소재로 「조국통일을 위하여」(「조선시보」로 개칭했다)를 제작하였으며 모든 것을 전쟁 승리를 위하여 전선에서 후방에서 용감하게 싸웠다.

기록영화 「정의의 전쟁」(천상인 연출), 「식량전선」(민정식 연출), 「평화를 부르짖는 포로들」(윤득춘 연출), 「정전 담판」(홍필선 연출), 「싸우는 철도 일꾼들」(윤득춘 연출), 「땅의 주인들」(김하연 연출) 등이 제작되였다. 특히 천인공노할 미제의 「세균만행」(홍필선 연출)은 전 세계의 선량한 인민들 앞에 공개하여 미제가 제네바 협정을 란폭하게 유린하고 감행한 범죄적 행위를 폭로 규탄하였으며 「세계에 고함」(천상인 연출)을 제작하여 미제의 비인도적 무차별 폭격에 의한 주택, 공장의 폭격 파괴와 무고한 인민들, 부녀자들을 학살하고 폭사하는 만행을 실사 수록하여 전 세계에 고하였다. 특히 이 영화는 전쟁 발발 직전 조쏘 합작 천연색 기록영화 「새 조선」을 제작하기 위하여 내조했던 연출가이며 촬영자인 보브로브의 방조에 의하여 실사적인 처리로써 제작 완성된 작품이다.

이 모든 순간은 우리 영화 일꾼들이 당에 부름에 따라 당의 문예노선에 충직하였고 우리의 벗 쏘련 영화일꾼들의 사심 없는 방조를 받으면서 자체 력량을 부단히 제고하기 위하여 노력한 열매인 것이다.

이러한 기초 위에서 예술영화 역시 조국전쟁 시기에 다대한 실적을 쌓아 올렸다. 가열한 폭격 속에서 제작 완성한 「소년 빨치산」(씨나리오 윤두헌, 연출 윤룡규)는 공화국 북반부에 창건된 인민 정권에 옳바른 시책 아래 성장한 우리 애국 소년들이 가렬한 조국 해방 전쟁에서 전개한 빛나는 빨치산 투쟁의 모습을 형상화한 작품으로서 싸우는 조선 인민들과 소년, 소녀들을 고무 격려 했을 뿐만 아니라 조선 인민의 단결된 력량을 전 세계에 시위하였다.

이 영화는 또한 제6차 국제영화축전에서 「자유를 위한 투쟁상」을 수여받았다. 다음 제작된 「또 다시 전선으로」(씨나리오 한원덕, 강호, 연출 천상인)는 우리 인민군대의 백절불굴의 강인성과 필승불패의 위력과 당과 공화국 정부의 바치는 충성심과 애국심을 형상한 작품이다. 이 영화도 제7차 국제영화축전에서 〈자유를 위한 투쟁 상〉을 수여받았다.

간고한 전쟁 시기에 제작된 이 두 영화는 조선영화의 질적 제고와 더불어 전 세계에 우리 영화를 과시한 의의깊은 작품인 것이다.

그 후 「향토를 지키는 사람들」(씨나리오 윤두헌, 연출 윤룡규)에서는 정의의 조국해방전쟁의 성격과 민주개혁의 결과 이룩해 놓은 자기들의 행복한 생활-광명한 미래를 약속해 주는 아름다운 향토를 야수적인 미제 침략자들로부터 수호하려는 인민들의 과감한 투쟁을 묘사하였는바 그의 예술적 형상에 있어서 조선영화를 한층 더 높은 단계로 끌어올린 기념비적 작품이다. 「정찰병」(씨나리오 한상운, 연출 전동민)에서는 우리 인민군대의 전통을 밝히고 그들의 인민적 성격을 묘사함과 아울러 고상한 도덕적 풍모를 보여주는 작품이다. 또한 「비행기 사냥꾼 조」(씨나리오 한상운, 연출 강홍식)은 인민군대의 영웅성의 원천과 인민군대가 소유한 선진 군사 과학의 우월성을 그렸으며 「빨치산 처녀」(씨나리오 김승구, 연출 윤룡규)에서는 「향토를 지키는 사람들」에서 제기된 문제들을 발전시키면서 미제 고용병의 강점 하에서 당의 령도 하에 자각적으로 싸워 이긴 인민들의 숭고한 애국주의와 불굴의 투지로 고상한 정신적 풍모를 그렸다.

이상의 어느 작품들에서나 한결같이 당원들의 당에 대한 충실성, 당의 조직 령도자적 역할, 당의 주위에 철석같이 뭉쳐 당의 옳바른 령도를 받들고 투쟁하는 인민들의 지향과 그를 통해서 발휘되는 당과 대중과의 굳은 련계들을 자기의 중요한 중심적 내용으로 형상하고 있다.

우리는 조국해방전쟁 이전에 수다한 쏘련 영화들을 보아 왔었다. 특히 쏘련에서의 조국전쟁 당시 영화 예술이 자기 조국을 위하여 어떻게 복무하였는가를 잘 알 수 있었다. 아·스똘베르의 「기다리는 안해」, 르·루꼬무의 「두 전사」, 이·쁴리예브의 「전쟁 후 여섯 시」 등등의 영화들에서 우리들은 소베트 전사들의 성격을 규정하는 조국에 대한 무한한 충성, 자기 군사 직무에 대한 의식, 전투에서의 대담성, 적에 대한 증오심이 선명하게 구현되어 있음을 보았다. 또 소베트 인민의 애국주의는 군중 빨치산 운동에서 특히 뚜렷하게 표시되었으며 소베트 영화일꾼들은 적지 않게 이 테마들을 영화화했다. 프·에르므레르의 「녀성의 힘」, 이·쁴리예브의 「구역당 비서」, 므·똔쓰꼬이의 「무지개」, 르·아론쓰땀의 「조야」, 아름의 「침입자」, 므·롬의 「217호의 복수」와 기타 영화들은 소베트 사람들의 애국주의에 대하여 인민과 원쑤와 싸우는 사람들과 전체 소베트 인민과의 긴밀한 련계에 대하여 묘사하였다.

실로 쏘련 영화는 우리의 청소한 영화 예술의 스승이였을 뿐만 아니라 싸우는 조선인민의 위대한 정신적 량식이었다. 전후에 있어서 우리나라 전체 영화일꾼들은 당의 문예정책을 받들고 파괴된 촬영소를 복구 건설함과 아울러 계속 영화 제작에 창조적 노력을 경주하였다.

전후 3개년 인민경제 복구건설시기에 있어서도 쏘련 인민들은 촬영기, 록음기, 현상기, 조명기, 필림, 기타 수다한 기자재들을 보내주었으며 기술적 방조를 주었다. 그리하여 전후 3개년 계획을 승리적으로 완수한 오늘의 있어서는 전전을 훨씬 능가하는 현대적 시설장비를 가지게 되었으며 기술 진영도 일층 강화되었다. 더욱이 쏘련의 기술적 방조는 록음 고문 마르띠꼬브 동무를 파견하여 줌으로써 우리 영화의 후시 작업을 급속히 개진하는데 대한 방조를 주었다.

폐허의 흔적이 아직 가시지도 않은 시기에 「아름다운 노래」(씨나리오 주동인, 연출 전동민), 「신혼부부」(씨나리오 주동인, 연출 윤룡규) 등이 제작되었으며 작년도만 하더라도 공화국의 따뜻한 품안으로 돌아오게 된 신해방지구 농민들을 테마로 한 「다시는 그렇게 살 수 없다」(씨나리오 리종순, 연출 천상인), 조국 해방전쟁 당시에 우리 인민군대의 영웅적 투쟁 모습을 그린 「조국의 아들」(씨나리오 추민, 연출 민정식), 수산 부문 어로 일꾼들의 증산 투쟁을 테마로 한 「바다는 부른다」(씨나리오 한상운, 연출 윤재영), 종교의 탈을 쓴 소위 '선량한' 미국인들의 음흉하고 비인도적인 리면을 폭로 규탄한 「승냥이」(씨나리오 서만일, 연출 리석진), 평화스럽고 아름다운 자기의 생활을 빼앗으려는 왜군과 싸워 이긴 우리 조상들의 영웅적 애국심을 무용화한 「사도성의 이야기」(원작 최승희, 연출 정준채), 김일성 원수의 항일 유격대원들의 불타는 애국심과 용감한 유격대 활동을 그린 「백두산이 보인다」(씨나리오 윤두헌, 연출 김낙섭), 농촌경리협동화에 의한 사회주의적 전변 모습을 그린 「행복의 길」(씨나리오 주동인, 연출 전동민) 등 7편의 예술 영화가 다채로운 테마와 다양한 형상 방법 들로써 제작되었다.

테마의 다양성, 영화 장르의 새로운 개척, 매개 작품들에서의 스찔의 독자성은 우리 영화를 새로운 발전단계로 추동하는 요소들인 것이다. 또한 특기해야 할 사실은 기록영화 「8·15 해방 10주년」(연출 윤득춘)이다. 장편 기록영화로써 전후 최초의 제작된 이 영화는 쏘련의 절대한 방조로써 성과를 거두게 된 것과 또한 조선서 최초인 천연색 극예술영화 「사도성의 이야기」가 제작되어 성과를 거둔 사실이다. 이 작품들을 통해서 앞으로 우리들은 능히 천연색 영화를 제작할 수 있다는 신심을 갖게 되었다. 이와 같이 조선영화의 비약적 발전은 당의 옳바른 령도와 조선 영화일꾼들의 꾸준한 노력과 쏘련 영화계의 끊임없는 방조에 의하여 이루어진 것이다.

전후 제1차 5개년 인민경제계획 실천의 첫 해인 금년도만 하더라도 천연색 기록영화 「금강산」(연출 림련수), 「꽃봉오리」 등과 천연색 예술영화 「심청전」, 조쏘 합작으로 되는 천연색 예술영화 「동방의 아침」(씨나리오 서만일, 김승구, 아·뻬로웬쬬브, 연출 천상인, 루낀스끼) 등을 제작 중에 있다.

조선영화의 질적 량적 발전과 특히 천연색 영화로 나아갈 수 있는 이러한 토대의 축성은 조선 민족 영화발전에 있어서 거대한 전변으로 되는 것이다. 이상과 같이 조선 영화 발전을 회고하면서 8·15 해방 당시 아이모 한 대도 없는 그 당시와 오늘 년 생산 10여 편의 예술영화 제작과 시보, 기록영화 100여 편의 영화를 제작할 수 있는 방대한 시설과 영화 인재들이 양성되었다는 사실들을 대비해볼 때 미상불 격세지감이 없지 않다. 이 모든 성과는 당과 정부의 옳바른 영화 예술에 대한 시책에 의한 것은 물론 쏘련 영화계의 절대한 방조에 의하여서만이 이룩된 것이다.

그러나 우리 영화 앞에는 미해결 문제들이 허다히 있으며 특히 도식과 형식주의를 반대하고 진정한 사회주의적 레알리즘에 립각한 민족 영화발전을 위해서는 많은 숙제들이 남아 있다.

쟌르의 다양한 개척도 절실한 문제이며 영화 작가인 연출가들의 스찔의 확립, 사실주의적 연기 체계로의 심오한 발전 문제, 영화 촬영과 록음 부문의 질적 제고와 기술적 장비 문제, 영화 미술과 영화 음악에 대한 문제 등 실질적으로 해결해야 할 긴급한 문제들이 허다하다.

쏘련 영화는 쉴 사이 없이 발전해 가고 있으며 우리에게 무한한 자극과 교훈을 주고 있다. 우리는 더욱 쏘련 영화에서 선진 리론을 연구 섭취하여 우리의 부족한 형상적 문제와 기술적 문제들을 습득 련마함으로써만이 우리 영화는 세계적 수준에 오르게 될 것이다.

'첫 천연색 예술영화
「사도성의 이야기」를 끝내고'

(『조선영화』 1957년 2월호)

"인간이 사는 곳에 생활이 있고 생활이 벌어지는 곳에 사랑이 있다. 지금으로부터 약 1천7백여 년 전 3국 시절 신라 21대 조분 니사금(지금 말로 왕) 4년(서기 233년) 5월에 왜적이 동해안 지방에 침입하여 왔다. 7월에 당시 이찬 벼슬(지금의 국방상) 우로장군이 사도성에서 왜적을 맞아 싸웠다. 바람을 이용하여 왜적의 병선에 불을 질러 원수들을 모조리 불태우고 물에 빠져죽게 하였다. 「3국 사기」 신라 본기에는 이상과 같이 우로 장군은 력사상 실재했던 인물이며 왜적의 침입도 분명한 사실로써 명기되어 있을 뿐 아니라 원쑤들을 물리쳐 버린 것도 사실이다.

조국에 수난이 닥쳐 왔을 때 원쑤를 격멸하기 위하여 손에 무기를 잡고 용감히 일어선 순지와 금이는 숭고한 조국애라는 커다란 사랑 속에서 뜨거운 동지애와 함께 참되고 아름다은 사랑도 꽃피우기 시작하였다.

우리의 조상들의 굳센 정의감과 웅장한 기상은 여기에서도 력력히 나타났는 바 그 실례로 순지는 왜적과의 치열한 전투 환경 속에서 평소에 미워하던 아한이 원쑤들의 포위 속에서 생명이 위급한 것을 보았을 때 자신의 위험도 잊어 버리고 아한을 구출하였으며 여기에 감격한 아한 역시 순지와 힘을 합하여 용감히 왜적을 물리치는데 성공했다. 예로부터 우리나라 인민들은 조국의 자주 독립과 인민의 자유 행복을 고수하기 위하여 애국적 헌심성을 발휘하였는바 오늘날 우리들의 심장 속에는 조상들의 이와 같은 정의로운 정신이 력력히 흘러 넘치고 있으며 또한 힘차게 고동치고 있는 것이다. 때문에 「사도성의 이야기」는 먼 옛날에 있었던 고담이 아니라 지금 바로 우리 눈앞에 벌어진 사실처럼 진실감을 느끼게 된다. 무용극 「사도성의 이야기」는 무대에서 사연되어 인민들의 사랑을 받는 작품이다. 극적 요소와 무용 예술과의 유기적인 결합으로 재미 있는 슈제트가 무용극으로 잘 째워져 있다.

흔히 무용을 위한 무리한 줄거리가 설정되어 잡다하게 무용이 벌어지는 무용극이 있었자면 「사도성의 이야기」는 이러한 무용극의 무대적 우월성을 영화에 옮겨 놓기 위하여 전력을 기울였는바 그 때문에 여러 가지 애로와 난관이 제기되었다. 그것은 이 작품이 공화국에서 처음으로 시도되는 무용극 영화이며 또한 이것은 첫 번째 천연색 예술영화이기 때문이다. 우선 나는 원작의 의도하는 바를 충실히 영화에 재현시키는 데 전력을 기울였다. 내가 항상 품어온 조국에 대한 사랑, 순결하고 아름다운 인간관계를 그려보고 싶은 생각이 이 작품 리념과 일치된다고 인정하였다.

나는 항상 우리 조상들이 어떻게 진실하게 살아왔고 우리 후손들에게 어떤 피를 이어주었는가를 이야기해 보고 싶었다. 그러나 이 작품은 이미 형상된 무용으로서 또 무대에서 상영된 작품인만치 모든 것이 생각과는 달랐다. 물론 소설이나 혹은 희곡으로 된 작품을 영화화할 수도 있다. 례를 들면 무대에서 상영된 연극을 영화화할 때 이를 영화적으로 풀어서 흔히 가져오고 있는 것이다. 례를 들어 무용영화 「로미오와 쥬리에트」 같은 작품은 그렇게 했다고 나는 생각된다. 그러나 「사도성의 이야기」는 무대의 원형을 그대로 살리기로 결정하였다. 다만 무대에서 해결 못지은 점들을 영화언어로서 해결하면서 무용을 살리는 데 집중하기로 했다. 즉 스팩딱끌 형태로서 이 영화를 만들게 되었다.

원작을 충실히 잘 살린다는 것 즉 원작의 정신에 충실해야 한다는 것은 작품에 대한 나의 기본 태도였고 이와 아울러 무용이 가지는 아름다운 선을 잘 살려야 한다는 것도 중요한 문제였다. 즉 영화적 언어를 구사하여 영화적 묘미에만 끌어가는 것은 삼갔다. 그것은 외국영화들에서 볼 수 있는 바 무용의 진미를 상실케한 무용영화로서 본의가 아닌 면들을 느꼈기 때문이다.

무용은 그 표현 형식에 있어서 리듬과 템포를 소유하고 있다면 영화도 리듬과 템포를 소유하고 있다. 이 표현양식은 적절히 배합되어야 할 것이다. 이런 점을 고려하여 잔치터 같은 장면은 당시 상층 계급들의 춤으로 퍽 류창한 률동을 살리는 방향에서 카메라를 조정케 했으며 순지가 고향으로 돌아와 어부 생활을 하는 데는 어디까지나 무용을 살리면서도 영화의 리듬과 템포로 근로하는 인민들의 로동의 희열을 자아내게 카메라를 가져 갔다. 이러한 대비로써 작품형상에 유의하면서 조선 무용이 가지는 특질을 살리려는데 기본 정신을 두었다.

인물형상에 있어서 주인공인 금이는 그의 아름다운 자태와 더불어 풍월에 능하며 무술에 손익은 녀걸의 풍모다. 그는 명랑하고 참된 것을 사랑하고 정열적인 녀성이다. 이 무용극의 원작자이며 안무가인 최승희 여사의 이 인물에 대한 옳은 분석과 성격 파악과 또한 무용가로서 천재적인 그의 재능과 예술에 대한 지극한 정열은 이 역을 훌륭하게 형상화하였다. 어부 출신인 순지는 정의를 사랑하고 의지가 굳으며 결단성 있는 순박한 청년이다. 그 대조로 아한은 호탕하며 허장 성세하며 자고자대한 성격이다.

무언극 처리에 있어서는 말이 없는 행동으로써 표현하느니만치 이를 적극적 연기로 형상할 것인가 무용화된 동작을 시키는 가의 두 가지 방법이 제기된다. 나는 주로 무용적인 양식화된 동작에 중점을 두었다. 인간의 언어는 음성을 통한 음성언어와 동작을 통하는 몸짓 언어의 두 가지가 있다고 보면 무용은 몸짓 언어라고 할 것이다. 그러나 이를 완전히 이해하기는 힘드는 문제가. 나는 여기서 간간이 해설을 도입함으로써 이 난점을 해결해 보았다. 이 영화 장치에 있어서는 삼국시절에 국한하지 않고 신라 천년의 찬란한 문화를 표현하려고 했다.

1700여 년 전 우리 조상들의 문화가 그처럼 찬란했을까 하고 반문할지 모른다. 그러나 이전에 내가 신라 고도 경주를 찾았을 때 토함삼기슭의 석굴암의 조각에 도취하지 않을 수 없었다. 그 불상은 대리석이었으나 원만하고 자애로운 인간으로서 피가 통하고 있는 듯 싶었다. 이외에 많은 고적들이 찬란한 신라의 문화를 기어코 노래하리라! 나는 오랫동안 간직해온 뜻을 해방된 오늘 이 작품에 담기로 하였다. 자유롭고 행복한 노래를 부르며…… 이번 장치에 있어서 미술가 역시 여기에다 기본 정신을 주기로 토의되었다. 웅대한 신라 건축의 면모도 조선화의 특징을 도입한 장치에 전력을 다했다.

기교를 떠난 형상이란 있을 수 없다. 제 아무리 좋은 이데아도 그것이 잘 형상되어야 만 예술적 가치를 소유할 수 있다. 「사도성의 이야기」의 이 아름다운 노래를 어떻게 형상할 것인가? 신라의 생활, 신라의 건축, 미술, 생활, 풍속 등등 찾기 힘든 것들이다. 제일 큰 난관이 사전이나 회화나 문헌을 통한 이외엔 신라 건축의 면모도 무엇도 찾을 길이 없었다.

나는 이 시대에 가까운 유적을 찾아 고증과 더불어 당시 감정을 체험하기로 했다. 눈보라 치는 정 이월에 안악 고분 2호, 3호를 찾아갔고 신천 자해사 등을 찾아 고색이 창연한 이곳에서 옛 감정을 찾으려 했다.

웅대한 신라건축의 면모는 아한과 금이의 출전 장면이며 개선 장면에서의 건물에다 보이려 했다. 천연색의 경우에 조선적인 색깔을 찾는 다는 것은 중요한 문제이다. 이것은 장터나 후원 별당 장면 등을 예로 들 수 있다. 신라 시절에 주두와 무공의 색채, 단청의 묘미, 기와 색깔 등을 찾기에 미술가는 어려운 난관에 부닥쳤다. 그것은 이 작품에 있어서 색깔에 성격을 부여하는 것이 중요한 안받침의 요소로 되며 인물의 성격, 매 장면의 분위기 조성에 주요한 모멘트로 기 때문이다.

예를 들면 첫 장면 잔치 터는 평화로운 생활 분위기를 조성키 위하여 다홍 빛을 많이 쓰게 했다. 별당 장면은 달밤이지만 순지와 금이의 사랑이 속삭여지는 내용으로 보아 따사로운 감정이 나야 했다. 때문에 주로 바이올렛 색으로 주선을 그어보았다. 사도포 장면은 평화로운 생활 속에서 벌어지는 즐거운 로동을 하는만치 로동의 환희를 나타내기 위하여 연분홍색을 사용했다.

전투장은 억센 맛이 나와야 한다. 금이의 출전 장면은 적에 대한 분노와 조국에 대한 뜨거운 사랑을 붉게 타오르는 화광으로 묘사하기 위하여 붉은 색 일색으로 가져갔으며 왜적의 침입과 인민들을 약탈하는 장면도 어두운 밤이지만 일민들의 분노의 마음을 표시하며 붉은 색으로 강하게 주었다.

순지와 금이가 왜적을 물리치고 승리하는 전투 장면에서 순지가 왜적장을 물리치자 동해의 어둠을 뚫고 밝아노는 아침 햇빛이 승리의 환희를 표현케 하였다. 이렇듯 색채의 사용이 극 발전의 내용과 더불어 성격을 부여했고 인간 심리가 나타나게끔 시도하여 보았다.

「사도성의 이야기」의 음악은 무용 형식이 조선 고전 무용에 의거한 것과 같이 음악도 고전악으로서 매우 아름다운 곳이다. 음악을 들으면 마치도 우리 고전악의 집대성을 이룬 것 같다. 그러나 음악의 드라마 뚜르기야가 부족하다. 즉 매 곡 마다 독립된 감이 있었다. 금이나 순지의 음악이 설정되어야 할 것이다. 이런 것들을 보충하기 위하여 매개 악기들의 편성에 있어 그 악기의 음색의 특징을 잘 살리게 하였으며 악기 배합에 조화를 주어 단조로움을 다양하게 살려보려고 하였다.

례를 들어 떨개 춤 장면의 새 납 독주를 가야의 병주와 타악기, 북, 장고, 바라들을 배합해 보았다. 금이와 순지의 음악은 악기 음색으로 구별해보려고 하였다. 이와 같이 여러 가지 시도를 해 보았으나 조선 악의 가락의 동일한 반복과 매 장이 긴 것과 악기 구조에 있어서 5음 단계의 특징으로 인한 전조의 부자유로운 음율을 어찌할 수 없었다. 이것들은 조선 고전악의 특징이면서 동시에 고유한 개성이다. 이 문제는 앞으로 작곡가들이 영화 음악을 창작함에 있어서 도입과 더불어 연구의 대상이 될 문제들이라고 생각한다.

고전악 일색으로 음악을 사용한 것도 첫 시도이며 앞으로 고전 계승 발전 문제와 더불어 시금석을 이루는 것이다. 무용 영화의 특징이 몸짓 언어에 의존한다는 것은 상술하였으나 요는 아름다운 무용을 어떻게 카메라로 포착할 것인가는 영화적 형상에 있어서 중요한 문제의 하나로 제기된다. 즉 조선 무용의 우아하고 아름다운 특징을 옳게 살려야 할 것이며 무용이 가지는 리듬과 템포가 영화가 가지는 리듬과 템포와 완전히 동시적으로 결합되어야 한다.

영화예술의 중요한 표현 수단인 카메라의 조정은 연출자가 가지는 작품의 기본 사상을 필름에 옮기는 중요한 모멘트이다. 화면 구도에 있어서 회화적으로 잡는 문제와 리드미칼한 조정은 감상자로 하여금 아름답고 상쾌한 미적 감흥을 주느냐, 역효과를 주느냐의 제기로 되는 중요한 요소이다.

「사도성의 이야기」는 화창한 봄날의 낭만적 분위기 속에 우아한 곡과 무용으로 그 내용을 주어야 한다. 카메라도 이 아름다움을 유장하고 우아한 가운데 잡아내기에 주력을 두었다. 매개 장면의 무용을 세분화하지 않고 전 곡을 통해 보여주며 극 내용이 템포가 가미되는 장면은 박력있게 이를 가져갔다. 예를 들어 잔치터 장면에서 순지와 아한과 경연하기 전까지는 전곡을 합쳐서 보여주었으며 경연시에는 카메라를 율동 있게 구분해 가져갔다.

후원 별당 장면에서는 조선의 아름다운 정서적인 것이 일관하여 형상되어야 할 것이며 인간과 인간의 아름다운 세계를 지향하고 서로 동경하는 내적 세계가 표현되어야 하였다. 평화스러운 사도포 인민들의 들끓는 로동의 환의 속에 전개되는 생활, 어망 당기기와 풍어 춤 등은 박력있게 가져가야 했다. 특히 여기에서 해녀 춤의 우아함을 살리는데 주점을 두었다. 왜적이 침범하여 약탈을 감행할 때 인민들이 궐기하여 이를 무찌르는 장면은 원쑤에 대한 분노와 조국에 대한 사랑에 불타는 투지를 억세고 박력 있는 색조로 표현하였다.

이렇듯 「사도성의 이야기」 무용극을 영화화함에 있어서 원작의 정신을 충분히 살리기 위하여 각 부분의 역략을 집중시켰다. 이상과 같은 시도가 과연 충분히 살려졌는가에 대하여는 작품 형상의 결과가 말해 줄 것이다. 조선에서 첫 번째 무용극 영화이며 첫 솜씨의 천연색 예술 영화인 만큼 허다한 부족점들이 내포되고 있는 것도 사실이다. 우리들은 이 작품의 높은 형상을 위하여 노력하였으며 많은 애로를 극복하였다. 그러나 일단 작품이 된 이상에 형상 과정의 이러저러한 문제들을 말하는 것은 한갓 변명으로 밖에는 안된다. 그보다는 이번 경험을 거울로 삼아 보다 우수한 새 작품을 창조하는데 정성을 기울 것을 맹세하자!"

잊을 수 없는 사람들

(『조선영화』 1960년 8월호)

정준채

　유유히 흐르는 대동강 물속에 모란봉의 아름다운 웅자가 드러나기 시작하자 창문으로 어슴푸레한 새벽빛이 짙어갔다. 밤 동안 책상 우에는 설계도며 설명서들이 무더기로 쌓여졌다.

　"네브리쓰끼 동무, 그만하고 쉽시다."

　"이걸 마저 끝냅시다. 동무들이 밤낮으로 고대하는 영화촬영소가 거진 되어갑니다"하며 열심히 도면을 들여다보는 그의 얼굴에는 조금도 피곤한 기색이란 엿볼 수가 없었다.

　위대한 쏘련 군대에 의하여 조선 인민이 일제의 식민지 기반으로부터 해방되었을 때 우리 북반부에는 영화 시설이라고는 몇 개의 다 낡은 영화관이 있었을 뿐이며 영화 제작을 위한 시설이라고는 단 하나도 없었다. 이러한 때에 경애하는 수령 김일성 원수께서는 영화제작 사업의 발전을 위하여 촬영소를 우선 건설하라고 하셨다. 그 날의 감격이야말로 일생을 두고 잊지 못할 것이다. 해방 전에는 꿈에도 생각 하여 보지 못했던 방대한 시설과 자금이 요구되는 현대적인 촬영소를 직접 우리의 손으로 짓고 마음대로 영화를 제작할 수 있게 되었으니 어찌 기쁘지 않으랴. 참으로 나라의 주인이 된 행복과 영예가 여기에 있구나 하고 생각하니 가슴이 벅차오름을 금할 수 없었다.

　우리는 이 감격을 안고 촬영소 건설 준비를 시작하였다. 그런데 영화 사업에 청소한 우리들로서 이 방대한 계획을 수행하기란 너무도 힘에 겨운 일이었다. 그저 기둥을 세우고 벽돌을 쌓는 일이라면 몰라도 최신 과학 기술이 적용되는 이 설비를 꾸리자니 기술이 부족했다. 밤낮 몇 명 안 되는 사람들이 모여앉아 머리를 싸매고, 있는 지혜를 다 짜내 보았으나 신통한 묘책은 떠오르지 않았다.

바로 이러한 시기에 기록 영화를 촬영하러 우리나라에 온 네브리쓰끼 동무가 촬영소의 설계 사업을 방조해 주게 되었던 것이다. 그는 설계가가 아니라 노련한 영화 연출가이며 촬영가였다.

그러나 우리가 고심하는 것을 본 그는 설계를 해주겠다고 자청하여 나섰다. 더욱이 우리를 감동시킨 것은 그의 인간에 대한 세심한 배려와 겸손성이었다. 그는 현장 작업이 인체에 해로운 일이라고 하며 통풍과 배수장치에 이르기까지 어디다 무엇을 어떻게 해야 한다는 것을 자세히 설명하면서 설계도를 꾸몄다. 심지어 휴식할 공원과 만일의 경우를 생각해서 소방 시설까지 배치했다.

영화촬영소에 대해서 잘 모르는데 동무들에게 도움이 될지 모르겠다고 하던 그가 그 후 알고 보니 영화의 백과사전이나 다름없었다. 그는 언제나 자기 일신에 대해서 보다 우리의 몸과 건강을 먼저 념려하여 주었다. 좀 쉬라면 빙그레 웃으면서 한두 마디 배우기 시작한 조선말로 "고맙습니다"라고 하며 일을 계속 하곤 하였다. 그래도 자주 쉬라고 하면 "동무들에게 절실하게 요구되는 촬영소가 하루라도 빨리 완성되어야 합니다. 그래야 당신들의 훌륭한 영화를 많이 만들 수 있지요!"하면서 더욱 일손을 다그치곤 하던 모습이 지금도 눈앞에서 선하다. 이렇게 오가는 정은 대해처럼 넓고 깊었으니 우리들은 수십 년을 사귀어온 전우처럼 서로 친밀하게 되었다.

소베트 사람들, 그 악독한 일제를 꺼꾸러뜨리고 억압과 착취 하에서 우리를 해방 시켜 준 은혜로운 사람들, 남의 일을 자기 일처럼 알고 힘

써주는 고결한 품성을 지닌 사람들, 그때만 해도 나는 이런 소베트 사람들을 각지를 촬영하러 다니며 수 많이 보아 왔다. 평범하고 소박한 러시아 인민의 아들딸들…… 저 동무들의 은혜를 무엇으로 갚을 수 있단 말인가.

"뭘 그렇게 생각하고 있습니까? 자, 보시오. 이젠 다 되었습니다."

네브리쓰끼 동무는 생각에 잠겨 있는 나의 손목을 끌어당기며 완성된 설계도를 보여주면서 이렇게 말했다.

"감사합니다." 나는 그의 손을 힘 있게 꽉 그러 쥐였다. "아니요. 아직도 멀었습니다. 영화까지 만들어놓고 축배를 듭시다"하고 그는 유쾌하게 껄껄 웃었다.

우리는 네브리쓰끼 동무의 설계로써 촬영소를 건설하기 시작했다. 건설이 시작 되자 각종 시설들을 쏘련에서 보내여 왔다. 쏘련 인민들의 지성어린 친선의 정을 담은 촬영기, 조명기, 록음기, 프린트 기, 필림, 전구, 현상약 등이 연달아 도착되였다. 그 후 우리의 영화 제작 사업을 돕기 위해 로련한 연출가이며 편집자인 쎄뜨끼나 녀사를 비롯하여 촬영가 벨랴꼬브, 록음사, 현상 기사들이 와서 적극 방조해 주었다. 언제나 허심하게 대해 주는 그들에게서 우리는 형제의 정을 육감으로 느낄 수 있었다. 이렇듯 당과 김일성 원수의 직접적인 지도와 쏘련 인민들의 방조로 건설된 촬영소는 미군 야수들의 무차별 폭격으로 말미암아 잿더미로 되고 말았다. 조쏘 친선의 열매라고 자랑하던 우리의 촬영소가 원쑤들의 야만적인 폭격으로 파괴되였을 때 분노에 차서 이를 부득부득 갈며 놈들을 저주하는 우리들을 본 쏘꼴리꼬브 동무도 "지독한 놈이요, 이건 미국 제국주의자들이 아니면 상상도 하지 못할 것이요"하며 같이 분개하였다. 그때 우리는 해방 5년 동안 나라의 주인으로 된 조선 인민들이 자유와 행복을 꾸려가는 모습들을 수록하는 기록영화 『새 조선』을 쏘련의 연출가 보브로브 후로롬, 촬영가 쏘꼴리꼬브, 할류샤꼬브 동무들과 조쏘 합작으로 만들고 있었다. 그러는 사이에 나는 새로운 쏘련 동무들과 사귀게 되었다. 특히 쏘꼴리꼬브 동무는 주로 나와 공동 작업을 많이 하게 되었기 때문에 더욱 친근하게 지내던 사이였다. 그래서 촬영이 끝나고 숙소에 돌아오면 서로 다정한 이야기로 시간 가는 줄도 몰랐었다. 이 과정에서 쏘꼴리꼬브 동무는 우리 촬영소가 쏘련의 방조로서 건설되었다는 것을 잘 알게 되었다.

한 번은 우리가 남포 제련소에 촬영하러 갔다가 폭격에 무참히 파괴된 공장의 참상을 보게 되었다. 쏘꼴리꼬브 동무는 "이건 독일 나치스보다 더한 놈들이요, 그러나 그 어떤 미국제 총포도 정의의 전쟁에 궐기한 조선 인민을 굴복시킬 수는 없을 것이요. 나는 영웅적 조선 인민들의 투쟁과 미제 야수들의 전대미문의 이 만행을 카메라로 온 세계에 똑똑히 보여 주겠소. 자, 또 촬영을 시작합시다."

이렇게 쏘꼴리꼬브 동무는 자기 집이 폭격을 당한 것보다 더 가슴 아파하면서 침식을 잊다 싶이 촬영 작업을 정력적으로 했다. 그는 귀국하는 날 프렛트홈에서 나를 힘껏 껴안고 "아무리 미 제국주의자들이 당신들의 피땀으로 이루어 놓은 것을 파괴한다 해도 조선 인민은 불사조마냥 살아 있으리라는 것을 꼭 믿습니다. 우리 영화 일꾼들은 미제의 이 흉악한 야수적 만행을 전 세계에 폭로해야 합니다. 당신들을 반드시 승리합니다. 우리 쏘련 인민들과 전 세계의 모든 선량한 사람들이 당신들을 성원할 것입니다"라고 하면서 쏘꼴리꼬브 동무는 기차가 떠나기 시작해도 좀처럼 나의 손목을 놓을 줄을 몰랐다.

X X

"준비!" 신호가 내렸다. 조명이 켜지고 분장을 돌봐 주던 분장사가 연기자에게서 물러선다. "카메라!"하는 구령이 떨어지자 물 뿌린 듯이 조용한 분위기 속에 카메라가 돌아가는 챠르륵 소리만 들려온다. 연기자들이 움직인다. 긴장된 시간이 흐른다. 스테지마다에서도 촬영 작업이 진행된다. 현지 촬영을 나갔던 제작단들도 련이어 돌아온다. 녹음실에서는 관현악의 아름다운 멜로디가 수록실로 전달되어 가고 편집실에서는 영화 제작의 최종 단계에 돌입한 편집 작업이 한창이다. 윙윙 도는 무비오라에선 필림이 물결처럼 흘러내리고 필림 가공부에서도 마지막 코피 작업에 한창 드바쁘다. 지금 전체 영화 일꾼들은 우리의 민족적 명절 8·15 해방 15주년을 앞두고 영화 제작에 총 돌진하고 있는 것이다. 나는 해마다 이 때면 언제나 영화 창조 과정에서 알게 된 네브리쓰끼 동무와 쏘꼴리꼬브프 동무의 생각이 더욱 간절하게 난다. 우리의 영화 예술이 비할 바 없이 바로 전하고 있는 오늘은 더구나 벗들에 대한 생각이 더욱 간절하다. 나는 지금 벗들의 모습을 그리며 쏘련에서 보내여 온 촬영기와 록음기를 보고 무비오라를 어루만져 본다.

해방의 명절이 가까워옴에 따라 나의 머리 속에는 밤새워 설계도를 그리던 네브리쓰끼 동무와 미군 야수들을 증오하는 불타는 마음으로 카메라를 돌리던 쏘꼴리꼬브 동무의 그 정력적인 모습이 떠오른다. 아마도 그들이 이 땅에 뿌리고 간 친선의 정은 나의 일생을 두고 잊혀지지 않을 것이다.

2. 기타 관련 문헌

[관평]

「예술영화「산매」를 보고」
(『조선영화』 1958년 9월호)

류영탁

  작가 주동인은 시나리오 『산매』에서 조선로동당 제3차대회와 당중 앙위원회 1956년 12월 전원회의결정 실천을 위하여 궐기한 탄광노동 자들의 사회주의적 애국주의와 완강한 투지로 일관된 창조적 노력 투 쟁을 형상하였다.

  시나리오 『산매』는 우리 당의 정확한 정책을 받들고 사회주의 건설 을 향하여 확신성 있게 나아가고 있는 우리나라 노동계급의 억센 투쟁 모습을 전후 처음으로 형상한데 큰 의의가 있다.

  오늘 우리 당이 석탄 공업 부문에 제기한 과업은 선진 작업 방법을 대담하게 도입하는 한편 생산 시설을 일층 개선하여 굴진을 생산에 선행시킴으로써 예비 채탄장을 확보하고 생산에서의 편파성과 낙후성을 퇴치하는 그것이다.

작가는 주인공 산매를 통하여 선진작업방법인 100메트르 고속도 굴진 운동을 전개하는 노동청년의 믿음직한 모습을 보여 주면서 그를 둘러싸고 버러지는 새 사상과 낡은 사상 간의 갈등을 통해서 새 것의 불가 극복적인 힘을 보여주는 동시에 우리 당 정책이 정확하고 정당함을 과시하였다.

뿐만 아니라 일제 통치 밑에서 자본의 쇠사슬에 얽매여 노예적 처지에서 허덕이던 과거 탄부들의 비참한 생활과 오늘의 행복한 생활을 대조적으로 묘사함으로써 인민 민주주의 제도의 우월성을 감명 깊게 보여주었다.

오늘의 탄부들의 생활은 근본적으로 변화되었다. 그들은 탄광의 진정한 주인으로 되었으며 그들의 계급의식은 비할 바 없이 장성하였다. 그리하여 그들은 지금 당의 의지로 살고 있으며 사회주의 건설에서 창조적 노력을 기울여 헌신적으로 투쟁하고 있는 것이다. 바로 이러한 생활을 그 옛날 산매의 아버지와 어머니가 갓 낳은 아들의 이름을 지으면서 염원하였다.

작가는 젊은 노동청년들인 학수, 서영, 원철 등 일련의 노동군상의 형상에서 그들의 혁명적 낙천성에 충만한 생활을 진실하게 묘사하였다. 특히 남반부 출신인 원철의 형상에서 그의 조국통일에 대한 절실한 염원은 작품의 정신세계를 한층 높이였으며 이러한 작가의 사상 감정이 작품의 절정을 이룬 3갱과 7갱의 관통 장면에서 감격적으로 울려왔을 때 더욱 깊은 감명을 받게 되었다.

그러나 영화는 시나리오가 형상하고 있는 기본 내용을 충분히 또는 시나리오의 부족점을 보충하는 측면에서 약간의 부족점이 있다. 나는 이 영화에 대한 불만의 원인을 먼저 이 작품이 가지는 극적 갈등 문제에서 찾아보려고 한다.

두 말할 것도 없이 극작품에서 모순과 갈등이 차지하는 비중은 작품의 운명을 좌우한다. 흔히 심각한 갈등에 기초하지 않은 극작품들은 생기가 없고 따분하다.

이것은 『산매』의 경우에 있어서도 고려되어야 할 것인바 노력 혁신운동을 제기하고 나선 산매와 그를 반대하는 갱구장 간의 갈등이 약하며 또 산매와 그의 애인 영애와 문의사 간의 애정문제를 둘러싸고 버러지는 갈등도 심각하지 못하다.

때문에 이 작품은 중요한 시사적 쩨마를 옳은 방향에서 취급하려고 하였음에도 불구하고 응당 거둘 수 있는 성과를 놓치고 만 것 같다. 이것은 사람들의 생활 속에 내재하는 본질적 모습을 심각하게 밝힘으로써 갈등을 심화시키는 것보다 외부적으로 나타나는 모순 즉 고속도 굴진 운동을 하느냐 마느냐 하는 문제의 피상적 표현에 치중하였으며 또 애정 문제에 있어서도 인물들의 생활 속에 숨어 있는 본질적인 갈등을 밝힐 대신에 사소하고 우연한 오해로 인한 비본질적이며 평범한 갈등으로 대치한 결과이라고 생각한다.

이것은 물론 시나리오의 부족점에서도 기인하는 바 작가 주동인의 근간 작품에서 나타나고 있는 일련의 경향성으로서 설명된다. 즉 그의 시나리오 『산매』와 『행복의 길』을 대비하여 볼 때 작품의 평범한 구성이라던지 사소하고 우연한 오해로 인한 갈등의 설정 등 호상 유사한 대목들을 발견할 수 있다.

그의 단적 실례로서 『산매』의 병원 장면에서 영애가 문의사와 이야기하고 있을 때 산매가 불숙 들어왔다가 그들을 보고 오해하며 또 『행복의 길』에서 주인공 길녀가 관리위원회 사무실에서 초급당 위원장과 사업을 토의하고 있는 것을 그의 애인이 보고 오해하는 등의 갈등 설정이 너무나 유사한 것을 들 수 있다.

다음으로 인물 형상에서 진실성이 희박하고 전형적이며 개성화되지 못한 점들에 대하여 말하려고 한다.

우선 나는 산매의 형상에서 산인간의 개성을 찾아보기 힘들었다. 시나리오에서는 매력 있는 인물로 되었던 산매가 영화의 화면이 지나갈수록 딱딱하고 실증이 나는 인간으로 되었으며 그의 행동은 지나치게 과장된 감이 있다. 그는 노력 혁신 운동에서 충분한 사전 준비와 타산 없이 고속도 굴진 운동에 뛰어 들며 그를 가로막은 온갖 난관에 부닥쳤을 때에도 고심과 심각한 고민도 없이 그의 결심 여하에 따라 쉽게 극복되고 만다.

애로와 난관을 뚫고 나아가는 완강성과 강의성 그리고 그를 둘러싸고 있는 일련의 노동 군중들의 집체적 지혜에 의거하는 혁신자다운 면모가 보여졌으면 좋았을 것이다. 또한 그는 애정문제에 있어서도 공감을 적게 한다. 아무리 혁신자라 하더라도 다만 한 가지의 감정, 한 가지 지향, 오로지 사업 이외에 아무것도 모르는 그러한 인간은 있을 수 없을 것이다. 이것은 자칫하면 형상에서 전형성과 개성의 파괴에로 이끌어 간다. 우리 시대의 주인공들은 인간이 가질 수 있는 개성의 온갖 다양성을 가지고 있어야 할 것이 요구된다.

영애는 오랜 탄부의 딸이며 새로운 교육을 받은 인테리로서는 연약하고 다분히 들뜬 여자의 인상을 준다. 그는 산매에게 탄광을 떠나 도시로 가자고 애원한다. 그러나 도시로 가서 무엇을 어떻게 하자는 것인지 목적이 뚜렷하지 않으며 문의사를 대하는 태도도 애매하다.

갱구장의 성격도 희미하다. 그가 고속도 굴진 운동을 반대하는 이유가 석연하지 않다. 물론 그의 근시안적인 사고와 안일한 사업 작품에서 이를 반대하는 것임은 짐작되나 좀 더 내면세계의 본질적 측면을 심각하게 밝혔으면 좋았을 것이다.

이상에서 지적한 부족점들은 물론 시나리오에 기인되는 것도 있겠으나 연출상 처리에서 이와 같은 점들이 충분히 고려되었다면 좀 더 성과를 거두었으리라는 욕심을 말하게 된다.

연출가 정준채는 기본적으로 시나리오의 정신을 살려 형상하기에 고심한 흔적을 찾아 볼 수 있었다. 그러나 화면의 영화적 흐름으로 볼 때 다소 거칠고 연결이 부자연스러운 대목들이 이따금 눈에 거슬렸다.

그리고 영화에서 민족음악의 도입을 대담하게 시도한 것은 좋았으나 시종 일관하여 남용한 결과는 부분적으로 감정의 흐름과 장면에 맞지 않아 도리어 분위기를 깨뜨리고 한낱 소음으로 관객의 청각을 자극하게 된 점은 유감스러웠다.

배우들의 연기는 대체로 무난하였다고 보나 생신한 면모를 찾아 볼 수 없었다. 연출가의 연기 지도에서 좀 더 각별한 고려가 돌려졌더라면 하는 생각이 든다.

산매로 등장한 김은배는 감정표현의 굴곡이 없는 긴장한 상태에서 처음부터 마지막까지 거의 같은 딱딱한 표정을 지속했다. 무엇이 그를 그렇게도 긴장시켰는지는 모르겠으나 작중 인물 속에 들어가 충실히 살 것이 요구된다.

당 위원장으로 분장한 강홍식에게서는 오랜 탄부 출신의 소박한 지도자다운 풍모가 느껴지지 않는다. 그의 연기는 때로는 지내 겸손하고 때로는 거만스러워 보이기도 하는 가운데서 안착감을 상실하였다. 특히 그의 화술은 인물 성격에 맞지 않을 정도로 어색하였다. 영애로 분장한 원정희는 인물 성격에 비해 좀 지나치게 조숙한 듯하였으나 어려운 연기를 무난히 해냈다고 생각한다.

기타 대체로 연기에 있어서 공통적인 부족점은 노동자물의 낙천적 생활모습이 지어진 성격과 개성에서 다양하고 생동하게 살지 못하고 있는 점이다. 앞으로 노동자들의 생활을 더욱 연구하고 그들의 생활 감정을 깊이 체험할 것이 요구된다.

끝으로 나는 촬영과 미술 면에 대한 의견을 말하려고 한다. 그것은 무엇보다도 화면이 어지럽고 흐리고 거칠다는 것이다. 어떤 장면은 화조도 고르지 못한데다 비 오는 장면 같이 보이는가 하면 영애의 집에 있어서는 쎗트의 무대화까지 완연히 들어나 보인다. 영화 화면을 보다 아름답게 했으면 좋겠다.

「탄맥을 찾아서 〈산매〉와 같이」

(『조선영화』 1958년 1월호)

배우 김은배

　내가 노동자의 역을 맡은 것은 이번이 처음이다. 지난 시기 내가 담당한 역이란 「소년 빨치산」에서 소대장, 「또 다시 전선으로」에서 중대장, 「향토를 지키는 사람들」에서 면당위원장, 「정찰병」에서 부소대장, 「빨치산 처녀」에서 장동무, 「다시는 그렇게 살 수 없다」에서 리인민위원회위원장, 「조국의 아들」에서 미군 대좌, 「어떻게 떨어져 살 수 있으랴」에서 왈보 등으로서 거의 다 생산이나 건설에 직접 참가하는 노동자는 아니었다.

　그러나 나의 부친이 철공노동자였으며 나 자신도 한 10년 간 철공노동을 해 왔다. 따라서 노동자인 산매의 역을 맡았을 때 큰 불안을 느끼지는 않았었다.

　나는 산매의 역을 접수하면서 우선 당의 석탄 공업 정책을 깊이 연구했으며 현지에 가서는 곧 김직현 노력영웅과 함께 생활하면서 함께 노동도 했다.

　현지에서의 체험 생활 과정에서 나의 기성 지식과 과거의 경험은 거의 쓸모없다는 것을 느꼈다. 내가 노동자로 생활하던 일제 시기와 오늘날 새 찌프의 노동자들이 사회주의를 건설하는 현실과는 너무도 판이함을 깨닫게 되었다. 동시에 나는 또한 현지 체험 생활 과정에서 노력 혁신자들이란 특이한 인간인 것이 아니라 극히 평범한 가운데 오직 당과 조국과 인민을 무한히 사랑하며 나라의 주인 된 긍지를 가지고 충실히 복무하는 사람임을 깨달았다. 노력혁신자 대열에는 쉽게 그리고 흔하게 이와 같은 인간 찌프들을 찾아 볼 수 있었다.

또한 내가 직접 채탄작업에 참가하게 된 과정에서 고속도 굴진을 생산에 선행시킴으로써 예비 채탄장을 확보해야 할 필요성을 나 자신이 절실히 느꼈다.

나는 연기 형상에 있어서 우리나라의 주인 된 노동계급의 긍지, 낙천성, 불굴의 투지, 그리고 그들의 애국주의와 프롤레타리아 국제주의 정신을 완전히 체득하여 연기에 재현하려고 전력을 다 기울였으며 나의 산매가 소유하고 있는바 노동에 대한 옳은 태도를 그대로 구현하기에 갖은 정성을 다 바쳤다.

「예술영화 〈산매〉」『조선필름』 1957년 작

(『조선영화』 1958년 1월호)

우리나라 탄광노동자들은 조선로동당 제3차대회와 당중앙위원회 12월전원회의 결정 실천을 위하여 총궐기하였다. 보다 많은 석탄을 채굴하기 위해서는 작업 방법과 시설들을 개선하는 사업과 아울러 굴진을 생산에 선행시킴으로써 예비 채탄장을 확보하는 것이 매우 중요하다.

이 영화는 주인공 산매를 중심으로 벌어지는 새 사상과 낡은 사상 간의 갈등을 통하여 새것의 불가 극복적인 힘을 보여주는 동시에 인간은 언제나 진실해야 하며 그것만이 승리자로 될 수 있는 기본 동력임을 가르치고 있다.

줄거리

일제 통치하의 탄광노동자들의 생활은 문자 그대로 비참하였다. 일 그러져 가는 귀틀집들, 연기에 끄슬린 바람벽돌, 지저분한 갱내 곰팡이 쓴 동발들, 가난과 굶주림, 천대와 무권리, 탄차를 밀고 가던 만삭될 여인이 진통을 참지 못하여 쓰러지니 일본놈 감독이 달려 들어 딱따구리로 내려친다. 남편이 뛰어와서 안해를 안아 일으켜 시냇가 버드나무 밑으로 데려간다. 진통의 어려운 고비가 지난 다음 "응 아……" 소리와 함께 새 생명이 이 시냇가 버드나무 밑에서 탄생되었다. 이때 마침 창공을 날던 매 한 마리가 새 생명을 축복하는 듯 너울너울 날개 치며 그들의 머리 우에서 예돈다.

"이놈아! 너도 저 산매처럼 날래고 용감하게……(안해를 향하여) 여
보, 애 이름을 산매라고 부릅시다."

산매의 나이 십여 세가 되었을 때 채탄 막장에서 큰 물줄기가 터져
서 사고가 일어났다. 아버지는 물속에서 헤매는 노동자를 구원해 내오
다가 무너지는 버럭에 깔려 죽었다. 그래서 어머니는 "내 남편 살려
내라"고 왜놈 감독에게 대들었다는 죄로 감옥에 갇히고 옥사하고 말
았다.

일제의 탄압과 착취는 더욱 우심해갔다. 어느덧 산매도 20세 가까
운 건장한 청년으로 장성했다. 어느날 왜놈 감독이 순식간에 몰려와서
최노인을 갈겼다. 아버지를 구원해 달라는 영애의 울음소리에 산매는
군중을 헤치고 나와서 감독놈을 깔아 눕혔다. 경찰놈들이 몰려 올 위
험이 박두했다. 산매는 틈틈한 태도로 앞을 바라 볼 뿐이다.

머리칼이 바람에 날리는 산마루 우에서 산매는 어린 영애의 머리를
쓰다듬으며 말없이 작별한 후 정든 고장을 등지고 정처도 없는 길을
떠났다.

정전 후

제대한 산매는 남반부 출신인 원칠과 함께 자기 고향으로 돌아왔다.
산등성이 잔디 우에 활개 펴고 누워서 그립던 고향의 하늘과 구름을
쳐다보며 향긋한 풀냄새를 맡아본다. 머지않은 골짜기에서 여성의 노
랫소리가 들려온다. 산매는 그 쪽으로 발을 옮겼다. 수양버들 늘어진
시냇가에서 처녀가 빨래를 하고 있다.

"처녀 동무 그 노래를 한 번 더 들려주시오" 산매의 말이 귀에 거슬
렸는지 처녀는 방망이를 자주 놀려 빨래를 세차게 두드린다. 산매는
전날에 부르던 고향의 노래를 저 혼자 불러본다. 처녀는 방망이를 멈

춘다.

"산매동무 아니세요?"

"영애! 영애로구나" 영애는 의학전문학교를 졸업하고 탄광 진료소의 준의로 있다.

그날 밤 영애의 아버지 최로인의 집에서는 제대 군인인 산매와 원칠을 환영하는 잔치가 벌어졌다. 최노인의 아들은 갱장으로 사업하고 있다. 그는 누구보다도 산매의 귀향을 기뻐하면서 산매와 원칠에게 자기가 담당한 갱구에서 굴진 작업을 할 것을 권고했다.

이튿날부터 산매와 원칠이는 일터로 나갔다. 막장이다. 학수와 서영은 버럭을 담아내고 산매는 착암기로 천공을 하고 있다. 원칠이가 빈손으로 들어서니 학수가 묻는다.

"왜 탄차를 안 가져 와?"

"채탄이 더 바쁘다네."

서영은 일손을 멈추며

"상순엔 회의하고 중순에 걱정하고 하순엔 돌격하고…… 굴진이 중하다면서도 말뿐이야……"

산매는 서영의 불평하는 말에서 작업 조직에 숨은 병집을 알 수 있을 것 같이 느꼈다. 산매는 최노인의 집에서 숙식하고 있었다. 어느날 저녁 식탁에 둘러앉았을 때 갱장이 산매에게 지도원의 책임을 맡아 보라고 말했으나 산매는 대답하지 않았다. 병원에서 돌아온 영애가 산매를 재촉하여 구락부로 같이 갔다.

화려한 구락부 무대에서는 군무가 버러지고 있었다. 탄부들은 가족들과 함께 마음 흐뭇이 구경하고 있다. 영애, 산매, 학수, 서영, 원칠, 귀녀들도 한편 좌석에 모여 앉아 무대에 눈을 팔고 있었다. 이 틈에 끼우지 못한 문의사의 눈길이 자주 산매와 영애를 못마땅하게 보고 있다.

공연이 끝나고 쌍지어 남녀들이 소공원을 거닌다. 영애와 산매도 벤치에 앉아 서로 행복과 희망을 이야기 한다. 영애는 더 보람 있는 생활을 위하여 도시로 나갈 자기의 결심을 말하면서 산매에게도 이를 권한다.

"보람 있는 생활이 도시에만 있는 게 아닐 거요…… 문제는 어떻게 진실하게 사는가에 달려있지요. 탄부의 딸이 탄부를 위해 일해야 할게 아니요"

산매는 영애를 힘껏 껴안았다. 영애도 산매의 가슴 깊이 얼굴을 파묻었다. 당장 긴급한 채탄의 생산량을 높이기 위하여 굴진공들까지 채탄에 협조하라는 지시가 전달된다. 굴진공들은 의아한 표정을 지으며 산매, 학수, 서영, 원칠 등 모두다 채탄장으로 옮겨 간다. "분기별 생산 계획을 초과 완수하자"고 채탄을 독촉하는 갱장에게 학수는 "굴진을 선행시킨다면서 툭하면 이짓이오?"하고 쏘아붙인다. "지시는 명령이니 일부터 하고 봅시다." 산매는 학수를 만류한다. 작업은 시작했으나 첸꼼베아가 고장 나서 운탄이 중지된다. 예비 채탄장을 아직 하나도 마련하지 못한 이 탄광에서는 옮겨 갈 작업장도 없어 탄부 전체가 우두커니 놀게 된다. 갱장을 비난하는 소리가 높아간다. 어떤 탄부는 사내까지도 옳지 않다고 떠들어 댄다.

"그래 갱장네 집에 들어 가드니 동무도 갱장이 됐나", "갱장과 융화하다니……"

흥분한 산매는 갱장실로 달려가 당장에 100메터 고속도 굴진 작업에 착수하겠다고 강경히 주장한다. 갱장은 수십 년 일해 본 '굴진박사'나 할 수 있는 주제넘은 생각을 그만 두고 자기 누이동생 영애를 생각해서라도 지도원 노릇이나 하라고 달랜다. 산매는 갱장실에서 뛰어 나와 당위원장을 찾아간다.

두 사람의 담화는 길고도 진지하였다. 감격에 찬 손과 손이 서로 굳게 잡힌다.

"산매 동무 난 우리 탄광이 아직 김락현 영웅의 100메터 고속도 굴진 방법을 받아들이지 못한 걸 부끄럽게 생각해 왔소! 자 지배인 동지에게로 갑시다.……"

그날 저녁 산매는 배낭을 들고 독신자 합숙으로 옮겨 갔다. 합숙방에 모여든 청년 탄부들은 100메터 고속도 굴진에 착수하기로 결의했다. 최노인도 이 결의에 끼어 들었다.

산매네 굴진조의 작업은 낮에 밤을 이어 계속 되었다. 산매와 영애는 자주 만나지 못했다. 혹시 만났다가도 갑자기 바쁜 일이 생기면 산매는 뛰어가 버렸고 또는 약속한 시간에 나오지 못한 때도 있었다.

한편 병원에서는 문의사가 영애를 설복해 보려고 애를 쓰고 있다.

고요한 호수 같은 영애의 가슴에 파문을 일으켜 그의 침착성과 안정감은 점차로 사라져 가는 듯하였다. 붉은 노을 짙어가는 어느 날 저녁 산매와 영애는 탄광 마을의 조용한 거리를 걷고 있다.

영애가 자기와 함께 도시로 진출하자고 말하였을 때 산매는 결연 거절하면서 "난 도저히 고향을 떠날 수 없소! 우리 마을을 더 큰 연료 기지로 만들어야 할 책임이 있소!"

영애도 지지 않는다. "나 역시 의학도로서 이상이 있어요! 그 이상을 관철하려면 여기선 안 되니까 그런데 산매는 내 마음을 너무도 몰라줘요" 영애는 그만 뛰어가 버린다.

산매의 마음도 괴로웠으나 오직 굴진 작업과 천공 방법 연구에 열중했다. 거센 노력투쟁이 계속된다.

어느 날 학수가 탄차에 부딪쳐 부상되었다. 그런데 문의사는 내출혈이라고 진단하면서 생명을 유지할 수 없으니 급속히 상급병원에 후송해야 한다고 주장한다. 후송 도중에 어떻게 될는지도 모르겠다는 것이다. 산매와 굴진 보리가다원들이 애원해 보았으나 그는 끝내 거절했다. 이때 원장이 진중하게 나선다.

"내가 책임지겠소. 수술을 준비하시오"

그날 밤 병원 앞 숙소에서 산매와 영애가 다투고 있다. 영애는 문의사를 옹호해 나섰고 산매는 그를 심장에 피가 없는 살인마, 허위로 가득찬 사람, 책임지기를 싫어하는 사람이라고 비난했다. "한번 도시로 가면 다시 오지 않겠다."는 영애의 말에 "가오! 하지만 어디로 가거나 진실하게 참되게 살아야 한다는 걸 잊지 말아 주오." 산매는 마지막 부탁을 남기고 천천히 발길을 옮긴다.

모진 비바람 치는 어느 날 밤에 영애는 보스톤백을 들고 정거장으로 갔다. 장기 강습회에 참가하러 도시로 떠나가는 것이다.

강의를 받는 영애의 노트에는 '진실'이라는 두 글자가 그려진다. 산매의 모습이 영애의 머리에서 잠시도 떠나지 않는 것이다. 학수의 부상은 점차 완치되어 갔다. 굴진 작업도 굳은 암벽을 여러 개 돌파했다. 그러나 난관은 중첩했다. 동리 아이들까지 고속도 굴진을 비웃는 놀음놀이가 유행되고 있는 형편이었다. 산매네 굴진 보리다가에서는 낙오자와 동요분자가 생겼다. 이때 당위원회에서는 공정상 제반 조건을 보장해 주도록 방조를 준다.

보리가다원들은 다시 힘을 얻었다. 지배인도 당위원장도 몸소 굴진 막장에 나타나서 애로를 해결해 주고 있다. 산매의 말에 깨달은 바 있어 영애는 강습을 마치고 고향으로 돌아왔다. 그날 저녁 상금을 받은 원칠은 술과 음식을 차려 놓고 동무들을 모았다. 원칠과 권양공 귀녀의 약혼을 축하하여 잔을 들었다. 그러나 원칠은 머릴 남쪽에 계시는 어머니를 생각하고 섭섭해 한다. 원칠을 바라보던 산매는 책상에서 큰 돈뭉치를 꺼내어 원칠에게 쥐어 준다.

"난 애인도 단념했네! 이 돈을 보태서 잔치합세"

창 밖에서 바라보던 영애는 그만 돌아 섰다.

고속도 굴진 작업의 종국적 승리를 위하여 탄부들의 궐기대회가 열렸다. 청년돌격대원들이 성공할 수 있는 가능성을 낱낱이 토론했고 행정지도부는 그에 기초한 적극적 대책을 취하였다. 굴진 돌격대원들의 기세는 다시 앙양되었다. 당위원장은 더욱 사상동원사업을 강화했다. 작업은 더욱 빠른 템포로 진척되어 갔다. 암벽에 귀를 대고 있던 산매가 소리친다.

"7갱이 가까워 온다!"

장약을 끝내고 스위치를 잡으려는 원칠의 어깨를 누르면서 산매가 웃는다.

꽝! 꽝!

"백만톤 백만톤의 길이 열렸다."

"만세!" "만세!" "관통이다."

환희에 들끓는 군중들이 갱구로 모여든다. 악대도 동원되어 왔다.

탄차에서 내리는 탄부들에게 꽃다발이 안겨진다. 귀녀는 원칠에게 꽃다발을 준다.

최노인이 당위원장을 보고 "당위원장, 저걸 보게 늙고 싶지 않네 그려"

"그래도 영감님이야 청년 돌격대원이 아닙니까?"

"참말이지 당이 날 젊게 해 주었네 그려"

산매는 영애가 주는 꽃다발을 받아 든다.

"산매!"

"영애!"

때마침 산매 한 마리가 시원스럽게 나래를 펴고 산매와 영애의 머리 우를 예돌고 있다.

/ 창조스탭 /

씨나리오: 주동인   연출: 정준채   촬영: 박병수

미술: 오진환   조명: 김종구   제작: 최창경

/ 주요배역 /

산매(탄부): 김은배   영애(산매의 애인): 원정희

갱장(영애의 오빠): 최운봉   지도원: 박민

최노인(영애의 아버지): 김동규   당위원장: 강홍식

지배인: 박호은   원칠(제대군인탄부): 강효선

학수(청년탄부): 차계룡   서영(청년탄부): 안봉원

갱구장의 처: 량은련   귀녀(녀성탄부): 김애한

기사장: 추석봉   문의사: 박학

「1957년도 씨나리오 창작 사업의 성과」

(『조선영화』 1957년 1월호)

문학 씨나리오 창작 분야에 있어서 지난해 1957년은 그의 획기적인 양적 장성으로 특징지어진다. 지난 1년간에 창작된 문학 씨나리오의 수는 장편 25, 단편 6, 도합 31편에 달하며 과거 10년 간에 창작된 총 수의 약 3배에 해당한다.

씨나리오 작가들은 당 문학의 전사로서 자기들의 온갖 창조적 정열을 바쳐 조선로동당 제3차대회가 제시한 과업 수행에 궐기한 우리인민들의 애국적 형상들을 창조하는데 노력하였다.

사회주의적 리얼리즘을 자기의 유일한 창작 방법으로 하는 우리 씨나리오 작가들은 가장 중요하고 본질적인 것, 즉 생활의 진실로 되는 전형을 개성적이며 구체적인 형상으로 창조함으로써 인민들을 사회주의 의식, 애국주의 사상, 국제주의 정신으로 교양하는 사업에서 적지 않은 성과들을 거두었다. 우리 씨나리오 작가들은 조국의 평화적 통일 독립과 그의 물질적 담보로 되는 공화국 북반부 민주 기지 강화를 위한 우리 인민들의 거센 창조적 생활에서 풍부한 소재를 받았으며 노력 전선에서의 인민들의 애국적 투쟁 모습에서 씨나리오 문학을 더욱 풍부케 할 가능성을 보장 받았다.

씨나리오 작가들은 현실에 파고들어 인민과 호흡을 같이 하며 시대적 요구와 시대의 문제성을 해명하려는 긴장된 태세로 자기 창작 사업을 진행하여 왔다.

주동인의 「산매」는 '굴진을 선행하자'는 조선로동당 제3차 대회결정

실현에 궐기한 탄광 노동자들의 고속도 굴진 운동을 묘사함으로써 사회주의 건설의 첨단을 약진하는 노동 계급의 애국적 정열을 예술적으로 일반화하였다.

리종순의 「두 번째 상봉」은 우리 사회 제도에만 있을 수 있는 근로자들의 정신적 풍모와 도덕적 생활을 그렸고 오철순의 「봉녀 선생」은 해방 전 일제시대에 밑며느리의 참담한 생활에서 신음하던 어린 소녀 봉녀가 해방을 맞은 후 인민 정권의 따뜻한 품안에서 자신이 모범녀교원으로 성장하기까지의 강이성을 보여줌으로써 우리나라 민주주의 제도의 우월성을 정당하게 반영시켰다.

신인 작가 지재룡의 「푸른언덕」은 우리나라 고원지대의 국영목장을 배경으로 하여 새 인간들의 찌쁘와 함께 인간 윤리에서의 애정 문제를 해결하려 하였다.

역시 신인 작가 박태홍의 「청춘」은 농촌 경리의 사회주의 집단화 운동과 관련하여 고급중학교를 졸업한 농촌 청년들의 사상 의식 개변과 함께 그들의 농촌 고착에 대한 당의 호소를 구현화하려 하였다.

이상과 같이 많은 씨나리오 작가들이 사회주의 건설의 약동하는 현실 속에서 현실적 주제와 사회적 문성을 들고 나온 것은 하나의 긍정적 현상으로 된다. 비록 「청춘」과 같이 현실 생활의 몰이해로부터 현실의 뒤꼬리를 추종했을 뿐만 아니라 현실을 일부 왜곡시킨 작품도 있었으나 그러나 일반적으로 보아 당 정책을 제때에 인민 대중 속에 침투시키기 위한 작가들의 정치적 열의는 충분히 발현되었다.

이렇듯 허다한 문학 씨나리오들이 노동자, 농민의 생활을 예술적으로 형상하는데 주력을 기울인 것은 우연한 일이 아니다.

노력에 대한 주제는 무엇보다도 노력하는 인간에 대한 주제이며 그것은 바로 노력 속에서 형성되는 사회주의적 개성의 발전을 촉진시키는데 귀착된다.

다음으로 미제의 야수적 만행을 폭로 규탄하는 좋은 호소성을 가진 단편 「잊지 말자 파주를!」을 집체 창작하였다. 이 작품은 원수 미제가 우리 조국의 남반부를 강점하고 인민들을 탄압착취 학살하고 있는 참을 수 없는 만행에 항거하여 궐기한 남조선 인민들의 투쟁모습을 그렸다.

조국의 평화적 통일을 염원하는 조선인민들의 심장은 세차게 고동 치고 있다. 우리 인민의 아름다운 생활적 풍모와 영웅적 기개를 형상 화 한 한상운의 「순보는 살아 있다」와 류영탁의 「깨끗한 사람들」은 조 국의 평화적 통일을 염원하는 작가의 공민적 빠포스를 구체적으로 표 현한 것이다.

1957년도 씨나리오 창작에 있어서 양적 장성과 함께 씨나리오 문학 의 전투적 장르인 단편이 대량적으로 창작된 것도 특징적이다.

「잊지 말자 파주를!」을 비롯하여 역시 집체 창작으로 된 「결혼전야」, 지재룡, 홍건, 리득홍 합작 「우리 사위 우리 며느리」, 류영탁, 김세륜 합작 「사과 꽃 필 때까지」, 추민, 한상운 합작의 「위기일발」과 윤두현 의 「불나비」가 그것이다.

전투적 장르인 단편 씨나리오들은 우리 당의 정책들을 생신하게 반 영한 정치적 시기성과 군중적 선동성을 갖추었다.

리득홍의 「소작인」은 해방 전 시기에 일제와 야합한 반동 지주의 착 취를 반대하는 평북 용천군 농민들의 애국적 투쟁을 형상화하였으며, 신동철의 「불사조」는 1951년 소위 '추기 공세'에 광분하던 적을 포촉 섬멸하기 위하여 기동전으로부터 방어전에로 넘어간 인민군대의 영웅 성을 형상화 하였다.

또한 리지용의 「끝나지 않은 전투」는 반간첩 투쟁을, 안철해, 공헌 합작 「고산마을」은 보건 부문 사업을 중심으로 과학탐구와 애정문제들 을 묘사하였다. 수정 중에 있는 김일신의 「눈보라」는 우리 민족의 혁명 적 전통을 보여준 작품이다.

윤두헌, 홍건 합작의 「종이 울린다」는 전후 용광로 복구 건설에 궐기한 청진 제강소 노동들의 노력 투쟁을 소재로 하고 있다. 송영에 의하여 「흥보전」이 씨나리오로 각색되었으며 윤세평은 이조 봉건 사회에서의 봉건 관리배들의 부패상을 폭로하며 청춘남녀의 진실한 애정에 대하여 이야기한 「추풍감별곡」을 내놓았다.

역사적 고전 이외에도 송영의 단막 희곡 「금산군수」가 추민에 의하여 동명의 씨나리오로 각색되었다. 지재룡, 박응호의 「바다의 노래」와 리진화의 「사과 꽃 필 때」는 아동정서교육과 집단생활을 주제로 한 작품들이다.

이 이외에도 최근에 탈고된 것으로서 농업협동조합 내 계급투쟁을 주제로 한 김영근의 「사랑」과 남궁만의 「풍요한 땅의 이야기」, 남반부 부두 노동자들의 반제 투쟁을 형상화한 한성의 「북두칠성」, 전략적 후퇴시기에 적포위속에서도 불굴의 투지로써 승리하여 나가는 인민군대의 영웅성을 묘사한 박태홍의 「조국을 위하여 복무함」, 어느 한 여성의 노동을 통한 그의 장성과정을 묘사한 현준의 「어머니의 노래」, 고원지대 국영농장에 배치된 농업 기사의 낡은 기술과의 투쟁을 묘사한 박근의 「고원의 처녀기사」 등이 있다.

이상 개관한 바와 같이 지난 1년간의 씨나리오 창작사업에서의 성과는 컸다. 그러나 반면에 결함도 있었다.

그것은 적지 않은 작품들이 현실을 왜곡하였거나 보라색으로 물들었거나 그렇지 않으면 개성이 없고 천편일률적인 작품으로 되어버린 점이다. 생활의 진실이 작품에 옳게 반영되지 못한 원인은 작가가 현실 속에 깊이 들어가 현실과 접촉하고 이를 요해하기 위한 실천적 투쟁이 부족한 데 있다.

"작가 생활에 있어서 제일 먼저 요구되는 것은 꾸준한 현실에 대한 연구, 당적 예지에 의한 새 인간의 탐구, 생활적인 경험의 축적"(작가

동맹중앙위원회 제2차 전원회의에서의 한설야 위원장의 보고)이다.

다시 말할 것도 없이 현실에 대한 심오한 연구와 연마된 문학기교의 소유는 호상 밀접하게 연관되어 있으며 그중 어느 하나라도 결핍되거나 빈곤하여지면 성과작은 기대될 수 없다.

생활에 대한 긍지와 사상이 결여될 때 작가의 현실 연구가 있을 수 없으며 사회발전에 대한 맑스-레닌주의적 관찰이 결여될 때 작가의 생활에 대한 옳은 이해가 있을 수 없다. 그러므로 사회의 전진을 가로막는 부정에 대한 강한 증오와 긍정에 대한 줄기찬 찬양의 빠포스가 없이는 '인간 정신의 기사'로 될 수는 없다.

이런 의미에서 씨나리오 창작사가 작년 7월 편집위원을 제외한 전체 작가들을 현지에 파견한 것은 십분 정당한 조치였다. 그러나 부분적 작가들은 이것을 행정적 조치로 간주하고 현실 연구를 눈감아 버리려 하였으며 형상력 소유의 절호의 기회를 거세하려는 경향이 나타났었다.

결과는 자기 작품에 그대로 반영되었다. 즉 남궁만의 「풍요한 땅의 이야기」(씨나리오 기성 「이름 없는 산협」을 개작한 것)에서 농업협동조합의 조직 경제적, 공고화를 위한 치열한 계급투쟁과 노농동맹 강화를 위한 농민들의 투쟁을 생활적 바탕이 없이 말로만 부르짖는 결과를 나타내었다.

또한 박태홍의 「청춘」은 작가가 책상머리에 앉아 낡은 사색의 테두리 속에서 낡은 인간의 '형'을 빚어낸 데 불과하며 도식적으로 집필하였기 때문에 작품에는 공민적 빠포스 대신에 꾸며낸 소위 '심각한 갈등'의 허위성만이 보일 뿐이다.

지재룡의 「푸른언덕」에서는 생활의 논리가 무시된 결과 여주인공 금녀가 자기 눈알을 뽑아 애인인 동준에게 주려고 하기까지의 심리변화 과정이 작가의 주관적 강요로 처리되어 제삼자의 예술적 공감을 불러

일으키지 못하고 있다.

주동인의 「산매」는 인물과 장소와 사건을 달리했을 뿐 그의 전작 「행복의 길」에서 볼 수 있는 그 어떤 틀을 그대로 되풀이하고 있다. 이 점은 도식주의가 생활을 모르고 현실을 왜곡하는데서 산생된 실례이다.

안철해, 공헌 합작의 「고산마을」은 작가들이 현실을 피상적으로 관조한 나머지 필연코 사상적 빈곤과 예술적 형상에서의 결함을 초래한 대표적인 것으로 된다. 이 작품의 작가들은 현실을 왜소하게 만들었으며 독단에 빠지고 말았다. 「고산마을」에서 예로부터 불치의 병으로 알려져 있는 토질병이 널리 알려진 이름 없는 약초로 치료가 가능하였다는 허구는 독자에게 진실감으로 안겨질 수 없음은 물론이다.

다음 전투적 장르로 불리우는 단편 씨나리오에 있어서도 부분적 결함은 존재한다. 「잊지 말자 파주를!」이 창작된 이후 시기의 몇몇 단편들은 작품의 사상성과 문제성이 결핍된 현성을 볼 수 있다.

「우리 사위 우리 며느리」와 「사과꽃 필 때까지」는 우리 씨나리오 문학에서 새로운 경지인 꼬메지야(comedy) 희곡의 싸찌라(satire) 풍자 문학을 개척하는 의미에서 십분 반가운 일이다. 그러나 작가들은 현실 생활에서 배우려 하지 않고 현실을 개조하려는 긍정적 빠포스를 못가진채 자기의 낡은 기존 지식과 독단으로써 문제를 해결하려 하였기 때문에 현실의 왜곡된 면과 일면적 호도를 볼 수 있다. 그리하여 씨나리오의 본질적 사명을 비속화하기까지에 이르렀다.

작가들은 현실의 객관적 법칙을 이해한 기초 우에서 현실적 문제로 남아 있는 인간과 인간, 인간과 현실간의 복잡하며 다양한 호상 관계의 생활적 진실을 그려야 할 것이다.

씨나리오 작가의 임무는 생활의 진리를 도식으로 바꿔 놓는 것이 아니라 현실 속에 숨어 있는 현상의 내적 모순과 그의 내용 및 본질을 적발하는데 있다. 이에 있어서 작가들의 관심의 중심에는 인간이 놓여 있어야 한다. 왜냐하면 인간과 인간, 현실과 인간과의 복잡하며 다양한 호상 관계가 예술의 대상이기 때문이다.

그렇다하여 현실 생활의 진지한 탐구만이 문학예술 작품 창작의 유일한 조건이라고 간주하는 것은 지나친 속단이다. 작가들은 인민에게서 창조적 원천을 찾음과 동시에 그를 살릴 수 있는 예술적 수단인 형상력을 구비하여야 한다. 문학 씨나리오의 기교는 영화 예술의 특수한 법칙들에 대한 정확한 지식을 전제로 한다. 그것은 "예술에는 자체의 법칙이 있는 바 그 법칙을 존중하지 않고서는 훌륭하게 글을 쓸 수 없기"(보·벨린쓰끼) 때문이다.

이상에서 지난 년간에 창작된 문학 씨나리오의 개괄적 면모를 검토하였다. 우리의 현실 발전은 벅차며 거대하며 복잡하며 다양하다. 이런 가운데서 수많은 문제들이 제기되고 발전되면서 더욱 새롭고 복잡한 문제들을 제기하게 된다.

씨나리오 작가들이 자기들의 시야를 넓히고 사색을 십오히 할진대 현실의 모든 현상들은 커다란 창작적 흥분을 불러일으킬 것이며 자기의 작품에서 심오한 문제성을 제기할 수 있을 것이다.

사회주의 공업화와 농촌의 사회주의적 개조는 우리나라의 정치 경제 문화생활의 각 부문에서 거대한 변혁을 일으키고 있다. 작가들은 이러한 새 현실 속에서 새 시대의 전형적인 인물들을 넓은 역사적 시야에서 높은 예술성을 가지고 형상화함으로써 근로 인민들을 투쟁에로 고무 추동하는 임무를 수행 할 것이다.

정준채 연보

1917년 7월 19일(음)	광주시 양림동(당시 광주읍 양림리) 202번지
1920년대 초반	광주 양림동 192번지로 이사
1925년~1931년	6년제 광주제일보통학교(지금의 서석초등학교) 입학-졸업
1932~1937년	3월 광주농고 입학-졸업
1937년~1938년	대구식산은행 근무
1939년 3월	일본대학 전문부 예술과 입학(영화연출 전공)
8월	일시 귀국, 목포 경유 제주도 여행
1940년 9월	장편 '인적(人跡)' 탈고
1941년 5월	동경 체류 수상록『정상기』집필 시작
12월 28일	일본대학 전문부 예술과(영화연출 전공) 졸업
1942년 1월	태평양 전쟁 발발, 동경 잔류
2월	일시 광주 귀향, 동생 추와 함께 도일
4월	도쿄 공습 목격
6월	일본영화사 조감독 입사 (태평양 전쟁 당시 국민을 통제하기 위해 만들어진 최말단 마을공동체 '린조(隣組)' 기(記) 제작에 참여)
1944년 봄	귀국. 보성 출신 임옥순과 결혼
12월	장남 훈 득남
1945년 11월 5일	서울 혜화동 조선영화사 다나카 사부로 사장 사택에서 열린 조선프롤레타리아영화동맹 결성대회에서 서기장으로 피선(위원장은 추민)

		서울 원남동 프로영맹 소속 영화제작소 '서울키노' 창립 시보영화, 기록영화 제작
1946년	1월	'서울키노' 구성원인 해남 출신 윤재영, 광주 출신 김기호·오웅탁과 함께 「민족전선」 촬영차 입북.
		조선공산당 북조선분국 상임위원회 산하 영화반 조직
		오영진과 조우
	3월	평양에서 열린 3·1절 행사, 3·8절(국제여성절), 5·1노동절 등을 촬영해 기록영화 「민족전선」 제작. 「우리의 건설」, 「해방된 대지」, 「민주선거」 등 제작
	8월	평양 대동교 근처 '국립영화촬영소' 창립
1947년	2월	소련영화인 루킨스키와 함께 평양시 하당리 남형제산 구역의 조선국립영화촬영소 건설에 주도적으로 참여, 촬영소 제작부장(촬영소장은 주인규)
1948년		차남 태양 득남
1950년	6월 25일	한국전쟁 발발
	11월	체코슬로바키아 카를로비바리 영화제에서 「조소(朝蘇)친선의 노래」로 기록영화부문 작품상 수상
1951년	2월	수풍댐에서 극영화 로케
	3월	중국 장춘 동북전영제편청(동북영화촬영소)에서 전쟁 시보 및 기록영화 제작
1952년		예술영화 「인민은 승리한다」 연출 착수

1953년	「인민은 승리한다」 촬영을 위해 연길 용정 방면으로 로케
1954년 7월	장춘에서 평양으로 귀환
1955년	소련영화 「주르빈 일가」 더빙 편집. 3남 대하 득남(5월)
1956년	북한 최초의 컬러 극예술영화 「사도성의 이야기」 연출(최승희 주연). 「사도성의 이야기」 컬러화를 위해 모스크바 체류. 딸 현순 득녀 (11월)
1957년	「산매山梅」 연출 (한상운·주동인 시나리오, 촬영 박병수)
1958년	평양 중앙당학교 입교, 4남 현 득남
1959년	「밀림아 이야기하라」 연출, 5남 철 득남
1960년	「황해의 노래」(박팔양 작) 연출. (촬영 백린기) 민정식과 함께 집체작 〈영광스러운 우리 조국〉 연출
1962년	숙청(함남 단천군 북두일면 검덕수용소에서 노동)
1980년	사망

▌참고문헌

1. 단행본

고자연, 『해방 후 한설야 문학 연구』, 인하대학교 대학원 한국어문학과(박사학위논문).

김룡봉, 『조선영화사』(제2판), 사회과학출판사, 주체102(2013).

김승구, 『식민지 조선의 또 다른 이름, 시네마천국』, 책과함께, 2012.

김우진 시선집 『哀樂曲』, 전예원, 1987.

김일성, 『세기와 더불어 7』-계승본, 평양 :조선로동당출판사, 1996.

김태준, 『원본 춘향전』, 학예사, 소화 14년(1939).

남원진, 『한설야의 욕망, 칼날 위에 춤추다』, 도서출판 경진, 2013.

몬마 다카시(門間貴志), 『朝鮮民主主義人民共和國映畵史』, 2012, 東京 現代書館.

박선홍, 『광주 1백년 ②: 개화기 이후 광주의 삶과 풍속』, 광주문화재단, 2014.

송낙원, 「해방 후 남북한 영화 형성기」, 『남북영화사 비교연구』, 국학자료원, 2007.

신상옥, 『난, 영화였다』, 랜덤하우스, 2007.

안홍윤, 『조옥희』, 평양: 문학예술출판사, 2008.

오영진, 『蘇 군정 하의 북한-하나의 증언』, 중앙문화사, 1952.

위경혜, 『광주극장』, 전남대학교출판문화원, 2018.

_____, 『광주의 극장 문화사』, 도서출판 다지리, 2005.

유우, 『북한과 중국의 영화교류사』, 박이정, 2018.

정병호, 『춤추는 최승희』, 뿌리깊은나무, 1995.

정태수, 「스탈린주의아 북한영화형성 구조연구」, 『영화연구』 18호, 한국영화학회, 2002.

조택원, 「가사호접」, 서문당, 1973.

최척호, 『북한영화사』, 집문당, 2000.

한상언, 『문예봉 傳-월북 영화인 시리즈1』, 한상언영화연구소, 2019.

_____, 『강홍식 傳-월북 영화인 시리즈2』, 한상언영화연구소, 2019.

_____, 『문예봉 傳-월북 영화인 시리즈1』, 한상언영화연구소, 2019.

_____, 『해방 공간의 영화·영화인』, 이론과실천, 2013.

『광주농고 100년사-1909~2009』, 광주농고 총동창회, 2009.

『광주자연과학고등학교 100년사』, 광주자연과학고등학교 총동창회, 2009.

『동구의 인물1』, 광주광역시 동구청, 2020.

『조선대백과사전(15)』, 조선백과사전출판사, 평양 1996.

『조선전사24 현대편(민주건설기 2』, 과학백과사전출판사, 평양 1981.

브쎄월로드 코체토프, 『주르빈 일가』, 소베트작가출판사, 레닌그라드 1953; 박우천 역, 조쏘출판사, 평양 1954.

아·졔멘찌예브, 「로동계급에 대한 소설」, 『주르빈 일가』, 박우천 역, 조쏘 출판사, 평양 1954.

2. 잡지 기고문 및 신문기사

「국립영화촬영소가 걸어온 길」, 『조선예술』, 1956.9.

「석일은 악단의 명성 윤심덕 3」, 『동아일보』, 1925.8.4.

「석일은 악단의 명성 윤심덕 5」, 『동아일보』, 1925.8.7.

「윤심덕의 일생」, 『신민』 1926년 9월호.

「일시 소문 높던 여성의 최근 소식」, 『조선일보』, 1928.1.10.

「1957년도 씨나리오 창작 사업의 성과」, 『조선영화』, 1958.1.

「국내 문화예술 단신」, 『조선예술』, 1956.12.

「김일성 수상 영화예술인들과 담화」, 『조선영화』, 1958.3.

「조선영화〈친선의 노래〉에 최고기록영화상 수여」, 『로동신문』, 1950.8.4.

「형제 국가들에서 호평받는 조선 영화」, 『조선영화』, 1957.7.

강홍식, 「우리들의 승리, 오늘의 행복」, 『조선영화』, 1962.4.

김은정, 「북한의 영웅서사, 60년의 간극-조옥희를 중심으로」, 『민족문학 사연구』 2016, 60호.

남인영 「해방 직후 영화운동에 관한 연구」, 서울대학교 석사학위논문
　　　1990.

한상언, 「해방기 영화인 조직연구」, 한양대석사학위논문, 2007.

박윤, 총서 '불멸의 력사' 전선의 아침, 평양: 문학예술출판사, 2005.

이재명, 「나의 영화편력」, 『영화』, 영화진흥공사. 1979년 3~4월호(제7권
　　　제58호).

정유진, 「2·8독립선언과 최원순(崔元淳) 선생」, 『남도일보』, 2019.

한상언, 「1920년대 초반 조선의 영화산업과 조선영화의 탄생」, 한국영화학
　　　회, 『영화연구』 제55호, 2013.

'김씨 투신과 가족의 설움', 『조선일보』, 1926년 8월 10일자.

'다한한 윤심덕', 『삼천리』, 1938년 11월호.

'불생불사의 악단 여왕 윤심덕', 『삼천리』, 1931년 1월호.

'예술가인가 예술가(穢術嫁)인가', 『개벽』, 1925년 2월호.

'윤심덕 김우진 정사사건 전말', 『신민』, 1926년 9월호.

「〈해외연예〉거의共産國서獨占 모스크바映畵祭施賞」, 『동아일보』, 1959.8.
　　　21.

「〈좌담회〉 영광의 나날을 더듬어」, 『조선영화』, 1991년 4월호.

「1957년도 예술영화창조사업을 총화」, 『조선영화』, 1958.3.

「국립영화촬영소에서 고정제작단 제도 실시」, 『조선영화』, 1957.10.

「문화, 동도(東都)극장 개관기념 예술가의 아내 공연」, 『중앙신문』, 1948.
　　　2.24.

「민주역량의 발진을 축하: 작일 남로당 결성 축하대회 성황」, 『자유신문』,
　　　1947.1.16.

「영화 '무정'의 밤」, 『삼천리』, 제11권 제7호, 1939.6.1.

손영호, 서적소개 「소설 〈주르빈 일가〉에 대하여」, 『로동신문』, 1954.11.
　　　16.

「조,쏘 합작예술영화 〈동방의 아침〉 제작 소식」, 『조선예술』, 1956.10.

「조선영화소개-기록영화 '친선의 노래'」, 『영화예술』 5호, 1950.1.

「조선영화제작 일람」, 『조선영화』, 1958.9.

「조선영화주식회사 신판영화(新版映畵) 〈춘향전〉 기획 각색담당자 촌산 (村山)씨 입경」, 『동아일보』, 1938년 6월 1일.

「중국에서 조선영화 대 인기」, 『노동신문』, 1954.9.22.

「최승희무용단의 귀국」, 『조선예술』 1957.2.

「친선의 화폭 한치마다에 심혈을 담겠다-촬영가 킨즈브르그와의 일문 일 답〉, 『조선예술』 1957.8.

「중국에서 조선영화 대 인기」, 『노동신문』, 1954.9.22.

고하선생전기편찬위원회, 「獨立을 향한 執念: 古下宋鎭禹 傳記」, 『동아일 보사』, 1990.

김걸, 「조선 영화 발전에 기울여진 위대한 쏘련의 원조」, 『조선영화』, 1957.8.

김용봉, 「당의 품속에서 영생하는 연출가 전동민」, 『조선영화』 1986.7.

김일성, 「조-소 양국간의 경제적 및 문화적 협조에 대한 협정 체결 1주년 에 제하여-1950.3.17.」, 『김일성선집』 2권, 고려대학교 아세아문 제연구소, 1969.

김정혁, 「영화계의 일 년 회고와 전망(제3회)」, 『동아일보』, 1939.12.5.

김진규, 「한국 영화계의 거장 김유영」, 『영남일보』, 2019.9.4.

노성태, 「광주 3·1운동의 재구성-판결문을 중심으로', 『광주·전남 3·1 혁명의 재평가 학술 세미나 발표문』, 2019.

류영탁, 「[관평] 예술영화 《산매》를 보고」, 『조선영화』, 1958.9.

문예봉, 「국제영화축전 참관기」, 『로동신문』, 1951.10.27.

문예봉, 「내 삶을 꽃펴준 품」, 『문학예술』, 문학예술출판사, 2013.

박수진, 「광주 3·1운동 주역 '애국계몽 독서모임 학생들'」, 『전남일보』, 2019.

서광제, 「조선영화론」, 『신천지』, 울타리 1946.7.

서만일, 「씨네마스코프의 매력-〈인도기행〉 중에서-」, 『조선예술』, 1956. 12.

서만일, 「조선을 빛내고저-최승희의 예술과 활동」, 『조선예술』, 1956.

송홍근, 「인물연구 정추-나를 윤이상 같은 변절자와 비교하지 말라」, 『신동아』, 2013. 9월호 학술세미나 자료집, 2019.

신연수, 「김우진에게 보낸 부친 김성규의 계서(戒書)」, 『근대서지』 5호, 2010.

안제승, 「한국무용사」, 대한민국예술원, 1985.

안철해, 「예술영화의 량적 증대를 위하여」, 『조선예술』, 1956.10.

이.웨.루낀쓰끼, 〈친애하는 조선의 영화 일군들에게〉, 『조선예술』, 1957.8.

이경분, 「북한의 망명음악가 정추 연구-초기 교향악을 중심으로」, 『통일과 평화』, 제7집 1호, 2015.

이병일, 「나의 영화 편력-이병일」, 『월간영화』, 1977.10.

이종석, 「북한 주둔 중국인민지원군 철수에 관한 연구」, 세종정책연구 2014-19, 세종연구소

이준엽, 「북한 초기 칼라영화의 형성과정과 특징(1950~1957)」, 『현대영화연구』 33호, 2018.

이철주, 『북의 예술인』, 계몽사, 1966.

임순득, 「조옥희」, 문학예술 4-3, 평양: 문학예술사, 1951.6.

전봉관의 「옛날 잡지를 보러가다 27」, 「윤심덕·김우진 '현해탄 정사(情死)'」, 「미스터리」, 《신동아》 2007년 9월호.

정준채, 「쏘련 영화가 우리 영화에 준 영향」, 『조선예술』, 1957.11.

정준채, 「영화 예술의 본질은 무엇이냐」, 『군중 문화 총서 4: 영화 써-클원 수첩』, 북조선직업총동맹군중문화부, 1949.

정준채, 「잊을 수 없는 사람들」, 『조선영화』, 1960.8.

정준채, 「첫 천연색 예술영화 〈사도성의 이야기를 끝내고〉, 『조선예술』, 1957.4.

정태수, 「스탈린주의와 북한 영화구조 연구」, 『영화연구』 18호. 한국영화학회. 2001.

조광철, 「[광주갈피갈피]신문잡지종람소, 일제 강점기 엘리트들 비밀 서클」, 『광주드림』.

주영섭, 「쏘련映畵는 우리映畵製作의 산 敎材가 된다」, 『묵학예술』, 1949.10.

주영섭, 「영화 〈사도성의 이야기〉-첫 천연색 예술 영화를 보고-」, 『조선예술』, 1957.2.

최남주, 「조선영화의 생명선: 다시 영화사업에 발을 드려노면서」, 『조선영화』, 제1집, 조선영화사, 1936년 10월.

최승희, 「형제 나라들의 방문 공연」, 『조선예술』, 1957.3.

학예사 특파원 최옥희, 「남원 춘향제 참별기, 3만여 명 군중이 모여 성대하게」, 『삼천리』, 11권 7호 1939.6.1.

한상언, 「강홍식의 삶과 영화 활동」, 경남대학교 인문과학연구소 인문논총 제32집, 2013.

한상언, 「다큐멘터리 〈해방조선을 가다〉 연구」, 『현대연화연구』, 4호, 현대영화연구소

한상언, 「북한영화의 탄생과 주인규」, 『영화연구』, 37호, 한국영화학회, 2008.

한상언, 「칼라영화의 제작과 남북한의 〈춘향전〉」, 구보학보 22집, 2019,

한상언, 「해방기 영화운동과 조선영화협단」, 한상언 외, 『해방과 전생 사이의 한국영화』, 박이정, 2017.

한상언, 「6.25전쟁기 북한영화와 전쟁 재현」, 『현대영화연구』, 11호, 현대영화연구소, 2011.

한설야, 「우리의 스승 김일성 장군」, 『문학예술』, 조선문학예술총동맹, 1952.10.

황충범, 「전시체제 하의 조선영화, 일본영화 연구:1937~1945」, 2009년 8월 한양대학교 대학원 박사학위논문.

『문학예술』, 문학예술사, 1951.5. 35쪽.

『호남평론』 2권 9호(소화(昭和) 1911.9.15.).

『동아일보』, 1926.10.01.

『동아일보』, 1926.10.1.

『동아일보』, 1926.8.5.

『조선일보』, 1926.8.5.

「최승희 평양에」 『대동신문』, 1946.7.25.

「북한의 무희 최승희 최신판」, 『아사히신문』, 1948.7.20.
『마이니치신문』, 1960.1.10.

3. 육필 기록-소설, 회고록, 일기 및 서신 자료

정준채 서신(1951~1959)
정준채 동경수상록 『정상기(精想記)』.
정준채 소설 『인적(人跡)』.
정추, 구술회상기, 「알마티의 기둥」.
정추, 육필기록, 「나의 어머니」.
정추, 육필기록, 「나의 형, 선구자 준채」.

4. 기타

광주농고 23회 졸업 앨범.
국사편찬위원회 한국사데이터베이스.
국역승정원일기, 고종 40년 계묘(1903, 광무7) 11월 3일.
북경 거주 최승희 제자 조선족 무용가들의 좌담, 1993.8. 북경 곤륜반점.
「위대한 수령 김일성 동지 문학예술 령도사」, 1958.
「조길룡 공적 사항」, 국가보훈처.
조선중앙통신사(1959), 「조선중앙년감-1958년 자료」.
조선중앙통신사(1954), 「조선중앙년감-1953년 자료」.
조선중앙통신사(1954~55), 「조선중앙년감-1954년 자료」.
중국 저명 무용가들의 좌담, 1994.8. 북경 화도(華都)반점.
『抗美援朝战争史(第三卷)』, 军事科学院军事历史研究部, 北京, 军事科学出
　　　版社, 2000.

┃ 찾아보기

/ 인명 /

ㄱ

/ 영화명 /

정철훈(鄭喆熏)

시인. 역사학자. 러시아 외무성 외교아카데미에서 역사학 박사학위.
현 성균관대학교 동아시아역사연구소 객원연구위원, (사)유라시아문화
연대 이사, 도봉문화원 편지문학관 관장.

시집 『살고 싶은 아침』, 『내 졸음에도 사랑은 떠도느냐』, 『개 같은 신
념』, 『뻬쩨르부르그로 가는 마지막 열차』, 『빛나는 단도』, 『만주만리』,
『가만히 깨어나 혼자』, 장편소설 『인간의 악보』, 『카인의 정원』, 『소설 김
알렉산드라』, 『모든 복은 소년에게』, 평전·탐사기 『오빠 이상 누이 옥
희』, 『백석을 찾아서』, 『내가 만난 손창섭』, 『문학아 밖에 나가서 다시 얼
어오렴아』, 『알렉산드라 페트로브나 김』, 『뒤집어져야 문학이다』, 『소련
은 살아있다』, 『옐찐과 21세기 러시아』 등이 있음.